KB037864

인문정신이란 무엇인가

인문정신이란 무엇인가

동서양 고전과 문명의 본질

김월회 · 안재원 지음

도서출판

인문정신이란 무엇인가

동서양 고전과 문명의 본질

2021년 1월 25일 제1판 제1쇄 인쇄
2021년 1월 30일 제1판 제1쇄 발행

지은이 | 김월회·안재원
펴낸이 | 박우정

기획 | 이승우
편집 | 김미경
전산 | 최원석

펴낸곳 | 도서출판 길
주소 | 06032 서울 강남구 도산대로 25길 16 우리빌딩 201호
전화 | 02) 595-3153   팩스 | 02) 595-3165
등록 | 1997년 6월 17일 제113호

ISBN: 978-89-6445-233-2 03100

이 도서는 한국출판문화산업진흥원의 '2020년 출판콘텐츠 창작 지원 사업'의 일환으로 국민체육진흥기금을 지원받아 제작되었습니다.

'보편문명국가'로 향한 길 닦기
── 보편문명의 지평에서 다시 읽은 '우리'

미래는 인류에게 양날의 칼이다. 정확히 알 수 없기에 불안하기도 하지만 만들어갈 여지가 넉넉하기에 설레기도 한다. 물론 미래는 무에서 유가 불쑥 나타나듯이 전개되지 않는다. 과거에서 현재를 거치며 틀 잡히고 결 지어진 바가 미래의 토양이 되기도 하고, 한 톨 씨앗에 아름드리나무가 들었듯이 지금 짓고 있는 현재가 미래의 뿌리가 되기도 한다. 미래는 하기 나름이라는 말이 힘을 받는 대목이다. 그러나 설령 그렇다고 해도 미래는 뜻대로 만들어가기 어렵기에 우리는 늘 불안하다. 미래가 설렘과 불안 사이의 그 어딘가에서 우리와 언제나 함께하는 까닭이다.

G12, '한국형 문화', '한국형 인문'

21세기 전환기를 거치면서 첨단 정보통신기술^{ICT}이 전 지구 차원에서 인류 문명에 근본적 변이를 한창 추동하고 있다. 디지털 기반 '초연결^{hyper-connected}·초지능^{hyper-smart}' 사회가 본격적으로 구현되는 작금의 상황은 이른바 '4차 산업혁명'이라 지칭될 정도로 문명의 핵과 결을 바꾸고 있다. 그러나 트럼프 행정부가 등장한 이후 몇 해째 지속되고 있는 미국과 중국의 패권 다툼에서 목도되듯이, 국제사회에서는 여전히 경제력과 군사력이 절대적 힘을 발휘하고 있다.

물론 경제력과 군사력이 크다고 하여 자동으로 선진국이 되지는 않는다. 우리는 미국과 더불어 세계 패권을 다투는 중국이 강대국임은 수긍하지만 선진국이라고 여기지는 않는다. 미국 또한 최근의 사정을 보면, 우리가 알고 있던 미국이 과연 선진국이었는지 아니면 그저 강대국일 따름인지가 몹시 헷갈리곤 한다. 취임 이후 트럼프 대통령이 취한 행보가 선진국의 지도자다운 것인지, 그저 힘만 센 강대국의 강짜에 불과한 것인지가 쉬이 분별되기에 그러하다. 강대국이라고 하여 다 선진국은 아님을 말해주는 사례들이다.

마찬가지로 선진국이라고 하여 다 강대국인 것은 아니다. 예컨대 북유럽의 덴마크나 스웨덴, 네덜란드 같은 나라는 선진국이라 칭해지지만 강대국은 아니다. 일반적으로 선진국이란 정신적·물질적 차원 모두에서 수월성을 지속적으로 구현하고, 보편적이면서 동시에 독자적인 문화를 창출하고 이를 꾸준히 갱신해갈 줄 아는 나라를 가리킨다. 큰 경제력과 강한 군사력이 '선진성'을 구현하는 데 필요조건은 아닌 셈이다. 이는 세계 10위권에 육박하는 경제력과 군사력을 갖춘 우리에게 시사하는 바가 사뭇 크다.

'G11'이나 'G12' 급으로 꼽힘으로써 기존 G7에 맞먹는 국력을 지녔음이 국제적으로도 검증된 것은 분명 자부할 만한 일이다. 그러나 국가적 일상 차원에서 선진성을 구현하지 못한다면, 선진성과는 무관한 그저 자기 욕망 실현에 눈먼 힘만 센 모리배이고 말기에 그러하다.

그래서 'K-Pop'이나 'K-Drama' 'K-Quarantine' 같은, 곧 '한국적'이라든가 '한국만의'라는 수식어를 붙일 만한, 동시에 국제적으로 주목을 끌었던 사례가 우리 현대사에서 적지 않음은 우리에게 큰 자산이 될 수 있다. 주지하듯이 우리는 한국전쟁 이후 비교적 짧은 기간에 산업화와 민주화를 유의미한 수준 이상으로 일구어낸 유일무이하다시피 한 국가이다. 남북한이 첨예하게 대립하고 한반도를 둘러싼 주변 강대국 간의 이해 다툼이 치열했음에도 말이다. 몇 년 전에는 촛불과 광장으로 상징되는 비폭력과 축제성이 결합된 형태로 시민혁명을 수행함으로써 세계의 이목을 끌기도 했다. 코로나19 감염증의 팬데믹pandemic 상황에서도 우리는 성숙한 시민의식을 바탕으로, 예컨대 사재기 따위를 하지 않았고 민주주의 선진국이라는 유럽의 여러 나라에서 시행했던 강력한 봉쇄 조치도 취하지 않았다. 그럼에도 방역을 성공적으로 수행함으로써 우리의 방역[K-Quarantine]이 21세기형 팬데믹 방역의 전범으로 전 세계에 활발하게 발신되고 있다. 선진국은 한 국가가 국제적 보편성과 경쟁력을 갖춘 문화를 자력으로 창달했을 때 비로소 실현될 수 있다는 점을 감안할 때, 이는 우리에게 더없이 미더운 밑천임이 분명하다. '한국형 문화'K-Culture나 '한국형 인문' K-Humanity 창출과 이의 국제적 발신의 발판이자 동력이 될 수 있기 때문이다.

우리가 마주하고 있는 이러한 현실은 미래를 어떻게 지어갈 것인지가 그 어느 때보다도 중요함을 일깨워준다. 우리의 현실은 우리가 '선진국다운 선진국으로 발돋움하는 미래'와 '선진국도 못 되고 강대국도 아닌 미래'의 갈림길에 서 있음을 알려주기에 그러하다. 어떠한 미래로 향한 길을 지금-여기에 놓아갈 것인지, 정신적·물질적 차원 모두에서 선진성을 창출하고 지속적으로 갱신해가며 우리 자신에게 또 인류에게 선물이 되는 길을 개척해갈지, 아니면 그저 힘세고 돈 많은 길을 인문적 가치의 실현보다 항상 우선하여 추구해갈지에 대한 성찰과 협의가 필요한 시점이라는 뜻이다. 어떤 길을 선택하느냐에 따라 미래가 개인 차원부터 국가 차원에 이르기까지 더 큰 불안으로 다가올지 아니면 더 깊은 설렘으로 다가올지가 결정될 것이다.

'문명'이라는 차원

이 책은 기본적으로 우리의 미래가 우리 자신에게는 물론 이웃에게도 선물이 되는 길을 모색한 결과이다. '보편문명국가'는 그러한 미래가 개인부터 국가 차원에 이르기까지 일상적으로 실현되는 국가를 가리킨다. 문명이라는 차원은 그러한 미래를 향한 길을 놓아가는 데 반드시 견지해야 하는 시야이다. 문명 차원에서 우리의 미래를 사유할 때 비로소 보편문명국가를 명실상부하게 빚어갈 수 있다는 이야기이다. 눈앞의 우리 상황이 선진국다운 선진 국가로 나아가지 못하면, 그저 강대국일 따름인 외세에 극도로 시달렸던 과거의 전철을 되밟을 가능성이 크기에 더욱더 그러하다.

문명은 인류가 자연에서 자립하는 또는 자연과 양립하는 과정에서 축적된 경험과 기량의 총화이다. 문명이 개인부터 사회, 지역, 국가, 세계에 이르는 여러 차원에서 삶과 사회의 터전이 되는 이유이다. 이러한 문명은 기본적으로 두 가지 목적에 봉사한다. 하나는 생존이고 다른 하나는 생활이다. 문명은 생존과 생활의 존속과 진보를 위해서 삶과 사회의 양식과 체제를 강구한다. 그 과정에서 문명은 인간을 정치적·문화적으로 조직한다. 이 조직은 생활의 규모에 따라 구분되며, 모든 조직은 그 규모에 준해서 자신에 맞는 정치와 문화의 척도와 형질을, 또 구조와 체계를 지니게 된다. 씨족이나 부족 단계의 나라이든 간에, 중앙집권적 국가이든 연방형 국가이든 간에, 또 도시국가든 국가의 단계를 넘어 제국 단계에 있는 나라이든 간에, 모두 나름의 규모에 따라 자기 몸집과 역량, 기능 등을 건설적이고도 합리적으로 유지하고 운영해가게 된다.

　이러한 척도와 형질, 구조, 체계 등이 역사적으로 잠시 존재하다가 사라지는 것만은 아니다. 예컨대 서구 역사에서 그리스와 로마는 힘과 크기가 제국 단계에 이르는 규모로 성장한 나라에서는 어김없이 되살아난다. 세계를 지배하고 통치해본 경험을 이전의 자기 역사에서 찾을 수 없기 때문이다. 이러한 까닭에 그리스와 로마는 일정 정도 이상의 규모로 커진 국가의 역사에서는 항상 반복되어 나타난다. 마찬가지로 중국의 역사에서 한漢·당唐 제국은 대일통大一統을 이룬 왕조의 역사에서 틀림없이 되살아난다. 단일국가라는 그릇에는 담아낼 수 없는 이질성과 차이가 상존하기 마련인 넓은 통치 강역과 거대한 인구를 통일적으로 다스리는 데는 앞선 유사 경험만큼 믿고 따를 만한 자원이 거의 없기 때문이다. 이런 점에서 그리스와 로마는, 또 고대 중국의 제국은 옛날에 아주 옛날에 번성했던 제국이면서 동시에 지금도 생생히 살아 있는 제국이기도 하다. G2로 지시되는 미국과 중국의 제국적 행보가 개인부터 국가에 이르기까지 삶과 사회의 온갖 조건에 강력하게 개입하고 있는 우리에게는 특히 더욱더 그러하다.

　제국 단계의 문명은 또한 생존과 생활을 위해서 양식과 체제를 빚어내고 갱신해가는 과정에서 종족과 지역의 경계를, 나아가 일국 차원을 넘어서는 '보편'의 방법과 표준을 추구한다. 고대 그리스와 로마에서 이미 그러했고 한대와 당대의 중국에서도 그러했으며 첨단 과학기술문명을 구가하는 지금도 여전히 그러하다. 보편이 실현되는 경로는 삶의 바탕이나 기본 또는 일상이라는 차원이다. 다시 말해 삶의 바탕이나 기본, 일상을 이루는 바를 통했을 때 비로소 시간과 공간, 인간이라는 변수를 가로지르면서 보편이 관철되고 구현될 수 있다. '삶의 기술'이라든가 자연의 힘을 이용하는 경험 또는 기술 일반이 대표적 예들이다. 역사적으로 '학문'scientia이라는 이름이 붙기도 했던 '인문'humanitas이 바로 그것이다. 보편문명국가를 빚어감에 문명을, 특히 제국 단계의 문명을 품어내야 하는 이유이다.

'보편국가'라는 화두

이쯤에서 한국 사회는 왜 보편문명국가로 나아가야 하는가라는 물음을 던져볼 수 있다. 당연히 여러 차원에서 답변 제시가 가능할 터인데, 그중 하나는 앞서 언급한바, 한국이 보편문명국가로 나아가지 못하면 과거의 전철을 되밟을 여지가 커지기 때문이라는 점이다. 이러한 판단의 근거는 다음과 같다.

첫째는 한국 사회가 대전환의 시대에 놓여 있다는 점이다. 기복이 심한 편이기는 해도 남북회담과 북미회담을 계기로 한반도와 동북아는 냉전적 대립과 갈등의 시대에서 지속 가능한 평화의 시대로 언제라도 급격한 전환을 추동될 수 있게 되었다. 한반도의 평화와 동북아의 공영 시대를 준비하라는 것이 역사의 준엄한 명령인 시대가 됐다는 뜻이다. 동서고금의 역사는 이러한 사명을 감당해낼 수 있는 역량이 바로 인문에서 비롯됨을 또렷하게 말해준다. 한반도와 동북아의 평화와 공영 체제를 안정적으로 구축하기 위해서는 한국이 보편문명국가로 성숙·성장해야 하는 까닭이다. 이를테면 한반도를 둘러싸고 진행되는 정세에 따라 우리의 대응방식과 관점이 달라져야 한다.

이를 위해서는 우리 사회가, 또 우리 국민이 성숙을 중심으로 성장해야 한다. 이제는 변화된 국제 정세와 국내 현실을 세계사적 맥락에서, 보편문명국가의 관점에서 직시해야 한다. G12로 꼽힐 정도로 성장한 우리의 몸집과 역량을 객관적으로 가늠하고 그에 걸맞은 지향과 행보를 취할 줄 알아야 한다. 그러려면 문명이 어떻게 작동하고 그것이 국가와 사회, 개인 등과 어떤 방식으로 상호작용하는지를 아는 것이 중요하다. 이것이 보편문명국가를 지어가는 과정과 정확히 합치되는 전략이자 실천이기 때문이다. 그렇게 우리를 둘러싼 현실이 요청하는 바에 따라 한국 사회의 좌표와 방향을 늘 새롭게 잡을 줄 알아야 한다. 그래야 비로소 보편문명이 대한민국을 보편국가Universal Korea로 한 단계 끌어올리는 길이 된다.

둘째는 한국 사회를 짓누르고 있던 지배이념의 재구성이 필요하다는 점이다. 1945년 해방 이후 지금까지 우리 사회는 이른바 보수와 진보로 양분되어 있었다. 그러나 보편문명의 관점에서 볼 때 한국의 보수와 진보는 진정한 보수와 진보가 아니었다. 한국 사회의 보수를 규정하고 뒷받침했던 반공주의, 지역주의, 성장주의, 사대주의라는 네 기둥은 엄밀하게 말하면 보편적 보수의 이념이 아니다. 지금은 이 네 기둥의 존립 근거가 무너지는 기미가 뚜렷해졌지만, 그 위세가 아직도 만만하지 않음 또한 엄연한 현실이다. 그런 점에서 보수다운 보수로의 갱신이 여전히 시급한 실정이다. 허술하기는 한국의 진보도 마찬가지이다. 기본적으로 앞서 언급한 보수의

네 기둥에 대립각을 세우면서 형성된 진영론에 서 있기에 그러하다. 최근 조사에 따르면 우리 국민의 과반수가 스스로를 진보로 자처했다고 하지만, 이러한 통계가 보편적 진보 이념에 입각한 자기 인식의 결과인지는 여전히 의문이다. 그렇다 보니 한쪽이 무너지면 다른 쪽도 무너질 수밖에 없는 구조이다.

한국에서는 지금 외적으로는 냉전에서 평화 체제로의 전환이 돌이킬 수 없는 흐름이 됐으며, 내적으로는 개발주의에 입각한 성장론이 야기한 수많은 사회적 갈등과 긴장이 우리 삶과 사회를 심각하게 물어뜯고 있다. 단적으로 성장 중심 패러다임의 병폐가 일상이 된 사회를 개선해갈 새로운 돌파구를 찾아야 하는 상황이다. 그럼에도 보수든 진보든, 자칭 한국 사회를 이끈다고 주장하는 이른바 '사회주도층'은 이에 대한 해답을 찾을 내부 동력을 상실한 채 표류하고 있다. 한마디로 한국의 사회주도층은 엔진 잃은 배에 타고 있는 정치적 난민에 불과하다. 보수든 진보든 간에 지난 세월 동안 우리 사회를 좌우해온 낡은 이념론이나 진영론에 기초한 담론을 폐기하고, 이를 대체할 수 있는 새로운 사유와 전망이 담긴 담론을 들고 나와야 한다. 이때 보편문명은 보수 대 진보 같은 유의 이원 대립을 넘어선다는 점에서 유용한 참조가 될 수 있음에 주목할 필요가 있다. 한국 사회의 새로운 지배이념을 구성할 때, 국가적 차원의 보편문명 구현이 필수 불가결한 전제인 까닭이다.

셋째는 몇 년 전 '촛불혁명'으로 표출된 가치와 지향을 실현해야 한다는 점이다. 당시 촛불혁명이라 명명된 시민혁명의 기치는 한마디로 "나라를 나라답게 만들어야 한다"는 것이었다. 구체적으로 이것은 크게 다음 여섯 가지 과업으로 정리될 수 있다.

①성장 중심 사회에서 성숙 기반 사회로 전환해야 하는 과제, ②사람들

의 사회적 연대와 실천이 혈연, 지연, 학연 같은 봉건적 인연과 사적 정리 情理가 아니라 보편 가치와 이념에 기초하여 자율적으로 수행되는 인문적 시민사회로 나아가야 하는 과제, ③인간다운 생존이 보장되고 지속 가능한 생활의 누림이 있는 문화사회로 전환해야 하는 과제, ④사회 각 영역에 뿌리박힌 고립과 불통의 심리와 태도에서 협력과 공영 共榮이라는 심리와 태도로 전환함으로써 숙의적 discursive 소통사회로 거듭나야 하는 과제, ⑤선진국을 모방하고 추적하는 단계에서 새로움을 창발하고 지구촌을 선도하는 단계로 도약하는 데 요청되는 지성사회로 이행하는 과제, ⑥전통에서 비롯되는 자양분과 외부에서 도입한 자양분을 균형 있고도 합리적으로 융합해낼 줄 아는 열린사회로 만들어야 하는 과제.

정리하자면, 한국 사회를 성숙사회('성장+성숙'), 시민사회('보편+자율'), 문화사회('생존+생활'), 소통사회('교류+숙의'), 지성사회('지식+창의'), 열린사회('융+조화')로 한 단계 업그레이드 Upgrade Korea할 때 비로소 촛불혁명의 지향이 실현된다는 것이다. 이렇게 "나라를 나라답게" 만들고, 나아가 "나라를 더 좋은 나라"로 만드는 것이 보편문명국가의 길이다.

고전이 보편문명의 처소인 까닭

고전은 주지하듯이 보편문명의 확실한 처소이다. 고전이 되었음 자체가 그 강력한 증거이다. 흔히 시대와 지역, 이념과 종교, 민족과 세대 등을 초월하여 그 가치가 널리 입증된 텍스트를 고전이라고 한다. 고전의 이러한 개념 자체가 고전이 보편적 가치와 이념, 쓰임새 등의 처소임을 분명하게 말해준다.

이는 고전이 보편문명국가를 향한 길을 놓아가는 지금 여기의 우리에게도 여전히 유용한 밑천임을 웅변한다. 고전이 시간과 공간, 인간의 두꺼운 벽을 가로질러 보편 가치와 이념의 담지체 역할을 할 수 있었던 데는 개인 차원이든 국가 차원이든, 생존 차원이든 생활(곧 문화)차원이든 간에 인간다운 삶과 사회를 빚어내고 꾸려가며 제고해가려면 꼭 짚어봐야 할 화두topic에 대한 통찰이 큰 몫을 했다. 예를 들어 아리스토텔레스가 『니코마코스 윤리학』에서 "완전한 우정은 선하고, 덕德이 서로 닮은 사람들의 우정"이라며 우정을 두고 담론함, 공자가 『논어』에서 "받은 만큼 고스란히 되돌려줌으로써 원한을 갚아라"라며 복수의 준칙을 거론함, 우정과 복수가 그저 개인 차원에서 살다 보면 곧잘 마주하는 것이기 때문만은 아니었다. 그것은 국가를 운영하고 세상을 경영함에, 그렇게 문명을 빚어감에 꼭 짚어봐야 할 '문명의 화두'이기에 그에 대한 통찰이 서사나 논변 등의 형식으로 수행되었던 것이다.

어느 한 텍스트가 고전이 될 수 있었던 까닭이 바로 이것으로, 많든 적든 간에 문명의 화두에 관한 통찰이 담겼기 때문이다. 그래서 고전은 지금 여기에서 보편문명국가로 길을 닦아감에 확실한 밑천이 되어준다.

화두와 고전과 삶의 만남

이 책은 그러한 고전 속 문명의 화두로 우리의 삶과 사회를 다시 읽은 소산이다. 그렇게 다시 읽은 이유는 보편문명국가로 가는 길을 지금 여기에 놓아가는 방편 가운데 인문학자인 필자들이 잘할 수 있는 바였기 때문이다. 여기에 실린 글은 그러니까 보편문명국가의 구현이라는 화두를 손에

쥔 채로 동서양 고전에 발 딛고 서서, 지금 여기의 우리 삶과 삶터를 읽어 냄으로써 미래로 향하는 길을 탐사한 결과물이다.

본래 이 글들은 몇 년 전 『경향신문』에 '쿠오바디스Quo Vadis와 행로난行路難'이라는 제목 아래 필자 둘이서 번갈아가며 1년 가까이 연재한 것이다. "주여, 어디로 가시나이까?" "나아갈 길 험난하구나!"라는 뜻의 어구를 기획 연재의 제목으로 삼은 까닭은, 아무리 좋은 미래로 향한 길 놓기일지라도, '길 놓음'이라는 것이 말처럼 쉬운 일이 아니기 때문이다. 동서고금 언제라도 그러했듯이 그것은 어렵고도 버거운 고역苦役임에 틀림없다. 그런데 필자들은 미래로 길을 내어감에 그러한 사실을 수긍하고 직시하는 태도가 필요하다고 판단했다. 땅에서 넘어진 자가 다시 걸으려면 그 땅을 딛고 일어서야 하는 법, 미래를 빚어가는 일의 어려움을 솔직하게 인정하는 것을 발판으로 삼을 때 미래 빚기의 여정을 휘둘리지 않으며 꿋꿋하게 밟아갈 수 있으리라 여겼다.

이러한 문제의식을 바탕으로 필자들은 보편문명국가로 가는 길을 지금 여기에 닦아가는 데 꼭 짚어야 할 문명의 화두를 고전을 기반으로 추려내었다. '제국과 문명 차원의 경세經世'라는 화두를 염두에 걸어놓고, 정전cannon, 학문, 학교, 시험, 놀이 같은 문명의 장치들과 리더십, 인재등용, 학술진흥, 혁신 같은 경세의 근간을 추려내었다. 한편 경세가 반드시 국가나 세상 경영만을 가리키지 않기에, 곧 '수기치인'修己治人: 나를 닦음으로써 남을 다스린다의 전통이 명료하게 드러내주듯이 개체 차원의 '자기 다스림' 또한 어엿한 경세의 한 축이기에 공부, 의로움, 지혜, 기예, 용기 등의 항목들도 추려내었다. 그리고 이러한 화두와 연관 있는 동서양 고전을 참고해가며 촛불혁명이 한창 수행되던 때와 그 전후의 우리네 삶과 사회를 나름 읽어냈다.

이제 그렇게 읽어낸 바를 깎고 다듬어서 세상에 내놓는다. 『장자』에는 이런 말이 실려 있다. "샘이 마르면 물고기들은 마른 땅 위에 함께 모여 서로 물을 뿜어주고 침으로 적셔준다. 그러나 이는 강과 호수에서 서로를 잊고 지내는 것만 못하다." 모쪼록 필자들의 보편문명국가를 향한 길 닦기가 드넓은 강과 호수로 향한 길이기를 소망해본다.

2020년 11월
김월회, 안재원

차례

제1부

제4부

제1부

1. '춘추'라 쓰고 '인문'이라 읽다
── 험난한 행로를 살아내는 힘

"갈림길마저 많은데, 지금 나는 어디에 있는가"

이백李白이라는 걸출한 시인이 있었다. 그는 인간세상으로 귀양 온 신선, 곧 시선詩仙이라는 별호別號에 걸맞게 걸핏하면 자신의 근거를 하늘에서 끌어왔다. 이런 식이었다.

> 하늘이 나라는 재목을 세상에 낳음은 반드시 쓸데가 있어서이다!天生我材必有用 (「장진주」將進酒 중에서)

자신을 세상에 보낸 존재가 하늘이다. 그러니 언젠가 하늘이 자신을 크게 쓸 것이라는 강한 자존감의 거침없는 표출이었다. 유사 이래 공자孔子 정도가 이에 필적했을까, 아무튼 이백은 거침없는 기세와 도저한 필치로 한 시절을 구가했다. 그의 삶이 형통했다는 말이 아니다. 자기보다 잘난 이를 경계함은 사람에게도 생존과 번영을 꾀하는 데 유리하였다. 게다가 그는 자신의 우월함을 시도 때도 없이 드러냈다. 그만큼 타인의 질시와 왜곡이 유발되기 쉬웠음이니, 그의 삶이 순조로울 리는 만무했다.

그래서일까. 진수성찬과 상긋한 미주美酒를 눈앞에 두고도 그는 이렇게 노래했다.

> 아무것도 못 먹겠다 / 술잔도 젓가락도 다 던져놓고는 칼 뽑아 든다 / 사방 둘러보니 마음만 아득해진다 / 황하를 건너려 하나 얼음이 강을 막고 / 태항산太行山 오르려 하나 폭설이 하늘을 뒤덮는다. (「행로난」行路難 중에서)

중국에서 가장 큰 강인 황하를 건너고, 거대하기로 이름난 태항산을 오른다고 함은 천하 경영의 큰길로 나아간다는 뜻이다. 무릇 하늘이 낸 자라면 못 돼도 이 정도는 해줘야 하는데, 문제는 앞길을 가득 메운 얼음과 폭설이다. 이어진 구절에서 천하의 이백조차 막막해하는 목소리가 울려온 까닭이다. "갈 길 험난하다 / 갈 길 험난하다 / 갈림길마저 많은데, 지금 나는 어디에 있는가?"

당혹감에 깊이 탄식하는 모습이 절로 그려진다. 하늘이 냈다고 해도 결국은 뜻을 이루지 못하는 것 아닌가 하는 절규처럼 들린다. 그런데 반전이 일어난다. 이백은 "긴 바람 타고 파도 뚫고 나갈 때 반드시 오리니 / 구름 같은 돛 곧추세워 푸르른 대해를 건너리"라며 노래를 맺는다. "갈 길 험난하다 …… 지금 나는 어디에 있는가"라는 토로는 분명 뭔가를 해보려 해도 도통 길이 보이지 않더라는 한탄이었다. 밀려드는 초조함에 겨워하는 심정의 솔직한 토로였다. 그러했던 그가 일순간 다시 선 것이다. 그를 우뚝 일으켜 파도를 헤치며 대해를 가로지르겠다고 다짐케 한 힘은 대체 어디에서 왔을까?

인문의 험로에서 역사를 쓰다

여기 또 한 명이 있다. 그는, 하늘이 천하의 인문을 수호케 하려고 자신을 세상에 보냈다고 자부했다. 때로는 성문지기에게까지 "안 되는 줄 알면서도 굳이 이루려 애쓰는 이"(『논어論語 「헌문憲問」)라는 비아냥거림을 듣기도 했다. 그러나 하늘이 그를 세상을 일깨우는 목탁으로 삼아서였을까, 하늘이 그에게 인문 부흥의 책무를 부여한 것이 정말이어서 그랬을까. 그는 주변의 숱한 시샘과 비방에 아랑곳하지 않고, 그 길이 고되고 괴로울 줄 빤히 알면서도 뚜벅뚜벅 걸어갔다.

공자 이야기다. 그는 험난한 여정과 숱한 갈림길 앞에서 역사 기록이라는 길에 올랐다. 맹자孟子의 말을 들어본다.

> 세상이 쇠락하여 도가 사라지자 사악한 학설과 패악한 행위가 생겨났다. 신하가 임금을 시해하는 일이 일어나고 자식이 아버지를 해치는 일이 생겨났다. (『맹자』 「등문공·하」滕文公·下 중에서)

공자가 살던 시절, 문명과 천하를 떠받드는 기축 윤리는 충忠과 효孝였다. 맹자의 언급은 그러한 기축 윤리가 공자의 시대에 이미 송두리째 무너지고 있었다는 증언이다. 당시는 지배계층만이 아니라 문명 자체가 심각한 위기 상황에 빠진 때였다는 뜻이다. 역사 기록이 본격적으로 행해지게 된

저간의 사정이다.

『춘추』春秋는 이 상황에서 공자가 꺼내 든 필생의 카드였다. "노나라 242년 역사의 시비를 가려 천하의 본보기로 삼았다"(『사기』史記 「태사공자서」太史公自序)는 '공자 키드kid' 사마천司馬遷의 분석처럼 그것은 기존과는 사뭇 다른 성격의 역사 기록이었다. 『춘추』에 이르러 중국사상 처음으로 사실보다는 그에 대한 평가가 역사 기록의 궁극적 목표로 설정되었기 때문이다. 형식도 편년체라는, 사실을 연대기순으로 나열하는 새로운 것이었다. 역사의 잘잘못을 따질 때 붓끝에 자비慈悲를 두지 않은, 훗날 '춘추필법'春秋筆法이라 일컬어진 공자의 정신도 오롯이 담겼다. 그래서 사마천도 "천자라도 비판하였고 제후도 깎아내렸으며 대부를 공박하였다"(「태사공자서」)고 자신있게 증언할 수 있었다.

물론 참된 역사가라면, 잘못을 저질렀다면 응당 단호하게 꾸짖어야 한다고 여길 수도 있다. 그러나 이는 말처럼 쉬운 일이 아니다. 천하의 주인이자 제후諸侯들의 주군인 천자天子, 그에게 일정 지역의 통치를 위임받은 제후. 이들은 모두 인민의 목숨을 마음대로 좌우할 수 있는 막강한 권력자였다. 하여 그들의 잘못을 있는 그대로 기술함은 목숨을 걸어야 하는 일이었다. 그럼에도 공자는 왜 굳이 그런 위험을 무릅썼을까. 다시 사마천의 증언을 들어본다. "오로지 왕도를 실현하고자 했을 따름이다"(「태사공자서」). 왕도는 당시 최고의 진리였다. 천자라는 절대권력 너머의 최고 진리를 바라보며 역사를 기록했기에 눈앞의 최고 권력을 넘어설 수 있었다는 것이다.

이것이 사마천이 읽어낸 공자가 수행한 역사 기록의 고갱이였다. 그는 역사를 기록하고 평가하면서 역사에서 부조리한 현실을 돌파할 수 있는 힘의 원천을 찾아냈다. 물론 문명이 무너져갈 때, 역사에서 삶의 동력을 길어오는 활동은 지금 보기에는 그다지 특출하다고 하기 어렵다. 그러나 공자의 시대, 시절을 우려하고 천하를 걱정하는 지식인이 공자 하나였을 리 없음에도, 역사 기록을 통해 세상을 바로잡을 수 있는 힘의 원천을 밝히 드러내고자 한 이는 공자뿐이었다. 못 돼도 3천 년을 훨씬 웃도는 중국 인문의 역사에서, 그는 최초로 마주하게 되는 명실상부한 '호모 히스토리쿠스' homo historicus, 역사 쓰는 인간였다.

해석하는 정신의 탄생

이는 『춘추』가 '해석하는 역사'였기에 가능했다. 이 점에서 『춘추』는 그이전의 역사 기록인 『서경』書經과는 확연하게 구분됐다. 『시경』詩經 ·『역경』易經 등의 경전과도 그러했다. 『춘추』는 중국 최초의 해석하는 역사였다는 말이다. 경전은 전승되는 그대로 현실에 최대치로 적용되어야 하는 것이었다. 그것은 세상 경영의 근거이자 원천으로 감히 시비를 건다거나 변용할 수 있는 대상이 아니었다. 『춘추』는 이러한 전통을 다변화하여 경전 해석이라는 새로운 전통을 정초한 첫 열매였다.

문명사적 일대 사건이 벌어진 셈이었다. 인간의 언어가 '해석을 위한 도구'로 쓰이기 시작했기에 그렇다. 그전까지 언어는, 성인이 밝힌 하늘의 신성한 가르침을 인간에게 전달하는 역할을 수행했다. 자신에 담기는 콘텐츠를 수동적으로 실어 나르는 도구였다. 『춘추』의 출현은 이러한 '전달의 언어'에 '해석의 언어'라는 새로운 기능이 장착됐음을 알리는 표지標識였다. 인간이 언어를 인간 중심적으로 사용하게 되었다는 뜻이다. 신성한 가르침임은 변함이 없었지만 그것을 해석하는 과정에서 언어가 인간의 관심사를 해명하고 필요를 충족하는 방향으로 흘렀기 때문이다. 곧 진정한 의미의

'언어의 인문화'가 전보다 획기적으로 진척됐다.

　그뿐이 아니었다. 『춘추』는 자연의 시간도 인문화했다. 공자는 『춘추』를 엮을 때, 노나라 군주를 기준으로 시간의 흐름을 재단한 다음 그 각각의 재위 기간을 연대순으로 나누고 주요 사건을 계절과 달 별로 간략하게 언급했다. 이를테면 "은공 원년 봄, 주 천자의 정월"(『춘추』 은공隱公 원년 부분의 첫 대목이다. 원문은 "元年春, 王周正月") 식이다. 이는 우주의 시간적 흐름을 인간 군주의 재위 연도를 기본단위로 재편한 결과이다. 언뜻 별로 특별할 것 없는 건조한 서술처럼 보일 수도 있다. 그런데 우주적 현상인 시간의 흐름을 인위적 단위인 군주의 재위 기간으로 획분하고, 예컨대 '천지의 1월' 식이 아니라 '천자의 정월' 식으로 표현한 점에 주목할 필요가 있다. 우주의 시간적 흐름을 인간 군주에게 귀속시키고 인간 중심적 가치를 부여한 결과이기에 그렇다. 곧 시간도 명실상부하게 인문화한 것이다.

　이렇듯 『춘추』에서 우리는 역사를 자기 삶의 핵심으로 삼을 줄 아는 양식良識, 해석하고자 하는 욕망, 단호하게 논단하는 비판정신, 언어를 주동적으로 사용할 줄 아는 역량 등과 마주하게 된다. 공자처럼 험난한 행로를 살아내는 힘의 원천을 역사, 곧 인문의 궤적에서 섭취하는 영혼도 목도하게 된다. 그렇게 우리는 『춘추』를 통해 인문의 총화와 접속하게 된다. 인문의 험난한 길을 꿋꿋하게 걸어갈 수 있게 해준 인문의 힘과 접속할 수 있다는 얘기이다.

인문의 돛을 곧추세우고

공자 그리고 『춘추』는 인문이 걸어온 궤적을 탐사할 때 고전, 그러니까 '문명을 만든 텍스트'를 벗 삼아야 하는 이유를 또렷이 말해준다. 아무리 세계가 한 마을처럼 연동되어도, 달리 말해 세계화가 당위나 목표가 아니라 출발점이자 기본값default이 되고, 디지털 기술의 발달에 힘입어 '초超연결'hyper-connection, '포스트 휴먼'post-human 시대의 도래가 임박했어도, 그때나 지금이나 인문의 행로는 여전히 험난하고 삶터 역시 켜켜이 부조리하기 때문이다.

또한 지금 여기의 우리와는 여러모로 격절된 먼 과거의 유산이지만 어떤 조건에서도 문명을 빚어온 고전이 인문의 힘을 지녔다는 점에서 여전히 요긴하기에 그렇다. '나'나 '우리'가 성인聖人 공자처럼 살아가야 하기에 그렇다는 말이 아니다. 그의 삶을 꼭 닮아야만 인문적 삶이 되는 것도 아니다. 그의 어록인 『논어』를 들춰보자. 거기에는 명분 없는 반란에 냉큼 참여하려다 제자에게 저지당하는 모습, 평소의 가르침과 판이한 언행으로 제자에게 무안당하는 모습 등 공자가 저지른 부끄러운 행실이 적잖이 실려 있다. 그가 위대했다고만 할 수 없는 증좌들이다. 『논어』에 실린 그의 말들은 또 어떠한가? 오히려 평범하고 친근한 말들이 다수일 뿐, 성인이라는 칭호에 걸맞을 법한 심오하고도 드높은 내용은 적다. 그의 삶이 신처럼 '무無오류'인 것도 아니고, 그가 범접하기 어려운 신성한 존재인 것도 아니라는 뜻이다.

실제로 공자의 삶과 앎은 대단한 수사가 들러붙은 성인과는 사뭇 달랐다. 그가 그저 그러한 삶을 살았다는 얘기가 아니다. 그가 각성한 정신을 바탕으로 인문적 삶과 사회의 구현을 향해 꾸준히 노력한 인물임은 부인할 수 없다. 그러나 공자의 삶을 두고 유사 이래 그와 같은 이는 없었던 영원한 사표로 추켜세워진 성인의 삶이라고 할 수는 없다. 우리 주변에서 그리 어렵지 않게 찾아볼 수 있는 '좋은 어른'의 삶에 해당한다고나 할까, 평범한 사람이 구현할 수 없는 경지의 삶을 펼쳐낸 것은 절대 아니었다.

공자가 역사 기록을 수행한 것도 성인이어서가 아니라 좋은 어른이었기 때문이었다. 역사는 그러한 좋은 어른들이 있어 험로를 헤치며 전개될 수 있었지, 성인이 저 홀로 굴려온 것이 아니었다. 온갖 미사여구로 치장된 성인의 삶이 아니라 좋은 어른의 삶, 바로 이것이 공자가 '살아낸' 삶이었다. 따라서 『춘추』나 공자 같은 문명의 텍스트를 접한다는 것은 그러한 좋은 어른이 되려는 활동, 곧 개인과 사회의 인문적 진보를 도모하는 삶에 접속한다는 뜻이지 웬만해서는 도통 따라 할 수 없는 성인의 삶을 살자는 뜻이 결코 아니다.

다만 21세기 우리 사회에서 삶의 조건과 문명 조건을 감안할 때 삶과 사회의 인문화를 향한 노력, 곧 좋은 어른이 되기 위한 노력을 개인에게만 맡겨두는 것은 무책임한 처사이다. 지식 기반의 자본주의 시대라는 말이 시사해주듯이 자본주의가 창의성과 자율성, 생명 현상 등 인간의 고유성마저 자신의 고정자산으로 포섭한 지금, 좋은 삶과 사회의 구현을 위한 노력을 개인에게 일임한다는 것은 지독하기까지 한 독선이다. 인문적 삶과 사회를 견인해낼 수 있는 좋은 정책과 제도가 반드시 병행되어야 한다는 뜻이다.

고전, 그러니까 문명을 빚어낸 텍스트와 벗하는 삶은 이렇게 좋은 어른, 곧 인문적 시민과 그들의 집합체로서의 인문적 시민사회의 보편적 구현을 일정 수준 이상으로 보장할 수 있는 정책과 제도가 뒷받침됐을 때 비로소 일상에서 실현 가능한 제안이 될 수 있다. 이제 좋은 삶과 인문적 시민사회 창출을 위한 인문 정책과 제도의 마련이라는 화두를 노자路資 삼아 인문이 걸어온 여정을 되짚어보고자 한다.

2. 이야기가 역사에 앞선다

김월회의 첫 글에 따르면, 공자는 '명실상부한 사상 최초의 호모 히스토리쿠스'homo historicus, 역사 쓰는 인간이다. 역사의 관점에서 바라본 인간에 대한 하나의 이해일 것이다. 기본적으로 동의한다. 공자가 『춘추』를 저술한 것을 '문명사적인 일대 사건'으로 보는 김월회의 주장은 설득력이 있다. '시간도 인문화'한 저술이 『춘추』이기에.

그러나 여기부터는 따로 가야 할 것 같다. 역사 이전의 선사先史 시절로 올라가려 하기 때문이다. 또한 내가 소개하려는 것이 역사가 아닌 문학, 더 정확하게는 문자가 아직 본격적으로 이용되지 않았던 시기에 만들어진 이야기에 관한 것이기 때문이다.

내 생각에, 사실과 진실을 추구하는 역사가 문명을 움직이는 동력이라면, 내 생각에, 허구에 지나지 않은 이야기와 노래도 얼마든지 문명을 만드는 동력이다. 이 글에서는 문학literatura이라는 표현은 사용하지 않겠다.

문자가 발명되기 전에 지어진 노래로 된 이야기를 말하려 하기 때문이다. 허구에 불과한 이야기가 문명을 만든다는 말에 선뜻 동의하지 않을 수도 있을 것이다. 결론부터 말하면, 문명을 만드는 힘은 이야기에서 시작한다. 사실 문명이라는 것은 생존을 향한 인간의 집단적 욕망의 총화라 할 수 있는데, 그 집단의 기본 단위는 사람이고, 그 사람이 어떻게 살아남게 되었는지에 대한 관찰과 경험을 기억으로 전하는 것이 이야기이기 때문이다.

두 사람을 증인으로 부르자. 먼저, 오디세우스를 부르겠다.

> 그는 소중한 마음에게 침통한 말을 던졌다. // "아이고 죽겠네! 제우스께서 생각지도 못했던 땅을 보게 // 해주셨건만! 심연의 대양을 건너 여행도 마쳤건만 // 검은 바다 밖으로 빠져나갈 곳이 어디에도 보이지 않네. // 바깥쪽에는 암초가 늘어서 있고 주변으로는 파도가 // 노호하며 부서지고 반질반질한 바위가 가파르게 솟아 있고 // 그 옆의 물속은 너무 깊어 두 발로 서서 죽음을 // 피하는 것은 어려워 보이네. // 땅으로 나가려다가 거센 파도가 나를 낚아채 뾰족한 바위에다 // 꽂아버릴지 몰라 무섭구나. 모든 노력도 허사가 되고 말겠지. // …… // 내가 알기로 대지를 흔드는 신께서는 나를 미워하니까." (『오디세이아』 제5권 404~21행)

'행로난'行路難이다. 오디세우스는 베드로처럼 신에게 어디로 가야 할지 quo vadis를 묻지 않는다. 사실 감히 물을 수도 없다. 신이 미워하는 존재이기에. 살길을 스스로 찾을 수밖에 없다. 바로 이 점에서, 오디세우스의 이야기야말로 인문학이 어떻게 시작했고 무엇을 대상으로 삼는지를 잘 보여주는 사례임이 분명하다.

행로난에 놓인 오디세우스가 위기를 어떻게 극복했는지를 살필 때 우선 주목해야 할 점은 호메로스가 오디세우스를 두 발로 설 수 없는 바다에 던져버린다는 사실이다. 육지와 달리 바다는 손이 발이 되어야 살아남을 수 있는 곳이다. 손을 손으로 사용할 수 없다는 뜻이다. 달리 말하자면, 도구를 사용할 수 없다는 뜻이다. 말 그대로 수족을 다 묶어버리는 곳이 바다이다. 이런 바다에서 오디세우스는 살아남기 위해 어떤 도구를 사용했을까? 그것은 머리였다. 인용에 따르면, 오디세우스는 살기 위해서 어디로 갈지를 살피고 재며 따진다. 살피고 재며 따지는 일이 관찰이고 계산인데, 이것들은 머리가 하는 일이다.

여기에서 호메로스의 인간 이해에 대한 면모가 한 자락 드러난다. 인간이란 머리 쓰는 존재라는 것이다. 호메로스가 오디세우스를 바다 한가운데에 던져놓은 이유가 여기에서 잘 드러난다. 머리 쓰는 인간을 드러내는 장소로 바다만큼 적당한 곳은 없기 때문이다. 여기까지가 머리 쓰는 존재 '호모 사피엔스'homo sapiens에 대한 관찰이 이야기꾼에 의해 이루어졌다는 오디세우스의 증언이다. 이야기의 힘을 무시해서는 안 된다고 한다.

두 번째 증인으로는 아킬레우스를 부르겠다.

> 아킬레우스는 사랑하는 // 전우를 생각하며 울었다. 모든 것을 정복하는 잠도 // 그를 제압하지는 못했다. 이리저리 뒤척이며 // 소중한 파트로클로스의 당당함과 용맹함을 생각하고 생각했다. …… 이런저런 생각에 바로 누워보기도 하고 모로 누워보기도 하고 // 엎드려보기도 했건만 이내 굵은 눈물을 뚝뚝 흘렸다. // …… // 그러다가 그는 날랜 말들에게 멍에를 씌웠고 // 끌고 다닐 생각으로 헥토르를 전차 뒤에 매달았다. // 헥토르를 끌고 죽은 파트로클로스의 무덤을 세 번 돌고 나서 막사로 돌아와서 쉬었다. (『일리아스』 제24권 3~15행)

자신이 사랑하는 파트로클로스를 죽인 헥토르에 대한 복수에 성공한 아킬레우스의 심정에 이상한 변화가 감지되는 장면이다. 시원하게 복수만 하면 다 끝날 줄 알았는데, 그게 그렇지 않았던 모양이다. 복수에 눈이 멀었을 때보다 파트로클로스를 향한 더 큰 그리움과 더 무거운 슬픔이 아킬레우스를 덮쳤다고 호메로스는 노래한다. 분노와 슬픔이 치밀어 오를 때마다 그는 죽은 헥토르의 시신을 마차에 매달고서 파트로클로스의 무덤을 빙빙 돌았다고 한다. 한두 번이 아니었다고 한다. 당연히 사람이 해서는 안 될 짓이었다. 신에 대한 불경죄hybris에 해당하는 짓이기에. 시신과 죽음은 인간의 영역이 아니라 신의 영역에 속하는 것이기 때문이다. 불경죄에 대한 처벌로 아킬레우스가 받아야 했던 죗값은 자신의 죽음이었다.

따져야 할 말이 많겠지만, 내 생각에는 아킬레우스의 죽음이 단순한 불경죄에 대한 죗값만은 아니라는 점을 지적하고자 한다. 그 이상의 생각해 볼 거리가 있다는 말이다. 아킬레우스의 불경스러운 짓이 신에 대한 도전인 점은 맞다. 그러나 인간의 처지에서 보면 죽음에 대한 맞섬을 보여주는 영웅적인 행위로 해석될 수 있다. 어찌 보면 광기menis로 비칠 수도 있다. 그러나 시시포스의 바위처럼 굴러오는 노령과 죽음을 두려워하지 않는 태도를 아킬레우스의 저 불경스러운 행위에서 읽어낼 수 있기 때문이다. 아킬레우스도 자신이 저지른 불경죄로 말미암아 자신이 죽어야 하는 것을 잘 알고 있었다. 그럼에도 그는 시신을 무례하게 다루었다. 그렇다면 사연이 있을 수밖에 없다. 무엇이었을까? 자신의 생명보다 더 소중한 것이 있었음이 분명하다. 무엇일까?

그러니까, 아킬레우스로 하여금 죽음에 맞서게 만든 힘은 두 가지였다. 하나는 자신의 명예이고, 다른 하나는 자신이 사랑하는 사람이었다. 적어도 이 둘 중에 하나라도 문제가 된다면 죽음 따위는 아무것도 아니라는 생각을 지닌 사람이 아킬레우스였기 때문이다.

이 점에서 아킬레우스는 오디세우스와 크게 대비된다. 후자가 살아남기 위해 머리를 쓸 수밖에 없었던 사람이라면, 전자는 머리가 아닌 가슴을 따르는 사람이었기 때문이다. 여기에서 인간 이해에 대한 호메로스의 또 다른 면모가 드러난다. 가슴을 따르는 존재가 또한 인간이기에. 오디세우스는 죽음을 피하기 위해 머리 사용을 극대화했다. 살려는 욕망에서 나온 머리 부림이다.

그런데 죽음에 맞서는 것도 실은 살고자 하는 욕망의 또 다른 몸부림일 것이다. 살아도 산 것이 아니기에. 이런 이유에서 나는 아킬레우스의 몸부림과 오디세우스의 머리 부림은 근본적으로 같은 뿌리에서 나온 것이라고 본다. 물론 차이는 있다. 하지만 그것은 죽음을 피하는 길이 머리에서 나오는 것인 반면, 죽음에 맞서는 힘은 가슴에서 나온다는 정도일 뿐이다.

문제는 이 둘을 어떻게 양립시킬 수 있는가 또는 통합할 수 있는가이다. 실은 이 문제를 해결하는 것이 인문학의 책무이기도 하다. 아무튼, 호메로스에 따르면, 이것들을 양립시키는 또는 통합하는 힘이 실은 기억이라고 한다. 이 기억은 과거의 무엇을 저장하고 암기하는 것이 아니다. 사실 호메로스 시절에 기억은 생각과 거의 구분되지 않은 개념이었다. 기억의 여러 기능 중에서 암기와 생각을 의식적으로 구분하기 시작한 이가 플라톤이기 때문이다. 적어도 호메로스에게 기억은 현재형이고 생각과 같은 무엇으로 사용되었다. 단적으로 파트로클로스에 대한 아킬레우스의 기억은 과거의 추억이 아니라 현재의 생각으로, 살아 있는 힘으로 아킬레우스의 생각을 지배했다.

여기에서 생각이란 단순하게 계산만 하는 도구가 아님이 분명하게 드러난다. 호메로스가 사용하는 생각에 해당하는 원어는 '기억하다'라는 동사

'mimneskein'이다. 호메로스는 사랑하는 이를 그리워하고 애통해하며 생각하는 일을 기억에 맡기는 셈이다. 요즘 말로 하면 가슴이 하는 일을 기억과 생각에 맡기는 셈이다. 이쯤 되면, 생각을 만들고 생각을 일게 만드는 출처가 여럿이 아닌지 물을 수 있을 것이다. 실제로 고대 그리스인들은 생각의 출처가 여러 곳이라고 생각했다. 재고 따지는 일은 메티스metis라는 여신이 관장하는데 이는 머리의 소관이고, 느끼고 아파하는 일은 튀모스thymos, 쓸개라는 기관이 관장하는데 이는 가슴의 소관이다. 판단과 관련된 지혜 일반을 다루는 곳은 횡격막인데, 그리스 말로 프렌Phren이라고 한다.

호메로스의 서사시에 나오는 정신 현상 일반을 길게는 논하지 않겠다. 중요한 점은 그 출처가 가슴이든 머리든 생각이 하는 일에 대한 호메로스의 관찰이다. 살피고 재고 따지는 머리와 아파하고 슬퍼하며 분노하는 가슴이 합쳐져야 생각의 온전한 모습이 드러나기 때문이다. 이것이 중요한 이유는 머리를 사용하고 가슴을 따르는 생각을 할 수 있을 때에 비로소 인간이 될 수 있기 때문이다. 인간을 대하는 호메로스의 온전한 생각이 여기에서 드러난다. 한마디로, 죽음을 피하려 하고 죽음에 맞서는 존재가 바로 인간이다. 그러기 위해서는 머리를 써야 하고 가슴을 따라야 한다. 어쩌면, 머리 쓰는 인간과 가슴을 따르는 인간이 실은 바로 나 자신일 것이다.

각설하고, 이런 나를 관찰하기 시작한 것은 역사 이전부터이다. 이런 이유에서 이야기는 역사에 앞선다. 이야기가 인문학의 시작이었다. 이런 이유에서 나는 이야기 교육이 인문학 교육의 중심에 서야 한다고 생각한다. 머리를 잘 쓰는 것도 중요하다. 그러나 가슴을 따르는 또는 가슴에 끌려다녀야 하는 존재가 인간인 한에서는 어쩔 수 없기 때문이다. 아무리 살길이 머리에서 나온다고 해도, 가슴이 아프면 살아도 산 것이 아니기에 그렇다.

문명이 어떻고 제국이 어떻고 하는 소리도 내 가슴이 아프면 전혀 귀에 들어오지 않기에 하는 말이다. 그 증인이 아킬레우스였다. 죽음을 피해야 하지만 죽음에 맞서야 하는 존재가 그런데 바로 나 자신이라면 더욱더 그럴 수밖에 없을 것이다.

한 가지는 분명해졌다. 죽음에 맞서는 길을 가르치는 학문은 그래도 아직까지는 인문학이라는 점이다. 죽음에 맞서는 힘을 불어넣어주는 것이 인문학이기 때문이다. 가슴을 따를 수밖에 없기에 하는 말이다.

3. 노래가 경전이 된 까닭
─'가슴의 언어' 노래로 공동체를 빚어내다

「천문」^{天問}이라는 시가 있다. '하늘에 묻노라'라는 뜻의 호기로운 제목이다. 기원전 3세기 무렵을 산 굴원^{屈原}의 작품이다. 올곧게 살았건만 억울하게 쫓겨나 삶을 스스로 마감한 굴원, 그는 천고의 절창 「이소」^{離騷}를 지어 2,000여 년 중국문학의 역사를 아롱지게 한 시인이었다. 「천문」은 그가 시선을 존재의 근원으로 옮겨 읊은 또 하나의 절창이다.

"누가 있어 그때의 일을 전해주었을까"

사람은 유한하지만 영원을 사유할 줄 안다. 그저 관념의 유희를 위해서가 아니다. 진짜로 자기 삶의 중요한 근거로 자기 실존에 영원을 품는다. 꼭 영생을 믿고 내세를 확신하는 이만 그러했음이 아니다. 사람은 초월을 희구하며 꿈을 먹고 살 줄 알기에 영원을 향한 희구는 유한한 삶을 살아내는 동력이 되기도 한다. 굴원이 존재의 근원을 읊은 이유이다.

> 까마득한 옛날, 누가 있어 그때의 일을 전해주었습니까? 하늘과 땅이 나뉘기 전은 무엇으로 살펴볼 수 있습니까? 어둠과 밝음이 어둑어둑 뭉쳐 있었는데 누가 이를 다 밝혀냈습니까?

「천문」의 첫머리이다. 시인은 하늘과 땅이 생기기 전 무엇이 있었는지를 묻는다. 밝음과 어둠이 하나로 엉켜 있던 혼돈의 상태를 궁금해한다. 위 인용문에 이어지는 대목에서는 하늘과 땅이 어떠한 연유로 지금처럼 생기게 됐는지를 따진다. 겸하여 만물의 생성에도 질문을 던진다. "음과 양이 정반합처럼 섞여 만물을 낳았다고 하던데 무엇이 근본이고 또 무엇이 변이된 것입니까?"

가없는 비애에 몸부림치던 시인이 던진 우주와 만물의 생성에 관한 근본적 물음이다. 부조리한 현실의 근인을 파헤치던 시인의 영혼이 존재의 근원까지 파고든 것이다. 그런데 이 시를 다시 한 번 들여다보면 굴원의 또 다른 관심사를 발견할 수 있다. '누가'에 대한 궁금증이 그것이다. 주위를 둘러보면 천지와 만물의 생성에 관한 적잖은 이야기를 접할 수 있는데, 이를 전한 이들은 누구에게 우주의 기원 얘기를 들었던 것일까. 그 누구는 또 누구에게 들었던 것일까.

그렇게 거듭 거슬러 올라가면 우주 만물의 생성 순간과 함께한 누군가가 있어야 한다. 그가 목도한 바를 전해줘야 후세 사람들이 비로소 그에 관해 알게 된다. 그런데 우리는 이것이 불가능함을 이미 알고 있다. 천지 만물의 생성 이전에, 또 생성의 순간에 아무도 존재할 수 없음은 자명하기 때문이다. 그렇다면 우주 만물의 근원을 다룬 적잖은 이야기들은 어디에서 나온 것일까.

앞선 글에서 "이야기로 문명을 만들었다"는 안재원의 통찰에는 그래서 아무런 이견이 없다. 우주 만물의 생성이라는 사건이 이야기를 만들어냈음이 아니라 이야기가 그러한 문명의 기원을 만들어냈기에 그렇다.

노래, '가슴 쓰는' 존재의 언어

단적으로 이야기는 문명을 창출하고 갱신하며 종횡으로 전파하는 문명의 핵심 장치이다. 역사서는 물론 담론 구축을 지향한 제자백가諸子百家의 저술 상당수가 이야기로 채워진 것만 봐도 문명에서 이야기가 차지하는 비중을 쉬이 짐작할 수 있다.

여기까지가 안재원의 앞선 글에 대한 화답이자, 이야기의 역할에 관한 얘기이다. 그런데 이야기는 왜 하필 노래 형식을 띠게 되었을까. 앞선 글에 소개된 오디세우스나 아킬레우스의 이야기는 모두 『오디세이아』와 『일리아스』라는 긴 노래의 일부이다. 앞에서 소개한 굴원의 「천문」도 노래로 불렸다. 그런가 하면 선조들의 찬란한 공적을 기린 이야기도 『시경』이라는 노래집에 실려 있다. 왜일까?

실은 이야기뿐만 아니라 담론조차도 노래의 속성을 강하게 띠었다. 『역경』이 그러하고 사변적 철리로 이름 높은 『노자』老子도 그러하다. 이야기뿐만 아니라 담론도 노래처럼 읊조려졌다는 것이다. 사정이 이러하다면 노래가 문명을 일구고 가꾼 주된 장치였다는 주장이 가능해진다. 사실 이는 문명의 패러다임이 구두전승이었기에 가능한 현상이다. 생존과 번영에 한

결 유리한 조건을 창출하기 위해서는 살아내면서 획득한 갖은 인문적 소산, 곧 문명의 내용을 효율적으로 전해야 했다. 아직 문자가 고안되기 이전, 이에 가장 적합한 장치로 고안해낸 것이 노래였다는 뜻이다. 사람은 그 가슴에서 박동이 절주 있게 울리는 존재였기에 노래에 담긴 내용이 한층 효과적으로 마음에 각인될 수 있었다.

게다가 장자莊子가 논파했듯이, 하늘과 땅, 사람을 포함한 우주 만물은 저마다 자기 소리를 내는 존재였다. 삶터에 늘 함께하는 자연의 가락에 인문적 소산을 연동해놓으면, 자기 신체에서 울리는 리듬에 문명 내용을 엮어놓으면, 자연이 지속되고 내 생명이 다하지 않는 한 그들은 언제든지 환기될 수 있다. 머리로 기억하는 경로가 아닌 가슴에 새기는 경로를 택한 까닭이다.

하여 상고시대부터 문명을 일구는 데 노래는 매우 중요한 장치로 활용되었다. 요堯임금이 「대장」大章이라는 악곡을, 순舜임금이 「소」韶라는 악곡을 지어 인문을 빛냈다는 믿음은 그래서 널리 신봉될 수 있었다. 관리를 파견하여 각 지역의 민요를 채집하고 이를 통해 통치의 잘잘못을 파악, 이를 정사에 반영하는 전통도 오랜 기간 지속될 수 있었다. 한漢, 기원전 206~기원후 220이 유독 음악을 관장하는 악부樂府라는 부서만 둔 까닭도 이 때문이었다. 한마디로 노래의 장악이 문명화와 그것의 유지 또는 갱신의 관건이었던 셈이니, 사서오경四書五經 가운데 『시경』을 으뜸으로 삼음이 우연이 아니었다.

해석으로 노래를 장악하다

시는 노래의 다른 이름이었다. 『시경』이라 불리는 노래집은 애초에는 그냥 '시'라고만 칭해졌다. 여기에는 기원전 11세기 무렵부터 기원전 6세기 무렵까지, 민간이나 조정에서 불리던 노래 305수가 실려 있다. 『사기』를 저술한 사마천의 증언에 따르면, 공자는 앞선 시대의 시 3천여 수 가운데 성현이 제시한 도덕준칙에 합당한 것만 가려 뽑아 『시경』을 엮었다고 한다.

그래서인지 공자는 『시경』 305편을 한마디로 개괄하여 '사무사'思無邪, 곧 생각에 사악함이 없다고 단언했다. 『시경』이 경전 가운데 최고 경전이 되는 데 어떠한 흠결도 없다는 얘기이다. 다만 실상은 매우 달랐다. 훗날 성리학을 집대성한 주희朱熹가 『시경』에 나오는 시의 대다수를 남녀 사이의 음란함을 노래한 '음시'淫詩로 규정했을 정도이다. 예컨대 이러했기 때문이다. 『시경』에 실린, '들판의 죽은 사슴'이라는 뜻의 「야유사균」野有死麕이라는 시이다.

> 들에 죽은 노루 / 흰 띠풀로 포장하였지요. / 봄을 품은 아가씨 / 꽃미남이 유혹하네. // 숲속 땔나무 / 들판의 죽은 사슴을 / 흰 띠풀로 묶었지요, / 백옥 같은 아가씨여. / "가만가만 천천히 / 앞치마 건드리지 마시고 / 삽살개 짖지 않게 해주세요."

이 시에서 경전에 걸맞은 도덕적·이념적 의미를 길어내기는 아무래도 쉽지 않다. 구애와 이에 응하는 선남선녀의 모습이 문면에 가득하기에 그렇다. 지금이야 남녀 간 욕정을 진솔하게 읊은 시라 해도 무방하지만 저 옛날에는 결코 그럴 수 없었다. 감정의 중용과 홀로 있을 때조차 늘 삼간다는 신독愼獨을 일상적으로 실천했다는 성인 공자, 그의 손을 거친 경전 중의 경전에 이런 야릇한 시가 있어서는 안 됐기 때문이다. 더구나 사마천이 증언하기를, 공자가 성현의 도덕준칙에 맞는 것만 가려 뽑았다고 했으니 더욱 난감했다. 그렇다고 공자의 손을 거친 경전 원문을 고칠 수는 없는 일. 남은 방도의 하나는 해석을 장악하는 길이었다. 특히 한대에 들어 제국적 질서 구축과 안정적 지속이 시대적 과제가 되자 이 일은 한층 체계적으로 수행되었다.

그 결과 위 「야유사균」에는 다음과 같은 표준적 해석이 붙었다. "이 시는 무례함을 싫어한 것이다. 천하가 큰 혼란에 빠지고 폭력이 횡행하게 되자 음란한 풍조가 생겼다. 그러나 앞선 시절에 문왕文王의 교화를 입었던 덕분에 비록 난세에 처했지만 무례함을 싫어하게 된 것이다"(정현鄭玄, 『모시정전』毛詩鄭箋). 예물을 갖춰 구애를 하였고 단정하게 사랑을 나누고자 했으니, 이는 남녀가 격식 따위에 아랑곳하지 않고 내키는 대로 '야합'野合하던 야만이 문명의 옷을 입은 증거라는 것이다. 따라서 이를 음란함으로 읽었다면, 그 음란함은 결과적으로 시가 아니라 읽는 이의 가슴에서 비롯된 것이 된다. 「야유사균」 같은 시를 읽을 때 욕정이 꿈틀댔다면, 이는 읽는 이의 마음에 음란함이 도사리고 있었기에 나타난 현상이라는 것이다. 경전에는 '사무사'만 있을 뿐, 음란 같은 욕정은 결코 스며들 수 없었다는 뜻이다.

결국 문제 삼아야 할 바가 텍스트에서 사람으로 옮아간 셈이다. 『시경』이라는 텍스트를 매개로 그것을 읽는 식자층, 곧 지식인의 내면을 장악하고자 한 결과이다. 그렇게 머리의 언어인 해석으로 가슴의 언어인 노래를 장악함으로써 조정은, 국가가 원하는 제도화한 사람을 만들어내고자 했음이다.

국가의 인문화가 필요한 까닭

그렇게 노래에 담긴 감성이 문명화를 앞세운 현실권력의 표준적 해석에 따라 제도화했다. 국가는 제도화한 감성으로 노래를 공유하게 함으로써 사람의 심성을 자신들이 내건 문명에 걸맞게 조정하고자 했다.

이는 근대 이후처럼 방방곡곡에 의무교육기관을 설치하여 국민을 양성할 수 없었던 시절, 중국이라는 공동체를 상상하고 신봉하는 데에 꽤 쓸만한 방도였다. 중원이 통일되기 한참 전 사람인 공자가 다른 경전보다도『시경』을 교육 현장에서 더욱 적극적으로 활용한 것도 이런 연유 때문이다.

그 무렵 중원은 세상의 중심인 천자의 권위가 유명무실해진 채, 일정 지역의 통치를 천자에게서 위임받은 제후들이 각자도생의 길로 치달아갈수록 분열이 심화하고 있었다. 게다가 각 지역은 저마다 자기 어음語音으로 말하고 있었기에 이를 방치했다가는 중원의 장기적 분열로 귀결될 게 뻔했다. 문제는 중원이 그렇게 분열되면 이른바 중원 밖 '오랑캐'의 침탈에 망할 가능성이 높아진다는 점이었다. 공자가 지식의 요체와 자연의 섭리를 전할 때면 줄곧『시경』의 시구를 활용하고,『시경』교육을 통해 중국이라는 공동체의 질서를 바로잡고 치세를 구현하려 한 현실적 이유였다.

실제로 제자들이 "선생님께서 평소『시경』을 말씀하실 때는 '아언'雅言, 곧 조정에서 사용하는 표준음을 쓰셨다"고 증언했듯이 공자는 시를 통해 중원을 하나로 묶어내고자 애썼다. 노래는 본디 율동하는 가슴을 지닌 사람 모두가 쉬이 공명할 수 있는 문명 장치이니, 같은 소리로 읊는 노래를 공유함으로써 중국이라는 공동체와 문명을 반석 위에 올려놓고자 했음이다. 이야기와 더불어 문명을 만드는 핵심 장치인 노래는 이렇듯 국가가 필요로 하는 제도화한 감성을 창출하고 보급하는 핵심 매체media로 활용되었다. 국가는 가슴의 언어인 노래에 머리의 언어인 해석을 덧씌우고 이를 문명화 과정이라고 규정함으로써 가슴 쓰는 존재인 사람을 효과적으로 장악할 수 있었다.

이것이 21세기 첨단 과학문명을 구가하는 지금 여기의 우리에게 던지는 의미는 여전히 크고도 무겁다. 생산력과 하부구조가 충분하지 못했던 시절이라 해도 국가의 욕망을 문명의 이름으로 사람에게 내면화하려는 노력이 꽤 실효를 거두었기 때문이다. 인문화가 개인 차원에서만 요청되는 것이 아니라 국가 차원에서도 절대적으로 필요함을 잘 말해주는 실례이기에 더더욱 그러하다.

다시 말해 국가를 인문화해야 한다는 뜻이다. 「'춘추'라 쓰고 '인문'이라 읽다」에서 설파한 바처럼 인문적 시민과 그들의 집합체인 인문적 시민사회의 보편적 구현을 일정 수준 이상으로 보장하는 제도와 정책을 구축하고 꾸준히 시행하는 일이 절실하다는 말이다. 그렇게 국가가 인문적으로 성숙했을 때, 부조리한 현실을 살아내는 개개인의 삶은 치열한 노력이 뒷받침되지 않아도 그 자체로 좋은 어른의 삶으로 영위될 수 있기에 그렇다.

4. 문명을 만든 힘은 약속이다

태초에 혼돈은 없었다. 오해는 이렇게 생겨났다. 먼저 기원전 7세기에 활동한 헤시오도스Hesiodos가 전하는 우주생성cosmogony에 관한 노래를 들어보자.

처음 생겨난 것은 카오스였다. 다음으로 품이 넓은 가이아가 생겨났다. 눈 덮인 올림포스의 봉우리에서 거주하며 죽음을 모르는 모든 신들에게 언제나 안전한 거처였다. 타르타로스는 넓은 길의 가이아의 멀고 깊은 내부에 자리 잡았다. (『신통기』 116~19행)

카오스는 '혼돈'으로 통용된다. 그러나 헤시오도스는 혼돈의 의미로 카오스를 사용하지 않았다. 혼돈의 의미로 카오스를 널리 퍼뜨린 사람은 오비디우스Ovidius, 기원전 43~기원후 17였다.

바다도 대지도 만물을 덮고 있는 하늘이 생겨나기 전의 자연은 전체가
한 덩어리였다. 한 모습이었다. 사람들은 그것을 카오스라 일컬었다. 원래 그
대로 투박하고 어떤 질서도 어떤 체계도 갖추지 못했던 무거운 덩어리로,
마찬가지로 그 안에서 서로가 서로에게 으르렁대는 만물의 씨앗(원자)들이
한데 뒤엉켜 있었다. (『변신 이야기』 제1권 5~9행)

우주사의 관점에서 보면 찰나에 불과하리라. 그러나 700여 년이 지나는
사이에 많은 변화가 생겨났다. 헤시오도스의 노래에서는 발견되지 않는 새
로운 개념들인 '자연' '질서' '원자' 개념들로 우주가 설명되기 때문이다. 약
700년 동안에 도대체 무슨 일이 일어났을까?

많은 일이 벌어졌다. 정치적으로는 그리스에서 직접민주주의를 정체로
하는 폴리스가 형성되었고, 로마에서는 인민과 귀족들의 대타협의 산물인
로마 공화정이 발전했다. 지적으로는 엄밀한 학문이 신화나 전설 같은 이
야기와 노래들을 대체했다. 어떤 이들은 말 너머의 자연 세계를 직접 탐구
하고 관찰했다. 어떤 이들은 인류가 아직도 해결하지 못한 아주 오래된 물
음들을 발견해냈다. 예컨대 '나는 누구인가?' 따위의 물음은 아직도 해결
되지 않은 것이다. 이런 물음을 둘러싸고 벌어진 논의와 논쟁을 아우르는
학문인 인문학이 그 꼴을 갖추기 시작한 것이 바로 이 기간이었다. 또한
사람들이 한데 어울려 함께 사는 방법과 그것을 정당화하는 힘에 대한 고
민을 시작한 시기도 바로 이 기간이었다.

이 글은 사람들이 어울려 사는 여러 고민 가운데 하나인 맹세와 약속에
관한 얘기이다.

새로운 문명은 약속에서 시작되었다

때는 바야흐로 청동기 문명에서 철기 문명으로 이행하는 시기였다. 당시 세태는 이러했다.

> 이번에는 철의 종족이 태어났기 때문이오. …… 아버지는 아들에게, 아들은 아버지에게 낯선 사람일 것이고, 손님은 주인에게, 친구는 친구에게 두려운 사람일 것이며, 형은 동생에게, 동생은 형에게 해로운 사람일 것이오. …… 주먹이 곧 정의이고, 나라는 나라를 약탈할 것이오. 약속을 지키는 사람과 정의롭고 선량한 사람에게 아무도 감사하지 않을 것이오. 사람들은 오히려 악행과 범죄에 능한 자를 존경할 것이오. 정의는 주먹 안에 있고 수치는 사라질 것이오. 사악한 자가 이 선량한 사람을 삿된 말로 모함하고, 거짓 맹세가 판을 칠 것이오. (『일과 나날』176~94행)

아수라장이다. 우주사적인 혼돈이라고 할 정도는 아니지만 적어도 문명사적인 혼돈이라 일컬을 만하다. 이런 세태에 대해 헤시오도스가 내린 처방은 두 가지였다. 하나는 약속을 지켜야 한다는 것이었고, 다른 하나는 일하라는 것이었다. 후자에 대해서는 다음에 얘기하고, 이 글에서는 약속이라는 문제에 집중하겠다. 사태의 핵심으로 바로 들어가자 in res medias!

헤시오도스는 철의 시대를 가족관계와 국가관계의 질서가 모두 무너진 사회로 기술한다. 수치와 정의가 사라진 사회라는 것이다. 그렇지만 무조건 나쁘다고 말할 수는 없다. 문명사적으로 두 가지 사회 변화를 지적해야 하기에. 하나는 혈통 중심의 씨족사회에서 익명성이 보장되는 도시사회로의 변화이고, 다른 하나는 인구 증가로 인해서 생존을 약탈에 의존하지 않으면 안 되는 경제구조로의 변화이다. 빼앗지 않으면 안 되는 약탈경제 구조로 사회 규모가 커져버렸다는 뜻이다.

이를 잘 보여주는 이야기들이 바로 『일리아스』이고 『오디세이아』이다. 두 노래는 전형적인 해적 얘기이다.

권력도 약속에서 나온다

아무튼 청동기 문명에서 철기 문명으로 이행하는 과정에서 생겨난 사회 구조는 온갖 새로운 악습을 만들어낸다. 헤시오도스는 이 사회를 두고 수치와 정의가 모두 대지를 떠난 세계라고 노래한다. 전통적인 덕목인 수치와 정의가 더 이상 '약발이 안 듣는' 사회가 되어버렸다는 뜻이다. 따라서 이런 세태에 대한 처방이 무엇인지가 궁금한데, 헤시오도스는 수치와 정의를 크게 강조하지 않는다. 정의를 '이미' 상실한 사회이기에.

헤시오도스는 정의 대신에 약속과 맹세를 처방으로 제시한다. 약속은 남과 관계를 맺는 사회적인 방식이고, 계약 사회의 뿌리는 바로 여기에 있다. 반면에 맹세는 우주와 관계를 맺는 방식이다. 이런 의미에서 맹세가 약속보다 더 높은 심급에 위치한다. 헤시오도스가 맹세를 약속보다 중시하는 이유는 이렇다. 우주의 질서가 맹세 관계에 기초하기 때문이라고 한다. 그의 말이다.

오케아노스의 딸 스틱스는 팔라스와 사랑을 나누어 궁전에서 권력욕, 복사뼈가 예쁜 승리, 권력, 완력을 빛나는 자식들로 낳았다. 이 힘들은 제우스 바로 옆에 머물며, 제우스가 앞장서는 곳이 아니면 앉지도 가지도 않았다. …… 오케아노스의 불멸하는 따님인 스틱스가 그렇게 하도록 결정했기 때문이다. …… 번개를 치는 올림포스의 주인은 모든 불사신들을 불러모으고, 신들 가운데에 자기와 함께 티탄 신족에게 맞서 싸우는 자는 어느 누구도 특권을 박탈하지 않고 각자 이전에 누리던 명예를 그대로 누릴 것이라고 약속했다. …… 불멸의 스틱스는 사랑하는 아버지의 조언을 듣고 자식들을 데리고 가장 먼저 올림포스로 올라갔다. 제우스는 그녀의 명예를 높여주고 특별한 선물을 주었다. 스틱스 자신이 신들의 위대한 맹세가 되게 하고, 스틱스의 자녀들은 언제나 자신과 함께 살도록 했다. 이렇게 제우스는 다른 신들에게 약속한 것들을 철저히 이행하였다. 반면에 그 자신은 권력과 왕권을 가졌다. (『신통기』 383~403행)

새로운 사회가 탄생하는 순간이다. 약속 기반의 새로운 권력 구조가 만들어지는 장면이다. 세 가지를 지적하겠다.

먼저 맹세의 신 스틱스가 제우스 권력의 핵심 근거로 자리 잡는다는 점이 중요하다. 천둥과 번개는 이제는 구시대의 유물이 되었다. 그것들이 권력의 상징은 되겠지만 더 이상 권력의 근거는 아니었기에. 그들의 자리를 이제는 스틱스의 자식들이 차지한다. 젤로스Zelos, 권력욕, 니케Nike, 승리, 크라토스Kratos, 권력, 비에Bie, 완력가 그것들이다. 이들이 제일 먼저 올림포스에 올라갔다고 한다.

다음으로 권력이든 완력이든 제우스 통치의 정당성을 맹세가 제공해준다는 점이 중요하다. 권력과 완력이 맹세의 자식들이라는 것 정도만 지적하겠다. 중요한 점은 권력의 비밀이 여기에서 드러난다는 것이다. 그 비밀은 약속을 지키는 데 있다.

마지막으로, 제우스 통치 체계의 특징이 드러난다는 점도 중요하다. 제우스의 권력이 약속과 맹세를 통해 개별 신들에게 나누어진 신들의 명예와 특권의 보장을 토대로 정당해진다는 점이다. 제우스는 그 약속을 지키겠다는 맹세를 하는데, 그 증인이 스틱스이다. 이를 통해 제우스는 권력과 왕권을 획득한다. 제우스 권력의 기반이 맹세라는 뜻이다. 참고로, 제우스 자신과 개별 신들 사이에 맺어진 약속들 그리고 신들과 신들 사이에 맺어진 약속들이 제대로 지켜지게끔 돌보는 일이 제우스의 주요 업무이다. 사정이 이와 같다면 우주 자체가 약속 체계로 이루어졌고, 그 약속 체계를 아우르는 메타-약속이 맹세의 신 스틱스인 셈이다.

맹세가 새로운 권력 구조의 근거였고 새로운 사회의 토대였다

스틱스는 과연 우주의 통치자 제우스의 권력 근거가 될 만한 존재일까? 헤시오도스에 따르면, 두 가지 점에서 그렇다. 먼저, 스틱스가 수행하는 역할에서 그 존재감이 분명하게 드러난다. 그 역할이란 다름 아닌 거짓 맹세를 하는 신들을 처벌하는 일이다.

> 누구든 거짓 맹세를 하며 스틱스 강물을 붓는 이는 일 년이 다 차도록 숨도 쉬지 못하고 누워 있다. 그 신은 암브로시아와 넥타르를 입에 댈 수도 없다. 숨도 쉬지 못한다. 목소리를 낼 수도 없다. 깊은 혼수상태에 빠져 넓게 펼쳐진 침대에 누워 있어야 한다. 긴 고통의 세월을 다 채우고 나면 또 다른 시련이 그를 덮친다. 9년 동안 그는 영생하는 신들로부터 격리된다. 회의와 잔치에 참여할 수 없다. …… 신들은 스틱스의 오래된 불멸의 물을 맹세의 증인으로 삼았던 것이다. (『신통기』 794~804행)

다음으로 스틱스가 우주에서 차지하는 공간적인 또는 상징적인 위치 때문에 그렇다.

> 그곳에는 검은 대지와 안개로 덮인 타르타로스와 추수할 수 없는 바다와 별 많은 하늘의 원천들과 뿌리들이 순서대로 자리를 잡고 있다. 이곳은 고통스러운 곳으로 신들도 혐오하는 곳이다. 거대한 틈이다. 누군가 이곳의 문턱을 넘어서면, 한 해가 다 돌아도, 그 바닥에 도착하지 못한다. 무시무시한 폭풍들이 끊임없이 불어대며, 이리저리 몰려다닌다. 이곳은 죽음을 모르는 신들도 두려워하는 곳이다. (『신통기』 736~43행)

'그곳'은 지상과 지하, 바다와 하늘의 뿌리가 모여 있는 장소이다. 헤시오도스에 따르면 카스마Chasma라는 거대한 심연이다. 두 가지가 주목된다. 먼저 살펴볼 말은 거대한 '틈'으로 옮긴 'Chasma'이다. 이 말은 앞에서 말한 카오스Chaos의 파생어이다. 다음으로 눈여겨볼 것은 땅과 땅속 세계와 바다와 하늘의 뿌리들이 이곳에 순서대로 자리를 잡는다는 주장이다. 이에 따르면 카오스는 혼돈이 아니다. 대신에 우주를 담는 일종의 비어 있는 그릇vacuum이다. 그런데 카오스에는 순서도 있다 hekseiēs고 한다. 그렇다면 태초에 혼돈은 없었다. 아무튼 중요한 점은 지상과 지하, 바다와 하늘이 하나인 곳에, 즉 우주의 뿌리가 위치한 곳 바로 앞에 맹세의 신 스틱스가 위치한다는 것이다. 여기에서 맹세의 존재감이 그대로 드러난다. 우주와 나누는 대화이고 약속이 맹세이다.

맹세 처방의 진짜 용도는?

결론적으로 헤시오도스의 맹세 처방은 제대로 약발이 먹혔을까? 요컨대 약속과 맹세 기반의 우주 질서는 과연 안정적으로 유지되었을까? 적어도 신들 중에 거짓 맹세로 처벌받은 신이 있다는 소리를 아직까지는 듣지 못했다. 그렇다면 맹세의 용도는 딴 데에 있었음이 분명하다. 다름 아닌 인간 세계의 정의와 질서를 바로잡는 것이었다.

> 한편 가증스런 경쟁Eris은 고통스런 노고, 망각, 기아, 눈물을 쏟게 하는 통증, 전투, 전쟁, 살인, 도륙, 언쟁, 거짓말, 핑계, 반박, 무질서, 미망 — 이들은 서로 친하다 —, 맹세를 낳았다. 누군가 알고도 거짓 맹세를 한다면, 이는 지상의 인간들에게 가장 큰 해악을 끼친다. (『신통기』 226~32행)

여기까지이다. 문명사적인 전환기를 맞이하여 겪게 되는 이른바 혼돈을, 더 명확하게는 혼란을 극복하기 위해 헤시오도스가 내린 진단과 처방에 관한 이야기는. 이른바 혼돈의 원인은 거짓이었으며, 이에 대한 처방은 맹세였다. 실은 맹세밖에 없었기 때문이다. 제우스 중심의 우주가 공간 구성과 통치 체계를 하나로 연결한 힘이 바로 맹세이고, 그 힘 덕분에 우주는 거짓과 거짓 맹세를 허용할 수 없는 구조로 바로잡혔기 때문이다. 요즘 말로 "너 자신에게 솔직해라"라는 말을 이렇게도 복잡하게 한 셈이다.

5. 탄탄한 공동체 구현의 조건
─'이로움과 의로움의 일체'[利義一體] 위에 선 묵가

기원전 4세기 후반, 하루는 진秦나라 궁정에 미묘한 기류가 흘렀다. 당시 진의 군주는 혜왕惠王이었다. 그는 선대 군주들의 치적을 이어받아 진을 드디어 중원 최고의 강대국으로 키워낸 참이었다. 하여 '2인자'를 뜻하는 제후의 호칭, 그러니까 '공'公을 벗어던지고 스스로를 '왕'王이라 칭하였다. 그때까지만 해도 왕은 'No. 1'인 천자에게만 붙일 수 있는 호칭이었다.

국가보다 공동체의 약속을 앞세우다

진나라가 이렇게 강성해진 데는 묵가墨家라 불리는 공동체가 큰 몫을 했다. 묵가는 기원전 5세기경의 인물인 묵자의 가르침을 따르던 사람들을 일컫는 말이다. 이들은 소규모로 공동체를 이루고 살던 중원 최고의 전투력을 갖춘 집단이었다. 다만 묵자가 공격용 전쟁을 단호하게 반대했기 때문에 그들은 방어용 전투력만을 키웠다.

그럼에도 그들의 전투력은 중원 최강이었다. 묵자는 겸애兼愛, 곧 차별 없는 사랑과 이익의 공유를 바탕으로 평화와 평등을 지향한 사상가였다. 그렇다 보니 평민에게 무척 인기가 높을 수밖에 없었고 이른바 기득권층에게는 눈엣가시 같은 존재가 되고 말았다. 그들로서는 묵가 공동체를 그냥 놔둘 수 없었고, 그 결과 묵가 공동체는 늘 외침의 위협 아래 놓였다. 그렇다고 묵자의 가르침을 포기할 수도, 공동체를 해체할 수도 없었다. 묵가 공동체 내의 삶이 힘없는 그들로서는 가장 좋은 삶이었기 때문이다.

결국 스스로를 지켜나갈 힘을 키울 수밖에 없었다. 그들이 당시 중원 최고의 방어용 전투력을 갖추게 된 저간의 사정이다. 그런데 최선의 방어는 최고의 공격이기도 하다. 그렇다 보니 묵가 공동체의 일부가 딴마음을 품었다. 막강한 전투력을 소유하고도 작은 공동체에 만족하는 삶에 불만을 품은 일파였다. 때는 바야흐로 중원을 제패하기 위해 제후들이 저마다 부국강병에 매진하던 시절, 고강한 전투력의 가치가 하늘 높이 치솟은 시대였다. 그들은 급기야 묵가 공동체를 떠나 자신들의 가치를 사주는 곳으로 이주했다. 진나라가 바로 그곳이었다.

당시 진나라에 들어간 묵가 공동체는 복돈이라는 인물이 이끌었다. 그는 혜왕이 중원 통일의 요충지를 차지하는 데 크게 기여했다. 국가적 차원에서 그들에 대한 대우가 각별할 수밖에 없는 이유였다. 그런데 하루는 복돈의 아들이 살인죄를 저질렀다. 묵가 공동체 법에 따르면, 살인한 사람은 사형에 처해야 했다. 비록 전쟁을 바라보는 관점 차이 탓에 딴 길로 나섰지만, 그렇다고 그들이 묵가 공동체 자체를 부정한 것은 아니었다. 그래서인지 죽을죄를 저지른 아들을 보고도 복돈은 일말의 흔들림이 없었다. 그는 단호하게 사형을 언도하고는 바로 집행하고자 했다.

때마침 이 소식이 혜왕에게 전해졌다. 그는 복돈이 진나라에서 세운 공을 감안하여 그 아들의 죄를 사면해주고자 했다. 다만 복돈의 체면을 배려하여, 군주의 권세를 내세워 명령하는 대신 인지상정에 호소하기로 했다. 그는 복돈에게 당신께선 연세도 높고 아들이 또 있는 것도 아니니 자기 말을 들어달라면서 중원 최강의 제후임에도 몸을 굽혀 간청했다. 그러자 복돈이 아뢨다. "사람의 살상을 막음은 천하의 대의입니다. 왕께서 은덕을 베푸셔서 담당 관리에게 처형하지 말라 하셨을지라도 저는 묵가의 법을 시행하지 않을 수 없습니다"(『여씨춘추』呂氏春秋 「거사」去私). 순간 묘한 기류가 형성됐지만 복돈은 아랑곳하지 않고 단호하게 아들을 처형했다.

공동체의 법과 군주의 명령이 부딪치는 순간이었다. 소규모이지만 전투력이 강력한 공동체와 그저 그러한 군주가 아니라 중원 최강 대국을 구현해낸 군주의 충돌. 아들을 사형에 처했으니 분명 그 순간만큼은 복돈, 그러니까 묵가 '공동체의 법'이 이긴 셈이었다. 그런데 이를 두고 '묵가 공동체'가 궁극적으로 승리했다고 할 수 없는 일이 벌어졌다. 역사를 보면 묵가 공동체는 혜왕의 후예인 진시황이 중원을 통일한 뒤 급격하게 소멸됐기 때문이다. 혜왕 사후 100여 년 만의 일이었다.

의로우려면 이로워야 하므로

복돈이 군주의 명을 거스르면서까지 공동체의 법을 준행한 까닭은 공동체의 영속을 위해서였다. 그러나 결국 성공하지 못한 셈이다. 진시황이 폭군이어서 그리 된 것만은 아니다. 사마천이 『사기』에서 한 제국은 진의 제도, 그러니까 진시황이 완성한 제도를 이어받았다고 증언한 데서 분명하게 드러나듯이 그가 과연 폭군이었는지는 더 따져볼 여지가 있기에 그렇다.

그보다는 강력한 전투력을 소유한 집단이 군주보다는 공동체 자체의 법을 따른다는 것이 국가에는 늘 잠재적 위협이었다는 점이 주된 이유였다. 그러니 진시황더러 뭐라고 할 바는 아닌 듯싶다. 궁금한 것은 묵가들이 이를 모를 리 없을 텐데도 그들을 그렇게 하도록 견인한 힘이 무엇이었을까 하는 점이다. 작은 규모의 공동체라 해도 그것 역시 사람들이 주조해낸 사회임은 분명하다. 묵가 공동체 또한 문명의 한 존재 방식임을 부인할 수 없다는 얘기이다. 따라서 그들이 강대국의 법보다 자기들의 법을 앞세웠음은 자기 문명에 대한 확신이 무척 강했음을 일러준다. 그러한 확신은 대체 무엇으로 인해 형성됐을까. 이와 관련하여 복돈보다 앞선 시대의 묵가 지도자 맹승의 일화를 살펴보자.

맹승 또한 묵가의 한 무리를 이끈 지도자였다. 그는 초나라의 양성군에게 외부의 침략으로부터 그의 영지를 지켜주겠다고 약속했다. 그러나 그는 양성군의 영지를 지켜내지 못했다. 그러자 그는 약속 불이행의 죄를 스스로에게 물어 지도자 자리를 다른 묵가 집단의 전양자에게 물려준다고 명령하고는 자결했다. 이에 그와 한 집단에 속해 있던 구성원 180여 명도 따라 죽었다. 맹승의 명을 전양자에게 전하러 간 사자 두 명도 전양자에게 그의 명을 전달한 뒤 역시 자결하였다. 묵가의 법에 따르면 지도자로서 약속을 지키지 못한 자는 그 책임을 목숨으로 다해야 했고, 그를 좇는 이들은 지도자를 따라야만 했다. 지도자이든 제자이든 간에 묵가의 법을 철저히 따랐다.

이는 자기 문명에 대한 확신이 없었다면 여간해서는 실행으로 옮기기 어려운 행위이다. 어떠한 경우든 약속을 지키는 것이 항상 이롭다는 믿음이 강렬해야 비로소 실행으로 옮길 수 있는 행위였다. 물론 내 아들이 죽고 또 내가 죽는데 대체 무엇이 이롭다는 것인지 쉬 납득되지는 않는다. 더구나 한 집단의 지도자가 그렇게 사유한다는 것은 오늘날에는 도무지 통할 수 없는 사고방식이기도 하다. 그러나 자결을 만류하는 제자에게 맹승이 한 말을 들어보자.

> 나와 양성군의 관계는 스승이 아니면 벗이거나 신하이다. 죽지 않는다면 추후로는 엄한 스승을 찾는 이도, 현명한 벗을 찾는 이도, 좋은 신하를 찾는 이도 결코 묵가에서 그러한 이들을 구하려 하지 않을 것이다. 죽음으로써만 묵가의 의를 실천하고 사업을 이어갈 수 있다."(『여씨춘추』 「상덕」上德)

한마디로 현재의 자기 죽음이 장래에는 묵가 전체에 이익이 된다는 주장이다. 전체에 이롭기 때문에 자신의 죽음은 의로운 것이고, 의롭기에 묵가의 사업이 지속될 수 있다는 논리이다. 다시 말해 묵가 공동체의 법, 곧 약속의 체계를 목숨과 바꿔서라도 지키는 까닭은 그것이 이롭기 때문이며 그래서 의롭기 때문이라는 정신의 발현이다. 약속이 공동체를, 사회를, 또 문명을 일궈내고 재건하는 데 고갱이가 되는 까닭은 이처럼 그것의 준수가 공동체 자체에, 또 문명 자체에 이롭고 의롭기 때문이었다.

'함께함'[兼], 이로움을 빚어내는 풀무

그런데 이러한 관점에는 '나'의 설자리가 잘 보이지 않는다. 묵자는 아예 타인 한 사람을 죽여 천하를 이롭게 하는 것은 결코 천하를 이롭게 함이 못 되지만, 자기를 죽여 천하를 이롭게 함은 진정으로 천하를 이롭게 하는 것이라고 단언했다. 전체를 위해 희생하는 나의 자리는 있지만 아무래도 개체로서의 나의 자리는 없는 듯하다.

한편 묵자는 이렇게도 말했다.

> 남을 사랑함은 자기를 배제하는 것이 아니다. 자신이 그 사랑 속에 있는 것이다. 자신이 사랑 속에 있으니 자신이 사랑받는 것이다. 이렇게 남과 나를 사랑함에 차등이 없어지면 나를 사랑함이 곧 남을 사랑하는 것이 된다."
> (『묵자』「겸애」兼愛)

곧 남을 사랑함을 나를 사랑함과 같이 할 수 있다면 남을 사랑함이 나를 사랑하는 것이 되고, 나를 사랑함이 남을 사랑하는 것이 된다는 말이다. 이때 남에는 천하도 들어 있다. 다시 말해 나와 남 그리고 천하는 차등 없는 사랑 속에서 일체를 이루게 된다. 그렇게 내가 남, 천하와 일체를 이루었을 때 비로소 나는 사랑받을 수 있다. 곧 나는 전체를 위해 존재하거나 남과 차별 없이 섞여야 비로소 그 가치를 부여받는다.

문제는 나를 그러한 존재로 설정하고 이를 실천하는 것이 동서고금의 역사가 밝히 말해주듯이 말처럼 쉽지 않다는 점이다. 실제로 이와 연관된 주장이 집중적으로 전개된 『묵자』「겸애」편을 보면, 묵자의 주장을 실천하는 것은 "태산을 옆에 끼고 황하와 장강을 건너뛰는 것"과 같다는 당시 사람들의 비아냥이 실려 있다. 이에 묵자는 '함께함'[兼], 곧 차별 없는 연대가 일상적으로 실현되면 서로에게 두루 이로워짐을 역설했다. 예컨대 이런 식이었다. 눈은 밝지만 못 듣는 이가 귀는 밝지만 못 보는 이와 함께하면 서로가 눈 밝고 귀 밝을 수 있으며, 다리는 힘세지만 팔 없는 이가 팔은

날래지만 다리 없는 이와 함께하면 둘 다 거동이 한결 나아진다는 것이다.

이를 사회적 일상으로 확대하면 처자식이 없는 노인도 의지하고 봉양을 받아 천수를 다할 수 있고, 부모가 없는 어리고 연약한 아이들도 의지하며 살 곳이 생겨 온전히 성장할 수 있다. 결국 '나'는 공동체 전체의 이로움 창출을 위한 '함께하는' 행위자가 될 때 비로소 존재의 정당성이 확보된다. 그래서 이로움의 추구는 그 자체로 의로움의 실현이 된다.

묵가 공동체는 바로 이러한 행위자들로 구성됐다. 하여 '함께하는' 이로움은 다른 무엇보다 공동체의 정의를 앞세우는 높은 충성도를 빚어낼 수 있었다. 나의 역량을 함께하고 기술을 함께하며 사랑을 또 이익을 함께함으로써, 곧 '겸애교리'兼愛交利함으로써 빚어낸 이로움은 곧바로 '우리'의 의로움이었기 때문이다.

성장 대신 성숙을 택한 공동체

이는, 묵자가 나를 독립적이고 자율적 개체로 정립하지 않았음을 시사해준다. 하여 묵자의 입론 아래에서는 사람이 독자적 존재임이 부정될 여지가 넓어진다. 또한 사람은 개체 하나하나가 모두 본성적으로 이익을 탐하는[貪利] 존재이기에 공동체 전체 이익의 실현이라는 당위로 이러한 탐리적 본성을 제한하면, 달리 말해 개인이 들인 노력만큼 얻는 대신에 그 노력의 대가가 공동체의 공동 자산으로 귀속되기만 한다면, 공동체는 정체하고 퇴보할 수도 있다.

묵자도 이 점을 모르지는 않았다. 아니, 사람의 이러한 속성을 적극적으로 긍정하고 이를 토대로 묵가 공동체의 이념을 실현하고자 했다. 이를테면 이런 식이었다. 묵자는 사람이 이익 추구적 존재임을 자기 입론의 근거로 삼았다. 이를 긍정하는 토대 위에서 그는 신분 간, 직종 간 차등을 없애고 공동체 안의 여러 차별은 배제했지만 역량에 따른 상이한 직분과 권한의 행사는 인정했다. 이에 "한번 지도자면 영원한 지도자" 식의 기득권은 부정되고, 다른 직분을 감당할 역량을 쌓으면 그리로 옮아갈 수도 있었다. 일종의 성취동기를 부여한 것이다.

한편으로 공동체의 파이를 무작정 키우지도 않았다. 이익은 '교리'交利, 곧 서로를 이롭게 하는 방식으로 공유했다. 사람의 이익 추구적 본성을 더욱 유능해지고 현명해지는 방향으로 작동하게끔 유도했다. 자기보다 나은 자에게 자신을 꾸준히 동화해감으로써 이전보다 무언가를 더 할 수 있는 나를 만들어가게끔 했다. 그렇게 역량이 많은 이는 한 공동체의 지도자로 발돋움할 수 있었고 지도자는 하늘을 닮도록 끊임없이 노력해야 했다. 한마디로 물질적 성장을 통한 이익의 극대화가 아니라, 도덕적 역량의 증대를 통한 전체의 성숙을 공동체의 진보를 견인하는 핵으로 제시한 것이다.

2천 년도 더 된 옛날의 시도이지만 묵가 공동체의 이러한 실험이 지금 우리 사회에 주는 의미는 사뭇 심장하다. 『묵자』가 문명을 만들고 갱신하는 데 기여한 고전이라는 사실은 부인하기 어렵기에 결과적으로 우리는 묵자에게 "나는 공동체란 이래야 한다고 봤는데, 당신들은?"과 같은 질문을 받은 셈이어서 그렇다. 더구나 우리는 지금 물질 중심, 성장 우선에서 비롯된 오랜 적폐 탓에 절대다수의 시민이 홍역을 앓으며 값비싼 시간과 에너지와 비용을 대가로 치르고 있지 않은가!

6. 사람을 사람답게 만드는 힘은 무엇일까

배가 항상 머리의 주인 노릇을 하면 어떤 일이 벌어질까

배가 항상 머리의 주인 노릇을 한 사람들에 관한 얘기이다. 그들이 주목받은 것은 청동기 문명에서 철기 문명으로 이행하던 때부터였다. 여기에서 그들이란 '아무것도 아닌' 것 취급을 받았던 민중을 말한다. 요즈음 인구에 회자되는 '개와 돼지'가 바로 그들이었다. 호메로스의 말이다.

> 그녀는 지팡이로 때렸고 돼지우리에 그들을 가두어버렸소. / 그들은 돼지의 머리와 음성과 털과 생김새를 갖게 되었소. …… 그녀는 땅바닥에서 뒹굴기 좋아하는 돼지들의 먹거리인 / 상수리와 도토리와 층층나무 열매를 그들에게 던져주었소. (『오디세이아』 제10권 237~43행)

배를 몸의 주인으로 섬겼던 '그들'에 관한 얘기이다. 오디세우스의 동료들이었다. '그녀'는 배가 고프면 어쩔 수 없다는 점을 충분히 악용한 키르케Circe였다. 상수리와 도토리만으로도 그들을 길들일 수 있었다고 한다. 흔히들 머리가 배의 주인이라고 한다. 그러나 실상은 배가 머리의 주인이고, 또한 그래야 한다. 오디세우스의 말이다.

> 하지만 내가 아무리 괴롭더라도 지금은 밥을 먹게 해주시오. / 가증스런 배보다 파렴치한 것은 달리 아무것도 없기에 하는 말이오. / 배라는 놈은 내가 지금 이렇게 마음이 슬픈 것처럼 / 사람들이 몹시 지쳐 있고 마음이 슬플 때에도 / 자기만 생각해달라고 명령하고 강요하지요. / 배라는 녀석은 나더러 먹고 마시라고 재촉하고 내가 겪은 모든 것을 잊게 하며 자기만 채워달라고 다그치지요. (『오디세이아』 제7권 215~21행)

머리가 배를 이겨서는 안 된다. 생존 자체가 불가능하기에. 그러나 배가 머리를 항상 지배하는 것이 문제일 것이다. 사람의 성질과 기질마저 바꿔버리기에. 심지어 사람을 개와 돼지로 만들어버린다고 하지 않는가. 생존은 하지만 생활이 없는 사람들, 즉 배고픔 때문에 사람으로서의 성질 또는 기질을 상실한 이들을 호메로스는 이렇게 묘사한다. "마치 주인이 배고픔을 달래주는 맛있는 음식을 늘 가져다주기 때문에 그가 잔치에서 돌아오면 개들이 주위에서 아양을 떠"(『오디세이아』 제10권 216~17행)는 모습과 닮았다고 말이다.

각설하고, 이야기는 오디세우스가 헤르메스 신의 도움으로 사람들을 돼지로 만들어버린 키르케를 혼내주고, 그들을 사람으로 되돌아오게 했다는 것으로 끝난다. 해피엔딩이다. 배가 머리의 주인이던 사람들의 구원자로서 오디세우스의 활약이 돋보이는 대목이다. 개와 돼지가 되지 않기 위해서는, 즉 사람이 사람답게 살기 위해서는 오디세우스 같은 구원자가 필요하다는 얘기이다.

사람을 사람답게 만드는 힘은 땀이고 노동이다

그러나 헤시오도스의 생각은 크게 다르다. 그에 따르면, 오디세우스 같은 구원자는 필요 없다. 사람을 사람답게 만드는 힘은 땀과 노동이기 때문이다. 그의 말이다.

> 배고픔이 그대를 싫어하고 / …… / 배고픔은 게으름의 친구이다. 일하지 않고 사는 자는 인간은 물론 신들도 싫어한다. / 노동을 사랑하되, 때를 놓치지 마라. / …… / 사람들이 더 많은 것을 갖게 되고, 부자가 되는 것은 노동 덕분이다. / 일하는 자를 신들이 더 사랑하는 법이다. / 노동은 수치가 아니고, 일하지 않는 것이 수치이다. / …… / 부에는 위엄과 명예가 따른다. (『일과 나날』 299~313행)

청동기시대에 귀족들이 전유했던 명예가 땀이 생존의 수단이었던 농부들에게 주어지는 순간이다. '삽질하는' 아킬레우스가 이제는 창피한 것이 아니고 오히려 자랑스러운 일이 된다. 헤시오도스의 말이다.

> 경쟁은 한 종류만 있는 것이 아니다. 지상에는 두 종류가 있다. / 하나는 칭찬받아 마땅하다. 다른 하나는 비난받아 마땅하다 / 둘은 서로 기질이

다르다. 하나는 잔인하고 / 사악한 전쟁과 싸움을 부추긴다. 그 어느 누구도 좋아하지 않는다. / 사람들도 어쩔 수 없이 불사의 신들의 뜻에 따라 호전적인 경쟁을 존중한다. / 하지만, 다른 하나는 검은 밤이 먼저 그녀를 낳자 / 하늘의 높은 자리에 계시는 제우스께서 대지의 뿌리 속에 감추셨다. / 인간들에게 큰 유익함이 되게 하셨다. / 이 경쟁은 게으른 사람도 일을 하도록 부추긴다. (『일과 나날』 11~20행)

아킬레우스가 누린 불멸의 명성도 실은 좋은 것이 아니다. 그것은 진정으로 사람에게 유익함을 안겨주는 것이 아니다. 영웅의 명예는 전쟁과 싸움을 부추기는 것이고, 결국 나쁜 경쟁의 장식decorum에 불과하기 때문이다.

진정한 명예는 땅속에 숨어 있다

명예를 바라보는 헤시오도스의 생각은 독특하다. 좋은 경쟁, 곧 진정한 명예는 대지의 뿌리 속에 숨어 있다고 보기 때문이다. 그의 말이다.

아욱과 둥굴레 속에 얼마나 큰 이익이 감춰져 있는지 모르고 있다. / 그게 다 신들께서 인간의 양식을 감춰두셨기 때문이다. (『일과 나날』 41~42행)

아욱과 둥굴레는 값싼 먹을거리이다. 그런데 여기에 가장 큰 이익이 들어 있다고 한다. 귀족과 전쟁 영웅에게는 도무지 납득이 안 될 것이다. 웃통 벗고 삽질하는 아가멤논의 모습이 말이다! 그러나 헤시오도스는 땀이 진정한 멋이고 노동이 고귀한 명예의 출발점이라고 한다. 부와 명예는 땀을 따라다니는 종자들이기 때문이다. 땀이 명예의 출발점이고 노동 자체는 실은 명예의 필요조건conditio honestatis인 셈이다. 헤시오도스의 권고이다.

> 옷을 벗고 씨를 뿌리고, 옷을 벗고 소를 몰며, / 옷을 벗고 낫을 들라. 데메테르 여신의 일을 모두 제때에 맞추어 모든 것이 제때에 자라기를 바란다면. / 그러지 않으면 너는 나중에 궁핍해져서 남의 집을 돌며 / 구걸해도 아무것도 얻지 못할 것이다. / …… / 밀 한 톨도 주지 않을 것이다. 일하라! / …… / 신들께서 인간에게 정해주신 대로 일하라! (『일과 나날』 391~98행)

땀을 흘려야 하는 이유가 단순히 부자가 되기 위한 것만은 아니라는 점에 눈길이 간다. 일을 하는 것이 실은 신들이 정해준 법도를 따르는 것이기에. 아니, 단순하게 '따르는 것'이 아니라 신의 일을 '제때에 맞추어' 수행하는 것이기에 그렇다.

일을 해야 하는 진짜 이유는

이쯤 되면 일은 단순히 힘만 쓰고 들이는 행위가 아니다. 일은 이제 우주사宇宙事의 집행인 셈이다. 사실 데메테르 여신의 일을 행하는 것이기 때문이다. 그렇다면 일, 특히 농사를 매개로 한 노동은 자연 질서에 참여하는 숭고한 실천이다. 또한 우주 삼라만상의 한 중심에서 자신의 존재를 드러내는 것이 곧 노동인 셈이다.

문제는 이 우주사에 어떻게 참여할 것인가이다. 이와 관련해 헤시오도스는 '제때'를 알아야 한다고 일갈한다. 제때! 그리스 말로는 카이로스kairos

이다. 대지의 뿌리에 새겨진 우주의 질서가 작동하는 순간이 카이로스이다. 그렇다면 때를 놓치는 순간이 바로 창피함의 시작점이다. 때를 놓치면 농사를 망치고 결국 남에게 구걸해야 하기에. 따라서 때를 바로 아는 것, 아니, 때에 맞추어 일한다는 것, 그것이 비록 둥굴레 이파리를 돌보는 일일지라도, 그 모습은 청동 갑옷을 두르고 전장을 달리는 모습보다 훨씬 더 멋있고 훨씬 더 가치 있다는 것이다. 신이 대지의 뿌리에 숨긴 유익함을 찾아 가꾸고 거둬들이는 것이 다른 인간의 이익과 몫을 폭력과 사기로 빼앗고 약탈하는 것보다는 훨씬 명예로운 일이기에. 약탈과 사기는 신들도 못마땅해하는 것이기에.

여기까지가 귀족의 전유물이었던 명예가 농부들의 자랑으로 전환하는 과정에 관한 얘기이다. 이를 정당화하기 위해 헤시오도스는 호메로스의 작품들에 그려진 가치체계의 전환과 전복도 서슴지 않는다. 이런 의미에서 어쩌면 그는 서양 학문의 역사에서 최초의 혁명적 사상가라고 일컬을 수 있을지도 모른다. 요컨대 명예라는 귀족 시대의 가치를 전복한 현인으로서 말이다.

의미 전복이 가장 극적으로 드러나는 생각 하나를 덧붙이고자 한다. 바로 아레테areté이다. '덕'德으로 옮기기는 좀 미흡하다. 처음부터 덕은 아니었기에. 뛰어남 또는 탁월함이 맞는 번역이다. 탁월함은 어떤 부분 또는 능력에서 기능적으로 뛰어남을 뜻한다. 예컨대 전쟁에서 뛰어남이 아레테이다. 그런데 이 아레테는 땀과 노력을 통해서 얻어지는 능력이 아니다. 그것은 타고나는 것이다. 예를 들면 아킬레우스의 발 빠름이, 오디세우스의 머리 좋음이 노력을 통해 획득된 것일까? 좋은 유전자를 가진 이른바 '금수저' 부모 덕분이다. 설령 그렇다 하더라도 문제는 세상이 바뀌면서 생겨난다. 상추와 쑥갓을 돌보는 데에는 발 빠름이 아무런 소용이 없기 때문이다. 콩밭을 매는 데 필요한 것은 다름 아닌 노력과 인내이기 때문이다.

흥미롭게도 헤시오도스는 이 노력을 '아레테'라고 부른다. 과연 웃통 벗고 삽질하는 모습이 아레테일까? 헤시오도스에 따르면, 이 모습이야말로 진정한 아레테이다. 단적으로 대지의 뿌리에 감춰진 유익함을 찾아내기 위해 요청되는 탁월함은 노력과 인내이기에. 영웅은 타인과 공동체를 위해 이익을 가져다주기에 명예와 아레테를 지녔다는 찬사를 듣지만, 그것은 다른 나라와 다른 사람의 희생을 바탕으로 한다. 반면에 땀과 노력은 다른 이의 희생 없이 신이 제공한 유익함을 찾아서 가꾸고 돌보는 일이며, 그 일이 실은 우주의 역사에 직접적으로 참여하고 세계를 만들어내니 탁월한 일이라는 얘기이다. 헤시오도스의 말이다.

> 열등한 것은 힘들이지 않고 많이 얻을 수 있다. / 길은 평탄하고, 그것은 늘 가까이에 있다. / 하지만 탁월한 것은 그 앞에 불사의 신들께서 땀을 가져다 놓으셨다. / 그곳으로 가는 길은 멀고 험하며 거칠다. 그러나 정상에 도달하면 / 처음은 힘들지만, 나아가기 쉬워지는 법이다. / 가장 훌륭한 사람은 나중에 그리고 최종적으로 무엇이 최고인지를 / 따지며 스스로 모든 것을 깨닫는 사람이다. (『일과 나날』 287~94행)

사람이 사람답지 못하다는 소리를 듣는 이유는

이쯤 되면 구원자 오디세우스는 더 이상 필요 없다. 물론 문명사적인 관점에서 서양 역사에서 스스로 모든 것을 깨닫는 사람을 둘러싼 논의가 본격화한 것은 18세기 이후 계몽주의 시대부터이다. 참으로 오랜 세월이 흐른 셈이다. 개와 돼지 취급을 받던 민중이 자신들의 머리가 개와 돼지의 머리가 아님을 증명한 사건인 프랑스혁명이 일어나기까지는 대략 2,500여 년이 지나야 했기 때문이다.

그러나 여전히 어렵다. 사람이 자신의 탁월함을 스스로 깨닫기까지는 여전히 땀과 노력이 필요하기 때문이다. 그도 그럴 것이, 탁월함은 그냥 얻어지는 것이 아니라 꾸준한 노력이 요청되기에. 처음에 힘들지만 나중에 쉬워진다고 해도 타고나는 것이 아니라 어떤 능력이 내면화를 거쳐서, 즉 꾸준한 노력을 통해 하나의 버릇hexis으로 자리 잡아야 하기 때문이다. 어떤 능력이 하나의 버릇으로 자리 잡은 것을 아리스토텔레스Aristoteles, 기원전 384~기원전 322는 덕이라고 일컬었다. 물론 웃통 벗고 쟁기질하는 것을 아리스토텔레스가 덕이라고 부를 것 같지는 않다. 그러나 헤시오도스는 다르다. 그는 이를 아레테라고 부르기 때문이다. 단언하건대, 타고난 탁월함에서 땀과 노력을 통해 아레테로 올라가는 길은 이런 생각을 바탕으로 만들어졌다. 아닌 게 아니라 콩밭을 매는 일에 익숙해지려면 상당한 땀과 기다림과 제때를 아는 능력이 필요하다. 아무튼 개와 돼지에서 사람이 되는 것이 결코 쉬운 일은 아닌가 보다.

헤시오도스에게 일자리 문제를 묻는다면

이 대목에서 '여기-지금'을 둘러보며 헤시오도스에게 한번 묻고자 한다. 제때도 알고 부지런하고 성실하며 땀과 노력을 다 바칠 각오가 되어 있는데도, 일의 세계에 참여하지 못하는 사람에게 무슨 말을 해줄 수 있을까? "일하라!"라는 말로 충분할까? 입을 굳게 다물지도 모르겠다. 그럼에도 이런 말은 해야 하지 않을까 싶다.

"아욱 뿌리 하나에도 우주의 원리가 작동하는데, 하물며 사람에게 그 원리가 작동하지 않는다면, 아주 큰 문제이다. 아주 큰 죄악이다. 우주의 질서를 어지럽히는 짓이다. 일을 하고 싶은 사람에게 일자리를 주지 않는 것은! 일은 단순하게 돈 버는 활동이 아니다. 우주사의 한 활동이다. 생존을 넘어서는 활동이 일이다. 따라서 일을 할 수 없다는 것은 우주사의 집행자로서의 자격을 박탈당하는 것이다. 아욱도 참여하는 우주사에 사람이 참여할 수 없다니! 해서 그냥 명령한다. 일을 나누어라! 일을 나누는 것이 우주사에 사람들을 참여시키는 것이므로. 그런데, 이를 방해하는 돈아, 너에게 경고한다. 돈아! 사람들을 우주사에 참여시키는 일을 방해 말라. 돈아! 우주와 신은 특히 너에게는 아욱 뿌리에 나눠주었던 우주의 유익함을 숨겨둔 적이 없기 때문이다."

7. '잡'(雜), 제국을 빚어낸 매트릭스
──제국은 무엇으로 빚어지는가

시대의 이름이 '싸우는 나라'인 때가 있었다. 전국戰國시대가 그것이다. 기원전 5세기 초엽 20여 개의 나라로 시작된 전국시대는 얼마 후 7개 강대국 중심으로 재편되었다가 기원전 221년 진시황에 의해 중원 최초의 대제국으로 통일되었다.

'싸우는 나라'들의 시대가 된 까닭

250여 년 사이에 20여 개 나라가 하나로 통합됐다. 결과적으로 볼 때 이 시대는 싸워서 이기지 못하면 결국 나라가 망하고 마는 시기였다. 대규모 살육전이 자행된 것도 이 무렵부터였다. 이 시기 역사를 전하는『사기』에 "10만 명을 파묻었다" 같은 표현이 자못 실려 있음이 이를 증명해준다.

전쟁은 갈수록 규모가 커지고, 지속 기간과 소요 비용도 덩달아 늘어났다. 피해 규모가 커질 수밖에 없었고 상흔이 깊이 파여 오래갈 수밖에 없었다. 춘추시대 이래로 의로운 전쟁[義戰]은 하나도 없었다는 맹자의 고발처럼 탐욕스럽기만 한 전쟁이 판을 쳤다. 그러다 보니 민초의 삶은 개돼지만도 못했다.

> 국토를 늘린다며 전쟁하고는 사람을 죽여 온 들판을 가득 채운다. 성을 늘린다며 전쟁하고는 사람을 죽여 온 성에 가득 메운다. 이는 땅에 사람 고기를 바친 셈이니, 그 죄는 죽음으로도 용서될 수 없다. (『맹자』 「이루·상」離婁·上)

전국시대 한복판을 살았던 맹자의 절규이다. 인민 없는 나라는 존재할 수 없기에 나라를 지키는 주된 까닭은 인민의 안위를 위해서이다. 그래서 전쟁도 불사한다는 것이 치자의 논리인데, 그 결과는 인민을 고깃덩어리로 만들어 땅에 공양하는 것이다. 오죽하면 어린 진시황을 등에 업고 무소불위의 권력을 마구 휘둘렀던 여불위기원전 292~기원전 235조차 "지금 천하는 갈수록 망해가고 성왕의 도는 끊긴 지 오래이다. 제후들 대다수는 자기만의 성대한 환락을 위해 인민의 재산을 갈취하고 있다"(『여씨춘추』 「청언」聽言)라고 통탄할 지경이었다. 싸우지 않으면 망하게 되는 환경을 만든 것이 바로 치자의 탐욕과 환락이라는 진단이다. 양식 있는 이라면 누구라도 이 상황의 타개를 꾀하지 않을 수 없는 상황이었다.

당시는 제자백가가 활약하던 시기로 저마다 이에 대한 처방을 내놓았다. 그런데 실현 방안 등은 달랐어도 궁극적인 도달점은 공히 역량 있는 군주에 의한 통일천하의 구현이었다. 다만 이것은 자칫하면 독재로 흐를 수 있기에 꽤나 위험한 대안이었다. 반대로, 그 위험성을 제거한다면 꽤 유용한 방안일 수 있었다. 이에 노자는 군주에게 무위無爲, 그러니까 그 어떤 인위적 행위도 하지 말 것을 요구했다. 그래야 백성의 마음을 자기 마음으로 삼아 백성을 괴롭히는 도적이 되지 않을 수 있다고 보았다. 군주가 아무것도 하지 말아야 백성이 스스로 변화해서 바르게 되며 넉넉해지고 진솔해진다는 권계도 잊지 않았다.

묵자는 만물을 낳고 기르느라 쉼 없이 노동하는 하늘처럼 천자도 그러해야 한다고 주문했다. 하늘이 공평무사하니 그러한 하늘을 본받는 일도 게을리해서는 안 된다고 강조했다. 근면한 노동과 높은 도덕적 자각을 요구한 셈이다. 맹자는 성선설에 기초하여 군주는 도덕 그 자체여야 한다고 잘라 말했다. 타고난 선함을 지키지 못한 군주는 일개 필부에 지나지 않으니 더는 군주 자리에 있어서는 안 된다는 강력한 경고도 곁들였다. 법가를 집대성한 한비자는 천자라도 반드시 법에 규정된 직분만을 수행해야 한다고 못 박았다. 사상 유파를 불문하고 군주의 독단과 전제를 확실하게 방지하려 애썼음이다.

'비어 있는 중심'으로서의 군주

여불위도 자신의 견해를 피력했다. 수완 좋은 상인이었던 그는 타국에 볼모로 잡혀 있던 진秦나라의 공자 영자초를 후원하여 그를 진나라 제후, 그러니까 장양왕으로 앉힌 인물이다. 그리고 그의 아들인 영정, 곧 훗날의 진시황에게 제거되기 전까지 실질적 일인자로서 천하를 호령하던 인물이기도 했다.

그는 재상 시절, 천하의 지식인을 모아 『여씨춘추』를 편찬했다. 제목은 '여불위의 춘추'라는 뜻이다. 관습적으로 '춘추'라는 말은 역사서에 주로 붙지만 『여씨춘추』는 차차 구축해갈 통일천하에 대한 구상을 체계적으로 담아낸 정론서이다. 지금으로 치면 사상서나 철학서에 해당한다. 그럼에도 '춘추'라고 명명한 데서 새 시대의 역사를 정초하고자 하는 그의 당찬 욕망을 읽을 수 있다.

각설하고, 이 책에 표방된 통일천하 군주론의 핵심은 '무위'이다. 여불위는 군주가 군주다운 도를 구비하면 만조백관이 절로 다스려지고 천하 만민은 절로 이로워진다고 전제했다. 그런 다음 무위가 바로 군주다운 도의 요체임을 설파했다. 겸하여 타인과 지혜나 능력, 작위 따위를 다퉈서는 안 된다는 점에서 군주는 무지無知해야 하고 무능無能해야 하며 무욕無欲해야 한다고도 했다. 단적으로, 군주는 천하의 권력이 집중된 자리의 주인이지만 그렇기에 무력無力해야 한다고 요구한 셈이다.

그런데 '무위함으로써 무력해진 최고 권력자 군주'라는 관념은 여불위에 앞서 노자가 제시한 바 있다. 다만 여불위가 구상한 새 시대는 노자의 시대와 사뭇 달랐기에 노자의 구상과 똑같을 수만은 없었다. 예컨대 노자의 군주론은 '소국과민'小國寡民, 곧 크지 않은 영토와 적은 수의 인민으로 구성된 소박한 국가용이었다. 통일된 대제국에 걸맞을 수는 없었다. 하여 여불위는 그것을 이렇게 개조했다. 곧 무위를 군주뿐 아니라 모든 이들에게 요구한 노자와 달리 여불위는 그것을 군주에게만 요구했고, 신하에게는 근면과 역행을 강조했다. 다시 말해 그가 말한 무위의 군주론은 '군주의 무위를 위한 신하들의 유위'라는 구도를 전제한 것이었다.

그는 예부터 천하에 망한 나라가 꽤 많았음에도 군주가 사라지지 않은 까닭은, 그것이 세상 사람들에게 이로움을 주기 때문이라고 보았다. 군주가 무위를 행하는 목적도 그렇기에 민생의 안정 같은 인민의 이로움 구현에 두어야 했다. 여불위가 기획한 새로운 시대는 노자나 공자의 시절과는 비교되지 않을 정도로 복잡다단한 세계였다. 아무리 영명한 군주라 해도 혼자서 모든 것을 다 알 수도, 잘할 수도 없는 시대였다. 군주 혼자서는 결코 세상 사람들을 이롭게 하지 못하는 시절이었다는 것이다.

따라서 군주는 유기적으로 작동되는 체계를 구축한 뒤 유능한 인재를 체계의 적재적소에 배치하고 이들을 제대로 관리할 줄 알아야 했다. 그러고는 그들에게 정사를 일임한 채 무위해야 했다. 그랬을 때 비로소 군주는 결과적으로는 아무것도 하지 않지만 세상은 이로워지는 형국이 구현된다. 이 과정에서 군주의 힘은 소거되고 중심은 비워진다. 통일제국이 독재로 치달을 위험성도 더불어 제거된다.

잡스러울 수밖에 없는 제국

이렇게 여불위는 노자의 '소국과민'형 무위를 통일된 대제국에 걸맞게 변용했다. 물론 이는 공자가 말한, 아무것도 하지 않으면서 다스린다는 '무위이치'無爲而治라는 관념과 거의 동일하다. 여불위가 독창적으로 고안해낸 관념으로 보기는 어렵다는 뜻이다. 그러나 공자가 이를 군주의 이념으로 제시한 데 견주어 여불위는 이를 제도적 청사진으로 제출했다는 점에서 둘 사이에는 분명한 차이가 존재한다. '잡가'雜家의 대명사답게 여불위는 공자의 유가, 노자의 도가를 가리지 않고 장점을 융합, 통일 대제국에 유용한 자양분으로 변용해낸 것이다.

나아가 여불위의 '무위-무력 군주론'은, 천하는 어느 한 개인의 것이 아니라 천하의 것이라는 '천하위공'天下爲公의 정신과 만남으로써 더욱 빛난다. 그는 "천하는 한 사람의 천하가 아니라 천하의 천하", 곧 천하 사람들의 천하라고 단언했다. 아무리 군주라 할지라도 천하를 사적으로 소유해서는 안 된다는 뜻이다. 지금 보기에 이는 지극히 당연한 공리이지만, 그때로서는 가히 혁명적 사고였다. 이 점 때문에 강력한 중앙집권을 꾀하던 진시황에게 제거됐다는 견해가 나왔을 정도이다. 그만큼 천하위공에 대한 그의 신념은 확고했다. 그는 옛적 성왕들이 천하를 태평하게 한 것도 이를 정사의 근간으로 삼았기 때문이라고 보았다. 이에 의지하면 천하를 얻지만, 그러지 못한 이는 천하를 잃는다고 경고하기도 했다. 군주에게 무위하라는 요구는 결국 천하위공의 실현을 위한 포석이었던 셈이다.

'무위하는 무력한 군주'라는 관념은 이처럼 여불위에 이르러 통일제국에 걸맞은 군주론으로 거듭났다. 이 과정에서 여불위는 '공적 천하'라는 정신을 입론의 근거로 끌어온 다음, 유능한 관리가 널리 인민을 이롭게 하는 정사를 펼친다는 구상을 제시했다. 군주론뿐만이 아니었다. 『여씨춘추』에는 이렇듯 여불위가 꿈꾼 새 시대에 관한 다양한 구상이 담겨 있다. 그리고 이들도 앞선 시대의 관련 의론을 통일제국이라는 새로운 형식에 걸맞게 개조한 논의였다. 여러 학설을 섞었다고 하여 산만하거나 깊이가 얕지도 않았다. 앞에서 살펴본 군주론처럼 이론적 높이나 완성도가 결코 덜하지 않았다.

이는 여불위가 '잡'雜의 장점을 잘 구현했기에 가능한 결과였다. 전통적으로 『여씨춘추』는 잡가로 분류되었다. 그것은 여러 학설을 잡다하게 섞어 놓았다는 뜻에서 부여된 명칭이었다. 그렇다 보니 『여씨춘추』의 편찬을 주도한 여불위의 사유도 체계적이지 못하다고 여겨졌다. 그러나 이는 근자의 연구가 말해주듯이 '잡'에 대한 편견의 소산일 따름이었다. 게다가 현실적으로는 잡스럽지 않은 것, 곧 단일하거나 순수한 것으로 감당할 수 있는 국가의 규모는 사실 크지 않다. 노자는 소국과민을 이상으로 여겼고 묵가도 소규모 공동체를 내세웠다. 공자와 맹자의 논의도 실은 제후국용이었다. 천하가 천자를 정점으로 중앙집권적으로 조직된 제국용은 아니었다. 이들의 논의만으로는 통일제국이라는 거대 규모를 감당할 수 없었다.

순자가 공자의 논의를 바탕으로 여러 학설을 융합하여 통일제국을 기획하고, 한비자가 노자의 학설을 법가적으로 재해석하며 선배 법가들의 논의를 종합해 통일제국을 기획한 까닭이다. 훗날 한 무제 때 회남왕 유안이 이미 수립된 한 제국이 만세토록 유전될 수 있는 청사진을 도가를 기반으로 여러 학설을 융합하여 빚어낸 것도 마찬가지였다. 더구나 천하 사람들의 것인 천하 자체가, 또한 천하 사람들 자체가 단일하거나 균질적이지 않았다. 그러니 그들을 포괄하는 통일제국이 어떻게 잡스럽지 않을 수 있겠는가.

생존이 아닌 생활을 위해 존재하는 국가

잡스러움은 달리 표현하면 '서로 다름이 한데 섞여 있음'이다. 물론 다름이 한데 섞여 있다는 것만으로 잡의 구현이 정당해지지는 않는다. 잡스럽다는 표현이 부정적으로 소비되는 이유이다. 따라서 왜 그렇게 섞이게 됐는지, 다름의 섞음을 통해 무엇을 이루고자 하는지 등이 해명될 필요가 있다.

여불위가 도모한 통일제국은 잡스러움을 기본값으로 포용할 수밖에 없었다. 통일의 대상이 된 일곱 강대국 각각이 놓인 자연환경, 인문지리적 배경, 제도적 환경과 언어 등이 사뭇 다르기에 그러했다. 여불위가 추천하여 재상까지 된 이사李斯, ?~기원전 208의 간언을 들은 진시황은 이국 출신 책사를 모두 품음으로써 통일 대제국을 일궈냈다. 그러나 통일 후 이러한 삶터의 조건을 무시하고 분서갱유로 대변되는 단일한 이념과 생활방식을 강제하는 정책을 펼치자 진시황의 제국은 결국 단명하고 말았다. 이는 다름의 공존이 가능한 틀을 짜는 것이 통일제국 구축과 유지의 관건이 됨을 밝히 말해준다.

이를 위해서는 잡스러움을 부정하고 배제하는 태도가 아니라, 그것을 개인과 국가의 일상 차원에서 기본으로 수용하고 제도적으로 지지해주는 정신이 요청된다. 이런 점에서 『여씨춘추』의 잡스러움은 오늘날 우리에게 만만찮은 도전이 된다. 동서고금을 막론하고 다양한 다름이 공존할 수 있게 됐을 때 비로소 생활이 가능해지기에 그렇다. 다름을 지역으로 나누고 이념으로 가르며 세대로 쪼개고 직종으로 찢는다면 생활은 사라지고 생존을 위한 투쟁이 삶의 기본이 된다. 생존이 삶의 일상적 과업이 되는 국가는 문명국가라 할 수 없다. 아니, 국가라고 볼 수 있는지부터 먼저 검토해야 한다.

『여씨춘추』가 군주의 존재 이유를 '이민'利民, 곧 민을 이롭게 한 데서 찾았듯이 2,000년도 더 되는 그 옛날에 이미 국가는 생활을 위해 존재해야 한다고 규정되었다. 이민은 단지 '배'가 충족됨만을 뜻하지 않는다. 배의 주인인 머리가 충족됐을 때 사람은 비로소 이롭다고 판단하게 된다. 배를 위한 생존이 아닌 머리를 위한 생활을 가능하게 하는 국가, 잡스러움은 이를 가능하게 하는 필수 불가결한 조건의 하나인 것이다.

8. 제국을 유지하는 힘은 무엇인가

로마제국은 그렇게 단순하지 않았다

제국을 만든 것은 군사력이다. 그러나 제국을 유지하는 것은 문화의 힘이다. 물리적인 힘은 정복에는 효과적이지만 통치에는 한계에 부딪힐 수밖에 없기 때문이다. 이를 잘 보여주는 사례가 로마제국이다. 타키투스Tacitus, 55~117/120의 말이다.

아그리콜라는 흩어져서 사는 거친 또한 그 때문에 호전적인 사람들(아마도 브리타니아인들)이 유흥을 통해 평화와 편안함에 익숙해지도록 사적으로 권하고, 공적으로는 신전과 광장과 집을 짓도록 도왔다. …… 명예를 얻기 위한 자발적인 경쟁이 억지 강요를 대신했다. 귀족 자제에게 자유교양 학문을 가르쳤다. …… 로마인의 말인 라틴어를 거부했던 자들도 이내 연설을 배우고 싶어 하게 될 정도였다. 또한 우리 로마의 복장을 명예롭게 여기고 토가(로마의 옷)가 유행했다. 그들은 점차 악덕의 유혹에 빠져들었다. 주랑과 목욕탕과 우아한 주연에 말이다. 아무것도 모르는 사람들이 이를 문명humanitas이라 일컫곤 했다. 비록 그것이 그들을 노예로 만드는 일의 일부임에도 말이다. (『아그리콜라』 제21장)

로마제국의 통치 비밀이 여기에서 잘 드러난다. 그것은 로마식으로 길들이는 것이었다. 예컨대 브리타니아인을 길들이기 위해 로마는 두 가지 정책을 추진한다. 교육과 도시 건설이 그것이다. 이 과정 전체를 후마니타스라고 하는데, 타키투스 자신도 이 정책을 노예화 전략의 일환이라고 말한다. 어쨌든 후마니타스가 제국의 통치 이념으로 활용되는 사례라 하겠다.

그러나 후마니타스는 본래 '사람다움' '사람을 사람답게 기르는 마음' '사람을 바탕으로 여기는 생각'을 가리키는 개념이었다. 이 말을 만든 사람은 키케로Cicero, 기원전 106~43이다. 그에 따르면 후마니타스는 사람의 본성을 탐구하는 학문이었고 사람을 사람답게 기르는 교육을 뜻하는 개념이었다. 그런데 타키투스의 말에서 확인할 수 있듯이, 후마니타스 개념은 제국의 팽창과 유지를 위한 핵심적인 원리로 확장되어 사용된다. 이를 잘 보여주는 문건이 유스티니아누스 황제의 칙령으로 528~34년에 트리아보니아누스가 편찬한 『로마법 대전』Corpus Iuris Civilis이다. 그 가운데 『법학제요』Institutiones 제1권의 시작 부분이다.

정의는 각자에게 그 자신의 권리를 부여하는 확고하고 영속적인 의지이다. ① 법학은 신의 일과 인간의 일에 관한 지식이고, 옳음과 그름에 관한 앎이다. …… ③ 법의 가르침은 다음과 같다. 명예롭게 사는 것, 타인을 해치지 않는 것, 각자에게 그 자신의 것을 주는 것이다. ④ 이는 두 분야로 나 눈다. 공법과 사법이 그것이다. 공법은 로마 국가의 성립 조건에 관한 것이 고, 사법은 개인의 이익과 연관된다. 따라서 사법에 대해서 말해야 한다. 이 는 세 부분으로 나뉘는데, 자연·민족·시민에 관한 규정으로 구성되어 있 다. (『법학제요』 제1권 제1~4장)

중요한 것은 로마제국의 법체계 자체가 키케로의 후마니타스 이념에 기 초한다는 점이다. 세 가지 점에서 그렇다. 먼저 자연과 민족, 시민^{persona} ^{civilis}을 구별한다는 점을 들 수 있다. 로마제국의 성립과 유지와 관련해 시 민 개념은 중요한데, 이 개념은 인종·혈통·종교·지역·신분의 다양함과 이 른바 '잡'雜스러움을 아우르는 보편 이념이기 때문이다. 이런 차이들을 아 우르는 개념이 있을 때 유지할 수 있는 정치체가 제국이다.

이런 의미에서 제국은 법적으로 그 권리가 보장된 시민들의 정치체이다. 그 단적인 사례가 로마제국의 법정에서 사도 바울이 외친 "나도 로마 시 민이다"(Civis Romanus Sum!, 「사도행전」 제21장 22절)라는 주장이다. 바울 의 사례는 공화정 체제의 도시 로마가 제국 로마로 확장하는 과정에서 그 확장 원리가 시민 개념에 기원을 두고 있음을 보여준다. 따라서 이와 같은 사례는 로마제국이 물리적인 군사력에 의거한 정치체도 아니고 단순하게 황제의 나라도 아니었음을 보여준다.

다음으로 사태나 사건, 이해관계^{res}를 지역이나 혈통, 종족 등의 특수 맥 락이 아닌 공公과 사私라는 보편 맥락으로 접근한다는 점을 들 수 있다. 이는 '각자의 것은 각자에게'^{suum cuique} 원칙을 바탕으로 한다. 예를 들면 사적인 것은 사적인 것에, 공적인 것은 공적인 것에 맡겨야 한다는 원칙에 입각해 공동의 일^{res publica}은 공동체에 부여해야 한다는 논리가 성립하고,

이를 근거로 국가는 존립 근거를 확보한다. 그리고 개인과 국가의 관계를 의무와 권리라는 계약관계로 설명한다. 참고로, 이른바 '각득기소'各得其所의 원리가 정의이다. 키케로는 이를 인간의 본성 가운데 하나로 규정했다.

마지막으로 로마제국 법체계의 목적 이념이 기본적으로 후마니타스라는 점을 들 수 있다. 명예롭게 사는 것, 각자에게 그 자신의 것을 주는 것, 타인을 해치지 않는 것이 후마니타스의 하위 이념들이기 때문이다.

로마제국의 성립과 유지와 관련해 중요한 것은 결국 시민 개념이다. 제국의 구성원인 개별 시민이 기본적으로 누구나 동등하고 평등한 존재로 인정받을 수 있을 때 제국은 유지되기 때문이다. 단적으로 고향·신분·종교·혈통·인종 따위의 특수 조건에 의해 국가가 좌우될 때 제국은 붕괴한다. 예컨대 미국이 인종 갈등을 어떻게든 해결하려고 하는 이유가 바로 이 때문이다.

제국의 역사가 단지 남의 나라 이야기일까

그렇다면, 로마제국의 운명은 어떠했을까? 베르길리우스Vergilius, 기원전 70~기원전 19의 노래이다.

> 두려워 마라, 베누스여, 네 백성의 운명은 확고하다. / …… / 백성들은 로물루스의 이름에서 자신들을 로마인이라 부를 것이다. / 나는 그들에게 시간과 공간의 한계를 주지 않았다. / 나는 무한 제국을 주었다. / …… / 이것이 나의 뜻이다. (『아이네이스』 제1권 257~83행)

유피테르가 베누스 여신에게 로마의 운명을 예언하는 대목이다. 로마인의 시조 아이네아스가 유노의 질투와 분노 때문에 지금은 고생하고 있지만, 끝내는 세계의 영원한 지배자가 될 것이라고 한다. 그것이 '자신의 뜻', 곧 유피테르의 뜻Dios boule이라고 한다. 유피테르의 뜻은 과연 이루어졌을까? 답은 양가적이다. '아니요'의 경우에 역사적 실체로서 로마는 사라지고 없다. 이 점에서 유피테르의 뜻은 실현되지 않았다. '예'의 경우에 로마가 남긴 '무한 제국'은 문명의 기억 속에 살아 있다는 정도로 답할 수 있다.

보충이 필요하겠다. 모든 국가에는 그 규모에 준하는 정치와 문화의 기준과 척도가 있다. 씨족 중심의 부족 단계에 있는 나라도 그 나름의 규모에 따라, 도시 규모의 국가도 나름 그 규모에 따라, 다§종족과 다§국가의 단계를 넘어서는 제국 단계의 나라도 그 규모에 따라 자신의 크기와 무게를 유지하고 균형을 잡을 수 있는 구조와 체계를 갖추고 있다. 서양 역사를 볼 때 힘과 크기가 제국 단계에 이르는 규모로 성장한 나라에서 로마는 어김없이 되살아났다. 세계를 지배하고 통치해본 경험을 자기 종족의 이전 역사에서는 찾을 수 없기 때문이다. 대표적으로 영국의 빅토리아 왕조를 들 수 있다. 색슨족의 역사에서 세계를 지배하고 통치한 사례를 찾을 수는 없기 때문이다. 이런 이유에서 로마는 규모가 일정 정도 이상으로 커진 국가의 역사에서 항상 반복되어 나타난다. 이런 의미에서 본다면, 로마는 지금도 살아 있는 제국이다. 따라서 세계를 움직이는 권력 판도와 그 판을 움직이는 규칙을 이해하기 위해서는 좋든 싫든 '제국' 로마의 역사를 간과할 수 없다.

각설하고, 로마제국의 역사를 남의 나라 이야기라고 무시할 수 없는 이유는 크게 두 가지이다. 우선 미국이 현대의 로마nova Roma이기 때문이다. 예컨대 현대의 로마가 단적으로 한반도의 문제와 관련해서 펼치는 전략-

전술이 어떤 원리에 입각해 있는지를 파악하는 것과 관련해 고대의 로마가 세계를 지배할 때 사용한 전략-전술을 이해하는 것은 매우 중요한 참조 사례이다. 이것이 로마제국을 알아야 하는 첫 번째 현실적인 이유이다.

두 번째 이유는 아주 뜻밖의 사례에서 얻을 수 있다. 다름 아닌 중국이다. 사연은 이렇다. 중국의 공산당 통치체제가 로마 원로원의 통치체제와 구조적으로 매우 비슷하고, 이런 이유에서 중국의 학자들이 로마의 원로원 역사를 매우 깊이 있게 연구하고 있다고 한다. 한편으로 일당 중심의 통치제제라는 점에서, 다른 한편으로 소수의 원로 그룹 세력이 막후에서 최고 결정을 내린다는 점에서, 고대 로마의 원로원 정치와 중국의 현대 공산당의 통치방식을 서로 견주어볼 만하기 때문이다. 물론 이와 관련해서는 많은 연구가 필요하다. 사정이 이와 같다면, '무한 제국'에 대한 유피테르의 뜻은 어쩌면 이런 방식으로 실현되고 있는지도 모른다.

그런데 "나만 아니면" 될까

단도직입적으로 묻자. 과연 우리의 역사에서 세계를 '직접' 움직이고 '몸소' 경영해본 적이 있는지를 말이다. 이른바 문명의 표준을 만들어본 적이 있는지를 말이다. 아니, 우리의 운명을 우리가 결정해본 적이 과연 몇 번이나 되는지를 말이다. 적어도 문명의 표준을 만들고 결정해본 역사를 지닌 제국의 실제를 살펴야 하는 이유가 여기에서 분명하게 드러난다. 물론 군사 대국으로서 예컨대 로마제국을 모범으로 삼자는 것은 아니다. 그렇지만 적어도 우리를 둘러싼 열강들의 전략-전술이 로마에 뿌리를 두고 응용-변용되고 있다면, 우리의 생존을 위해서라도 제국 이념이 세계 지배 전략과 전술로 어떻게 활용되는지를 알아야 한다.

그런데 사정이 그리 좋은 편은 아니다. 아니, 고약한 편이다. 제국 이념을 이해하고 파악하기 위해서는 보편 이념에 대한 이해가 전제 조건인데, 과연 그 조건이 충족되었는지 의심스럽기 때문이다. 한국의 현재 상황을 한번 둘러보라. 성장주의와 성공주의가 한국 사회를 지배하는 주요 담론이다. 한국 사회가 물신사회에서 벗어난 공동체인지 의심스럽기에 하는 말이다. 한국 사회가 과연 혈연과 지연, 학연에 뿌리를 둔 봉건사회를 벗어났는지도 자신 있게 말할 수 없다. 단적으로, '너도 사람이고 한 인간이다'의 시선으로 지역이라는 경계 너머의 사람들에게 연대의 손을 내밀 만큼 성숙했을까? 물론 '먹고사니즘'이 너무도 강력해서 그리고 '귀차니즘'이 만연한 현실에서는 답하기 곤란한 물음일 수도 있다.

그러나 어떠한가? 고립과 배제가 아닌 소통과 통합의 정신이 한국 정치의 중심 이념인지, 이를 바탕으로 남북이 '따로 또 같이' 번영하는 공영사회로 나아가고 있는지도 분명하지 않다. 오로지 기승하는 것은 '나만 아니면 돼'라는 공영방송사의 예능 프로그램이 퍼뜨려놓은 '복불복福不福 논리일 뿐이다. 또한 어떠한가? 한국 경제가 모방 단계에서 선도 단계로 이행했는지도 궁금하다. 또한 어떠한가? 한국 문화와 역사가 식민지와 근대화의 과정에서 단절된 전통사회의 미덕과 장점이 살아 있는 사회인지, 외래의 문화와 문명이 서로 융합하는 개방사회인지도 모르겠다.

각설하고, 보편 이념이 절실한 사회라는 뜻이다. 한국 사회의 시대적 과제가 인문사회, 교양사회, 시민사회, 지식사회, 전통사회와 개방사회, 공영사회로의 진입이라면 말이다. 보편 이념이 절실한 이유는 한마디로 말해 우리의 역사가 아직 100년도 안 된 신생 국가이기 때문이다. 그러니까 아직 국민국가 형성nation building도 안 된 나라라는 뜻이다. 이른바 '좋은 나라'civitas bona 또는 '살고 싶은 나라'를 둘러싼 최소의 합의나 동의도 마련되지 않은 나라이다. '살고 싶은 나라'에 대한 최소 동의를 담은 '시민헌장'carta civilis 하나도 아직 만들지 못하고 있기에 하는 말이다. 물론 선례가 없지는 않다. '국민교육헌장'이라는 글이 있었다. 그러나 그 글은 시효를 다했다. 수긍할 만한 대목이 없지는 않지만, 글로벌 문명 시대의 국제화와 세계화의 요구를 담는 데에는 한계가 있다.

따라서 새로운 시대에 부합하는 인간 정신을 담은 인간 선언이 제시되어야 한다. '마그나 카르타'와 미국의 '독립선언' 같은 '인간헌장'carta humana 이 선언되어야 한다. 그 이유는 간단하다. 한국 사회의 내부 통합과 남북 소통을 위한 최소한의 공통성을 마련하는 데에 이제는 민족 담론만으로는 부족하고, 군사적으로 나날이 첨예화하는 동북아 세계가 서로 공존-공영-공생할 수 있는 이념과 논리를 요청하기 때문이다. 그도 그럴 것이 한국 사회가 규모 면에서 너무 빠르게, 어쩌면 웃자랐다고 할 수 있을 정도로 성장했기 때문이다. 성장사회에서 성숙사회를 향한 이행 또는 '업그레이드'upgrade를 어떻게 해야 할지에 대한 고민이 절박하다는 얘기이다. 그나마 지금 누리는 부의 규모를 유지하고 번영의 결실을 꾸준히 누릴 수 있으려면 말이다.

9. 중국제국, '오랑캐'와 중화의 이중주

기원전 202년, 유방과 천하를 다투던 항우가 스스로 목숨을 거두었다. 중원의 패권은 유방에게 돌아갔다. 유방의 한 제국이 수립된 것이다. 이제 그의 앞에는 제국의 기틀을 다져가야 하는 과제가 놓였다. 그는 개국공신을 차례차례 제거해갔다. 그러다 '호'^胡라고 불리던 흉노와 제대로 마주쳤다. 유방은 내친김에 그들에게 본때를 보여주고자 했다.

'오랑캐', 중원 역사의 공동주연

그런데 흉노의 힘은 결코 작지 않았다. 유목지대라는 자연조건 아래에서도 10만 명을 웃도는 병력을 상비군처럼 운용할 정도로 그들의 역량은 강대했다. 당시 흉노를 두고 '흉노 제국'이라 평하는 견해가 지지를 얻는 이유이다. 안으로는 개국공신이 제국 안정의 잠재적 위협이었다면, 바깥으로는 흉노가 언제라도 제국에 위해를 가할 수 있는 현존하는 불안 요소였다.

결국 흉노는 언제가 되든 손을 볼 수밖에 없는 대상이었다. 그런데 결과는 참패였다. 유방은 신하들의 간언을 듣지 않더니만 흉노의 유인책에 빠져 7일간 포위됐다가 굴욕적으로 빠져나왔다. 흉노 군장이 아끼는 후궁의 강한 질투심을 이용해 가까스로 포위망에서 빠져나왔다는 일화가 널리 퍼졌을 정도이다. 그만큼 유방의 군대는 절대적 수세에 놓여 있었다. 어쩔 수 없이 그는 화친책을 구사했고, 이는 무제가 흉노 토벌에 나설 때까지 무려 100년 가까이 이어졌다.

'오랑캐'의 대명사 흉노와 중국제국의 본격적 길항은 이렇게 시작되었다. 흉노가 등장하기 전에는 오랑캐라는 관념이나 실체가 없었다는 말이 아니다. 오히려 정반대였다. 오랑캐라 지목된 종족은 중국사의 여명기에 벌써 주역이 되고도 남을 만한 활약을 펼치고 있었다. 대표적 예가 기원전 11세기 무렵, 주나라가 천자의 나라인 상을 거꾸러뜨리고 새로운 왕조를 개창한 사건이었다. 이는, 주나라가 서융이라 불리던 서쪽 오랑캐를 경영하며 실력을 키웠기에 가능했다. 그만큼 오랑캐의 역량은 저 옛날부터 줄곧 만만치 않았다.

하여 주나라의 기틀을 다진 주공은 건국 초의 혼란 속에서도 낙읍(지금의 낙양)이라는 신도시를 건설하는 데 주력했다. 동쪽 오랑캐, 곧 동이의 방비가 주 왕조를 유지하는 관건이 됐기 때문이다. 그뿐이 아니었다. 주나라가 유왕 대에 이르러 망할 때도 견융이라 불리던 오랑캐의 역할이 컸다. 왕조의 개창부터 기틀 마련, 마감에 이르기까지 오랑캐는 이처럼 녹록지 않은 역량을 바탕으로 중국사의 상수常數로 개입하고 있었다.

제후들이 유왕의 후손을 동쪽으로 모셔가 재건한 동주, 그러니까 춘추시대의 역사도 마찬가지였다. 훗날 소동파는 과거의 최종 단계인 전시殿試의 답안을 작성하면서 춘추시대 초엽 양대 강국이었던 제나라와 진나라를 순수한 중국이라 할 수 없다고 비판했다. 두 나라 모두 오랑캐의 문물을 가져다 썼다는 이유에서였다. 그런데 그렇게 함으로써 제와 진은 중원의 강자로 군림할 수 있었다. 오랑캐의 힘이 여전히 셌다는 뜻이다. 이 시기 역사를 전하는 『춘추좌전』 여기저기에 나오는, 오랑캐에게 나라를 잃을까 노심초사하는 제후국들의 모습도 강력했던 오랑캐의 힘을 적나라하게 보여준다.

급기야 공자가 제 환공을 보필한 관중을 두고, 그 덕분에 우리 중원이 오랑캐에게 점령당하지 않을 수 있었다면서 그를 '어진 이'[仁者]라고 극찬하는 일마저 생겼다. 오랑캐의 존재감이 중원 제후국을 실질적으로 압박하고 있었다.

공자, 역사를 성형하여 '우리'를 내놓다

관중에 대한 공자의 극찬은 『논어』에 나온다. 그는 그리도 아끼던 제자 안회에게도 아무 조건 없이 '어진 이'라고 칭찬한 적이 없다. 그만큼 오랑캐로부터 '우리'[吾], 곧 중국을 수호한 공로를 높이 평가한 셈이다. 그런데 공자가 말한 '우리'는 누구였을까. 정말 공자 당시에 실재했던 것일까.

이 물음을 던진 이유는 간명하다. 그 무렵 중국은 각지의 제후들이 중원의 패권을 놓고 줄곧 다투던 시절이었다. 물론 아무리 치고받아도 제후들 사이의 일이었다면 '우리'라는 의식이 존속했을 수도 있다. 그러나 실제는 이와 사뭇 달랐다. 『춘추좌전』을 보면 제후국들은 상대를 제압하기 위해 오랑캐와 연합하는 일도 마다하지 않았다. 중국의 상징인 천자마저 사적 복수를 이루고자 서슴없이 오랑캐를 끌어들일 정도였다. 단적으로 당시는 '주례'周禮, 곧 주나라의 사회제도로 대변되는, 중국을 하나로 묶어내던 제도적·윤리적 장치가 급속하게 와해되던 시절이었다. 이런 상황에서 공자는 '우리'를 멀쩡하게 실재하는 것처럼 당연시한 것이다.

게다가 이 물음은 21세기 지금 우리에게도 무척 중요하다. '우리 남편/아내' 같은 표현조차 아무렇지 않게 쓰듯이 한국인만큼 우리라는 말을 많이 쓰는 언중은 드물다. 그런데 여기서 우리는 과연 누구일까. 단일민족임을 자랑스러워하는 우리에게 북한은 우리일까 아닐까? 지역·이념·소득 등을 기준으로 '갑질'하는 이들의 우리 속에 수많은 '사회적 을'이 들어 있을지도 자못 궁금해진다. 어디까지가 우리이고 어떤 조건을 충족해야 우리로 묶일 수 있을까. 의문이 꼬리에 꼬리를 물고 이어지기에 그렇다. 공자는 당당하게 '우리'를 전제했으니, 혹 그는 이와 같은 물음에 답을 지니고 있었던 것은 아닐지…….

다행히 『논어』에는 공자가 제시한 '우리'의 조건이 비교적 명료하게 나와 있다. 그는 예식을 거행하거나 『시경』 『서경』 같은 고전을 읽을 때면 천자의 조정에서 사용된 표준음인 아언雅言을 썼다고 한다. 당시 『시경』 『서경』 등은 유가들만 보는 텍스트가 아니었다. 식자라면 유파를 불문하고 꼭 봐야 하는 필독서였다. 지금으로 치면 교양 필수용 고전에 해당하니, 공자는 이들 필수 교양을 표준어로 가르친 셈이다. 또한 공자는 상고시대의 역사를 하나라에서 상나라로 또 상나라에서 주나라로 이어지는 단일 계보로 묶어내고, 문왕·무왕·주공 같은 이를 전 중국이 본받아야 할 문화적 성왕으로 추숭했다. 그리고 주례를 표준적이고 합당한 사회제도이자 생활양식으로 제시했다.

곧 같은 언어를 가르쳐 동질적 사유와 감성을 빚어내고, 현재의 서로 다름을 다 같이 담아낼 수 있는 공통 기원으로서 깊은 역사를 엮어내며, 장차 함께 닮아가야 할 문화적 영웅을 제시함으로써 공자는 분열 일로로 치달리는 중국을 하나의 우리로 묶어내고자 했던 것이다. 이를 위해 그는 자신이 이상으로 내세운 주례를 주나라 초기, 그러니까 기원전 11세기에 주공 같은 성인이 직접 정초한 것처럼 말했다. 로타 폰 팔켄하우젠*에 따르면, 공자가 신봉한 주례는 기원전 9세기에 재정립된 사회제도였음에도 말이다.

다시 말해 공자는 자기가 내세운 전범을 실제보다 훨씬 과거에, 그것도 이상화한 공통 기원으로 소급함으로써 그 정당성과 합법성을 확보하려 했다. 그럼으로써 그가 말한 '우리'는 중국에 사는 이라면 마땅히 자신과 동일시해야 하는 것으로 강제될 수 있었다. 여기서 공자의 절실함과 치열함이 목도된다. 역사를 성형해서라도 중국을 보위할 '우리'를 만들어내야 했음이니, 오랑캐의 힘은 그만큼 만만하지 않았다.

흉노, 차원이 다른 오랑캐

오랑캐를 이용한 공자의 '우리 만들기' 기획은 사마천에 이르러 색다르게 전개된다. 그가 놓인 시대 여건은 공자의 시대와 매우 달랐다. 당시는 유방이 중원을 크게 통일하여 제국이 벌써 구현된 상태였다. 이에 시대정

---

* 로타 폰 팔켄하우젠, 『고고학 증거로 본 공자시대 중국사회』, 심재훈 옮김, 세창출판사, 2011.

신은 제국을 어떻게 존속시킬지에 초점이 맞춰져 있었다.

그러한 시대정신에 부응하는 움직임이 여기저기에서 나타났다. 대표적 예가 동중서기원전 179~기원전 104라는 유생이다. 그는 공자 학설에 음양오행설과 법가의 학설을 섞어 제국의 이념적 기틀을 주조해냈다. 한 세대쯤 지나자 사마천이 나와 제국에 역사적 깊이를 더해 제국이 영속할 수 있는 터전을 마련하고자 했다. 공자의 기획에서도 확인됐듯이 통시적 깊이를 가하면 공시적 넓이를 더욱 광범위하게 포괄할 수 있다. 사마천이 자신의 역사서술에 대통일된 중국은 물론 주변 오랑캐의 역사를 담아낸 이유이다.

당시 한 제국 주위에는 흉노를 비롯하여 남월·동월·서남이·조선 등의 오랑캐가 포진해 있었다. 사마천은 이들의 역사를 『사기』 열전 부분에서 다루었다. 그런데 실제 서술을 보면 흉노 서술전략과 나머지에 대한 서술전략이 사뭇 다르다는 점을 알 수 있다. 남월이나 동월·서남이·조선에 관한 서술은, 이들 오랑캐가 어떻게 한 제국의 지배를 받게 됐는지에 초점이 맞춰져 있다. 이에 견주어 흉노에 관한 서술은 기원전 21세기경인 하나라 때부터 사마천 당대에 이르기까지, 중국과 그들 사이에 벌어진 엮임과 길항의 역사에 초점이 맞춰져 있다. 앞서 소개한 유방의 굴욕적 패배마저 숨기지 않고 서술했을 정도이다.

또한 여느 열전과 달리 중국과는 사뭇 다른 흉노의 역사와 문화·풍습·기질 등을 다룬 언급도 적잖이 수록했다. 아니, 사마천은 이를 부각하겠다고 작정한 듯이 흉노의 처지를 대변하는 중항열이라는 인물과 한 제국 사신 사이의 논쟁을 상세히 기술했다. 한의 사신이 흉노는 노인을 경시한다며 흉노의 풍습을 문제 삼자, 흉노 측 중항열은 이렇게 답한다.

흉노는 밝히 알려졌듯이 일상적으로 전투를 치를 수밖에 없는데, 늙고

허약한 사람들은 싸울 수가 없다. 그래서 자기들의 살지고 맛있는 음식을 건장한 사람에게 먹이는 것이다. 이렇게 함으로써 아버지와 자식이 장기간에 걸쳐 몸을 보존할 수 있었다. 이를 두고 어떻게 흉노가 노인을 홀대한다고 하겠는가? (『사기』「흉노열전」匈奴列傳)

흉노의 풍습은 유목지대라는 환경에서 부족이 살아남기 위해 택한 지혜의 소산이지, 노인을 공경할 줄 모르는 야만의 결과가 아니라는 뜻이다. 농경지대인 중원의 여건 아래 형성된 중국의 윤리를 마치 보편윤리인 양 유목지대에 무조건 들이대는 것이 오히려 무지와 무례의 소산일 뿐이라는 지적이다.

이 밖에도 흉노의 형사취수兄死取嫂 관습을 둘러싸고 몇 차례 설전이 더 벌어졌지만 하나같이 중항열의 승리, 곧 한 제국의 사신이 완패하는 서사가 등장한다. 한마디로, 흉노에 관한 서술은 다른 오랑캐에 관한 서술과 달리 중국이 오랑캐를 이렇게 순치했다는 차원에서 이루어지지 않았다.

길들여질 수 없는 타자를 대하는 법

이는, '우리' 중국이 오랑캐로 야만시하던 그들에게 실은 못 돼도 중국과 맞먹을 수 있는 그들만의 문화가 있다는 고백이었다. 나아가 중국은 그들을 중국의 예禮로써 복종하게 할 수 없다는 통찰이기도 했다. 흉노보다 더 서쪽에 있는 대원大宛 같은 나라들을 서술할 때도 일관되게 적용된 중화주의가 유독 흉노에 대해서만 비켜간 셈이다. 왜 그랬을까.

타자가 우리의 관심 영역에 들어와 있는 한, 달리 말해 우리 실존의 한

구성 인자로 설정되는 한, 우리는 그것을 우리 식대로 우리에게 유리한 방향으로 규정하곤 한다. 그래야 우리가 주도하는 세상이 비로소 질서 잡혔다고 여기기 때문이다. 인지상정이 그렇다는 얘기이다. 마치 오리엔탈리즘처럼, 그러니까 서구가 동양을 있는 그대로 또는 동양의 처지에서가 아니라 자기 시선에서 자기중심적으로 이해하는 것처럼 말이다. 그런데 우리가 부여한 질서에 편입시킨 타자가 우리 뜻대로 되지 않는다면? 흉노처럼 분명 오랑캐여야 하고, 그래서 남월이나 동월·서남이·조선 같은 오랑캐처럼 길들여져야 하는데 그렇지 않다면? 우리는 이들을 어떻게 대해야 할까?

사마천은 「흉노열전」을 갈무리하는 대목에서, 흉노에 대해 말하는 이들이 중국을 과신한 채 어떡하면 황제의 눈에 들까 하며 임시방편을 구할 뿐이라고 비판했다. 흉노뿐 아니라 중국, 곧 '우리' 자신조차 객관적으로 인지하지 못한 채 요행과 그로 인한 이익만 바란다는 것이다. 이것이 그렇게 오랜 세월 흉노와 겨루었지만 별로 실효가 없었던 이유라고 했다. 그러고는 아무리 요임금 같은 성군이라도 장군과 대신을 잘 뽑아야 치세가 가능해진다며 「흉노열전」을 마무리했다.

결국 사마천은 타자와 그들을 오랑캐로 지목하는 우리 자신을 정확하게 인지할 때 비로소 '우리' 중국제국도 잘 돌아갈 수 있음을 갈파한 것이다. 타자를 일방적으로 재단함이 아니라 그들을 있는 그대로 직시할 때 비로소 우리 자신도 정확히 알 수 있고, 국가 사회도 제대로 경영할 수 있다는 통찰을 던진 셈이다. 누구보다도 '우리'라는 말을 많이 쓰는 우리 한국인이 곱씹어야 할 대목이다.

10. 도시 문명의 뿌리는 사람의 몸이었다

우리 역사에는 도시 생활의 경험이 없다

우리가 한반도에 살기 시작한 지는 족히 반만년이 넘는다. 저 반만년의 세월 동안 '서울' 같은 대도시^{megalopolis}에 천만 명의 사람들이 함께 모여 산 것은 지금이 처음일 것이다. 따라서 이른바 '도시 문명'을 경험해본 적은 없다고 해도 과언이 아닐 것이다. 지금처럼 30평 남짓한 공간을, 그것도 예컨대 20층으로 나누어 공유하는 공간 구조도 사실 처음 경험하는 것이기에 하는 말이다. 다시 말해, 고밀도의 공간 구조를 경험해본 적이 없다는 것이다.

그런데 현실은 우리가 이런 공간 구조에서 더불어 살아야 하는 것이다. 문제는 이런 경험을 우리가 과거의 오랜 역사에서 배울 수도 없고, 이런 도시화한 공간 구조에서 더불어 사는 방법에 대한 교육을 실제로 받아본

적도 없으며, 그런 교육을 제공한 적도 없다는 데 있다. 이를테면 '층간 소음'은 역사적으로 처음 겪어보는 사태일 텐데, 그냥 조심하고 살아야 하는 문제일까? 그러니까 '발을 머리에 이고 살아야' 해결되는 문제일까?

도시 생활을 지탱하게 하는 힘은 예의와 교양이었다

사람들이 지금처럼 거대 도시에 거주하는 형태의 문명 조건에서 모여 산 것은 산업화 이후로, 대략 18세기부터이다. 그 시절 유럽의 대도시에 모여든 사람들의 사는 모양이 그리 보기 좋은 것은 아니었나 보다. 오죽하면 라이프니츠Gottfried Wilhelm Leibniz, 1646~1716 같은 사람이 이런 말을 했을까.

> 일찍이 누가 믿을 수 있었겠는가? 도대체 이런 종족이 세상에 있다는 것을 말이다. 물론 내 개인적인 의견이긴 하지만, 우리 유럽인들은 미풍양속의 모든 세련됨을 위해서 배우고 익힌 사람들이다. 그럼에도 이런 우리를 교양이 우러나는 세련된 생활양식에 관한 가르침으로 능가하는 종족이 있기에 하는 말이다. 아무튼 내가 이 종족을 더 잘 알게 될수록 나는 이 사실을 중국인들을 통해 확인하였다. …… 일개 농부에 불과할지라도, 심지어 일개 하인에 불과할지라도, 중국인들은 친구들에게 안부를 묻고 또는 오랫동안 만나지 못한 경우 서로의 얼굴을 살피며 기뻐한다. 아주 사랑스럽고 아주 존경스럽게 서로를 극진히 떠받든다. 이런 모습에 우리 유럽인들은 놀라서 어안이 벙벙할 정도이다. 이와 같은 농부와 하인들의 예의 방식은 심지어 우리 유럽의 귀족들이 자랑하는 온갖 예법에 도전할 정도이다. 하물며 고위 관리들과 고급 학자들은 굳이 말할 필요가 있을까 싶다. (『중국에

대한 최신 소식들』[Novissima Sinica], pp. 11~12)

라이프니츠가 '교양이 우러나는 세련된 생활양식'을 강조하는 것은 표면적으로는 예의범절을 중시한다는 중국을 찬양하는 것처럼 보이지만, 실은 17세기 말부터 급속하게 진행된 유럽 도시의 팽창·발전과 직결되어 있었다. 그러니까 급작스럽게 대도시로 성장한 유럽의 도시들, 예를 들면 런던과 파리는 갑작스럽게 몰려든 사람들이 더불어 모여 살기 위한 제도와 시민 교양이 마련되지 않은 상황이었다.

이를 극복하기 위해 라이프니츠가 제안한 것이 시민 교양에 해당하는 '키빌리타스'civilitas 개념이었다. 이 개념은 시민 교양 또는 예의범절 또는 교양 에티켓 정도를 뜻했다. 이른바 도시의 공기가 제공하는 자유를 누리기 위해서는, 정확하게 말해 좁은 공간에서 더불어 살기 위해서는 예의가 절실했음을 반증하는 개념이 키빌리타스였다는 얘기이다. 그러니까 이 개념이 탄생한 배경은 도시의 급성장·급팽창과 관련되었다는 뜻이다.

물론 역사에 선례가 없지는 않다. 고대 로마를 들 수 있기 때문이다. 요컨대 도시 로마도 익명성이 보장되는 곳이었고, 매우 좁은 공간에서 많은 사람들이 더불어 살아야 하는 곳이었다. 특히 로마는 국가의 규모가 기원전 1세기에 이미 제국으로 커지면서 수많은 사람들이 몰려들었고, 이로 말미암아 수많은 사건과 사고가 발생했다. 그런데 대부분이 국가 규모 측면에서 씨족이나 부족 중심의 농경사회에서는 포착되지 않던 갈등과 경쟁에서 야기된 신종 사건들이었다. 이 사건들은 도시의 익명성과 제국의 다양성이 만들어낸 것이다. 이에 대한 반성과 해결책을 고민한 사람이 키케로였으며, 그가 부르짖은 학문이 인문학 humanitas 이었다.

이런 의미에서 라이프니츠의 키빌리타스는 키케로의 후마니타스에 호응하는 개념인 셈이다. 흥미로운 점은 두 개념이 겪어야 했던 이후의 운명이다. 키빌리타스는 라이프니츠의 바람인 '예의와 교양'이 아니라, 야만에서 문명civilization을 구별하는 제국 이념으로 자리 잡는다. 반면에 후마니타스는 라이프니츠의 키빌리타스 개념이 본래 지향했던 '예의와 교양'을 목표로 하는 인문 교육을 아우르는 개념으로 자리 잡았다. 물론 후마니타스는 종종 제국 이념으로서 '문명'을 뜻하는 개념으로 사용되기도 했다. 아무튼 이 개념들의 의미 변화와 관계없이, 후마니타스와 키빌리타스 개념은 서양 인문학이 역사적으로 '도시 문명'과 직결되어 발전해왔음을 잘 보여주는 사례라는 점은 분명하다.

사람의 몸이 집의 설계도였다

이왕지사! '도시 문명'이라는 말이 나온 김에, 물론 도시 문명과 인문학의 상관성에 대해서는 여러 이야기를 해야겠지만, 여기에서는 집과 도시에 관한 이야기로 바로 들어가겠다. 유럽 도시의 외관을 논하려는 것이 아니다. 그 외관의 저변에 깔린 생각을 소개하겠다. 한마디로 도시란 사람이 모여 사는 공간이고, 집이란 사람이 사는 공간이고, 그런 한에서 사람을 공간 구성의 핵심 원리로 삼는다는 생각이 바로 그것이다.

물론 유럽의 모든 도시들이 이 생각을 바탕으로 삼았거나, 도시와 건축을 담당한 모든 사람들이 이 생각을 핵심 원리로 삼았던 것은 아닐 터이다. 그럼에도 서양 건축학의 전통이 사람을 중심에 놓는 생각humanitas에서 출발했다는 점은 분명하다. 그 증인은 서양 건축학의 실질적 시조인 비트루비우스Vitruvius이다. 그의 말이다.

어떤 건물도 대칭과 비례 없이 구성의 원리를 얻을 수가 없다. 좋은 신체를 가진 사람의 사지四肢에 대한 정확한 비례를 계산해 가지고 있는 경우를 제외하면 말이다. (『건축십서』 제3권 제1장 1절)

건축물은 신체의 비례에 근거해야 하며, 사람의 몸을 건축에 사용하는 척도로 삼아야 한다고 한다. 다시 비트루비우스의 주장이다.

자연은 사람 몸을 이렇게 만들었다. 얼굴은 턱부터 이마의 가장 윗부분과 머리카락의 가장 낮은 뿌리까지에 이르는 부분인데, 이 부분은 몸 전체 길이의 10분의 1에 해당한다. 손바닥은 손목 관절부터 중지 끝부분까지인데, 이도 마찬가지 길이이다. 머리는 턱부터 정수리까지를 말하는데, 이는 [몸 전체의] 8분의 1에 해당한다. 가슴의 가장 윗부분인 목에서 머리카락의 가장 낮은 뿌리까지는 6분의 1이다. 가슴 중앙부터 정수리까지는 4분의 1이다. 반면에 얼굴 자체는 턱 아래부터 코 바로 밑까지가 [얼굴 전체의] 3분의 1이다. 코는 콧구멍부터 두 눈썹 사이의 중심까지인데, 이도 마찬가지이다. 여기부터 머리카락의 가장 낮은 뿌리에 이르는 부분이 이마인데, 이도 3분의 1이다. 한편 발의 길이는 신체의 6분의 1이다. 팔의 길이는 4분의 1이고, 몸통의 길이는 4분의 1이다. 다른 지체도 마찬가지로 자신의 고유한 대칭 비례가 있다. 고대의 화가들과 유명한 조각가들이 이를 활용해서 불멸의 명성을 누렸다. 한편 이와 비슷하게 신전들을 구성하는 지체들은, 전체 크기의 온전한 총체에 개개의 부분들에서 비롯한 가장 잘 어울리는 상호 비례의 호응을 지녀야 한다. 마찬가지로 몸의 중심은 본성적으로 배꼽이다. 왜냐하면 사람이 팔과 다리를 벌리고 등을 지고 누워 있다면, 컴퍼스의 회전하는 다리의 축이 그의 배꼽에 놓이면, 원을 따라 돌아가면서 선이 양손의 손가락 끝과 양발의 발가락 끝에 닿을 것이기 때문이다. 몸에서 원의 형태가 만들어지는 것과 다르지 않은 방식으로 몸 안에서 정사각형이 발견될 것이다. 왜냐하면, 발바닥에서 머리 끝부분까지를 측정하고 그것을 양팔을 활짝 펼쳤을 때와 비교해보면, 그것의 높이와 너비가 같다는 사실을 알 것이기 때문이다. 규격에 맞게 정사각형 모양을 갖춘 구역처럼 말이다. (『건축십서』 제3권 제1장 2~3절)

참고로, 레오나르도 다 빈치는 위의 내용을 바탕으로 인체 비례도를 그렸다. 약간의 변동은 있지만 대체로 비트루비우스의 생각을 바탕으로 그린 것이다.

다시 본론으로 돌아가자. 중요한 점은 건축물이 신체의 유추물이라는 사실이다. 사람이 중심이라는 뜻이다.

광장은 도시의 배꼽이었다

한마디로 건축물이 신체의 유추물이고, 도시는 기본적으로 신체 유추의 연장체라는 것이 비트루비우스의 생각이다. 그에 따르면, 도시 건설에서는 광장이 특히 중요하다. 도시의 배꼽이 광장이기에 그렇다고 한다. 다시 그의 말을 들어보자.

카이사르여, 제3권과 제4권에서 신전들을 논했으므로, 이 책에서는 공적인 장소의 배치를 설명하겠습니다. 우선 광장이 세워져야만 한다고 말씀드립니다. 왜냐하면 정무관들이 공적인 일과 사적인 일을 처리하고 관리하는

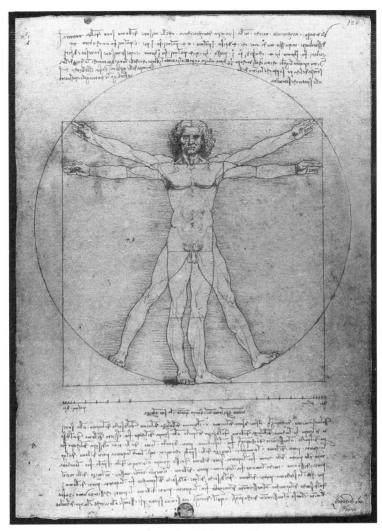

레오나르도 다 빈치의 「인체 비례도」

곳이 광장이기 때문입니다. (『건축십서』 제5권 서문 5절)

　도시는 이렇게 세워진다고 한다. 먼저 도시의 한 중심에 빈터가 주어진다. 그 빈터를 중심으로 주랑들이 세워지고, 그 주랑들 사이에 상점이 공간을 배당받는다. 이어서 국고國庫와 감옥, 의사당도 공간을 배정받는다. 다음으로 극장이 자기 자리를 차지한다. 여기에 목욕탕도 빠질 수 없다. 물론 경기장도 자기 자리를 배정받는다. 마지막으로 항구도 자기 자리를 차지한다. 그런데 이렇게 배치된 건축 공간들은 도대체 무엇들일까? 이것들은 앞에서 말한 광장에서 이루어진 경제·정치·문화·교육 등과 같은―한마디로 말해 문명이라고 할 수 있는―, 비트루비우스의 말에 따르면 '사람이 살아가는 여러 방식과 기능'humanitas이 건축이라는 옷을 입은 것이다.

　사실 도시란 광장의 여러 기능이 물질화한 공간이다. 더 정확하게 말하면 광장에는 두 모습의 공간이 있다. 하나는 '공간으로서의 광장'이고 다른 하나는 '기능으로서의 광장'이다. 결론적으로 '기능으로서의 광장'이 물질화한 공간이 도시이다. 그리고 '공간으로서의 광장'이라는 운명도 가장 안전하고 가장 확실한 방식으로 살아남는다. 도시 한가운데에 있는 빈터가 바로 그곳이기 때문이다. 비트루비우스가 도시를 세울 때 그 중심에 첫 번째로 놓으라고 말하는 빈터가 바로 그곳이다.

　그런데 비트루비우스에 따르면, 그 빈터는 그냥 공터가 아니다. 도시의 비례와 균형을 잡는 저울libra 역할을 하는 곳이기 때문이다. 다시 말해 광장의 규모에 따라 광장을 둘러싸는 건물과 거리의 비례가 결정되기 때문이라고 한다. 이쯤 되면 광장은 그냥 중심지가 아니다. 도시의 배꼽umblicus urbis이다.

그러나 광장이 도시의 배꼽인 이유는 단지 그것이 건축물들의 비례와 도시의 공간 구조를 결정하기 때문만은 아니다. 그것은 다름 아닌 광장이 말과 소리의 중심지이기 때문이다. 달리 표현하면 정치의 중심지라는 뜻이다. 온갖 소리가 소통하는 공간이 광장Forum이었고 그 소리들의 승패를 결정하는 곳 또한 광장이었기 때문이다. 시장과 법정, 민회가 열리는 곳이 광장이었다.

이와 관련해 로마의 광장이 소리의 비례 원리에 입각해서 지어졌을 가능성이 높다는 점을 지적하고자 한다. 마이크도 확성기도 없던 시절이기 때문이다. 이와 관련해서는 좀 더 엄밀한 검증과 전거가 필요하지만, 정치가의 연설이든 시민의 항의이든 그 소리들이 음성적으로 들릴 때 소통이 가능하므로, 광장 자체는 사람의 귀를 중심에 놓을 수밖에 없는 공간이라는 점을 지적해둔다. 참고로, 음향이라는 관점에서 로마의 도시들과 건축물이 사람을 준거로 삼았다는 점은 예컨대 로마의 주요 문화 시설인 극장이 한편으로 인체 비례에 맞추어 지어졌고, 다른 한편으로는 사람의 말소리가 어디에서나 들릴 수 있는 구조로 지어졌다는 사실에서 쉽게 입증할수 있다. 기원전 1세기에 프랑스의 오랑주Orange 지역에 세워진 극장이 그 대표적인 예이다.

그렇다면 서울은

서양의 건축과 도시를 구성하는 핵심 원리가 사람의 몸이었으며, 집을 짓고 도시를 개발하는 데서 구조적으로 그리고 어쩔 수 없이 사람과 사람의 몸을 중심으로 놓을 수밖에 없었다는 이야기는 여기까지이다. 이쯤에

기원전 1세기경에 프랑스 오랑주 지역에 세워진 극장

서 서울로 다시 돌아오자. 요컨대 인문적 시민사회를 구축하기 위해 서양의 근대화 또는 현대화 시기에 있었던 인문학의 시도나 노력과 견주어볼 때, 서울은 과연 어떤 노력을 했을까? 서울의 도시 개발과정에서 예컨대 라이프니츠가 던진 '예의'라든가 '교양' 같은 인문적 물음을 염두에 둔 적이 있었는지 묻는 일 자체가 호사스러운 것일지도 모른다.

그렇다면 서울의 현대 건축물들과 도시의 공간 구성에서 사람이 차지하는 비중은 얼마나 될까? 사실 이 물음을 던지는 것 자체가 서울에 미안할 정도이다. 내 생각에 도시 개발과 건축 설계에 반영된 군사적인 이유와 경제적인 이유 따위가 차지하는 비중과 비교해볼 때, 사람이 차지하는 비중은 거의 없는 듯하다. 집값과 부동산 가치에 따라 도시의 공간 구성이 거의 결정되었다는 점은 누구나 인정할 것이기에. 이런 상황에서 '사람 중심의 서울'을 생각한다는 것 자체가 사치스러운 고민일지 모른다. 돈이 아닌 사람을 중심에 놓는 서울을 꿈꾸는 것은 한여름 밤의 꿈에 불과할 수도 있기 때문이다.

그렇지만 우리만 사는 곳이 아니라 미래의 세대가 살아야 하는 곳이 서울이다. 또한 도시라는 곳은 사람이 모여 사는 공간이며, 집이라는 곳은 사람이 사는 공간이다. 돈이 사는 공간이 아니고, 돈이 모여 있는 공간도 아니다. 사람이 살고 사람이 모여 있는 곳이 서울이다. 사정이 이와 같다면, '사람 중심'의 집짓기와 도시 개발을 고민한 사람들의 말도 한번쯤 들어보는 것이 그리 나쁘지는 않을 것이다.

결론적으로 묻자. 서울이 급속한 개발을 통해서 팽창하고 확장할 때 사람을 중심에 놓은 적이 있는지를 말이다. "그랬다"고 단언할 수 있는 사람이 과연 몇이나 될까?

11. 인간다움의 뿌리는 '몸 기술'

"문명의 사고와 근본적으로 다른 '미개의 사고'란 존재하지 않는다. 그것은 문명인의 오만과 착각일 따름이다." 20세기를 빛낸 고전 『야생의 사고』를 관통하는 핵심이다. 구조주의 인류학자 레비-스트로스는 이 책을 통해 이른바 '문명인'의 오만과 허위에 가슴 서늘한 경종을 울렸다.

매뉴얼이 앞서지 않고 현장이 앞서다

'브리콜뢰르'bricoleur는, 레비-스트로스가 『야생의 사고』에서 미개未開의 사고 따위는 없다고 한 주장의 근거로 제시한 사례 중 하나이다. '손재주꾼' 정도로 번역되는 이 말은 삶터에 이미 주어진 사물과 공구로 그때그때 필요한 것을 뚝딱 만들어내는 자를 가리킨다.

비유하건대 척척박사가 있어 잡다한 지식을 향한 갈증을 실시간으로 해소해줬다면, 손재주꾼이 있어 잡다한 공작工作을 통해 이러저러한 생활의 필요를 해결해줬다. 하여 원시 부족들은 섬이나 밀림처럼 닫힌 세계에 살면서도 그때그때의 문제를 해결해가며 삶을 영위할 수 있었다. 달리 말해 자기 문명을 창출하고 갱신해갈 수 있었다. 구조주의로 무장한 레비-스트로스는 이들의 활동을 '구체의 과학'이라 명명하고, 이것이 문명인의 '추상의 과학'에 대응한다고 보았다. 곧 문명이든 이른바 '미개'이든 간에 과학이 공통적으로 삶의 영위와 문명 창출, 갱신의 관건이라는 증언이다.

과학은 기술의 형식으로 삶터에서 개화한다. 문명이든 미개든 마찬가지이다. 생활에 과학이 적용되는 한 기술도 늘 더불어 구사됐다는 얘기이다. 그렇기에 다양한 기술을 지닌 손재주꾼이 꼭 미개의 세계에만 있어야 할 아무런 이유가 없다. 그들은 언제 어디에든 있었고 지금도 그러하다. 전문적으로 수련을 쌓은 장인을 말함이 아니다. 기술 교육을 받지는 않았지만 그들은 여러 과업을 소기의 목적에 맞춰 두루 해낸다. 현장에 애초부터 있던 도구와 물건만으로도 적절한 솜씨를 부려 현장의 결여를 벌충해왔다.

매뉴얼 따위도 없다. 단지 현장의 여건과 필요만이 있을 뿐이다. 그들더러 매뉴얼을 작성해달라면 못 한다며 손사래를 친다. 그러나 그들은 제작, 곧 짓기를 통해 삶터의 필요에 성공적으로 부응한다. 간장 몇 큰술을 넣는지는 몰라도 찌개를 기가 막히게 끓여내는 것처럼 말이다. 이러한 맥락에서 그들은 '삶의 기술'을 지닌 삶의 전문가라 할 수 있다. 그래서인지 그들의 모습에서는 장자莊子의 모습이 어른거린다.

그들이 장인이 된 까닭—몸과 하나 된 기술

『장자』에는 '기술의 달인'이 다수 실려 있다. 수레바퀴 제조의 달인 윤편을 비롯하여 동그라미와 네모를 그리면 그 자체로 완벽한 원이 되고 네모가 됐다는 공수, 만들어내는 악기마다 귀신같다는 찬사를 받은 재경, 솜씨좋은 기술자도 1년에 한 번은 칼을 가는데 19년째 소를 잡았건만 한 번도칼을 갈 필요가 없었던 포정 등등. 언뜻 그 경지를 가늠할 수 없어 보이는장인이 여럿 등장한다.

사람들은 그들에게 어떻게 그런 경지에 올랐느냐고 묻는다. 그러면 그들은 이렇게 답한다. "내 안의 모든 욕망과 생각을 비워낸다" "재료의 있는그대로를 바탕으로 삼는다" "만들어낼 것과 하나가 된다" "도에 의거하여정신으로써 천리의 자연스러운 결대로 작업한다" 등등. 이를테면 이러한경지이다. 『장자』처럼 도가 계열의 텍스트인 『열자』列子「황제」黃帝 편에 나오는 매미잡기 달인 얘기이다.

하루는 공자가 초나라로 가는 길에 숲속을 지나다가 우연히 등이 굽은노인이 매미 잡는 광경을 보았다. 그는 마치 떨어진 물건을 집듯이 매미를너무나도 쉽게 잡고 있었다. 평소 궁금하면 그냥 지나치지 못하는 공자였다. 노인에게 성큼 다가가 무슨 기술을 써서 잡는지를 물어보았다.

대여섯 달 동안 장대 끝에 둥근 공 두 개를 포개놓고서 떨어뜨리지 않으면 매미를 놓치는 일이 줄어듭니다. 세 개를 포개놓고서 떨어뜨리지 않으면놓치는 일은 열에 한 번 정도입니다. 다섯 개를 포개놓고서 떨어뜨리지 않으면 손으로 줍듯이 매미를 잡게 됩니다. 나는 나무 그루터기처럼 서 있게되고 장대를 쥔 팔뚝은 마른 나뭇가지처럼 됩니다. 비록 하늘과 땅이 크고 만물이 수없이 많지만 나에게는 오직 매미의 날개만 인지될 뿐입니다. 나는 뒤돌아보지도, 곁눈질하지도 않습니다. 매미 날개에 대한 주의력을 어떠한 사물과도 바꾸지 않으니 어찌 잡지 못할 수 있겠습니까?

등이 굽은 노인의 대답이다. 그렇게 하면 '나'와 지금 구사하고 있는 기술 사이에 어떠한 틈도 존재하지 않게 된다. 그렇게 '나'는 부지불식간에 기술을 부리며 현장의 필요를 충족하는 활동을 벌인다. 몸이 의식을 거치지 않고 저절로 기술을 부리게 된다는 것이다. 그러려면 행위 주체인 '나'는 기술 부림을 의식하지 않아야 한다. 그래야 비로소 자기처럼 할 수 있게 된다는 뜻이다.

어떤 고차원적 경지를 얘기함이 아니다. 공수나 재경, 포정 같은 솜씨를 철학적·윤리학적 차원에서 이해하여 예컨대 그들의 기술을 해탈의 경지로 이끄는 수련의 비유로만 이해할 필연적 이유는 하나도 없다. 그들의 기술 부림은 우리도 일상에서 너끈히 수행할 수 있는 것임을 굳이 부인할 까닭도 없다. 예컨대 우리는 수영 기술을 그들처럼 부릴 줄 안다. 자전거를 타거나 자동차를 운전할 때도 우리는 그들처럼 필요한 기술을 구사한다. '다음에 왼팔을 뻗어야지' '저기서 좌회전할 때는 핸들을 45도만 꺾어야지' 하며 의식을 작동하지 않아도 몸이 알아서 적절하게 팔을 뻗고 핸들을 조정한다. 그것도 대부분의 경우 썩 잘해낸다.

이는 기술과 나 사이에 다른 것이 끼어들지 않기에 가능한 현상이다. 올림픽에서처럼 다른 무언가를 위해 헤엄치거나 운전하는 것이 아닌 한, 우리는 헤엄치면서 헤엄치고 있음을 능히 잊을 수 있고, 운전하면서 그 활동을 하고 있음을 마음 편하게 망각한다. 여기서『장자』의 장인들과 레비-스트로스가 목격한 브리콜뢰르, 곧 손재주꾼이 만난다. 손재주꾼들도 재경이나 포정처럼 기술을 사용한다는 말이 아니다. 현장의 필요를 충족하기 위해 몸과 하나 된 기술이 저절로 발휘된다는 것, 여기서 둘 사이의 교집합이 형성된다는 뜻이다.

기계의 기술이 아닌 '나'의 기술

단적으로 작업의 결과가 훌륭하든 말든, 또 그 결과로 내가 어떤 이익을 더 얻든 말든, 이들에게 그러한 것은 그저 부차적이거나 눈 밖의 일일 따름이다. 그들에게는 장자의 표현을 쓰자면 '기심'機心이 개입될 여지가 없다. 기심은 '기계의 마음'이라는 뜻이다. 기계를 진실하지 못한 존재로 보는 쪽에서는 이를 '거짓된 마음' 등으로 풀기도 한다. 장자도 당시 재테크와 말재주로 유명했던 자공을 내세워 부정적 맥락에서 이 말을 사용했다. 저간의 사정은 이러했다.

하루는 자공이 길을 가다가 우연히 밭일하는 노인을 목격했다. 노인은 한참 밑에 있는 샘물에서 물을 길어 날라 밭에 물을 주고 있었다. 보다 못한 자공이 용두레 사용을 권했다. 용두레는 낮은 곳의 물을 손쉽게 퍼 올릴 수 있는 농기구이다. 그런데 노인의 반응이 의외였다. 처음에는 화난 기색을 띠더니만 이내 웃음 지으며 말했다.

> 기계를 쓰면 마음에 '기계의 일'[機事]이 생기고, 그것이 생기면 '기계의 마음'이 생겨날 수밖에 없소이다. 기계의 마음이 심중에 있으면 마음에 순수함과 깨끗함이 갖춰지지 못하고, 그렇게 되면 정신과 품성이 안정을 이루지 못하여 결국 도가 깃들지 않지요. (『장자』「천지」天地)

한마디로 기계를 쓸 줄 몰라서 '못' 쓴 게 아니라, 마음이 오염되고 정신의 평정이 깨져서 진리와 무관한 삶을 살게 될까 싶어 '안' 쓴다는 것이다. 장자는 다른 곳에서 "있는 그대로의 바탕을 해쳐 기구를 만든 것이 장인의 죄"(『장자』 「마제」馬蹄)라고 논단한 적이 있다. 장자가 기계는 사용자를 변이시키는 존재임을 간파했기 때문이다. 물론 기계를 사용함으로써 자연을 닮은 삶에 다가설 수 있다면, 사람의 도덕 역량이 증진하여 인간다운 삶의 실현이 더욱 가능해진다면, 기계 사용을 굳이 꺼릴 이유는 없다.

문제는, 기계가 그 역으로도 사람을 이끈다는 점이다. 기술 탓에? 아니다. 장자는 사람과 기술 사이에 '기계의 일'이 끼어들기에 그런 일이 생긴다고 보았다. 그 순간 사람과 기술 사이에 틈이 생겨 기계를 부릴 줄은 알지만 기계가 부리는 기술을 정작 나는 구사할 줄 모르게 되는 상황이 초래된다. 그럴수록 나와 기술 사이에는 '기계의 마음'이 더욱 차올라 기술은 나와 괴리되고, 나는 누군가가 만든 기계의 단순 사용자로 전락한다. 나의 몸은 무능력해지고, 그 결과 우리는 나의 기술이 아닌 기계의 기술을 사용하며 일상을 살아가게 된다.

그러다가 기술의 주체인 나, 곧 인간이 기계에 종속되기도 한다. 이는 인간이면서 인간이기를 멈춘 것이다. 묵자는 사람이 날짐승이나 들짐승, 벌레 따위와 구분되는 근거는 '힘씀', 곧 문명 창출로 이어지는 작위적 노동에 의해 생존해야 하는 존재로 태어났기 때문이라고 보았다. 인간에게는 우주의 신령함이 깃들어 있기에, 또 인간은 하늘의 선함을 부여받은 존재이기에 뭇 생명과 다른 특권적 지위를 차지하게 됐다는 사유와는 전혀 딴판인 견해이다.

'김병만' 또는 '유해진' 되기

묵자가 제자백가 가운데 최고의 과학기술자이기 때문에 그러한 사유를 개진한 것은 아니다. 조선의 유학자 정약용은 「기예론」技藝論에서 하늘이 금수에게 발톱과 뿔을 주고 단단한 발굽과 날카로운 이를 준 것처럼 사람에게는 지혜와 사유능력을 내려주어 기예를 익혀 스스로 살아갈 수 있게 했다고 하였다. 그 역시 동물과 사람의 변별점을 도덕 등에서 찾지 않고 묵자처럼 기술의 구비에서 찾은 셈이다.

더구나 정약용은 "아무리 성인聖人이라도 천 명, 만 명이 함께 의논한 것을 당해낼 수 없다. 사람이 많이 모일수록 기예가 더욱 정밀해지고 세대가 거듭될수록 기예는 더욱 훌륭해진다"는, 다소 무리해서 비교한다면 근자의 '집단지성'이나 '숙의 민주주의'의 선취라고 할 만한, 그때로서는 꽤나 혁신적인 주장을 내놓았다. 성인들이 문명의 이기를 만들어준 덕분에 인간이 문명을 일구며 살게 됐음은 부인하기 어렵지만, 그렇다고 그들만이 문명의 주체는 아니라는 뜻이다. 인간이 문명을 일구고 갱신하는 데 성인의 역할만큼이나, 아니 그 이상으로 민중의 '집단지성'이 큰 역할을 했기에 그렇다는 말이다. 다산이 보기에 사람이고자 하는 한, 사람은 신분 고하를 막론하고 누구나 기술을 본성적으로 몸에 지닌 존재이기 때문이다.

곧 내가 사람으로 살아가는 데서 기술의 습득은 선택이 아니라 당위라는 얘기이다. 나를 인간으로서 살게 해주는 '삶의 기술'을 반드시 갖춰야 한다는 뜻이다. 맹자가 사람의 본성을 하늘이 부여한 선함이라고 보았기에 사람은 신분 고하를 막론하고 선함을 반드시 발휘해야 한다고 주장했듯이 말이다. 그런 점에서 우리 모두는 「삼시세끼」의 유해진이나 정글 같은 자연 상태에서 생활 용구를 만들어내는 「정글의 법칙」의 김병만 같은 존재가 될 필요가 있다.* 그들은 극중에서 그리고 '리얼한' 삶의 현장에서 필요한 바를 주어진 조건만으로 뚝딱뚝딱 해결해가는 능력의 소유자들이다. 다른 무엇의 기술이 아닌, '나의 기술'을 자기 몸에 붙인 우리 사회의 브리콜뢰르들이다.

이를 위해서는 우리 교육이 초등 단계부터 고등 단계에 이르기까지 '짓기' 활동을 중심으로 재편될 필요가 있다. 그래야 삶의 기술을 '몸 기술', 그러니까 내 몸에 '나의 기술'로 아로새길 수 있다. 앞선 글**에서 안재원이 논파한 바와 같이 사람의 몸이 집의 설계도였고 그래서 도시 문명의 뿌리였듯이, 문명을 일궈내 사람이라는 생물이 인간답게 살 수 있게 해준 기술 또한 그 뿌리는 사람의 몸, 곧 우리의 몸이기에 그렇다.

---

* 「삼시세끼」는 종합 엔터테인먼트 채널 tvN의 예능 프로그램이고, 「정글의 법칙」은 SBS의 예능 프로그램이다. 유해진과 김병만은 각각 이들 프로그램에서 주어진 재료를 활용해 필요한 물건을 뚝딱뚝딱 만들어내는 등 빼어난 공작 솜씨를 발휘한다.
** 「10. 도시 문명의 뿌리는 사람의 몸이었다」.

12. "기술만으로 충분하지 않다"고! 뭣이 중헌디?

"기술만으로 충분하지 않다. 기술은 자유교양학문과 혼인해야 한다. 인문학과 결혼해야 한다. 이 결혼은 우리의 심장으로 하여금 노래를 부르게 만든다." 스티브 잡스의 말이다. 도대체 잡스는 왜 이런 말을 했을까? 인문학을 진정으로 사랑해서? 나는 그렇게 믿지 않는다. 기술이 더 이상 발전하지 않을 것이기에 이런 말을 한 것도 아니라고 본다. 기술은 발전할 것이다. 섬세해지고 광대해질 것이다.

그렇다면, 잡스가 이런 말을 한 진의는? 무한 경쟁체제에서 살아남기 위해서는 기술만으로는 안 된다는 생각이 결정적이었을 것이다. 또한 기술의 평준화와도 직결되어 있다고 본다. '삼성'이 '소니'를 따라잡고 '애플'을 추격하듯이, 그런데 '삼성'도 '샤오미'에 따라잡히듯이, 기술을 따라잡는 것은 그리 어려운 일이 아니기에 하는 말이다. 그러니까 승부를 결정하는 것은 이제 기술이 아니라는 것이다. 가격 아니면 콘텐츠라는 말이다. 잡스는 콘텐츠를 선택한 것이고, 이것이 그가 인문학을 강조한 속내였을 터이다.

그러나 잡스가 인문학을 강조한 이유는 상품 고급화 전략의 일환이라는 것이 내 생각이다. 몇 년 전에 인문학이 잠시 주목을 끈 적이 있는데, 어쨌든 잡스 덕분이다. 해서, 잡스의 말을 일단 인정하겠다. "인문학과 기술이 결혼을 해야 한다"면 과연 그 이유는 무엇일까? 물론 수많은 직원을 먹여 살려야 하기에, 즉 생존의 이유에서 "기술만으로는 부족하다"고 외칠 수밖에 없었던 잡스의 처지는 충분히 이해가 간다. 그렇지만 인문학은 잡스가 생각한 것처럼 '아이폰'이라는 상품의 콘텐츠에 국한되는 무엇은 결코 아니다. 물론 인문학을 기술과 상품의 세계에 화려하게 등장시켜준 잡스의 공은 높이 산다.

아이폰은 작품이 아니다

잡스의 선배 두 사람을 증인으로 부르자. 피그말리온을 먼저 부르겠다. 오비디우스가 전하는 이야기이다.

그는 눈처럼 흰 상아를 놀라운 솜씨로 성공적으로 조각했소. 이 세상에 태어난 어떤 여인도 그렇게 아름다울 수는 없었소. 그는 자신의 작품에 반해버리고 말았소. 그 얼굴은 진짜 소녀의 얼굴이었기에. …… 그만큼 그의 작품에는 기술이 들어 있었소. 피그말리온은 보고 감탄했고, 자신이 만든 형상을 마음속으로 뜨겁게 열망했소. 가끔 살인지 상아인지 알아보려고 손으로 자신의 작품을 만져보았소. …… 그의 손가락에 그것의 살이 눌리는 것 같았소. 그러면 거기에 멍이 들지 않을까 두려웠소. (『변신 이야기』 제10권

247~58행)

상품이 작품이 되는 순간이다. 어쩌면 이것이 잡스가 원하던 것일지도 모른다. 물론 하나의 물품이 아니라 혼이 깃든 작품을 만들어야 한다고까지 잡스가 생각했는지는 잘 모르겠다. 그렇지만 대량생산과 대량소비 시대의 특성 가운데 하나인 일회용 물품이 아닌, 낱낱의 상품에 개성을 부여하고 뭔가 의미 있는 메시지를 새겨 넣으려고 시도했다는 점은 획기적이다. 어쩌면 이것은 잡스가 인문학을 이용해 상품의 고급화 전략을 펼친 것이다. 그러나 이런 고급화 전략이 기술을 예술로 만들 정도의 힘을 지닌 것은 아니다. 오비디우스에 따르면 적어도 두 가지 조건이 충족되어야 한다. 하나는 자신의 작품을 사랑하는 마음 또는 정성이 깃들어야 한다는 것이다. 다른 하나는 신의 의지이다. 그의 말이다.

> 피그말리온은 제물을 바치고 나서 제단 앞으로 다가서서 "신들이시여, 그대들이 무엇이든 다 주실 수 있다면, 원컨대 내 아내가 되게 해주소서. 내 상아 소녀가!"라는 말을 차마 못 하고, "내 상아 소녀를 닮은 여인이"라고 말했소. 친히 축제에 참석하고 있었던 황금의 베누스 여신은 그 기도가 무엇을 뜻하는지 알아차렸소. (『변신 이야기』제10권 273~77행)

기술이 예술이 되는 순간이다. 작품에 혼이 깃들도록 베누스 여신의 마음이 작동하는 순간이다. 기술에 무엇이 부족한지가 그대로 드러나는 순간이기도 하다. 그것은 사랑이고 그것은 하늘을 감동시킬 정도의 정성이다. 이 순간은 또한 기술을 넘어선 그곳에 인문학이 위치한다는 점을 잘 보여주는 대목이기도 하다. 아무리 개성을 담고 있다고 해도 단적으로 '아이폰'은 그냥 물품에 불과하기 때문이다. 아무리 잘 만들었다고 해도 몇 년 쓰면 바꿔야 하는 소모품에 불과하기에 하는 말이다. 이런 까닭에 잡스가 아무리 노력을 쏟아부었어도 그의 상품은 작품이 될 수 없다. 왜냐하면 작품은 시간을 견디고 세월을 뛰어넘는 힘을 스스로 지녔을 때 예술이 되기 때문이다. 이 점에서 잡스는 인문학을 기술과 너무 싼값에 결혼시키려 한 셈이다.

기술은 모방이다

각설하고, 이 혼인은 불가능하다. 저 둘 사이에 얽힌 출생의 비밀 때문이다. 이를 잘 해명해줄 사람으로 플라톤을 이곳에 초청하겠다. 그의 말이다.

모방이 무엇인지를 대체로 내게 말해줄 수 있겠는가? …… 그런데 각 가구의 장인은 그 이데아를 보면서 저마다 우리가 사용하는 침상이나 식탁을 만들며, 또한 여느 것들도 마찬가지 방식으로 만든다고 우리는 말해오지 않았던가? …… 곧바로 해와 하늘에 있는 모든 것을 만들어낼 것이며, 곧바로 땅과 자네 자신, 여느 동물과 도구, 식물 그리고 방금 언급된 모든 것도 만들어낼 것일세. …… 세 가지 침상이 있네. 하나는 본질에서 침상인 것이고, 이는 신이 만드는 것이네. …… 다른 하나는 목수가 만드는 것일세. 나머지 하나는 화가가 만드는 것이네. …… 이 점을 생각해보게. 그림은 각각의 경우에 어느 것을 대상으로 만들어지는가? 실재를 대상으로 모방하는가 아니면 보이는 것을 대상으로 모방하는가? …… 그 화가가 훌륭하다면 목수를 그린 다음 멀리서 보여주어, 진짜 목수인 것처럼 여기게 함

으로써 아이들이나 생각 없는 사람들이 속아 넘어가게 하네. (『국가』 제10권 595c~598c)

플라톤에 따르면, '침대는 과학'이 아니라 '침대는 모방'이다. 부연하면 이렇다. 이데아 세계에 속하는 침대의 이데아가 모상母象이고, 현실 세계에서 만들어진 침대는 그 원상을 베낀 것에 불과한 자상子象이다. 그런데 어머니와 자식이 혼인을 맺을 수는 없는 노릇이다. 인문학을 기술과 결혼시키려 한 잡스의 시도는 원천적으로 불가능한 시도라는 얘기이다. 플라톤에 따르면, 어쨌든, 기술 너머의 세계에 있는 또는 기술이 관장하는 모방의 원상을 다루는 학문이 인문학이기 때문이다. 그러니까 기술과는 근본적으로 위상이 다른 무엇이 철학이다. 고작 모방을 관장하는 것에 불과한 기술이 감히 철학에 수작을 부리는 것 자체가 플라톤 같은 본질주의자에게는 기분 나쁜 일일지도 모른다.

그러나 어쩌랴? 문명이 그렇게 '침대는 과학'이라고 외쳐대고 그것이 통하는 게 현실인데……. 어쩌면 이보다 더 극적으로 플라톤의 생각을 뒤집는 경우가 피그말리온의 사례일 것이다. 모방된 것을 다시 모방한 것에 불과한 작품에 혼까지 불어넣으려 했고, 오비디우스는 그것이 성공했다고 전하기 때문이다. 잡스가 침대 장사를 했다면, 그는 "침대는 예술이다"라고 광고했을 것이다. 이것이 '레알' 현실일지도 모른다.

아무리 배가 고파도 식탁은 먹을 수 없다

내가 잡스의 생각에 반대하는 또 다른 이유는 인문학과 기술을 혼인 관계가 아니라 마치 부모와 자식 관계로 묶어두는 것이 더 좋다고 생각하기 때문이다. 왜냐하면, 자식이 뭔가 혼날 짓을 하면 부모에게 꾸지람을 들어야 하듯이, 기술도 가끔은 혼이 나야 하기 때문이다. 물론 기술이 대개는 효자 노릇을 해온 것이 사실이다. 지금의 문명을 유지하기 위해서도 기술은 분명 필수적이다. 그러나 기술에는 결정적인 약점이 하나 있다. 기술이 돈을 너무 좋아한다는 것이다. 이를 굳이 입증해야 할 필요는 없을 것이다. 그런데, 돈을 너무 좋아하면 그 말로가 이렇다고 한다. 황금을 사랑한 어느 사람 얘기이다.

> 선물을 악용할 운명을 타고난 왕은 "내 몸에 닿는 것은 무엇이든 누런 황금이 되게 해주소서"라고 말했다. …… 미다스 왕은 흐뭇한 마음으로 떠나며 자신의 재앙을 기뻐했다. 이것저것 만지면서 약속이 과연 진실인지 시험해보았다. …… 가지는 황금이 되었다. 땅에서 돌멩이를 들어 올렸다. 돌은 금빛으로 빛났다. 흙덩이를 만졌다. 황금이 되었다. …… 하인들이 진수성찬을 차려왔다. …… 탐욕스런 이빨로 빵을 먹으려 하면 이빨에 씹히는 것은 얇은 황금 조각뿐이었다. (『변신 이야기』 제11권 102~24행)

황금을 너무 좋아하면 결국은 굶어 죽는다는 경고이다. 기술이 꼭 귀담아들어야 할 경고이다. 기술도 종종 혼이 나야 한다. 이것이 내가 저 결혼을 반대하는 또 다른 이유이다.

이 결혼이 진짜 싫은 이유는

이 혼사를 반대하는 진짜 이유를 말하겠다. 한 걸음 물러나겠다. 잡스의 기획대로, 인문학과 기술이 예컨대 '아이폰'이라는 상품 안에서 서로 만나는 것은 좋은 일이다. 또한 인문학이 기술을 통해서 상품화하는 것에도 찬성한다. 이를 통해 인문학에 기술의 날개를 달아주는 것은 이미 시대의 요청이기 때문이다. 사람들은 이를 '디지털 휴머니티'Digital Humanities라고 일컫는다.

반대로, 기술에 인문학이라는 심장을 내부 동력기관으로 달아주는 것은 필요하다고 생각한다. 잡스가 시도했듯이 말이다. 기술의 혁신은 기술 내부에서도 오지만 기술 외부의 필요에 따라서 오는 경우가 더 많고, 사실 장사에는 이것이 더 결정적이기 때문이다. 아마도 이 점을 조금 일찍 꿰뚫어본 사람이 잡스일 것이다. 기술도 이제는 전 세계를 상대로 해야 하고, 그럴 수 있을 때 그 생존이 가능하다는 점을 말이다. 이런 이유에서 그는 기술과 인문학의 결혼을 주장했을 것이다. 세계를 상대하는 학문이 결국은 인문학이기에.

그런데, 이런 생각을 한 잡스가 인문학과 기술을 이어주는 매개물이나 다리를 통하지 않고서 이 둘을 강제로 결합하게 하는 현장을 본다면 뭐라고 말할까? 요즈음 여기저기서 인문학을 공학과 경영학에 강제로 결합하는 일을 실제로 하고, 그것도 대놓고 하는 광경을 본다면 말이다. 그것도 국가가 나서서 말이다. 대학도 이에 장단을 맞추는 모양이다. 그러다가 탈난다. 아니, 탈은 이미 났다. 물론 이해할 수 없는 것은 아니다. 정리되어야 할 것은 정리되어야 하기에.

그렇지만 근본적으로 어머니와 자식을 강제로 결혼시킬 수는 없는 노릇이다. 그러니까, 오이디푸스의 패륜을 저질러서는 안 된다는 얘기이다. 아무리 배가 고파도 종자 씨앗을 먹어서는 안 되고, 아무리 허기가 져도 식탁을 갉아 먹을 수는 없기에 하는 말이다. 기술이 아무리 중하다 해도 문명의 종자 씨앗은 아니다. 문명의 종자 씨앗은 누가 뭐라 해도 인문학이기에 하는 말이다. 도대체, "뭣이 중헌디?"

제대로 베끼는 법부터 연구하고 가르쳐야

물론 인문학과 기술이 서로 만나기는 만나야 한다. 인문학과 공학은 어떻게 만나야 할까? 도대체 만날 수는 있을까? 공학에 종사하는 사람들이 생각하는 인문학은 대체로 상품 홍보에 필요한 문구나 만들어주는 업종 정도로 생각하는 것이 현실이기에 하는 말이다. 그렇지만 굳이 못 만날 이유도, 안 만날 이유도 없다. 어쩌면 공학에 종사하는 사람들이 인문학 하는 사람들을 찾아와 하소연하는 시기가 올 것이다. 인문학의 콘텐츠가 실은 기술이 모방하려는 대상이기 때문이다. 그러니까 인문학이 기술의 원자재라는 뜻이다. 스티브 잡스가 이를 조금 일찍 보았을 뿐이다.

말이 조금 많았다. 한국 제조업의 현재 위치가 안타까워서이다. 누구나 인정할 것이다. 우리 제조업이 국제 경쟁에서 갈수록 밀린다는 사실을 말이다. 여러 이유가 있겠지만, 더 이상 베낄 나라가 없다는 것도 한 가지 이유일 것이다.

이와 관련해서 더 근본적인 이유가 있다고 생각한다. 앞으로 무엇을 베껴야 할 것인가 또는 무엇을 새롭게 만들어서 다른 나라나 다른 회사로 하여금 베끼게 할 것인가가 관건일 텐데, 만든다는 것이 무엇이고 베끼는 것이 무엇을 모방하는 것이며, 새로운 것은 어떤 방식으로 탄생하는지에 관한 통찰과 이해의 부족이 바로 그것이다. 굳이 플라톤에게 하소연하지 않겠다. 그 이해와 통찰을 다루는 학문이 인문학이다. 만듦이 실은 베낌이고 그 베낌의 원상을 다루는 것이 철학이며, 상품을 작품으로 만드는 힘이 예술이고 그것이 상품 고급화 전략의 핵심이라면, 이런 힘을 소유한 철학과 예술이 인문학의 본령이기 때문이다.

물론 한국 인문학이 반성해야 할 점도 없지 않다. 한국이 근대화를 성취하는 과정에서 제조업과 산업의 변두리에서 곁불을 쬔 것에 불과하지만 그럼에도 그 혜택을 누린 것이 사실이라면, 인문학의 관점에서 제조하는 일, 즉 '만드는 일'의 근본적인 원리와 구조가 무엇인지 따져보는 것 정도는 기본적으로 정리해줘야 했기 때문이다. 어쩌면 지금 한국 인문학이 겪고 있는 치욕도 여기에서 비롯되었을지 모른다. 최소한 제대로 베끼는 법이라도 제대로 연구하고 제대로 가르쳤어야 했기에.

제2부

13. 삶과 앎을 통합해주는 놂[游]

퀴즈 하나! 공자는 농을 했을까, 안 했을까? 아니, 공자는 농을 칠 사람으로 보이는가, 그렇지 않은가? 답은 "했다, 능히 그럴 사람이었다"이다. 물론 그가 농을 쳤다는 물증은 극소수이다. 그의 평생 언행이 잔뜩 담긴 『논어』에도 딱 한 번만 실려 있다. "얘들아, 자유의 말이 맞다. 조금 전에 한 말은 농담이었다"(『논어』 「양화」陽貨)는 고백이 그것이다.

성인 공자, 농담도 하다

그는 한마디로 '근엄의 끝판왕'이었다. 『논어』에 실린 적잖은 일화 가운데 공자가 깔깔대며 웃은 것은 '당연히' 없고, 환하게 웃거나 싱긋이 미소 짓는 장면조차 몹시 드물다. 게다가 그는 한 자존심 했던 인물이다. 제자가 잘못을 지적하면 솔직하게 인정하는 대신 종종 스승의 권위를 앞세우며 은근슬쩍 넘어가거나 오히려 면박을 주곤 했다.

그런 공자가 농을 쳤다며 제자들에게 양해를 구했으니 분명 희귀한 일임에 틀림없다. 저간의 사정은 이러했다. 『논어』 「양화」 편에 실린 일화이다. 하루는 공자가 제자 자유가 현령으로 있는 무성이라는 고장을 방문했다. 학문 성취도 높고 예법에 밝은 제자였기에 고을을 어떻게 다스리는지 내심 궁금해하던 차였다. 성문을 지나 자유가 머무르는 관사에 이르자 청아한 거문고 소리가 들려왔다. 순간 공자는 빙그레 웃으면서 한마디 했다. "어찌 소 잡는 칼을 닭 잡는 데 쓰는가?" 작은 고을을 다스리는 데 어찌 예악禮樂 같은 큰 도를 사용하느냐는 뜻이었다.

스승의 갑작스러운 방문과 당혹스러운 훈계에 자유는 다소 마음이 상했던 듯하다. 그렇지만 예법의 대가답게 그는 진지한 태도로 스승에게 말씀을 올렸다. "예전에 제가 선생님께 듣기로, 통치자가 도를 배우면 백성을 사랑하게 되고 백성이 도를 배우면 부리기 쉬워진다고 하셨습니다. 그래서 예악으로 고을을 다스리는 중이었습니다." 슬쩍 던진 한마디에 제자가 정색하고 나오자 공자도 얼른 진지 모드로 돌아섰다. 그러고는 자유의 말이 맞다면서, 조금 전에는 농담한 것이라며 양해를 구했다. 이 순간만큼은 공자도 장난칠 줄 아는, 온통 진지하기만 한 인물은 아니었던 것이다.

하기야 농담과 공자를 연동한다는 것은 지금 우리 감각으로도 낯서니 저 옛날에는 더욱 그러했을 것이다. 그렇다 보니 나이차가 얼마 나지 않는 제자들조차 공자를 꽤나 어려워한 듯하다. 자로와 증석, 염구, 공서화 등이 바로 그러했다. 하여 공자가 나이차도 얼마 나지 않으니 편하게 얘기하라고 당부까지 할 정도였다. 그런데 이들은 가끔 세상이 자기를 몰라준다며 투덜대곤 했다. 『논어』 「선진」 편에 나오는 얘기이다.

132

하루는 공자가 그들에게 물었다. "그대들은 중용된다면 무엇을 하겠는가?" 그러자 자로가 불쑥 나서서 대답했다. 늘 행동이 사고보다 앞서는 인물다웠다. 그는 나라가 크지도 않은 데다 자연재해로 어려움에 빠져 있다고 할지라도 3년 안에 백성을 용맹하게 만들고 바른길로 나아가게 할 수 있다고 자신했다.

놂을 사모한 공자

공자는 빙긋이 웃었다. 다음으로 염구더러 말해보라고 했다. 그는 크지 않은 나라에 중용된다면 3년이면 백성을 풍족하게 할 수는 있겠지만 예악으로 교화하는 것까지는 자신 없다고 했다. 공서화는 더욱 겸손하게 답했다. 잘할 수 있지는 않지만 그저 배운다는 자세로 종묘 제사나 제후 간 회합이 있을 때 예로써 군주를 보필하기를 바랄 따름이라고 아뢨다.

마지막으로 증석이 말했다. "늦은 봄에 새 옷을 지어 입고 청년 대여섯, 아이 예닐곱과 기수에서 목욕하고 무우에서 바람을 쐰 다음 더불어 노래 부르며 돌아오는 것입니다." 여기서 무우는 하늘에 기우제를 지내거나 농작물 따위를 수확한 뒤 여러 신에게 감사하는 제천祭天 행사가 벌어지던 곳의 이름이다. 저 옛날 겨울을 난다는 것은 모진 추위와 넉넉지 못한 섭생 또는 굶주림 속에서 죽느냐, 아니면 기어코 살아내느냐 하는 문제였다. 하여 봄은 살아낸 자들이 맞이하는 살아 있음의 환희였다. 그럼에도 새 옷을 입고 여럿이 강가에서 겨우내 낀 묵은 때를 씻어내고 무우로 가서 하늘의 선물 같은 봄바람을 쐰 다음 아이들과 어울려 노래하며 삶터로 돌아오겠다는 소망은 중용된다면 무엇을 하겠느냐는 물음의 답변치고는 자못 뜬금없다. 이어진 대화를 보면 증석 자신조차도 정치와 꽤 무관하다고 여길 정도였다.

그런데 반전이 일어난다. 공자는 증석과 함께하겠다며 그의 손을 높이 들어주었다. 순간 당황한 증석은 공자에게 염구와 공서화의 바람은 정치로 볼 수 없어서 자기 말에 찬동한 것이냐고 되물었다. 이에 공자는 염구와 공서화의 바람도 정치임을, 그것도 큰 정치임을 분명히 하였다. 자로의 바람도 그것에 겸양을 더하면 정치에 해당한다고 평했다. 그러나 그가 더 크게 동의한 것은 증석의 바람이었다. 중용되면 그렇게 하겠다는 바람은 결국 자신뿐 아니라 인민 모두가 그리할 수 있게 하겠다는 뜻이고, 공자는 그러한 증석의 정치를 크게 평가한 것이다.

도대체 공자는 왜 그런 반응을 보였을까. 언뜻 봐도 그렇고 따져보면 더 그렇듯이, 증석의 소망은 정치라기보다는 놂[遊]이다. 결국 공자가 정치의 최고봉으로 놂을 제시했다는 뜻이 된다. 문제는 이것이 공자에 대한 전통적 인식과 잘 어울리지 않는다는 점이다. 그는 "안 되는 줄 알면서도 기어코 하려는 이"(『논어』「헌문」)라는 소리를 들을 정도로 치열하게 삶에 임했다. 일상을 같이한 제자들의 증언에 따르면 식사할 때나 잠잘 때조차도 엄숙함을 잃지 않았던 그였다. 그러니 놂을 가장 하고픈 정치로 꼽은 것이 선뜻 납득되지 않는다.*

그런데 공자가 놂, 그러니까 한자로 '游' 또는 '遊'로 표기되는 이것을 중요한 가치로 꼽은 적이 이때만은 아니었다. 『논어』「술이」 편에는 이

---

* 실은 증석의 바람에 담긴 의미는 무척 크다. 그래서 공자가 찬동한 것이다. 이는 그가 제시한 놂의 효용가치가 컸기 때문인데, 이에 관해서는 「15. '삶-앎-놂'의 삼위일체」에서 상론하기로 한다.

런 말이 실려 있다. "도에 뜻을 둔다. 덕에 근거한다. 인에 의지한다. 예에서 노닌다." 여기서 예藝는 주로 육예六藝의 뜻으로 풀이됐고, 육예는 다시 '예절·음악·활쏘기·수레몰이·식자識字·산술'의 여섯 기예 또는 『시』『서』『예』『악』『역』『춘추』의 여섯 경전으로 이해됐다. 그러나 어느 경우든 학예, 그러니까 배움과 익힘의 대상 전반을 가리킨다는 점에서는 동일하다. 곧 학식을 갖추는 행위를 공자는 "예에서 노닌다"고 표현한 것이다.

여기에 "열다섯에 학문에 뜻을 두고 서른에 어엿한 어른으로 선다"(『논어』「학이學而」)는 공자의 말을 결합해보자. 그러면 "예에서 놂"이라는 활동이 도와 덕과 인이라는 윤리학적 목표 달성의 토대임을 알게 된다. 여기서 "어엿한 어른으로 선다"고 함은 윤리적으로 떳떳한 사회인으로 자립한다는 뜻이기에 그렇다. 다시 말해 '참다운 어른'이 되기 위한 윤리학적 목표를 실현함에는 학식이 근간이 되는데, 학식을 쌓아가는 방식이 학예에서 놂이라는 것이다.

놂, 삶이 공부로 이어지는 경로

공자는 놂을 이렇듯 공부법의 하나로 제시했다. 『논어』를 통틀어 예藝는 모두 네 차례 쓰였는데, 모두 배움이나 익힘의 대상으로 설정되었다. 그런데 『논어』에서는 이런 뜻을 지닌 예藝가 배우는 활동을 가리킨 학學이나 습習·독讀 그리고 '깨우치다'는 뜻의 문聞과 같은 동사와 연관된 경우를 찾아볼 수 없다.

예가 분명 배움의 대상으로 설정됐음에도, 그래서 예컨대 "육예를 학습하다"[學習六藝] 식으로 표현될 수 있음에도, 굳이 노닐다[遊]라는 동사와 결합한 까닭은 무엇일까. 이는 나만의 궁금증이 아니었다. 앞서 밝혔듯이 사회적 실천을 중시하고 끊임없는 배움과 익힘을 기쁨의 참된 원천으로 여긴 공자의 일관된 태도와 놂 사이에는 거리가 꽤 있어 보인다. 게다가 공자와 사뭇 세계관이 다른 장자도 『장자』의 '소요유'逍遙遊라는 표현에서 볼 수 있듯이 놂을 깨달음이나 앎을 획득하고 실천하는 중요한 활동으로 꼽았다. 그러니 역대로 많은 이들의 주목을 받을 수밖에 없었다.

놂은 확실히 배움[學]·익힘[習] 등과 결이 다르다. 배움과 익힘에 대한 공자의 사유를 볼 수 있는 대표적 구절은 "배우고 때로 익히면 또한 즐겁지 아니한가"라는 뜻의 "학이시습지불역열호"學而時習之不亦說乎(『논어』「학이」)이다. 이 『논어』 첫 구절의 학學과 습習을 주희는 『논어집주』論語集註에서 이렇게 풀었다.

> 학은 본받는다는 말이다. 인성은 다 선하지만 깨달음에는 선후가 있으니 뒤에 깨닫고자 하는 이는 반드시 앞서 깨달은 이가 행한 바를 본받아야 한다. …… 습은 새가 걸핏하면 날갯짓하는 것이다. 그침 없이 배우는 것은 새가 걸핏하면 날갯짓하는 것과 같다.

여기서 주희는 학을 '본받다'의 뜻으로, 습을 '본받은 바를 무시로 반복한다'는 뜻으로 풀었다. 그보다 앞서 『순자』荀子를 비롯한 여러 문헌에도 이러한 풀이가 실려 있다. 학과 습을 이런 뜻으로 봄은 단지 주희만의 견해가 아니라 공자의 견해일 가능성이 높다는 뜻이다. 여기서 학습은 그 대상을 그대로 따라 함이 기본임을 알게 된다. 따라서 학습 대상과 일치 정도가 높을수록 잘 배운 것이 된다. 예컨대 공자가 중시한 덕과 인 같은 덕목을 온전히 갖추려면 그것들을 잘 배우고 익혀야 한다. 그러려면 덕과 인에 최대한 밀착하여 그것을 따라 하고 거듭 익혀야 한다. "예에서 노닐다"의 앞 구절인 "덕에 근거한다" "인에 의지한다"의 근거하다[據]와 의지하다[依]에 "꼭 잡고서 미동도 않는 것을 거[據]라고 한다" "타인과 붙어 있기 때문에 의[依]라고 한다" 같은 주석이 달려온 까닭이다.

이에 견주어 놂은 "딛거나 기대지 않는다"는 『논어집해』論語集解의 주석처럼 주로 '붙어 있지 아니함' '유유자적함' 등의 이미지와 연관되어 이해되었다. 공부 대상과 연결되었지만 그것에 구속되지 않음을, 주희의 비유처럼 물고기가 흐르는 물결 속에 있지만 동시에 그 물결을 거슬러 헤엄치고 있음을 환기하기 위해서였다. 비유하건대 학과 습이 대상과 주체의 맞물린 톱니바퀴 같은 기계식 결합이라면, 유는 떨어져 있지만 필요할 때는 한 세트로 움직이는 인체의 관절처럼 연동된다. 이를 두고 절합節合이라 일컫기도 한다. 이는 기계식 결합, 그러니까 기름을 치고 동력을 공급해주어야 비로소 구동되는 방식과는 사뭇 다르다. 주희가 "활동하든 휴식하든 간에 늘 길러지는 것이 있게 된다"고 부연했듯이 꼭 작심하고 배우고 익힐 때만이 공부하게 됨은 아니라는 뜻이다.

'평생공부' 시대의 공부법

단적으로 놂은 그 자체로 공부가 된다는 말이다. 물고기는 떠내려가지 않으려면 쉴 때도 유영을 멈춰서는 안 된다. 곧 물고기에게는 쉬는 것도 헤엄치는 것도 다 활동하는 것이다. 아니, 이는 이분법적 시선으로 포착했을 때의 이해에 불과하다. 물고기는 쉼과 활동의 구분 없이 늘 유유자적 헤엄칠 따름이다.

인간도 마찬가지이다. 공부법으로서의 놂은 '쉬는 것이 공부요, 공부가 곧 쉬는 것'이라는 통찰을 던져준다. 쉼과 공부라는, 서로 대립적으로 보이는 양자가 놂이라는 활동에 통합되어 있다는 뜻이다. 하여 놂은 지금 여기 우리의 삶터에 시급히 소환될 필요가 있다. 유아교육부터 고등교육, 나아가 평생교육에 이르기까지 공부가 삶과 현저하게 괴리된 지금, 놂의 공부법은 쉼과 공부를, 나아가 삶과 앎을 긴밀히 연동해주는 유용한 대안이기에 그렇다. 더구나 인공지능AI의 시대가 시시각각 빠르게 전개되고 있다. 이제 기계는 스스로 학습하는 단계에 접어들어 쉼 없이 습득하며 진보를 거듭하고 있다. 기계는 받아들일 수 있는 정보의 범위와 규모가 제한되어 있지 않다. 사람과 달리 단위시간당 처리할 수 있는 정보의 양도, 정보의 형식도 무제한에 가깝다.

우리는 이미 이세돌 9단을 꺾은 '알파고'를 통해 스스로 학습하며 진보하는 기계의 위력을 익히 목도했다. 게다가 우리네 인류는 갈수록 그러한 기계에 일상적으로 의존하고 있다. 인공지능을 장착한 기계의 도움을 받지 못하면 일상생활에서 적잖은 불편을 겪는 상황이 전개된 지 벌써 오래됐다. 심지어 기계를 '누군가'가 세팅해놓은 대로만 사용할 뿐 우리 뜻대로 사용하지 못한 지도 제법 오래됐다. 한마디로 인간이 기계를 뜻대로 사용하는 주인이기는커녕 그것에 갈수록 종속되고 있다고 해도 과언이 아닌지 이미 꽤 됐다. 쉼 없이 똑똑해지고 유능해지는 기계에 평생 휘둘리며 살지 않으려면 평생에 걸쳐 공부하는 수밖에 없게 됐다.

문제는 기존의 공부 방식, 곧 삶과 앎이 또 쉼과 공부가 괴리된 방식으로는 결코 평생 공부를 지속해가기 힘들다는 사실이다. 놂이 임박한 초超연결-포스트 휴먼 시대, 놂이 새로운 대안이 될 수 있는 저간의 사정이다.

14. 잘 노는 것이 진짜 공부다

"엄마가 보고 있다." 어느 고등학교 3학년 교실에 걸린 급훈이라고 한다. 참으로 웃픈 현실이다. 그러나 좋은 사람이 되는 것은 자기 안의 자기를 발견할 때 시작되고, 그 발견은 스스로 설 수 있을 때에 가능하다. 그런데 엄마가 계속 지켜보는 상황에서 스스로 서는 일이 가능할까? 자립은 시시비비是是非非를 스스로 가릴 줄 아는 자기 판단 능력을 갖출 때에 가능한데, 그 판단을 엄마가 대신해주는 상황에서 말이다. 또한 판단 능력이 "다음 중 아닌 것?"을 골라내는 연습을 통해서 생겨나는 것도 분명 아니다. 인터넷으로 검색해보면 다 나오는 답을 외우려고 오늘도 아이들은 '오답 분석'을 위해 학원으로 간다. 이 무슨 낭비란 말인가?

상황이 이러한데도 지금의 교육 방법과 입시 방식에 대해서 아무도 대안을 제시하지 않는다. 그러니 차라리 입시 공부는 학원이 맡고, 학교는 잘 노는 법이나 가르치면 어떨까 싶다. 입시 경쟁력에서 학교가 학원에 밀린다는 것은 이미 공공연한 사실이기에 하는 말이다. 내가 이렇게 비아냥대는 이유는 다음과 같다. 진짜 공부는 결국 잘 노는 법을 배우는 것이기 때문이다. 단적으로 말하면, 소크라테스가 시험을 잘 쳐야 한다는 이유로, 공자가 과거를 잘 치러야 한다는 이유로 공부하라고 설파한 적이 없기 때문이다. 물론 그 시절에는 대학입시도 과거도 없었다. 해서, 이런 말을 하는 것 자체가 시대착오적인 발언일지 모른다.

그렇지만 공자나 소크라테스의 말이 결국은 좋은 사람이 되라는 뜻일 텐데, 이와 관련해서 좋은 사람이 되는 방법의 하나로 잘 노는 법이 중요하다는, 앞의 글에 실린 김월회의 일갈은 설득력이 있다. 아닌 게 아니라, 잘 노는 법을 배우는 것이 그리 손해나는 일은 아니기 때문이다. 주변을 둘러보라. '금수저'를 물고 태어나 패가망신한 사람들 중 대부분이 잘 노는 법을 제대로 배우지 못한 이들이기 때문이다. 잘 노는 법만 알아도 본전은 지킨다.

시험 준비는 공부가 아니다

언제부터 공부가 시험 준비를 지칭하는 행위로 쫄아들었는지는 잘 모르겠다. 적어도 서양 문헌에서는 공부가 시험 준비는 아니었고, 더 넓은 의미의 배움을 가리키는 것이었기에 하는 말이다. 아니, 공부와 정반대 뜻인 놀이를 지칭하는 말이었다. 우리말 '공부'에 해당하는 그리스어는 파이데이아 paedeia 이다. 파이데이아라는 말을 배움 또는 교육으로 옮기는데, 이도 틀린 번역은 아니다. 그렇지만 아쉬운 번역이다. 파이데이아는 본래 놀이였기 때문이다. 이를 보증하는 증인 한 분을 이 자리에 모시겠다.

140

좀 놀아본 사람, 소크라테스

진지하기로 소문난 사람이다. 바로 소크라테스이다. 그러나 이는 소문에 불과하다. 사실 소크라테스는 유머와 여유를 즐길 줄 아는 사람이었다. 놀 줄 아는 사람이었고, 쫌이 아니라 심하게 놀아본, 아니 진짜 잘 논 사람이었다. 후대의 신봉자들이 그를 이데아 세계에만 올려놓은 탓이 크다. 그러나 소크라테스는 번잡한 시내를 피해서 교외로 놀러 갈 줄도 아는 사람이었다. 플라톤의 묘사이다.

소크라테스 여보게 파이드로스, 어디서 와서 어디로 가는가?

파이드로스 소크라테스, 케팔로스의 아들 뤼시아스에게서 옵니다. 성벽 밖으로 산책을 나가는 길이지요. 아침부터 그 집에서 내내 시간을 보냈거든요. 해서, 성벽 밖으로 나가는 참이지요. 실은 거리를 걷는 것보다 이게 훨씬 덜 피곤하다는 말을 선생님과 제 친구인 아쿠메노스에게서 들었거든요.

소크라테스 맞는 말이네. 한데, 뤼시아스는 시내에 있나 보지.

파이드로스 네, 에피크라테스의 집에 머물고 있지요. 그 집은 첫 번째 소유자였던 모뤼코스의 올림피온 근처에 있지요.

소크라테스 무슨 말을 하면서 시간을 보냈나? 십중팔구 뤼시아스가 이야기 잔치를 풀어놓았겠지.

파이드로스 여유가 있으시면 길을 걷지요. 다 말씀드리지요.

소크라테스 아니, 무슨 말인가? 내가 뤼시아스와 자네가 나눈 이야기를 얼마나 듣고 싶어 하는지를 자넨 모른단 말인가? 핀다로스의 노래대로, 돈 버는 일보다 더 귀한 일이 아닌가?

파이드로스 그럼 가시지요. (「파이드로스」 227a.1~227c.2)

여느 점심시간에 볼 수 있는 한 장면이다. 우연히 길에서 아는 친구를 만났고, 어제 벌어진 술판에서 무슨 이야기가 오갔는지 묻는 장면이다. 조금 피곤하고 번잡하니 도심을 벗어나 성벽 밖으로 나가 잠시 쉬면서 어제 이야기를 나누자는 대목이다. 얼핏 보기에 평범하다. 우리의 일상과 너무 닮아서 뭐 이런 이야기에 귀를 기울여야 하나 하는 생각마저 든다.

그러나 이 이야기를 잘 들여다보면 파이드로스와 소크라테스가 나눈 대화에는 공부가 놀이라는 사실이 여실히 드러난다. 우선 "성벽 밖으로 나가는" 산책을 들 수 있다. 각설하고, 이는 진짜 놀러 가는 것이다. 소크라테스가 파이드로스의 안내를 받아서 도착한 곳은 아테네 근교를 흐르는 일리소스 강변에 위치한, 북풍의 신 보레아스의 제단이었다. 이곳에 대한 소크라테스의 감탄이다.

> 헤라에게 맹세하건대, 매혹적인 쉼터일세. 플라타너스는 높고 넓게 뻗었고, 키 큰 버드나무의 그늘은 참으로 뿌리치기 힘드네. 꽃은 만발하여 향기로 그윽하고, 플라타너스 아래로 너무도 사랑스러운 샘이 흐르며, 그 물은 너무도 시원하네. 내 발이 그 증거일세. 조그만 석상과 신상들을 보니, 어떤 님프들이나 아켈라오스를 모시는 성소 같군. 이런 말을 해도 좋다면, 이곳의 바람은 참으로 심쿵스럽고 참으로 상큼하네. (「파이드로스」 230b)

공자가 했다는 "기수에서 목욕하고 무우에서 바람을 쐬"는 바로 그 일을 소크라테스가 행한 셈이다. 이곳에 대한 플라톤의 묘사는 마치 그리스의 시인 사포Sappho, 기원전 6세기의 「아프로디테 찬가」의 한 대목을 떠올리게 한다. 플라톤의 말재주 덕분이겠지만, 소크라테스가 놀러 간 쉼터는 그야말로 매력적이다. 쉼터를 묘사하는 단어 하나하나가 성적인 용어들이기 때문이다. 예컨대 '심쿵스럽다'고 옮긴 그리스 원어는 'agapeton'이다. 이 단어는 본래 욕정을 드러내는, 실은 누가 누군가를 늑대가 양을 덮치듯이 사랑할 때 쓰는 표현이다(「파이드로스」 241d). 따라서 '심쿵스럽다'는 말도 정확한 번역은 아니다. 어찌 되었든, 이런 사랑스러운 쉼터가 오늘날의 시험 준비에 해당하는 암기 훈련을 하기에 적합한 장소가 아님은 분명하다.

대청봉에서 수학 문제를 푸는 사람은 없다

실제로 설악산 대청봉에 올라 수학 문제를 푸는 사람은 없을 것이다. 그런데 그러는 사람이 있다고 소크라테스는 지적한다. 다름 아닌 파이드로스라고 꼬집는다. 소크라테스의 말이다.

파이드로스여, 내가 자네를 모르겠는가? 그렇다면 내가 나를 속이는 걸세. 그 어느 것도 아닐세. 내가 잘 알고 있는 파이드로스는 이렇다네. 일단 뤼시아스의 연설을 경청한다네. 한 번 듣고 마는 데 그치는 것이 아니라 자주 반복해서 연설해달라고 간청한다네. 뤼시아스는 그의 말을 기꺼이 따르지. 그렇지만 파이드로스에게는 이것만으로는 충분하지 않지. 종국에는 [뤼시아스에게서] 책을 빌리고 자신이 간절하게 원하던 것을 뚫어져라 읽지. 이렇게 책을 읽으면서 아침을 보내지. 그러다가 지치면 산책을 나가지. 내가 알기로, 개를 걸고 맹세하건대, 연설이 길지 않으면 통으로 외워버리지. 이 연습을 하기 위해서 성벽 밖으로 나가지. (「파이드로스」 228a~b)

기가 막힌 반전인 셈이다. 성벽의 산책길은 독서실이 아니라고 지적하기 때문이다. 이에 멋쩍어진 파이드로스의 어설픈 반박이다.

그럼 이렇게 하지요. 소크라테스여, 사실 저는 표현을 구구절절 다 외운 것은 결코 아닙니다. 해서, 전체를 아우르는 생각을, 뤼시아스가 어떤 점들에서 사랑하는 사람이 사랑하지 않는 사람보다 더 뛰어나다고 말했는지 처음부터 하나씩 순서대로 요약하겠습니다. (「파이드로스」 228d)

파이드로스가 한 방 먹은 것이 분명하다. 연설을 통으로 암기했다는 사실을 극구 부인하기 때문이다. 이에 대한 소크라테스의 일침이다.

친구여, 왼쪽 소매 아래에 있는 것이 무엇인가? 그걸 먼저 보여주게. 바로 그 연설 같구먼. 만약 그렇다면, 내가 자네를 무척 아끼는 것은 믿어 의심치 않는 사실이지만, 뤼시아스가 여기에 있는 마당에, 내가 굳이 자네의 [암기] 연습을 위해서 귀를 내줄 생각은 추호도 없네. 자. 꺼내보게. (「파이드로스」 228e)

각설하고, 소크라테스는 공부는 그렇게 하는 것이 아니라고 꼬집는다. 암기가 공부는 아니라고 한다. 플라톤의 말솜씨가 여실히 드러나는 순간이다. 플라톤의 장면 묘사와 심리 묘사의 섬세함이 기가 막히게 드러나는 장면이기 때문이다. 파이드로스를 가지고 노는 소크라테스의 짓궂음이 정말 '리얼'하게 표현되어 있다. 물론 이 장면의 역할은 말장난에 그치지 않는다. 이후 작품 전체에 걸쳐 진행되는 책에 대한 비판을 위한 전주에 해당하기도 하기 때문이다.

공부란 머리가 늘 깨어 있게 하고 말이 늘 살아 있게 하는 돌봄이다

아무튼, 소크라테스는 본래 이런 사람이었다. 장난과 유머를 즐길 줄 아는, 한마디로 놀 줄 아는 사람이었다. 이런 사람에게 공부란 당연히 놀이였다. 그에게 공부란 억지로 암기하는 것이 결코 아니었기 때문이다. 이는 플라톤이 심지어 책까지 비판했다는 사실에서 더욱 분명하게 드러난다. 그의 말이다.

> 소크라테스 공부하는 자의 영혼에 앎과 함께 쓰인 말은 그 자신을 지킬 힘을 갖추고 있으며, 어떤 이에게 말을 해야만 하고 어떤 이에게 침묵해야 하는지를 알려준다네.
> 파이드로스 그러니까 선생의 말씀은 아는 사람의 말은 살아 있고 영혼이 깃들어 있지만, 글로 적혀 있는 것은 그림자에 불과하다는 것이겠지요.
> (「파이드로스」 276a.5~276a.9)

머릿속에 아무리 많이 암기하고 있어도 아무런 소용이 없다는 뜻이다. 그 말이 깨어 있지 않으면 머리는 지식의 공동묘지에 불과하다는 뜻이다. 도대체 늘 깨어 있으려면 어떻게 해야 할까? 다시 플라톤의 말이다.

> 파이드로스 싸구려 놀이가 아니라 말을 가지고 놀 줄 아는 놀이를 말씀하시는군요, 소크라테스! 정의正義나 선생께서 언급하는 다른 주제들에 대해서 이야기를 만들어가는 놀이를 말씀하시는군요.
> 소크라테스 그렇다네. 내 소중한 친구 파이드로스, 바로 그것일세. 그렇지만 내 생각에, 그런 것들에 진지함을 곁들인다면 더욱 고상한 것이 되겠

지. 만약 어떤 이가 변증술을 사용해서 영혼을 붙잡아 귀 기울이게 하고 앎이 살아 있는 말의 씨앗을 심고 뿌린다면 말일세. 이런 말들은 자신을 비롯해서 그 말들을 기른 사람을 도울 힘이 있을 뿐만 아니라 결실을 맺고 씨를 낼 것이네. 그로부터 또 다른 말들이 다른 습성을 지닌 사람들에게서 자라나고, 이를 통해서 영원히 불멸하도록 만들게 할 걸세. 이는 그것을 소유한 사람이 얻을 수 있는 최대의 행복을 누리게 하는 힘이라네. (「파이드로스」 276e.1~277a.4)

잘 놀 줄 알아야 한다는 것이다. 공부란 결국 놀이라는 얘기이다. 생각을 늘 깨어 있게끔 돌보는 일이 공부인데, 그것은 적어도 암기를 통해서는 불가능하다는 말이다. 사정이 이와 같다면, 핀다로스의 말대로, 노는 일이 "돈 버는 일"보다 더 귀하다는 것을 군이 다시 강조할 필요가 없을 것이다.

15. '삶-앎-놂'의 삼위일체

명대 중엽 왕기¹⁴⁹⁸~¹⁵⁸³라는 학자가 있었다. 성품이 호방했던 그는 학자랍시고 재고 다니는 이들을 보면 심사가 몹시 뒤틀렸다. 천하가 병이 깊어져 죽음을 눈앞에 두게 한 데 일조한 이들을 용납하기 힘들었기 때문이다. 한동네 사람 왕양명¹⁴⁷²~¹⁵²⁹도 같은 이유에서 그런 자들을 거들떠보지 않았다.

'놂터'였던 왕양명의 정원

주지하듯이 왕양명은 명대 유학을 대표하는 학자로, 성리학과 어깨를 나란히 하는 양명학을 정립한 대학자였다. 양명학은 주희가 집대성한 성리학이 장점보다는 단점에서 비롯된 병폐가 갈수록 커지자 이를 비판하며 등장한 유학의 한 흐름이다. 양명학자들이 수직적 윤리강상과 근엄한 일상생활을 중시한 성리학을 비판한 이유도 같은 맥락이었다.

다만 왕기의 눈에는 그럼에도 그들 모두가 도긴개긴으로 보였던 듯싶다. 그러던 어느 날 그는 우연히 왕양명의 정원을 목도했다. 그러잖아도 담장 밖으로 흘러나오는 시끌벅적함에 종종 신경 쓰이던 참이었다. 그날도 왕양명과 제자들은 평소처럼 일상을 보내고 있었다. 그러나 왕기는 눈이 휘둥그레졌다. 그곳에서는 예상과 사뭇 다른 풍경이 펼쳐졌기 때문이다. 스승은 제자와 허물없이 투호놀이를 하고 어떤 무리는 합창을 하고 있었다. 토론에 토론을 거듭하는 이들도 있고 한가로이 뜰을 거니는 사람들도 있었다. 엄격한 위계질서 속 정좌하고 앉아 근엄하게 경전을 강독하는 여느 학당과는 완전히 딴판이었다. 당혹스러웠다. 그때 왕양명 제자의 말이 뇌리를 파고들었다. "당신이 보고 있는 모습은 왕양명 선생의 뜰에서 자연스러운 일이다." 얼마 뒤 그는 자청하여 왕양명의 제자가 됐다.

왕기를 끌어들인 것은 왕양명의 정원에 가득했던 놂[游]이었다. 입신과 출세를 향한 욕망으로 특화한 서원에서는 좀처럼 보기 힘든 생기발랄함이었다. 이는 왕양명의 지론 덕분이었다. 그는 사농공상士農工商 할 것 없이 사람은 누구나 양지良知를 지닌다고 여겼다. 그것은 태어날 때부터 출신이나 직업을 불문하고 누구에게나 동일하게 갖추어진 앎으로, 천리天理 자체인 마음의 본체라고도 했다. 하여 양지가 온전히 발휘되면 마음이 온통 천리가 된다. 누구든 어떤 마음을 먹든 늘 천리에 어긋나지 않게 된다는 뜻이다. 공자가 일흔이 되면 마음대로 행해도 법도에서 일절 벗어나지 않는다고 한 경지에 누구나 이를 수 있다는 얘기이다. 곧 양지가 있는 그대로 발휘되면 모두가 성인聖人이 된다는 것이다. 왕양명이 "길거리에 가득한 이들 모두가 성인"[滿街都是聖人](『전습록』傳習錄)이라고 확언한 것도 이 때문이었다.

따라서 공부는 내 안에 깃든 양지를 온전하게 발휘하는 일과 다름없었다. 이를 왕양명은 '양지를 온전히 드러내다'라는 뜻에서 '치양지'致良知라고 일컬었다. 그가 보기에 양지는 살면서 생계에 쪼이고 세파에 치여도 그저 때 타고 가려질 뿐 결코 훼손되지 않는다. 하여 사람이 인격적으로 하자가 있을지라도 그건 양지 탓이 아니었다. 거울을 제때 닦지 않으면 때가 묻어 거울이 제구실을 못하듯이 인격적 하자 따위는 양지가 제대로 작동하지 못하여 초래됐을 뿐이라는 말이다.

치양지라는 왕양명의 공부가 마음에 집중된 이유이다. 양지가 바로 마음에 깃들어 있다고 여겼기 때문이다. 그래서 양명학의 공부는 성리학과 많이 다를 수밖에 없었다. 예컨대 이러했다.

삶터가 곧 높터이고

성리학의 공부법은 내 안에 갖춰져 있음에도 정욕 등으로 때가 타 제대로 발현되지 못하는 선한 본성을, 성현의 말씀을 단계적으로 익힘으로써 타고난 그대로 복원하는 방식이다. 아무리 선한 본성이 '나' 안에 선천적으로 갖춰졌어도 내 바깥에서 선한 본성, 곧 천리를 밝혀놓은 성현의 말씀을 내 안으로 들여오지 않으면 '나' 안에 이미 선한 본성이 갖춰져 있고 그것이 곧 천리[性卽理]임을 알지 못하게 되어 나는 늘 결여 상태로 있게 된다고 본 결과이다.

왕양명도 스승 제자 할 것 없이 사람에게는 천리와 직결된 선한 본성이 선천적으로 갖춰져 있다고 본 점에서 동일하다. 다만 그는 성리학자와 달리 양지가 깃든 마음은 통째로 천리[心卽理]라고 했다. 선한 본성이 깃드는 마음에 악이나 악으로 발현되는 것이 있을 수 없다고 본 것이다. 그렇기에 그들 사이에 엄격한 위계를 두어야 할 필연적 이유가 없었다. 사람은 양지를 스스로 복원할 수 있는 역량도 태어날 때 벌써 갖추었기에 공부의 요체는 타고난 양지를 스스로 밝히는 데 있었다. 스승의 가르침이나 경전 같은 서책은 어디까지나 방편일 뿐이지 필수가 아니었다. 또한 공부를 성현이나 스승을 본받아 반복하여 익히는, 그러한 학과 습의 방법으로만 해야 할 필연성도 없었다.

관건은 자기 마음에 내재하는 양지가 온전히 발현될 수 있도록 '마음공부'를 꾸준히 수행해가는 것이었다. 일상이 펼쳐지는 삶터를 벗어나 산속이나 수도원 같은 곳으로 가서 하는 공부를 말함이 결코 아니었다. 사람이 먹고살아야 하는 한, 마음공부를 꾸준히 이어가려면 어디까지나 생업에 종사하며 마음공부를 병행해야 했다. 하여 자신이 놓인 일상적 여건에서 생업에 충실하게 임함이 마음공부의 기본이 되었다. 이를테면 사대부 가문에서 태어나 학업에 임할 수 있게 됐다면 학업에 정진하면 된다. 사대부에게는 학업이 곧 생업이니 그것에 전념하면 된다. 이처럼 농민이나 상인, 장인들은 자기 생업에 정성을 다하면 된다.

학문을 닦음이 마음공부의 필수조건이 아니라는 얘기다. 다만 어느 경우든 머리로만 이해하고 익힐 뿐 삶터에서 이를 행할 줄 모른다면, 또 속물적 욕망을 사사로이 도모하고 재물과 권력을 주로 탐한다면, 그렇게 자기에게 내재하는 하늘의 선한 본성을 가려간다면, 이는 마음공부와 무관한 삿된 행동이게 된다. 게다가 생업에 충실하다 보면 자칫 생업의 소산으로 인한 이득에 쉬이 현혹되기도 한다. 그래서 공자가 "학예에서 놂"[遊於藝](『논어』 「술이」)을 제창했듯이 "생업에서 놂"[遊於生業], 곧 생업 안에서 일상의 결대로 살아가지만 그것에 휘둘리거나 종속되지 않고 그것과는 다른 결을 일구며 살아감이 요청된다.

　놂이 사농공상을 불문하고 생업에 충실하면서도 치양지 공부를 행하는 어엿한 방식이었다는 얘기이다. 엄숙하게 정좌한 채로 경전을 달달 외고, 낡은 격식에 맞춰 글을 짓는 것만이 유일한 공부가 아님을 공자가 오래전에 밝혀놓았음이다. 그러한 놂이 누구에게나 개방되어 삶터와 다름없었던 곳이 왕양명의 정원이었다. 하여 그곳은 여느 배움터와는 근본적으로 다를 수밖에 없는 참된 '놂터'였다.

놂은 일상에서 '한 몸'이 행하는 것

　괴테와 문명을 나란히 했던 실러는 "사람은 놀이에서만 진정한 사람"이라는 화두를 던졌다. 그가 보기에 사람의 근원에는 놀이라는 '가장 사람다운' 본성이 애초부터 내재했다. 곧 사람은 '놀이하는 사람'homo ludens이었다.

　사람은 본성 차원에서 육체와 정신의 분리가 무의해진다. 한자 '身'신이나 '己'기는 사람을 육신과 정신의 조합으로 보는 관념이 생성되기 이전, 다시 말해 사람을 마음[心]과 몸[體]의 결합체로 규정한 뒤 마음을 사람의 본질로 보는 관념이 주류가 되기 이전, 더는 쪼갤 수 없는 '한몸'[一體]으로서의 사람을 가리키는 말이었다. 놂은 이러한 '한몸' 차원에서 이루어진다. 어린아이들이 소꿉놀이를 하고 있다. 한 아이에게 배당된 노릇은 아빠였다. 놂이 지속되는 한 놀이판에서 그 아이의 정체성은 어디까지나 아빠이다. 육신이 어린이인 채 정신만 아빠 역할을 하는 것이 아니다. 그냥 자신이 통짜로 아빠라고 여기며 놂에 집중한다. 그러지 않으면 놂은 깨진다.

왕양명이 지식과 실천이 분리되지 않은 '지행합일', 달리 말해 앎과 삶이 '한몸 됨'을 참된 앎으로 제시한 까닭이 여기에 있다. 사람 본성의 자연스러운 발로가 놂을 통해 이루어지듯 양지를 온전히 드러내는 놂도 '한몸'을 기본단위로 수행되기 때문이다. 그래서 의로움이 무엇인지를 머리로는 알지만 막상 일상에서 이것저것 따지느라 의로움을 행하지 않는다면, 왕양명이 보기에 그는 의로움을 모르는 자이다. 앎이 머리에만 존재하고 행위로 실현되지 않는 한 타인은 그가 앎을 지녔는지 자체를 알 수 없기에 더욱 더 그러하다. 결국 사회적 차원에서는 어떠한 유형의 앎이든 스스로 자기 몸에 새겨서 활동으로 완수해야 비로소 자기 것이 된다. 그래서 "앎은 행함의 시작이고, 행함은 앎의 완성"(『전습록』)이라는 왕양명의 통찰은 값지다.

　같은 맥락에서 놀이한다고 하여 일상을 떠나 그것과 다른 공간을 마련해야 할 까닭도 없었다. 자하가 스승 공자의 아우라를 등에 업고 "처소를 쓸고 닦는 일, 사람을 대하는 일, 일상적 몸가짐"(『논어』「자장子張」)이 모두 공부라고 잘라 말한 것처럼 왕양명도 일상에서 생계를 꾸려가며 살아감이 공부라고 보았다. 물론 놂의 태도가 바탕이 되어야 했다. 일상생활이 그 자체로 공부가 되려면 생활과 유기적으로 연결되어 있되 그것에 매몰되지 않아야 한다는 뜻이다.

　무슨 고차원의 얘기가 아니다. 물고기가 떠내려가지 않으려 물결을 거슬러 헤엄치지만 유유자적하고, 팔이 어깨 관절을 매개로 몸통에 붙어 있지만 몸통과 무관하게 움직임을 떠올려보면 된다. 생업과 '나'의 관계를 내가 생업에 붙어 있지만 그것과 무관하게 활동할 수 있는 방식으로 구성해가면 된다는 뜻이다. 그러면 삶터가 놂터가 되고 살아감이 공부함이 된다는 얘기이다. 이를 두고 왕기는 "백성의 일상생활이 곧 도"라고 정리했다.

스승 왕양명의 화두 '일에서 공부하다'는 뜻의 '사상마련'事上磨練을 달리 표현한 것이다.

물론 그것은 근대가 되기 전에나 가능했다는 생각이 들 수도 있다. 그러나 이것이 지니는 현재적 의의는 자못 크다. 지금 여기를 보자. '100세 시대'라는 말로 대변되는 고령사회가 숨 가쁘게 전개되고 있다. 한 가지 직업으로 전 생애가 지탱되던 시절도 흘러가고 있다. 제2의 직업, 아니 제3의 직업이 절실한 시절이 되었다. '인생 2모작'이니 '인생 3모작' 같은 말이 심심찮게 들려온다. 지금처럼 대학이 '제1 직업' '인생 1모작'을 위한 교육에 머무른다면, 유치원부터 고등학교 교육이 여전히 대학입시에만 초점이 맞춰진다면, 미래는 없다는 전언이다.

살구나무 밑, 마당 그리고 산책길

이제는 학교라는, 일상과 떨어뜨려 마련한 공간에서 수행되는 학교교육만으로는 안 된다는 경고이기도 하다. 학교교육을 없애자는 무책임한 발언이 아니다. 평생에 걸쳐 삶터에서 이루어지는 앎을 근간에 놓고 그 위에서 학교교육의 위상과 내용을 다시 짜자는 제언이다.

학교교육도 놂을 중심으로 재편해야 한다. 놂은 머리에서 '알고 있음'만을 추구하지 않기에 그렇다. 그것은 '한몸'이 '할 줄 앎'을 도모하기에 그렇다. 글을 알고 음을 알며 꼴을 아는 단계에서 글을 갖고 놀 줄 알고, 음을 또 꼴을 갖고 놀 줄 아는 단계로 접어들 필요가 있다. 이 놂 속에서 타인과 만나고 놂의 지속을 위해 절차탁마하며, 개체로서의 사람은 남들과 더불어 즐길 줄 아는 몸으로 변이된다. 왕양명이 말한 "모든 사람들과 함께 밝히고 함께 이루는 공부"(『전습록』)는 그저 흘러간 옛 노래가 아님이다. 하여 뇱에서 만나는 이들은 다 벗이고 동시에 스승이다. 이것이 왕양명과 제자들이 보여준 일상에서 생업과 함께 하는 공부, 곧 뇱에 주목하는 이유이다.

스승이란 애초부터 없으며 스승 같은 벗이 있을 뿐이라는 왕기의 후예 이지1527~1602의 고백은 그래서 힘차다. 왕양명이 자기 정원에서 제자들과 허물없이 놀았듯이 이제는 학교교육도 스승 위주가 아니라 '사우'師友, 그러니까 '스승벗' 중심으로 거듭나야 하는 까닭이다. 공자가 발길 닿는 곳이 어디든, 살구나무 아래*든 자기 집이든 가리지 않고 배우고자 하는 이라면 누구든 더불어 담론하며 놀았듯이, 왕양명이 마당에서만 노닐지 않고 산수자연을 다니며 학문을 논하고 노래도 부르면서 놀았듯이, 앞선 글**에서 안재원이 소개했듯 우연히 만난 파이드로스와 주저 없이 도심을 벗어나 성벽 밖으로 산책을 떠난 소크라테스처럼, 학교를 뇱터로 변이시켰다고 하여 거기에서만 뇱을 펼쳐내야 함도 아니다.

그러면 양명학자 왕양명의 공부는 성리학자 주희의 공부와 다시 만나게 된다. 도산서원을 성리학적 이상향으로 조성한 이황과도 만난다.

하늘을 쳐다보고 땅을 굽어본다. 뒤도 돌아보고 옆도 살펴본다. 그렇게 한가롭게 유유자적하며 이치를 음미해본다. 그러는 사이에 지난날 고통스럽게 공부해도 터득하지 못했던 것이 왕왕 자신도 모르게 마음과 눈 사이

---

* '살구나무 아래'는 공자가 가르침을 행한 곳을 '행단'(杏壇)이라고 불러온 전통에서 따랐다. 이와 관련한 고사는 『장자』「어부」편에 실려 있다.
** 「14. 잘 노는 것이 진짜 공부다」.

에서 명료해진다. 주자가 「백록동」 시에서 "심오한 근원은 본디 한가함 속에서 터득되고, 오묘한 쓰임새는 본디 즐거운 곳에서 나온다"고 한 말이 바로 이것이리라. (이황, 『도산전서』陶山全書 권3)

책과 치열하게 씨름하던 서재를 벗어나 벗과 제자들과 삶터를 거닌다. 그 늚에서 불현듯 앎을 깨우친다. 주희가 그랬듯이 이황도 놀았다. 그렇게 '더불어 늚'의 순간만큼은 공자와 제자들, 소크라테스와 파이드로스 그리고 주희와 왕양명, 이황은 삶터를 앎터로 변용해냈다. 현대 건축가 루이스 칸의 통찰처럼, 선생이라고 생각하지 않는 이와 학생이라고 생각하지 않는 이들이 어떤 나무 아래에서 이야기하는 것에서 시작된 그러한 학교, 곧 늚터를 빚어냈던 것이다.

16. 결국은 학교교육이 문제였다

로마인들이 자식 교육에 관심을 두게 된 것은 작고 우연한 사고에서 비롯되었다. 문(법)학을 로마에 처음으로, 내가 생각하기에, 도입한 사람은 아리스타르쿠스의 학문적 맞수였던 크라테스 말로테스였다. …… 그는 [로마 근교] 팔라티움 지역의 하수구에 빠지게 되었는데, 이때 그만 정강이가 부러졌다고 한다. 그는 사절 기간이 시작되는 것과 동시에 부러진 다리가 다시 이어지는 동안 내내 많은 청중을 대상으로 강연을 지속했고 성실하게 강의에 임했는데, 이것이 우리 로마인이 모방하게 되는 선례가 되었다. (『로마의 문법학자들』 제2장)

그리스 방식의 학교가 로마에 도입된 것은 스토아 철학의 대가였던 크라테스Crates, 기원전 3세기의 부러진 다리 덕분인 셈이다.

로마의 교육 열풍도 대치동에 결코 뒤지지 않았다

우연이든 필연이든 이렇게 촉발된 로마인들의 교육열은 '점입가경'이라는 말이 무색할 정도로 후끈 달아올랐다. 수에토니우스Suetonius, 70~122의 말이다.

> 이후 문(법)학에 대한 호의와 관심이 높아졌는데, 아주 저명한 인사들도 자신들이 몸소 문(법)학에 관해 뭔가를 저술하는 것을 결코 꺼려하지 않았다. [문(법)학을 배우려는 학생들로] 가득 찬 문(법)학 학교가 20곳이 넘게 성업하던 시기가 로마에 있었다고 전한다. 문(법)학 선생들의 몸값과 강의료도 천정부지에 이르렀다고 한다. (『로마의 문법학자들』 제3장)

전혀 낯설지가 않다. 너무나 자연스럽게 서울 대치동의 거리가 떠오르기 때문이다. 그도 그럴 것이, 로마를 강타했던 교육 열풍의 속내를 들여다보면 한국의 사교육 광풍과 실제로 너무도 닮았기 때문이다. 속내인즉 이렇다.

포에니 전쟁이 끝나자, 로마를 이끌 사람으로 전쟁 기술이 뛰어난 이들보다는 말재주oratio로 사회 갈등과 내분을 통합할 수 있는 사람들이 정치적으로 인기를 누렸다. 자연스럽게 '말 잘하는 사람'orator이 출세하는 세상이 되었다는 것이다. 이런 시대의 변화에 부응하여 로마인들은 자식들의 출세를 위해 교육에 전폭적인 투자를 시작했는데, 일부 '금수저' 집안은 그리스에서 최고의 학자들을 개인 교사로 모시기까지 했다. 그러나 대부분의 로마 시민들은 자식 교육을 그리스 출신 노예들에게 맡길 수밖에 없었다. 자식 교육을 노예에게 맡긴다는 것이 이상하게 보이겠지만, 어쩔 수 없는 현실이었다. 교육열이 높아짐에 따라 로마의 학교에서는 이런 광경도 흔하게 볼 수 있었다. 다름 아닌 노예 교사가 자식을 때려도 부모들이 이를 수긍하고 인정하는 광경 말이다. 수에토니우스의 보고이다.

> 오르빌리우스의 신랄함은 학생들을 다룰 때에도 유감없이 위력을 발휘했다. 예컨대 호라티우스는 그를 "미친 몽둥이"[班村]라고 부른다. 아울러 도미티우스 마르수스도 쓰기를, "누가 되었든 오르빌리우스는 몽둥이와 채찍으로 [휘갈겨] 큰대자로 눕혔다네."(『로마의 문법학자들』 제9장)

정복당한 노예가 정복한 주인을 정복한 셈이다. 큰 변화이다. 노예가 자식을 두들겨 패도 이를 받아들였다니 하는 말이다. 사실 로마인들은 자기 자식을 직접 교육할 만한 지적 역량을 갖춘 사람들도 아니었고, 정신의 양식인 인문학을 자신들의 언어인 라틴어로 연구해본 적도 없었으며, 따라서 자기 아이들에게 읽힐 만한 라틴어 텍스트도 전무한 상태였다. 그래서 그들은 정신문화의 선진국인 그리스의 텍스트를 받아들일 수밖에 없었고, 그리스어를 배울 수밖에 없었고, 그리스어를 조금이라도 할 줄 알아야 대접받을 수 있었다. 사정이 이러하다 보니 그리스인들을 노예가 아닌 선생으로 모실 수밖에 없었다.

노예 교사들은 대개 문법 교육을 담당했다. 그런데 인문학의 여러 하위 분야 중에서 이른바 정답이 있는 과목이 문법 교육이다. 노예들이 주도한 수업은 그리스어를 문법과 어법에 맞게 말하고 쓰는 방식으로 진행되었다. 문법 교육의 특성상 어쩔 수 없었겠지만, 이 방식은 이를테면 주입식 교육의 원형에 해당하는 것이었다. 학교는 그 시절에도 고통스러운 곳이었다.

로마의 학교는 앎과 삶의 분리를 연습시키는 곳이었다

아무튼, 노예 교사들에 의해서 주도된 로마의 학교교육은 많은 문제점을 드러냈다. 그중에서 가장 큰 문제는 역시 돈 문제였다. 세네카가 그 증인이다.

> [1] 자네는 교양 교육에 대한 내 생각을 알고자 하네. 나는 돈을 목적으로 하는 학문은 그 어떤 것도 존중하지도, 귀한 것으로 간주하지도 않네. 이런 학문은 돈벌이에 불과하네. 단지 잠시 유용할 뿐일세. 그것들이 우리의 재능을 미리 돌보는 한에서 말이네. 하지만 그것들이 우리의 재능을 끝까지 묶어두지 않는 한에서 말이네. 이 학문들은 단지 마음이 더 중요한 것을 행할 수 없는 동안만, 딱 그동안에만 기대어야 하는 것들일세. 그것들은 단지 우리를 돕는 기초 도구에 불과할 뿐, 우리 자신의 활동 자체는 아닐세. (『서한』 제88편)

학교가 더 이상 덕성virtus과 사람다움humanitas이 아니라 돈만 숭상하는 곳이 되어버렸다는 세네카의 한탄에 눈길이 간다. 사실 자유 교양의 이념을 단지 생존과 이익을 최우선으로 두는 노예 교사들에게서 기대하기는 어려운 일이다. 또한 생존을 위해 돈을 중시하는 노예 교사들을 딱히 비난할 수도 없는 노릇이다. 노예 교사들을 자유인으로 만들어주는 것도 결국은 돈이었기 때문이다.

이런저런 사정 때문에 로마에는 수많은 학원들이 성업했고, 그 경쟁도 치열했다. 생존경쟁의 소용돌이 속에서 노예 교사들은 한편으로는 생존을 위해서, 다른 한편으로는 자신들이 운영하는 학교의 이른바 특성화를 위해서 문법 교육의 체계화와 전문화를 시도했다. 이런 시도는 문법 교육의 발전에는 분명 큰 의미가 있지만, 교육 측면에서 보면 뭔가 부족해 보인다. 이는 실제로 오늘날 한국의 사설 학원의 상황과 매우 비슷한데, 지식과 정보가 전수되긴 하겠지만 그것이 교육의 본질은 아니기에 하는 말이다. 결국은 교육 내용도 문제가 많았다는 뜻이다. 다시 세네카의 날 선 말이다.

> [6] 도대체 무슨 의미가 있을까? 파트로클로스와 아킬레스의 나이를 따지는 것이. 아마도 너는 물을 것이다. 오디세우스가 방황한 곳이 어디인지를 말이다. 탈선하지 않기 위해서 언제나 우리가 해야 할 것이 무엇인지를 가르치는 대신에, 오디세우스가 이탈리아와 시칠리아의 어느 지역을 방황한 것인가 아니면 우리가 모르는 세상 밖의 어느 곳인가(왜냐하면 그토록 긴 방황이 그토록 좁은 곳에서 일어날 수 없을 것이기에)를 학교에서는 가르친다. 각설하고, 결코 한가하지 않다. 마음 안에서 온갖 폭풍우가 우리를 매일 흔들고 끊임없는 걱정이 오디세우스가 겪었던 온갖 불행으로 우리를 내몰고 있기에. 유혹하는 여인들도 많다. 적들도 깔려 있다. 여기에는 사람의 피에 목말라 하는 괴물이, 여기에는 무시무시한 속내를 감춘 매혹적인 목소리의 요물이, 여기에는 난파선과 여기에는 숱한 재난이 있다. 차라리 나에게 가르쳐라. 조국을 어떻게 사랑해야 하는지를, 아내를 어떻게 사랑해야 하는지를, 아버지를 어떻게 사랑해야 하는지를, 이토록 명예롭고 훌륭한 덕성에 설령 배가 난파되었다 할지라도 어떻게 살아남아 항해할 수 있는지를 말이다.
>
> (『서한』 제88편)

한마디로, 세네카에 따르면 학교는 삶의 현장에서 살아남는 법을 가르치는 곳이 아니라 삶과 앎을 분리하는 연습만 시키는 곳인 셈이다.

인문학은 학교교육에 대한 비판에서 탄생했다

사정이 이쯤 되면 삶과 앎의 분리가 가져오는 문제점에, 그러니까 이른 바 '지행합일'知行合一의 문제에, 다시 말해 교육의 본질에 근본적인 물음들을 던지는 사람들이 생겨날 수밖에 없는데, 로마의 경우 그 시작을 알린 사람이 키케로이다. 요컨대 문법학·논리학·수사학 같은 개별 학문들의 학문체계를 가르치고 배운다고 해서 과연 사람이 행복해지고 공동체가 번성할 수 있는지, 결론적으로 교육이 사람을 사람답게 만드는지 근본적인 물음을 던진 이가 그였기 때문이다.

키케로의 생각이다. 예컨대 수사학의 발견, 배치, 표현, 기억, 전달과 개념을 잘 안다고 해서 말을 잘하는 것도 아니라고 한다. 또는 사회적으로 당연히 의분을 느껴야 하는 상황에서 이론적으로 '분노란 마음의 격동 또는 복수를 통해서 자신의 화를 치료하고 보상하고자 하는 마음'이라고 정의definition 내릴 줄 안다고 해서, 그러니까 어떤 이가 분노의 의미를 개념적으로 파악하고 있다고 해서 그가 그 분노에 따르는 실천 행위를 하는 것도 아니라고 한다. 반대로 어떤 이가 분노가 무엇인지 개념적으로 정의 내리지 못한다고 해서 그 사람이 화를 내지 않는 것도 아니기 때문이라고 한다. 한마디로 앎과 함의 분리는 안 된다는 것이 키케로의 핵지核志였다.

키케로의 이런 핵지는 2천 년이 지난 오늘날에도 의미 있는 지적이다. 물론, 아는 것과 아는 것을 실천하는 것은 다른 문제일 수도 있다. 그러나 키케로에게 앎과 함의 분리는 심각한 문제였다. 그것은 공동체의 붕괴, 곧 로마 공화국의 몰락으로 직결되었기 때문이다. 이런 위기의식에서 키케로는 사람을 사람답게 만드는 교육을 제안한다. 그것이 바로 인문학studia humanitatis이었다. 그의 말이다.

162

사람을 사람답게 만드는 목적에 봉사하는 모든 학문은 서로가 서로를 묶는 공통의 연결 고리를 가졌으며, 마치 혈연에 의해 연결된 것인 양 서로 결속되어 있다. (『아르키아스 변호』 제2장)

인문학의 모태가 무엇인지 확인되는 순간이다. 그것은 한편으로 당시 유행하던 로마 학교의 교육방식에 대한 비판이었고, 다른 한편으로 학교가 앎과 함의 분리를 연습시키는 곳이 아니라 앎과 함을 결합하는 곳이어야 한다는 열망이었다.

학교교육의 문제에 대한 해법은 책읽기였다

문제는 방법이었다. 키케로의 고민이다.

가능한 한 최대의 도움을 줄 수 있는 것이 무엇인지에 대해서 오랫동안 숙고하고 그 방도를 찾아 이리저리 모색하는 나(아마도 키케로)에게, 나랏일에 참여하여 조언하는 경우를 제외하면 우리 시민들을 위해 최선의 학문으로 가는 길을 건설하는 일 이외에 더 좋은 [방도]가 떠오르지 않았다. 나는 이 일을 이미 많은 책들을 통해서 성취했다고 자부한다. (『아르키아스 변호』 제1장)

키케로가 교육에 대해 얼마나 깊게 고민했는지가 여실히 드러난다. 그런데 약간은 허망하다. 그 깊은 고민 끝에 나온 해법이 고작 책읽기였기 때문이다. 하도 평이해서 키케로가 정말 이런 말을 했을까 싶을 정도이다. 그러나 이는 오늘날의 시각일 뿐이다. 책읽기가 로마에서 교육의 중요한 방법으로 자리 잡은 것은 키케로의 시대가 아니었고 또한 라틴어로 쓰여진 책이 없었다는 점을 감안하다면, 그의 책읽기 제안은 그야말로 창조적이고 혁신적이었기 때문이다.

각설하고, 키케로의 제안은 그가 죽은 지 얼마 안 되어 곧바로 현실화한다. 그의 바람대로 로마에도 읽을 만한 라틴어 책들이 많이 늘어나자, 책읽기가 드디어 교육의 핵심 방법으로 자리 잡았기 때문이다. 서기 1세기에 활약한 퀸틸리아누스Quintilianus, 35~96라는 수사학자의 노력 덕분이었다. 교육을 위해서 무엇을 읽히고, 어떻게 읽혀야 하고, 왜 그 책을 읽어야 하는지 등이 그가 던진 물음이었다. 아무튼 이런 고민을 거쳐서 선정된 책들을 학교에서 읽고 논하는 것이 교육의 기본 방식으로 자리 잡는데, 결론적으로 이른바 '고전'classica 읽기 교육은 이렇게 시작되었다. 역설이지만, 인문학과 고전 교육이 탄생한 것도 결국은 로마의 학교교육 덕분이었다는 얘기이다.

17. 시험과 학교는 이란성 쌍둥이

우리에게 익숙한 것이 남에게는 때로 충격이 되기도 한다. 시험으로 관리를 선발하는 제도도 그러했다. 오랜 과거科擧 전통에다 근대 이후 마련된 온갖 국가고시, 우리에게는 아주 당연했지만 유럽인들에게는 생각해내기 힘든 일이었다. 1870년대에 영국이 시험으로 관리를 뽑기 시작하기 전에는 대체로 그러했다는 얘기이다.

시험이 중국을 망쳤다

1840년 아편전쟁을 필두로 전통의 강호 중국은 신흥 강호 서구와 부딪칠 때마다 초라하게 패했다. 입으로는 여전히 '서양 오랑캐'[洋夷]니 '서양 도깨비'[洋鬼]니 하며 그들을 무시했지만 행동마저 그럴 수는 없었다. 중국이 나름 서양의 장점을 배우려 나선 까닭이다.

그 첫걸음은 양무운동이었다. 중국 정신은 그대로 둔 채 서구의 앞선 과학기술만 도구 차원에서 수용하고자 했다. 그러나 정신과 분리된 행동은 얼마 가지 못하는 법, 양무운동의 대표 성과인 신식함대가 1884년 프랑스와 벌인 일전에서, 1894년 일본과 벌인 전투에서 허망하게 바다에 가라앉고 말았다. 이윽고 양무운동도 그렇게 허무하게 무너졌다.

그러자 정신을 바꿔야 한다는 목소리가 커졌다. 드디어 기회가 닿아 근대적 제도 개혁을 단행했다. 무술변법이 그것이었다. 광서제^{재위 1875~1908}가 친정을 시작하면서 그때로서는 진보적 인사였던 강유위^{1858~1927}의 건의를 채택해 서구식 근대화를 추동하였다. 그러나 이 또한 서태후 등 수구세력의 친위 쿠데타로 물거품이 되고 말았다.

앞선 문명을 향한 개혁이 줄줄이 쓴맛을 보는 동안 서구 열강은 중국을 야금야금 먹어갔다. 급기야 변곡점에 도달했다. 1900년 의화단 봉기가 일어나자 영국 등 여덟 열강은 이를 빌미로 2만여 인민을 도륙하고 북경을 점령하는 만행을 저질렀다. 이러다간 중국이라는 문명 자체가 소멸될지 모른다는 공포가 널리 퍼졌다. 무엇이 잘못됐기에 중국이 이리도 허약해졌는지, 원인 분석이 다각도에서 이루어졌다. 이때, 과거가 중국 문명을 망친 원흉으로 지목됐다. 이유는 사서오경에 대한 판에 박힌 해석을 팔고문^{八股文}이라는 경직된 문체에 담아내다 보니, 학문은 현실과 동떨어지고 관리는 그만큼 무능해질 수밖에 없었다는 것이다.

한마디로 '죽은 학문'을 한 탓에 찬란한 문명을 일구어온 중국이 이 모양 이 꼴이 됐다는 판단이었다. 아이러니하게도 근대로 전환되던 시기, 유럽에서는 경이로움의 대상이었던 과거가 정작 본향에서는 중국을, 또 그 문명을 망친 주범으로 내몰린 것이다.

시험과 학교의 이중주

그런데 문득 궁금해진다. 과거는 1,300여 년 동안이나 채택되었다. 이것이 중국을 망친 원흉이라면, 결코 짧다고 할 수 없는 세월 동안 중국은 왜 망하지 않을 수 있었을까. 고금의 역사는 전반적으로 나쁜 제도라면 설사 도입된다고 해도 그렇게 오랜 기간 지속될 수는 없음을 잘 말해준다. 과거가 천 수백여 년 동안 채택됐다면 분명 단점으로 인한 손실을 상쇄하고도 남을 장점이 있었다는 뜻이다. 그렇다면 과거의 장점은 무엇일까.

이를 살펴보기 위해서는 먼저 국가와 교육의 관계를 짚어볼 필요가 있다. 과거가 요즘으로 치자면 국가고시에 해당되기 때문이다. 『서경』에 보면 저 먼 옛날 순임금이 기夔라는 지혜로운 신하에게 귀족의 자제를 모아 책임지고 가르치라고 명하는 장면이 나온다. 『서경』은 정치에 관한 고대 중국인의 초창기 관념을 엿볼 수 있는 경전이다. 곧 꽤 오랜 옛날에 이미 군주가 교육을 직접 챙겼다는 말이다. 정치와 교육이 엮여 있었다는 뜻으로, 이러한 양상은 순임금 이후로도 이어졌다. 맹자의 증언을 들어본다.

> 상庠, 서序, 학學, 교校를 설치하여 가르쳐야 합니다. 상은 기른다는 뜻이고 교는 가르친다는 뜻이며 서는 활을 쏜다는 뜻입니다. 하나라에서는 교라 일컬었고 은나라에서는 서라 칭했으며 주나라에서는 상이라 불렀습니다. 학은 하, 은, 주에 다 있었습니다. (『맹자』「등문공상」滕文公上)

이는 맹자가 군주에게 올린 간언의 일부이다. 여기에서 하는 순임금의 선양을 받은 우임금이 세운 나라이고, 은과 주는 각각 하와 은 다음에 선 나라이다. 교육을 군주가 직접 챙기는 전통은 이처럼 국가가 꼴을 잡던 시점부터 생성되어 후대로 도도하게 계승됐다.

천자를 '군주는 곧 선생'이라는 뜻의 '군사'^{君師}라 칭하던 관습도 같은 맥락에서 형성되었다. 어느 시기든 통치계층은 집권의 정당성을 입증해야 했는데, 고대 중국에서는 교육을 통해 피지배층에게 실질적 도움과 이로움을 안겨주는 방식으로 이를 해소한 셈이다. 바로 여기에서 교육이 고안되고 정치의 핵으로 설정되었다. 백성에게 도움이 되려면 관리를 그럴 수 있게끔 가르쳐야 했기 때문이다. 그래서 상·서·학·교와 같은 기관에서 길러낸 관리들은 세상을 다스리는 데 필요한 모든 일을 직접 행할 줄 알았다. 농업을 관장하는 관리는 사무실에서 농업 관련 행정을 처리하는 데 그친 것이 아니라 직접 논밭을 갈며 백성들을 가르쳤다는 것이다. 백성들이 필요한 모든 것을 관리에게 배웠다는, 곧 관리는 백성의 스승^[吏師]이라는 진술의 실상이 바로 이것이다.

교육은 이처럼 시작부터 관리 양성과 한 몸을 이루어왔다. 관계^{官界}는 동서고금을 막론하고 본성적으로 수직적 등급의 세계이다. 관리든 지망생이든 간에 이들은 피치 못하게 평가를 받아야 했다. 무엇을 얼마만큼 할 줄 아는지를 파악해야 인재를 효율적으로 배치, 활용할 수 있기에 그러했다. 고대 중국의 교육을 전적으로 논한『예기』「학기」에서 "격년으로 상호 비교하여 성취를 평가한다"고 못 박았듯이, 국가가 개입된 시험은 교육이 고안된 시점부터 늘 함께할 수밖에 없었다. 또한 학교는 이처럼 차세대 통치계급을 키우던 장치였던지라 그것도 시험에서 자유로울 수 없었다.

과거는 이러한 전통의 소산이었다. 당연히 다름도 있었다. 옛적 시험이 학교에 입학한 귀족의 자제를 대상으로 시행됐다면 과거는 평민에게도 문호가 열려 있었다. 공자가 일찍이『논어』에서 천명했던, 가르침에는 신분차별이 없다는 '유교무류'^{有敎無類} 정신을 실현한 셈이었다. 그러나 관리가 되고자 한다면 국가가 주관하는 시험을 통과해야 한다는 원칙에는 변함이 없었다. 그럼으로써 국가는, 자신이 정한 세계관과 지식을 표준이라는 이름으로 관리 지망생의 내면에 심을 수 있었다. 요즘 식으로 말하자면 '국정철학'을 공유하는 이들만이 관리가 될 수 있었음이다.

이것이 근대 초기 중국 지식인들이 과거를 중국 쇠망의 원흉으로 꼽은 이유였다. 위정자가 도덕적이고 합리적이면 관리 지망생들의 국정철학 공유가 문제 되지 않을 수 있지만, 그 반대라면 위정자들만 결딴나는 것이 아니라 국가가 망가져서 결국 인민 모두가 도탄에 빠지기 때문이다. 반면 위정자 처지에서는 설사 망하면 어쩔 수 없지만, 다시 말해 망할 때는 망하더라도 그렇게 되기 전까지는 분명 이익이 더 컸다. 더구나 전근대 시기의 중국은 대체로 군주를 위시한 위정자들이 실질적으로는 국가를 사적으로 소유한 때였다. 결국 그들에게만 장점이 많았던 과거가 국가에 크게 이로운 제도라는 외피를 입고 오랜 세월 지속됐던 것이다.

논리와 감성, 중국을 묶어내다

그런데 이것이 다가 아니었다. 과거라는 문명 장치가 지닌 장점이 더 있었다. 과거가 단지 위정자에게 크게 이로워 오랜 세월 채택된 것만은 아니었다는 뜻이다. 과거는 전근대 시기 중국이 깔고 앉아 있던 문명 조건 아래서 중국을 유지, 갱신해가는 데 유용한 장치이기도 했다.

공자는 이름값[名分]을 바로잡아야 한다는 '정명론'[正名論]에서, 예악형벌이 일관되게 집행돼야 비로소 백성들이 안심하고 생활에 임할 수 있다고 하였다. 예악형벌은 문물제도의 다른 표현으로 지금의 사회제도 전반에 해당한다. 사회제도가 일관되게 구현되어야 사회적 약자들의 생활이 안정된 다는 뜻이다.

왜 그럴까? 현재를 살아감은 단지 당장의 생명 부지를 위한 활동에 그치지 않는다. 그것은 동시에 한층 더 나은 미래를 위한 노력이기도 하다. 미래는 그렇게 현재에 늘 깊숙이 개입해 있다. 하여 미래가 손에 잡혀야, 달리 말해 예측이 가능해야 현재의 생활이 유의미해진다. 힘 있는 자들이야 미래를 자기 뜻대로 만들어갈 여지가 크지만, 그럴 힘이 없는 이들은 미래가 예측 가능하지 못하면 현재 생활이 흔들릴 수밖에 없다.

이런 점에서 문명이 안정적으로 유지되는 것이 사회적 약자에게도 이롭다. 악용될 여지를 최대치로 줄여간다면 표준적 세계관과 지식의 공유가 문명의 안정적 운영에 쏠쏠한 터전이 될 수 있다. 과거가 사회적 약자에게도 장점이 될 수 있다는 얘기이다. 수많은 사대부들은 사서오경의 진리로 천하를 교화하자는 이상을 품고 과거에 응시했다. 그렇게 선발된 절대다수의 관리가 표준적 세계관과 지식을 공유하고 그 위에서 통치를 행한다면, 이를 바탕으로 미래를 예측하고 현재를 꾸려나가면 된다. 더구나 근대와 같은 문명 토대의 구비가 불가능했던 시절, 표준적 세계관과 지식의 공유는 그 넓은 중국을 예측 가능한 세계로 묶어내는 데 적잖은 도움이 됐다.

게다가 과거는 감성 차원에서도 중국을 예측 가능한 세계로 굴러가게 해주었다. 송대처럼 한 왕조 내에서 과거 시험과목이 종종 바뀐 적도 있지만, 시가詩歌 창작 역량의 평가는 빠진 적이 없었다. 당 제국 시절에는 이 역량을 가장 중시하기도 했다. 이는 일종의 모험이었다. 과거는 천자의 이름을 내걸고 국가가 주관하는 시험이다. 공평무사함을 실현함으로써 황실과 국가의 권위를 세워야 하는데, 시가 창작 같은 주관성과 감성 위주의 역량을 객관적으로 평가한다는 것이 쉽지 않기 때문이다.

그럼에도 시가 창작 역량을 중시했음은, 이를 제외하고는 그 넓은 강역의 수많은 인민을 '감성 공동체'로 묶어낼 마땅한 문명 장치가 없었기 때문이다. 게다가 공적 영역과 문인사회에서는 문자를 요긴하게 사용했지만, 민간은 여전히 구두 전승 패러다임에서 벗어나지 못하고 있었다. 순임금이 기에게 귀족의 자제를 가르치라고 할 때 그 콘텐츠가 음악이었음이, 한대에 '미술부' 같은 부처는 없어도 음악을 관장하는 악부가 있었음이, 오경 가운데 노래 가사집인 『시경』이 독보적 지위를 차지하곤 했음이 모두 이러한 연유에서 비롯된 현상이었다.

'학교-짓기-시험'이라는 회로

2017년 12월 말, 사법고시 폐지가 헌법에 합치한다는 헌법재판소의 판결이 나왔다. 이제는 법학전문원에서만 법조 인력을 양성한다. 외무고시가 폐지된 후로는 국립외교원에서 외무 관료를 배출한다. 학교가 시험을 대신하는 형국이다.

이를 중국사에 비춰보면, 과거 이전으로 회귀한 셈이다. 그래서 문제라는 얘기는 결코 아니다. 세계화나 제4차 산업혁명 같은 말로 대변되는 오늘날, 관료는 한층 제고된 전문성과 수월성을 갖출 필요가 있다. 시험이 아닌 학교라는 형식이 이를 충족하는 데 더욱 유리할 수 있다는 뜻이다. 그러면 일반 시민은 어떡해야 할까. 사람이 살아가는 데 사회와 문명이 필요한 이상 시험과 학교를 일률적으로 폐지할 수는 없다. 그렇다고 그 형질의 개조까지 불가능한 것은 아니다.

이와 관련하여 필자가 지니고 있는 답은 '학교-짓기-시험'이라는 회로의 구현이다. 학교와 시험이 짓기를 매개로 하나의 회로로 묶여야 한다는 뜻으로, 지금처럼 시험이 더 나은 상급학교 진학이나 교육 외적 목적, 이를테면 이재나 권력·출세 등을 위한 활동에 종속되어서는 안 된다는 얘기이다. 시험은 어디까지나 해당 과정의 교육을 위해 존재하고 작동돼야 하며, 시험의 주인은 학교여야지 지금처럼 국가가 주인 노릇을 대신해서는 안 된다. 초등학교든 중학교·고등학교·대학교든 간에 학교는 해당 교육과정의 학생과 교육을 위해 존재해야 한다는 제안이다.

한편 짓기는, 한국어로는 '시학'詩學이라고 번역되었지만 정확하게는 '짓기' '제작'에 관한 논의라는 뜻의 고대 그리스어 '포이에티카'poietica와 상통하는 개념이다. 아리스토텔레스가 지은 동명의 저술이 '언어 짓기'를 다루듯이, 짓기는 실용이나 실무 중심의 교육만을 가리키지 않는다. 그것은 학교 현장에서 '삶-놂-앎'의 삼위일체를 구현하는 유용한 방도이다. 이에 관해서는 내가 앞서 서술한 바를 참조하기 바란다.

18. 사람을 교육하는 일에 시험이 필요할까

과거시험! 서양에 가다

서양 고대에는 동양의 과거科擧와 같은 시험제도가 없었다. 이게 김월회의 앞선 글(「시험과 학교는 이란성 쌍둥이」)에 대한 답이다. 역사적으로 사실이 그렇기에. 적어도 "다음 중 아닌 것은?" 따위의 시험은 없었다.

동양의 과거제도를 서양에 처음 소개한 이는 마테오 리치Matteo Ricci, 1552~1610였다. 트리고Nicolas Trigault, 1577~1629와 함께 쓴 『예수회 그리스도교의 중국 원정기』De Christiana expeditione apud Sinas 제1권 제5장에서 리치는 "이 시험은 거의 전적으로 글쓰기로 구성되어 있다"(33쪽)고 밝힌다. 우리 귀에는 아주 당연하게 들리지만 필기시험은 당시 유럽인에게는 아주 낯선 것이었다. 이를 잘 보여주는 참고자료가 1586년 예수회에 의해서 제정된 『강의편람』Ratio Studoiorum이다. 이 책은 16세기까지 유럽 대학의 평가방식이 구술 토론disputatio 또는 rigorosum이었다는 점을 잘 보여준다.

리치 이후 중국의 시험제도는 여러 사람들에게 예찬받았으며, 마침내 19세기 초반에 영국의 식민지였던 인도에서 '표준시험'standardized testing이라는 이름으로 채택된다. 물론 구체적으로 들어가면 동양의 과거와 표준시험은 내용과 형식에서 크게 다르다. 예컨대 조선시대에 출제된 과거 문제는 프랑스의 바칼로레아Baccalauréat와 비슷하기 때문이다. 그러나 어쨌든 관리를 필기시험으로 뽑는다는 생각, 즉 표준시험의 도입은 명백히 중국의 관리 등용 시험에서 영향을 받은 것이다.

표준시험! 교육의 대중화에 크게 기여하다

그러나 구술 토론을 중시하는 영국의 대학들은 중국의 시험방식에 회의적이었다. 그래서 그들은 고대 그리스와 로마 전통의 토론방식과 학생들의 에세이를 읽고 평가하는 방식을 고수했다. 이런 사정으로 말미암아 표준시험은 엘리트 교육을 목표로 하는 대학에서는 도입되지 않았으며, 대중교육 분야에서 널리 확산되었다. 이는 표준시험 제도를 공식적으로 채택한 것이 산업 현장과 상업 회사들이었다는 점에서 쉽게 확인된다. 대량생산체제로 운영되는 공장에서 생산하는 상품은 생산자들로 하여금 상품에 관한 단일하고 표준화한 지식과 정보를 숙지할 것을 요구했기 때문이다. 따라서 표준시험은 일종의 자격시험이었던 셈이다.

표준시험은 어느 분야에서 기본적으로 알아야 하는 지식과 정보를 숙지했는지 묻는 방식으로 진행되었는데, 그 방식은 어떤 문제에 대해서 동일한 답을 제시하는 형식이었다. 이런 특징을 띤 표준시험의 도입은 이전까지는 소수의 엘리트에게만 허용되던 교육의 기회를 대중에게도 제공하게 만들었다는 점에서 역사적으로 중요한 의미가 있다. 각설하고, 표준시험이 검증방식으로 자리 잡은 것은 결정적으로 산업혁명 덕분이었던 셈이다. 어쨌거나 전통적인 구술시험 방식은 급작스럽게 늘어난 학생들의 수를 감당하기에는 적당하지 않았던 것이 사실이기에. 이런 이유에서 '표준시험'이 그 대안으로 채택될 수밖에 없었다.

표준시험은 점차 영역을 확장해서 나중에는 심지어 대학입시의 한 방식으로까지 도입된다. 이른바 입시 시장에 발을 들여놓은 표준시험은 산업화와 도시화를 경험한 나라들로 거침없이 퍼져나갔다. 유럽과 미국 그리고 일본을 거쳐 한국에까지 흘러들어왔다. 물론 표준시험이 한국에 어떻게 안착했는지에 대해서는 더욱 엄밀하게 추적할 필요가 있다. 사정이 어떻든 간에, 표준시험이 가장 대박이 난 곳은 어쩌면 한국일 것이다. 단적으로 '수능시험'을 증거로 제시할 수 있기에. 물론 누구에게나 교육의 기회를 제공한다는 점과 누구에게나 공정한 평가 기준을 적용한다는 점에서 표준시험의 도입은 성공적이었다고 하겠다. 그러니까 표준시험이 의미 있는 제도라는 점에는 전혀 의심의 여지가 없을 것이다.

표준시험의 위세가 대단했지만 영국의 대학들은, 더 나아가 서양의 대학들은 이를테면 "다음 중 아닌 것은?"의 형식으로 묻는 표준시험을 대학입시의 주요 방식으로 채택하지 않았다. 왜일까? 혹자는 엘리트 교육의 오만이자 기득권을 유지하려는 술책에 불과하다고 비판하는데, 신문지상이나 심지어 학술 논문을 통해서 그런 얘기가 종종 들린다. 그럼에도 도대체 왜일까? 그러니까, 유럽의 대학들은 왜 표준시험에 의혹의 눈길을 던지는 것일까?

상품을 만드는 데에는 정답이 있어야 한다

　다음의 이유가 결정적이었을 것이다. 표준시험이 요구하는 정답은 공장에서 상품을 생산하기 위해서 알아야 하는 도구적인 성격이 강한 기초 정보에 불과하다는 생각이 바로 그 이유였을 것이다. 물론 공장에서 요청되는 경험과 기술과 정보를 폄하하려는 취지로 하는 말은 결코 아니다. 굳이 근거를 밝힐 필요가 없을 만큼 이것들도 매우 중요하기 때문이다.

　그러나 문제는 현실-역사에서 벌어지는 많은 사건과 사태의 해결에 요청되는 지식·정보와 그것을 교육하는 방식은 표준시험의 방식으로 질문되고 검증되는 것이 결코 아니라는 데에 있다. 즉 삶의 문제는 '무슨무슨 고시' 따위의 시험으로 검증될 수 없다는 것이다. 조금 풀어서 말하면, 현실과 삶의 한복판에서 벌어지는 사건을 구성하는 지식의 구조와 물건이나 상품을 만들 때 동원되는 지식의 구조가 근본적으로 다르다는 뜻이다.

　이런 이유 때문에 유럽의 대학들은 삶의 문제를 다루는 학문인 인문학의 전통적인 방식을 그대로 고수한다. 요컨대 삶의 문제를 해결하는 정치를 담당하는 엘리트를 표준시험의 방식으로는 검증할 수 없기 때문이라고 한다. 이를 논증하기 위해 굳이 멀리 갈 필요는 없을 것이다. 요즈음 대한민국의 이른바 고시 출신 '엘리트'들의 눈부신 활약상이 그 단적인 증거이니까.

사람을 기르는 교육에는 정답이 없다

　서양의 대학들이 표준시험을 인정하지 않은 또 다른 이유는, 나는 이것

176

이 더 근본적인 이유라고 보는데, 상품을 만드는 데에는 정답이 있지만 사람을 교육하는 데에는 정답이 없다는 생각에서 발견한다. 이는 그들의 대학입시 방식에서 잘 드러난다. 당장 프랑스의 바칼로레아Baccalauréat나 독일의 아비투어Abitur를 증거 사례로 제시할 수 있다. 이 시험들은 정답을 강요하지 않는다. 사실 정답도 없다. 따라서 이런 종류의 시험에서 좋은 성적을 내는 것은 자기 생각과 주장을 설득력 있게 제시한 것일 수밖에 없다. 이런 이유에서 나는 서양 교육의 특징을 한마디로 자기 생각을 표현하는 법을 가르치는 것이라고 생각한다.

그런데 자기 이야기를 하는 것, 자기 목소리를 내는 것, 자기주장을 표현하는 것은 근본적으로 독창성과 고유성을 지향한다. 다른 말로 하면 그답들이 구조적으로 또는 원리적으로 동일할 수가 없다는 얘기이다. 결론적으로, 이것이 동일한 답을 요구하는 표준시험을 대학입시에 도입할 수없었던 이유인 셈이다.

로마시대에는 수사학이 곧 교육이었다

그렇다면 서양의 대학들이 자기주장을 표현하는 법을 교육의 중심에 놓아야 했던 이유는 도대체 무엇일까? 이를 알아보려면 시간을 조금 거슬러 올라가야 한다. 그러니까 아비투어나 바칼로레아 같은 시험제도의 기원을 거슬러 올라가면 우리는 로마시대의 중등교육에 해당하는 수사학 학교에서 실행하던 모의연설연습declamatio를 만나게 되는데, 여기에서 그 이유가 선명하게 드러나기 때문이다.

declamatio라는 말은 declare라는 동사에서 파생된 명사이다. 이 동사는 사적인 자리에서 떠드는 것이 아니라 공적인 자리에서 연설하는 것을 가리킨다. 즉 자기주장을 표현하는 것을 뜻한다. 이 동사는 특히 공적인 사실을 전파하고 알리는 전령의 고유 업무를 지칭하는 표현이기도 했다. 그러다가 그리스의 수사학이 로마의 학교교육으로 수용되면서 공적인 자리에서 발언하는 행위인 연설을 교육하는 것을 가리키는 전문 용어가 된다. 따라서 '모의연설연습'이라는 번역은 사실 정확하게 우리말로 옮긴 것은 아니다. 어쩌면 '자기주장 교육'self-assertion education 정도가 정확한 번역일 것이다.

아무튼, 흥미로운 점은 여기에서 수사학과 연설을 대하는 로마인들의 초기 인식이 잘 드러난다는 것이다. 그것은 바로, 수사학과 연설이 말만 공허하게 잘 꾸미도록 가르치는 아부나 화장의 기술이 아니라 공적인 자리에서 어떻게 말해야 하며 일반 시민과 원로원 의원들을 설득하기 위해서는 어떻게 말해야 하는지를 가르치는 교육으로 로마인들은 이해했다는 것이다. 즉 수사학이 곧 교육이었다. 실제로는 이른바 로마의 중등교육에서 수사학 이외의 다른 학문이 주요 교육내용을 제공한 적이 없었기 때문이다.

그러나 그리스의 수사학이 로마에 소개되었을 때의 상황은 그리 좋지 않았다. 수사학과 연설을 대하는 로마인의 반응이 냉랭했기 때문이다. 심지어 이런 일도 있었다. 그러니까 '수사학 학교'가 로마에 처음 문을 연 해는 기원전 93년이었다. 그런데 그 이듬해에 학교는 폐교 명령이라는 철퇴를 맞는다. 물론 학교는 설립 초기부터 사회적으로 물의를 일으켰다고 한다. 키케로의 말에 따르면, "라틴어 수사학 강의는 사람을 만드는 교육 또는 인간이 되게 하는 데 가치 있는 학식"(『연설가에 대하여』 제3권 제93~94장)을 가르치지 않고 단지 혀의 훈련만 제공하고 뻔뻔함을 키우는 기술만 가르치는 나쁜 교육이라는 비판을 들어야 했다는 것이다.

폐교 명령을 내린 사람은 키케로의 스승으로 연설과 변론 능력이 뛰어난 변호사이자, 변호사를 양성하는 학문이었던 수사학을 가장 적극적으로 옹호한 학자이며 정치가인 크라수스Crassus, 기원전 115?~기원전 53였다. 그래서 조금 이상하다. 그러나 키케로는 크라수스가 이런 폐교 명령을 내린 배경에는 당시 그 학교의 교육방식이 공화정의 장래를 위태롭게 하고 어린 학생들의 내면세계를 메마르게 할 수도 있다는 우려가 큰 영향을 끼쳤다고 전한다. 아닌 게 아니라 당시 수사학 학교에 몰려든 학생들은 오로지 혀를 놀려서 큰돈을 벌 수 있는 변호사가 되는 데에만 관심을 쏟았다. 지금도 그렇지만 말이다.

아무튼, 젊은이들이 돈으로만 몰려갔던 로마 교육의 실태는 로마-공화국과 로마의 공동체 정신을 무너뜨리고 어린 학생들의 영혼을 말살하는 결과로 곧장 이어졌으며, 결국 로마 공화국은 몰락하고 만다. 이런저런 이유에서 플라톤 이래로 수사학에 퍼부어진 비난과 힐난이 결코 부당하지는 않았다. 어쩌면 수사학을 못마땅하게 바라보는 시각은 그리스인들보다 로마인들이 더 강했을지 모른다.

사람을 기르는 학문의 운명은

반전은 여기부터이다. 사정이 이러했음에도 수사학은 전혀 위축되지 않고, 오히려 로마의 중등교육과정으로 편제되었기 때문이다. 어찌 된 일일까? 수사학을 살린 힘은 도대체 무엇일까? 한마디로, 자기 생각을 공적으로 표현하는 법을 가르치는 교육이 곧 수사학이었기 때문이다. 자신의 문제를 공동체의 의제로 만들 수 있는 소양을 제공하는 교육과 학문이 수사학이었다는 얘기이다. 모르긴 몰라도 어쩌면 앞에서 언급한 기원전 92년 폐교 사건도 실은 수사학에서 제공한 정치적인 역동성과 관련이 있을지도 모르겠다.

각설하고, 그런데, 저마다 자기 의견과 생각을 주장할 수 있는 사회가 바로 민주사회이다. 아마도 이것이 그토록 비하와 천대를 받아왔고 실제로 지금도 받고 있는 수사학이 살아남을 수 있는 저력일 것이다. 민주주의를 지키는 보루로서 말이다. 어쩌면 서양인들이 자기주장을 표현하는 방법을 가르치는 것을 교육의 금과옥조로 여기는 이유일지도 모른다. 참고로, 우리의 중학생에 해당하는 로마의 학생들은 수업시간에 이를테면 이런 주제를 놓고 자기 생각을 펼치고 서로 경쟁했다고 한다.

알렉산드로스 대왕은 바빌론으로 진격할지 말지를 고민한다. 왜냐하면 신탁이 그에게 이렇게 경고했기 때문이다. 만약 그가 진격하면 그는 죽을 것이라고 말이다. (대[大] 세네카[Seneca Major, 서기 1세기], 「설득연습」 4)

"당신이라면 가겠는가? 간다면 그 이유는?" 또는 "가지 않는다면 그 근거는?"이라는 쟁점이 형성되는데, 이 두 물음 중에서 한쪽을 선택하고 자신의 견해가 더 설득력 있음을 증명하는 것이 이른바 시험문제였다. 그러니까 학생들은 알렉산드로스 대왕의 처지에서 주어진 신탁을 믿어야 할지 말지에 대한 자기 생각을 표현하고, 또한 지도자라면 이런 신탁에 어떤 태도를 취해야 하는지에 대해서 자기 생각을 분명하게 밝혀야 하는데, 이와 같은 교육방식을 통해서 학생들은 원칙과 상식에 입각하여 자기주장을 펴고 사안에 비판적으로 접근할 수 있는 판단능력을 습득했다고 한다. 그러니까 주술·점술·예언 따위에 대해서는 이미 중학생 정도의 나이에 이르면 스스로 판단을 내릴 수 있게끔 가르치는 것이 로마 교육의 이른바 '학습목표'였다는 얘기이다.

아무튼, 이처럼 합리성에 바탕을 둔 자기 판단능력을 강조하는 로마의 중등교육 방식이 2,000년 전의 것인데도 전혀 옛날 것 같지 않은 느낌이 드는 이유는 무엇일까? 이는 아마도 오늘날 미국 대학의 에세이 쓰기나 프랑스 대학의 '바칼로레아'와 독일 대학의 '아비투어'에서 다루는 문제들이 로마의 모의연설연습에서 다루는 문제들과 교육 내용이나 방식에서 별로 큰 차이가 없기 때문일 것이다.

그렇다면 2,000년이 지난 후에도 로마의 교육방식은 지속될까? 물론 아무도 모른다. 그렇지만 이것 하나만큼은 확신한다. 사람을 기르는 데에 정답이 없는 한, 표준시험으로 사람을 검증하는 방식은 분명 사라지리라는 것만큼은!

19. 변혁의 시기, 지도자의 조건을 묻는다

유엔UN에서 똑같이 한 표의 투표권이 있다고 하여 미국과 한국이 대등하다고 할 수 있을까. 우리나라에서는 미국 대통령선거 개표 상황을 실시간으로 중계하는데, 우리나라 대선 개표 상황이 과연 미국에서도 실시간으로 보도될까.

.

공자를 울린 명재상 자산

유엔 회원국은 190여 나라에 이른다. 그들은 유엔에서 각기 한 표씩 행사한다. 그렇다고 이들 나라가 모두 대등하다고 할 수 없음은 너무나 분명하다. 형식적으로는 동등해도 실제로는 힘이 현격하게 차이 나기에 그렇다. 국제사회가 강대국과 그 여집합인 약소국으로 나뉘는 현실은 이를 잘 말해준다.

21세기 지구촌만의 얘기가 아니다. 저 옛날 춘추시대도 그러했다. 당시 중국에서는 천자를 정점으로 하는 기존 질서가 급격히 무너지고 있었다. 지역 군주급인 제후들은 저마다 힘을 키워 천자의 권위가 무너진 중원에서 최강자가 되고자 했다. 대국은 대놓고 소국을 압박했으며, 소국은 대국 눈치 보기에 여념이 없었다. 나라 차원에서만 그런 것이 아니었다. 대국 소국 가릴 것 없이 힘 있는 이들의 강짜가 난무했다. 어디서든 난신적자가 활개 쳤고, 갖은 몰상식과 몰염치가 판쳤다.

이러한 시대에 자산子産은 22년 가까이 정나라의 집정, 곧 재상을 맡아 말 그대로 나라를 '무척 잘' 이끌었다. 당시 정나라가 강대국이었기에 가능한 일은 아니었다. 정나라는 그저 약소국 중에서는 힘이 있는, 국력이 중간 정도인 '중소국'中小國이었을 따름이다. 그렇다고 가문에 힘이 있어서 가능했던 바도 아니었다. 그의 집안은 정나라에서 떵떵거리는 가문 축에는 들지 못했다.

그럼에도 그는 기원전 522년 병사할 때까지 줄곧 집정 자리를 지키면서 안팎의 불리함을 극복하고 내치와 외교 양면에서 탁월한 성취를 이뤄냈다. 그의 부고를 접한 공자가 눈물을 흘리며 "그는 옛 성왕의 사랑을 물려받아 행한 이였다"(『춘추좌전』 소공昭公 20년)고 극찬할 정도였다.

폭 넓고 속 깊게, 또 멀리 내다보기

자산의 행적은 『춘추좌전』에 비교적 상세히 실려 있다. 『춘추좌전』은 춘추시대 역사를 전하는 역사서이자 유교 경전으로, 여기에는 '명재상 열전'

이라 해도 과언이 아닐 만큼 탁월한 성취를 보인 재상에 관한 기록이 적지 않다. 특히 자산에 대해서는 모름지기 중소국의 집정이 되려면 이러해야 한다는 점을 작심하고 보여주려는 듯, 자산의 다양한 면모와 역량을 엿볼 수 있는 기사를 상당한 편폭으로 서술해놓았다. 『춘추좌전』에서 자산을 다룬 서술만 따로 모아도 웬만한 책 한 권 분량이 나올 정도이다. 그중에는 젊은 시절 그의 안목을 엿볼 수 있는 기사도 있다.

> 정나라 대부 자국과 자이가 채나라로 쳐들어가 공자 섭을 붙잡으니 정나라 사람들이 모두 기뻐했다. 다만 자산만이 걱정스러워하며 말했다. "소국이면서 덕망은 없고 무공만 있으니 이보다 더 큰 재앙은 없을 것이다. 초나라가 쳐들어오면 복종하지 않고 배기겠는가? 그렇다고 복종하면 진나라가 반드시 쳐들어올 것이다. 진나라와 초나라가 번갈아 정나라를 침공하게 되리니 이제 정나라는 4, 5년 안에 결코 평안할 수 없으리라."(『춘추좌전』양공襄公 8년)

기원전 565년, 정나라가 자기보다 작은 채나라를 침공한 사건을 다룬 기록이다. 자국은 자산의 부친으로, 이렇게 말하는 자산에게 "어린놈이 또 그따위 얘기를 하면 죽임을 당할 것"이라고 을러대기까지 했다. 그러나 역사는 자산의 예측대로 전개됐다. 그가 어렸을 때부터 남다른 식견을 소유하고 있었음을 말해주는 일화이다. 정나라는 두 강대국 초나라·진나라와 남북으로 접해 있었다. 그의 머리에는 이러한 지정학적 조건과 상대적 약자인 정나라가 안정을 구가할 수 있는 방책 등이 자리 잡고 있었다. 단기적 이익보다는 중장기적 이익의 구현이 더 나은 길이라는 점도 당연히 알고 있었다.

젊은 나이에 자산은 이미 폭 넓고도 속 깊게 그리고 멀리 내다볼 줄 아는 정신의 소유자였다. 이러한 자산의 역량은 부친 자국이 정적이 일으킨 정변으로 급작스러운 죽음을 맞이했을 때 더욱 빛났다.

> 자산은 변란 소식을 듣고는 문에 경비를 세우고 가신들에게 업무를 분장했다. 재물 창고와 무기고를 잠갔고 서류 보관소를 굳게 닫았으며 방비를 완전하게 했다. 그런 다음 대오를 갖추고 나서서 부친의 시신을 거두고 북쪽 궁궐의 반도를 공격했다. (『춘추좌전』 양공 10년)

전혀 생각하지도, 대비하지도 못한 채 맞이한 부친의 죽음과 내란의 발생. 게다가 역도가 대세를 장악하면 가솔 전체가 떼죽음당할 수도 있었다. 위의 기사는 이 절체절명의 위기에 직면하여 젊은 자산이 보여준 침착함과 사려 깊음을 잘 일러준다. 이렇듯 자산은 젊은 나이에 부분보다는 전체를, 사태 자체보다는 그와 연관된 맥락을 볼 줄 아는 눈을 갖추고 있었다. 그렇기에 위기 상황을 자기 주도적으로 극복할 수 있었고, 나아가 역도를 물리침으로써 국가 위기까지 해소할 수 있었다.

위기 상황일수록 더욱 빛을 발하는 폭 넓고도 속 깊은 그리고 멀리 내다볼 줄 아는 탁월한 정신 덕분에 자산은 집정이 되어서도 소국이라는 약점을 딛고 일어나 자신의 조국을 강한 소국, 곧 '강소국'強小國으로 탈바꿈시킬 수 있었던 것이다.

스스로를 집정으로 주조하다

자산이 중소국의 이상적 집정이 된 것은 타고난 역량 때문만은 아니었다. 그보다는 그렇게 될 수 있도록 스스로를 철저하게 주조해낸 덕분이었다. 앞서 소개한 정신 외에도 소국에 최적화한 집정이 되려면 여러 역량의 구비가 요청된다. 그런데 『춘추좌전』을 보면 자산은 그 모든 것을 거의 갖추었던 듯하다.

> 선하고자 하는 사람이 그렇지 않은 자를 대신하는 것이 하늘의 도이다. …… 하늘이 자산을 도와 장애물을 제거하고 있으며 …… 하늘이 정나라에 화를 내린 지 오래되었지만 자산을 시켜 이를 반드시 끝내게 만들 것이다. (『춘추좌전』 양공 29년)

자산은 어릴 때 벌써 박물군자博物君子, 곧 박학다식한 군자라는 평가를 널리 받고 있었다. 그는 과거 예법부터 사람의 심리, 질병의 원인, 꿈의 의미, 유령의 속성에 이르는 다양한 질문에 시원시원하게 답변했으며, 그의 해답은 의혹 해소나 문제 해결에 톡톡히 기여했다. 이는 학습과 수양을 게을리하지 않았기에 가능한 일이었다. 하늘이 그에게 빼어난 기억력과 응용능력을 허락했다고 해도 해박한 지식과 정보를 자기 안에 담는 노력을 게을리했다면 이러한 경지에 오를 수는 없다는 얘기이다.

그리고 자산의 도덕적 역량과 박학다식함은 폭 넓고도 속 깊게, 가능한 한 멀리 내다보고자 하는 그의 정신과 결합되어, 소국의 집정으로 반드시 갖춰야 하는 정확한 미래 예측능력을 지니는 터전이 되었다. 이는 두 가지 방향으로 발휘되었다. 하나는 사태나 정세의 추이에 대한 정확한 예측이고, 다른 하나는 자기 스스로를 예측 가능한 존재로 만드는 것이었다.

자산은 매사에 최적最適의 결과를 도출할 때까지 정확한 정보와 해박한 지식을 바탕으로 신중함을 잃지 않았다. 첨예할 수밖에 없는 개인 간, 가문 간의 이해관계를 해결할 때는 국가 이익이라는 공적 기준을 한결같이 적용했다. 드디어 그는 시대의 기준으로 작동되었다. 유력 가문 간에 권력 다툼이 벌어지자 사람들은 그가 선택하는 쪽을 따랐다. 그가 집정이 되자 사람들은 자산이 하늘의 도리에 부합하는 자라며 반겼다. 자기 스스로를 예측 가능한 존재로 만듦으로써 누구나 믿고 따를 수 있는 존재가 된 것이다. 일국의 정사를 도맡아 처리하는 집정이 예측 가능한 존재일 때, 힘 있는 자는 그들대로, 또 힘없는 자는 그들대로 미래를 안정적으로 대비할 수 있기 때문이다.

사태나 정세의 추이에 대한 정확한 예측도 마찬가지이다. 대국과 달리 소국은 미래에 대한 사소한 오판 하나로 국가가 존폐 기로에 설 수도 있다. 하여 소국일수록 이 능력은 더욱 절실하다. 미래를 정확하게 예측해야만 안정적이고 능률적으로 대비해갈 수 있기에 그렇다. 앞서 소개했듯이 부친의 돌연한 죽음이라는 돌발 상황에서도 치밀하게 미래를 대비했던 그는 이 점에서도 타의 추종을 불허한 출중한 인물이었다.

이성적 굴복, 계산된 도전

미래를 예측하는 능력이 빼어나다고 함은 미래를 자기 주도적으로 만들어갈 수 있는 여지가 크다는 뜻이기도 하다. 그런데 이로 얻은 이익은 미래에만 실현되는 것이 아니다. 미래에 대한 자신감은 현재를 더욱 유연하고 선제적으로 운영하는 밑바탕이 되기 때문이다. 그래서 자산은 "소국의 군주를 보필하는 데 능하다"는 평가를 받을 수 있었다. 빼어난 미래 예측 능력과 유연한 현실 대처능력은 사실 대국보다는 소국에 더욱 유용했기에 그러하다.

　자산은 개인적인 차원에서는 누구에게도 뒤지지 않는 탁월한 역량을 갖추고 있었다. 그렇지만 국가 차원에서는 자기 조국이 약자라는 엄연한 현실에 늘 발을 딛고 서 있었다. 언뜻 보면 필요 이상으로 굴종한다는 오해를 살 수 있을 정도였다. 그럼에도 그는 대국에 대해서는 그러한 태도를 일관되게 유지했다. 현실적 힘의 차이를 무시하고 자존심을 세우는 것은 지금 당장에만 손해가 됨이 아니요, 미래까지도 그르치게 됨을 잘 알았기 때문이다. 하여 두려움에 젖어 비굴하게 군 것이 아니라, 사려 깊은 안목을 토대로 굴욕적인 행동을 '이성적'으로 펼쳐낼 수 있었다.

　굴종을 이성적으로 수행한다는 것은 진정 강한 이만이 할 수 있는 경지이다. 자산의 머리에는 판 전체를 보는 안목과 미래를 멀리 내다보는 식견이 작동하고 있었기에, 또 쏠쏠한 정보와 해박한 지식을 즉각적이고 적절하게 동원할 수 있었기에 그는 의도적으로 굴종적일 수 있었다. 그래서 그는 역설적이게도 대국이나 강자에게 '계산적'으로 당당할 수 있었다. 굴종의 순간에도 지성과 이성은 빛을 발했기에 아무리 몰상식하고 몰염치한 강자라도 굴복할 수밖에 없는 명분과 논리를, 또 당사자 모두에게 도움이 되는 방안을 산출해낼 수 있었다. 덕분에 정나라는 자산이 집정으로 있는 20여 년 동안 외침을 겪지 않으며 안정을 구가했다.

자기 삶의 지도자가 곧 참다운 시민

일반적으로 자산은 제나라 관중과 더불어 법가의 선구자로 평가된다. 법가는 법法을 바탕으로 천하를 통치한다는 사상이다. 다만 여기서 법은 단지 법조문만을 뜻하지 않는다. 제도 개혁을 '변법'變法이라고 표현한 데서 알 수 있듯이 법은 사회제도 일반을 가리킨다.

따라서 법을 바탕으로 천하를 통치한다는 지향은 사회제도를 체계적으로 갖추고 그 운용 원칙을 분명히 한 다음, 이에 의거하여 세상을 다스림을 뜻한다. 그런데 춘추시대 강자였던 제 환공이나 진 문공 등의 사례에서 알 수 있듯이 법가를 바탕으로 국가를 개혁한 이들은 자기 당대의 강자가 되었고 백성들도 상대적으로 안정된 삶을 꾸려갈 수 있었다. 이는 당시 상황에서 법가가 사뭇 유용했음을 입증해준다.

법가를 기반으로 하는 통치가 모든 면에서 다 낫다는 얘기가 결코 아니다. 다만 자산이 자신을 예측 가능한 존재로 만든 것도 법가와 밀접하게 연관되어 있음을 분명히 지적하고자 한다. 이는 자산이 스스로를 시대가 요청하는 바와 일치시켜갔음을 말해주는 증좌이다. 달리 말하면 자기 시대에 가장 적합한 지향을 제도적으로 명실상부하게 구현하기 위해 자신을 그러한 지향 자체로 만들어갔다는 것이다. 오늘날로 치면 민주주의가 우리 시대에 가장 적합한 지향이자 제도라는 판단이 서자 자기 자신을 민주주의 자체가 되게끔 빚어냈다는 얘기이다.

아무리 세계화가 일상적으로 펼쳐지고 인공지능 같은 첨단 과학기술이 인간의 한계를 넘나든다고 해도 민주주의 사회에서는 시민 모두가 자기 삶과 사회의 주인이다. 곧 지도자이다. 변혁의 시기에 자산을 얘기하는 까닭이다. 그는 자기 시대가 요청하는 지향이자 제도 자체가 됨으로써 자기 삶의 주인이 되고, 나아가 사회의 지도자가 될 수 있었다.

갈수록 다원화하고 다극화하는 세상에서 스스로가 자기 삶의 지도자가 되지 않는다면 결국 자신의 삶은 오롯이 다른 것에 의해 왜곡되고 악용되고 만다. 그런 이들이 다수를 차지하는 사회가 몰염치하고 몰상식한 모리배들에게 점령되는 것처럼 말이다. 우리 스스로가 민주주의 자체가 되려는 일상적인 활동이 절실한 때이다.

20. 국가의 뿌리는 진실이다

내 아들들이여, 오래된 카드모스의 새로이 태어난 자식들이여! 대체 무슨 일인가? 양털실을 감은 나뭇가지를 들고 이곳으로 몰려와서 앉아 있는가? 온 나라가 제물을 굽는 냄새와 함께 구원을 비는 기도와 고통의 울부짖음으로 가득 차 있구나. (『오이디푸스 왕』 1~5행)

소포클레스Sophocles, 기원전 497~기원전 406가 지은 『오이디푸스 왕』의 도입부에서 오이디푸스Oedipus 왕이 역병으로 죽어가는 테베Thebe의 백성을 구원해줄 방도를 묻는 사제에게 던지는 말이다. 사제의 말이다.

만일 그대가 지금 통치하듯이 앞으로도 이 나라를 다스리고 싶다면 텅 빈 나라가 아닌 사람들을 다스려야 할 것입니다. 성안도 텅 비고 배 안도 텅 비어 아무도 함께할 사람이 없다면 아무런 소용이 없는 일이기 때문입

니다. (『오이디푸스 왕』 54~57행)

한마디로 사람을 살리는 것이 통치자의 의무라는 것이다. 이에 대한 오이디푸스의 답변이다.

> 물론 내 마음도 나라와 나 자신과 백성들 모두를 위해 비통해하고 있소. 그대들은 깊은 잠에 빠져 있던 나를 깨운 것이 아니오. 나도 하염없이 눈물을 흘리고 있고, 수많은 길 중에서 가야 할 길을 찾고 있소이다. 해서 내가 할 수 있는 유일한 방도를 찾아 이미 실행에 옮겼소이다. (『오이디푸스 왕』 64~68행)

범인이 수사를 지시하였다

밤에 잠도 못 잤다고 한다. 고민 끝에 오이디푸스가 찾아낸 방도는 자신의 처남 크레온Creon으로 하여금 테베를 구원하기 위해 퓌토의 신전에서 신탁을 구하게 한 것이었다. 크레온이 가져온 해결책은, 오이디푸스가 왕이 되기 전에 테베를 다스렸던 라이오스Laios 왕을 살해한 자를 찾아내 처벌해야만 테베에 드리워진 더러움miasma이 정화되고katharsis, 그럴 때에 사람들이 다시 살아나며 나라가 바로 설 수 있다는 것이었다. 그러자 오이디푸스는 다음과 같은 결기를 보여준다.

> 나는 이 사건을 재수사하겠소. 기필코 진실을 밝히겠소. …… 먼 친척을 위해서가 아니라 나 자신을 위한 것이기에. 나는 이 나라에서 그 더러움을

찾아 반드시 추방할 것이오. (『오이디푸스 왕』 132~38행)

예언자 테이레시아스Teiresias가 수사의 참고인으로 소환된다. 그런데 수사를 도와달라는 오이디푸스 왕의 간곡한 요청에도 테이레시아스는 뜻 모를 수수께끼 같은 이야기만 반복한다. 그러나 오이디푸스의 압박에 그는 결국 이렇게 실토한다.

그대가 이 나라를 오염시킨 범인이기 때문이오. (『오이디푸스 왕』 353행)

이에 오이디푸스는 분노한다. 그러자 테이레시아스는 거듭 이렇게 말한다.

그대가 바로 그대가 찾고 있는 범인이오. (『오이디푸스 왕』 362행)

자신이 범인이라는 진실을 향해 돌진하는 오이디푸스

얼마나 황당했을까? 도대체 이런 말을 듣고 화내지 않을 사람이 누가 있을까? 아예 대놓고 자기를 범인으로 지목하는 테이레시아스의 배후를 의심하지 않을 사람이 누가 있을까? 오이디푸스 왕은 그 배후의 인물로 크레온을 지목한다. 이제 전선은 오이디푸스와 크레온 사이로 옮아간다.

오이디푸스 그래도 나는 통치해야 해 / 크레온 잘못 통치할 때는 통치하지 말아야죠. 오이디푸스 오, 국가여! 오, 국가여! 크레온 이 나라는 그대만의 것이 아니고 내 것이기도 합니다. (『오이디푸스 왕』 629~30행)

그러자 오이디푸스의 어머니이자 부인이자 크레온의 누이인 이오카스테 Iocaste가 싸움을 말리기 위해서 무대 위로 오른다. 잘 알려진 이야기이므로 이쯤에서 바로 사건의 핵심으로 들어가자. 이런저런 과정 중에 범인이 오이디푸스라는 사실을 이오카스테가 먼저 파악한다. 그녀의 간청이다.

> 당신의 목숨이 소중하시다면 제발 이 일은 더는 따지지 마세요. 괴로워 못 견디겠어요. (『오이디푸스 왕』 1060~61행)

그러나 오이디푸스는 막무가내이다.

> 진실을 밝히지 말라는 당신의 부탁은 들어줄 수 없소. (『오이디푸스 왕』 1065행)

아무런 주저도 없다. 거침없이 진실을 향해 돌진한다. 그리고 그 진실에 도달한다. 진실이 드러나는 순간에 오이디푸스가 던진 말이다.

> 아, 모든 것이 이루어졌고 모든 것이 사실이었구나! 오, 햇빛이여! 내가 너를 보는 것도 지금이 마지막이기를! 나야말로 태어나서는 안 될 사람에 게서 태어나 결혼해서는 안 될 사람과 결혼하여 죽여서는 안 될 사람을 죽였구나. (『오이디푸스 왕』 1182~85행)

자기가 찾는 범인이 그 자신임을 실토하는 장면이다. 나라를 더럽힌 오염의 원인이 그 자신임을 자백하는 대목이다. 수사하는 자가 동시에 수사받는 자임이 밝혀지는 장면이다. 자신이 내린 명령에 따라 추방당해 마땅한 진범이, 나라의 오염덩어리가 그 자신임이 온누리에 드러나는 순간이다. 바로 그때, 오이디푸스는 한순간의 망설임도 없이 자신의 눈을 어머니의 가슴에서 뽑은 브로치로 찌른다. 자신을 알아보지 못한 자신의 눈을 말이다. 그리고 돌보는 이 하나도 없는 곳으로 추방의 길을 떠난다. 이렇게 자신이 돌보고 다스리던 나라 테베를 떠난다. 여기까지가 오이디푸스가 자신의 나라를 떠나 추방 길에 오르는 과정에 관한 이야기이다.

역사는 드라마와 다르다

간단하게 묻자. 도대체 이런 일이 가능한지를 말이다. 그러니까 자신이 범인인 줄 알고 있는 사람이 그 진실을 향해 주저 없이 돌진하는 것이 도대체 가능한지를 말이다. 어떤 이는 이렇게 말할 것이다. "그것은 드라마니까 가능하다"고 말이다. 물론 대부분의 사람들은 주저할 것이다. 이오카스테처럼 말이다. 주저하는 것이 어쩌면 지극히 인간적인 태도일 것이다. 자신이 범인인 줄 알면서도 물러날 생각도 없기에 수사할 생각을 하지 않는 사람들이 대부분이었다는 사실을 잘 보여주는 처소가 역사 자체이기에 하는 말이다. 스스로가 범인이면서 스스로가 수사관이었던 이들의 말로가 어떠했는지는 굳이 자세하게 예시할 필요가 없을 것이다. 대개는 추방당하거나 축출당했기에. 그 단적인 사례가 오이디푸스였다.

오이디푸스는 죄인일까, 아닐까

그런데 반전은 여기부터이다. 오이디푸스는 추방당한 것이 아니라 스스로 추방의 길을 선택했기 때문이다. 해서 복잡하지만, 다시 묻자. 오이디푸스는 죄인일까, 아닐까? 답은 양가적이다. 물론 당연히 '죄인이다.' 온 나라를 더럽힌 오염의 원인이 바로 그 자신이었기 때문이다. 해서 그는 드라마의 도입부에서 자신이 내린 칙령에 따라 추방의 길에 오른다. 자신이 내린 칙령에 따라 자신이 처벌을 받는다는 점이 재미있는 대목이다.

중요한 점은, 추방의 길을 택함으로써 오이디푸스는 자기가 저지른 범죄에 법적인 책임을 졌다는 것이다. 또한 이와 함께 오이디푸스는 결과적으로 정치적인 책임도 다했다고 본다. 어쨌거나 자기가 쥐고 있던 정치권력마저 내던져버렸기 때문이다. 이 점에서 오이디푸스는 법적으로든 정치적으로든 자신의 책임을 다한 셈이다. 자신이 내린 칙령에 따라서 말이다. 그러나 그는 죄인이 아니다. 존속살해자이면서 근친상간이라는 중죄를 저지른 자가 죄인이 아니라는 말에 선뜻 동의하지 못할 수도 있다.

그렇지만 소포클레스에 따르면 오이디푸스는 죄인이 아니다. 적어도 추방의 길을 떠난 오이디푸스는 죄인이 아니다. 이미 추방의 처벌을 받고 있는 사람이 죄인이 아니라는 주장이 의아할 수도 있다. 그러나, 요컨대 오이디푸스는 자신이 죽인 이가 친부라는 사실을 몰랐다는 점에서 그가 저지른 과오는 무지에서 벌어진 사고이지 살인죄를 물을 정도의 사건은 아니라는 것이다. 일종의 미필적 고의에 해당하는 사건이라는 말이다.

아리스토텔레스는 이를 비극적 과오hamartia라고 일컫는다. 비극적 과오란 본래 나쁜 의도는 없었지만, 어떤 착각이나 착오 때문에 던진 말 한 마디나 작은 행위 하나가 나중에 돌이킬 수 없는 사태로 발전하고, 그 결과가 비극적 파국과 파멸로 귀결되는 잘못을 말한다. 요컨대 자기가 하는 말이나 행위가 무슨 뜻인지, 자기가 무슨 일을 하는지 모르고 하는 행위나 잘못 일반이 하마르티아이다. 그래서 무지에서 비롯된 사건이지만, 그것이 몰고 오는 여파와 결과가 나라를 파국으로 이끌 정도인 과오가 비극의 소재로는 가장 적합하다고 한다. 이런 이유에서 소포클레스는 오이디푸스를 더 이상 죄인으로 취급하지 않는다. 오이디푸스 자신의 주장이다.

> 어머니와 아버지에 관한 이야기를 내가 그대들에게 꼭 해야 한다면, 그 일이라면 내가 잘 알고 있소. 사정이 이런즉 내가 어찌 본성이 나쁜 사람이라 할 수 있겠소. …… 설령 내가 알고서 행했다 하더라도 그 때문에 나를 나쁜 사람이라고 할 수는 없을 것이오. …… 자, 내 얼굴이 보기 흉하다 할지라도 나를 멸시하지 마시오. 나는 신성하고 경건하며, 이 나라 사람들에게 복을 가져다주는 사람으로 왔소. 그대들을 다스리는 이가 누구건, 그대들의 주인이 나타나면, 그때는 그대들도 듣고 모든 것을 알게 될 것이오. 그동안에는 나에게 나쁜 사람이 되지 마시오. (「콜로노스의 오이디푸스」 267~91행)

인용은 추방의 초창기가 고통스러운 여정이었음을 보여준다. 가는 곳마다 모두들 오이디푸스라는 이름만 들어도 몸서리를 쳤고, 그를 선뜻 받아주려 하지 않았기 때문이다. 그런데 흥미로운 점은 오이디푸스가 자신을 거의 성인에 가깝게 묘사한다는 것이다. 도대체 무슨 일이 벌어진 것일까? 물론 그것이 신의 뜻이라고 한다. 오이디푸스의 딸 이스메네Ismene가 전하는 말이다.

[신탁에 따르면] …… 고향 사람들이 언젠가는 자신들의 행복을 위해서 아버지를 찾을 것이라고 합니다. (「오이디푸스 콜로노스」 389~90행)

테베의 오염덩어리가 아테네의 신성한 보물이 되다

아닌 게 아니라 자신의 땅으로 오이디푸스를 모셔가기 위해 사람들이 앞을 다투어 찾아온다. 오이디푸스의 후계자인 테베의 크레온과 아테네의 통치자 테세우스^{Theseus}가 바로 그들이다. 심지어 이 둘은 오이디푸스를 데려가기 위해 아테네와 테베 양국 사이의 전쟁도 불사하겠다고 으르렁댈 정도였다. 결과적으로 다툼의 최종 승리자는 테세우스였다. 오이디푸스는 고향으로 돌아가지 않고, 낯선 이방의 땅인 아테네에서 최후를 맞이하고 그 땅에 묻혔기 때문이다. 죽기 직전에 오이디푸스가 테세우스에게 남긴 말이다.

테세우스여, 나는 그대에게 이 도시를 위해서 시간이 흘러도 변하지 않을 보물을 알려주겠소. 이제 인도자의 도움 없이 스스로 내가 죽을 장소로 가는 길을 그대에게 보여주겠소. 그러나 어느 누구에게도 그 장소를 말해선 안 되오. 그곳이 어디인지를, 어느 지역에 자리하는지를 말해선 안 되오. 그곳은 수많은 방패보다 더 훌륭하게, 돕기 위해서 온 이웃 나라의 창보다도 더 훌륭하게 그대를 지켜줄 것이오. 절대 말해서는 안 되는 가장 신성한 것들은, 그대가 그곳에 가면 스스로 깨닫게 될 것이오. 이 나라 사람들 어느 누구에게도, 설령 사랑하는 내 자식들에게도 나는 그것을 말할 수가 없소. (「오이디푸스 콜로노스」 1518~29행)

테베의 '오염덩어리'가 아테네의 신성한 보물이 되는 순간이다. 도대체 오이디푸스를 모든 악과 불행의 원인에서 모든 이에게 복을 가져다주는 인물로 만든 힘은 무엇일까? 당연히 학자들 사이에서는 논쟁이 많다. 어떤 이는 경건을, 어떤 이는 용기를, 어떤 이는 지혜를 내세운다. 모두 가능한 답이다. 그러나 오이디푸스가 그것이 나라와 통치자 자신을 지키는 데서 창과 방패보다 더 강력한 무엇이라고 강조한다는 점에 주목해야 할 것이다. 이 점을 고려한다면 나는 그 힘이 개인적인 품성에 포함되는 어떤 덕성을 지칭하는 무엇은 아니라고 본다. 그렇다면, 도대체 무엇일까?

각설하고, 그것은 진실을 두려워하지 않는 힘이었다. 이를 혹자는 성격이라고도 하고 혹자는 운명의 사슬에서 벗어나려는 자유의지라고도 한다. 하지만 그것이 어떤 성격이든, 중요한 것은 그것이 진실을 향해 돌진하려는 용기로 표현됐다는 사실이다. 진실을 마주한 순간에 그는 스스로에게 징벌을 내렸고, 이를 통해서 자신을 구했다는 점만큼은 어느 누구도 부정할 수 없을 것이다. 어쩌면 이것이 그를 구원해준 비밀이었을 것이다. 아니, 그를 성인으로까지 만들어준 힘이었을 것이다.

자신이 범인이고 오염덩어리라는 진실을 만천하에 드러내는 것은 결코 쉬운 일이 아니다. 또한 알고 있다 해서 쉽게 시도할 수 있는 일도 아니고, 그래서 아무나 할 수 있는 일은 더더욱 아니었다. 그렇기에 오이디푸스는 영웅 또는 이른바 성인 반열에 들 수 있었다. 이것이 결코 쉬운 일이 아니었던 이유는 단적으로 그것을 스스로 깨달아야 했기 때문이다. 즉 자신이 범인이고, 그 사실을 만천하에 드러내는 일이 왜 중요한지를 말이다. 물론 여기에는 큰 용기도 필요하다. 이런 의미에서 오이디푸스는 새로운 영웅이고 성인인 셈이다. 불편한 진실을 향해 돌진했고, 그 진실을 드러내는 일이 왜 중요한지를 스스로 깨달은 사람이 오이디푸스였다.

소포클레스가 테베의 오염덩어리를 아테네에 묻고자 했던 속내는

결론적으로 한 번 더 묻자. 테베의 오염덩어리를 아테네의 신성한 보물로 격상하려 한 소포클레스의 진의는 도대체 무엇이었을까? 각설하고, 그것은 진실aletheia의 중요함을 일깨우기 위해서였다. 그리고 국가란 진실을 뿌리로 삼는 공동체라는 점을 강조하기 위해서였다. 이는 소포클레스가 오이디푸스의 시신을 아테네에 묻었다는 사실에서 잘 드러난다.

그런데 흥미로운 점은 그를 묻은 곳이 어디인지 아무도 모른다는 사실이다. 심지어 오이디푸스는 그곳이 어디인지 알려 하지 말라고 경고한다. 그렇다면 그의 무덤은 도대체 어디일까? 오이디푸스가 스스로 깨달아야만 알 수 있다고 말한 그곳은 도대체 어디일까? 내 생각에, 그곳은 아테네 시민들 각자의 영혼이 아닐까 싶다. 어쩌면 이것이 소포클레스가 테베의 쓰레기를 재활용해서 아테네의 신성한 보물로 만들려 했던 이유일 것이다. 한마디로, 국가의 뿌리는 진실이라는 소리이다.

21. 아무것도 하지 말라

─ '천하위공'(天下爲公)의 다른 표현

과한 해석처럼 보일 수 있다. '천하는 공적이다'라는 뜻의 천하위공을 "아무것도 하지 말라"는 촛불혁명 때 일었던 광장의 외침과 연결한 것 말이다. 그러나 이는 뜻풀이가 아니라 해석이다. '天下爲公'의 직역이 아니라 지금 여기의 맥락에서 행한 재해석이다. 과거의 쏠쏠한 유산을 현재로 소환할 때 곧잘 활용되는 '바꿔 읽기'의 결과이다.

'바꿔 읽기'라는 독법

천하위공은 유교 경전 『예기』에 나오는 이념이다. "대도大道가 행해지면 천하가 공적이게 되며, 현명하고 유능한 이가 선발되어 미더움을 도모하고 조화를 닦는다"가 그 출처이다.

대도, 그러니까 진리가 행해지면 천하가 공적인 것이 되어 도덕적·실무적 역량이 검증된 이들이 관리로 등용되며, 그들은 세상을 믿을 수 있는 사회, 조화로운 사회로 만들어간다는 뜻이다. 흠잡을 바 거의 없는 매우 훌륭한 이념임에는 틀림없다. 다만 신뢰 사회, 조화 사회를 만들어가는 주체로 관리층이 설정됐다는 점이 걸린다. 지금 여기의 문명 조건과 맞지 않기에 그러하다.

그러나 이는 이러한 바꿔 읽기가 가능하다. 유교 경전에는 관리가 되고자 하는 식자층에게 한 말이 실려 있으니, 지식이 민주화한 근대 이후로 치자면 이는 시민계층에 대해서 한 말로 볼 수 있다. 전근대 시기에는 학식을 갖춘 관리가 사회를 통치했다면 민주주의 사회에서는 시민계층이 국가 경영의 주권자이자 당사자이기에 그렇다. 이는 그런 점에서 여전히 유효한 당위명제이다.

그럼에도 문제가 남는다. 너무 이상적이라는, 사뭇 비현실적이라는 인상을 씻어내기 어렵다는 점이다. 우리의 현실이 그렇기에 하는 말이 아니다. 이 말이 실린 『예기』가 다룬 시대, 곧 춘추전국시대 역사를 전하는 『사기』만 봐도 이것이 이상으로 다가오는 이유를 금방 알 수 있다. 문명 조건의 차이가 무척 큰데도 예나 지금이나 그러한 이념의 실현에는, 비현실적인 것을 현실로 만들어내는 것만큼이나 지난한 노력이 필요하다는 점까지 말이다.

'꽃미남'이라는 요행

역사에 간여하는 모든 요소를 『사기』에 다 담아내기라도 하려는 듯이 사마천은 시운과 요행이나 운수 따위도 정면으로 다루었다. "힘써 경작함이 풍년 듦만 못하다"는 속담처럼 노력보다는 운수가 더 결정적일 때가 적지 않았듯이, 또 "관리로서 능력이 빼어남은 군주에게 잘 보임만 못하다"*는 속담처럼 예부터 외모와 교태로 요행을 잡은 이가 많았음이 일러주듯이, 그가 보기에 운수나 요행이 삶과 역사에 끼치는 영향은 위대한 인물이 끼치는 영향보다 결코 덜하지 않았다.

『사기』에는 「영행열전」이 실려 있다. 여기서 영행佞倖은 미모가 빼어나고 아첨에 능해 군주의 총애를 담뿍 받은 남성을 말한다. '말주변이 좋은 꽃미남'이라고나 할까, 아무튼 사마천은 앞의 속담 얘기로 이 열전을 열었다. 그러고는 당시 화제가 됐던 영행을 기술했다. 한 문제의 총애를 입은 등통 그리고 손자 무제의 아낌을 받은 한언과 이연년이 그들이었다.

이들만 이름난 영행이었던 것은 아니다. 한 제국을 수립한 고조와 아들 혜제 시절에는, 사마천 표현을 빌리자면 '한낱' 미색과 언변으로 황제와 기거를 같이 한 적과 굉이라는 미소년이 있었다. 특히 혜제 대에는 황제 곁에서 시중드는 관리들이 모두 굉처럼 화려한 깃털로 장식한 모자를 쓰고 광채가 나는 자개 조각으로 꾸민 허리띠를 띠고는 곱게 화장을 했다. 심지어 공경대신들마저 이 미소년들을 통해 황제에게 진언하기도 했다. 건국 초기의 혼란이 채 가시지 않았던 시절, 최고 통치자인 황제와 국가 통치의 핵심인 조정 풍경이 이러했다.

그런데 사마천은 이는 유도 아니라는 듯이 세상을 잘 다스렸다는 평가를 받는 문제와 무제 시절의 영행 얘기에 치중했다. 영행이 혼란한 시절에나 기승을 부릴 수 있었음은 아니라는 얘기이다. 등통은 황제의 정원에 조

---

* 이상 속담의 출처는 『사기』 「영행열전」(佞倖列傳).

성된 호수에서 노 젓는 뱃사공이었다가 문제의 눈에 들어 극한의 사랑을 받았다. 그와 관련된 서술이 짧은 편임에도 사마천이 두 차례에 걸쳐 아무런 능력이 없었다고 거듭 밝혔듯이 그는 정말 무능했다. 오로지 문제에게만 잘 보이려 애썼고, 문제의 몸에 난 종기를 정성스럽게 빨아내는 등 황제를 지극정성으로 대했다.

그 대가는 실로 엄청났다. 문제는 그에게 상대부라는 높은 벼슬을 내리고 10여 차례에 걸쳐 억만 전을 하사했다. 어느 관상가가 등통이 가난으로 굶어 죽는다고 예언하자 아예 구리 광산을 등통에게 떼어주고는 마음껏 돈을 만들어 쓰라고까지 했다. 급기야 그가 찍어낸 동전 '등씨전'이 천하에 널리 퍼졌으니 그 부유함은 이루 헤아릴 수 없을 정도였다. 등통이 문제의 고름을 빨아낼 때 하필 문안을 드리러 문제 처소에 갔다가 마지못해 함께 고름을 빨아냈던 태자는 등통의 호사를 바라보며 마음으로 칼을 갈았다. 그러니 등통의 말로는 비참할 수밖에 없었다. 문제가 죽은 뒤 태자가 즉위하자 등통은 재산을 몽땅 압수당했고, 수중에 한 푼의 등씨전도 쥐지 못한 채로 남의 집에 얹혀살다가 굶어 죽었다.

한언은 무제가 태자였던 시절 함께 공부한 인물로, 그때 벌써 무제의 사랑을 듬뿍 받았다. 무제가 황제가 된 후로는 사랑이 더욱 깊어져 그는 늘 무제와 함께 기거했다. 사정이 이러하니 등통이 누린 온갖 특전을 그도 누렸음이 당연해 보이기까지 한다. 인간이 수양을 쌓지 않으면 이런 상황에서 호가호위하며 기고만장하지 않기는 어려운 법, 그러다가 그는 결국 황태후의 미움을 사서 죽임을 당했다. 그러자 무제는 이번에는 그의 동생을 총애하였다. 외모가 비슷한 데다 언변이 능하여 한언의 아바타로 손색이 없었다. 영행을 밝힌 군주 중 무제의 남다른 음란 행각이 드러나는 대목이다.

게다가 무제는 남매를 동시에 총애하기도 했다. 바로 이연년과 그 누이가 주인공으로, 이들은 예인藝人 가정에서 태어났던지라 기예가 탁월했다. 이연년은 죄를 지어 고환을 제거하는 궁형을 받은 채 궁중에서 일하고 있었다. 어느 날 누이동생이 춤으로 무제의 총애를 받게 되자 덩달아 그도 사랑받게 되어 한언 수준의 특혜를 누리며 황제와 함께 기거했다. 그러다 누이동생이 죽자 황제의 사랑도 시들었다. 자중해도 모자랐을 판에 그의 남동생이 궁녀와 밀통하는 등 형제가 계속 방자하게 굴자 그들은 결국 처형되고 말았다.

못난 역사는 모질게 반복되고

"심하다. 사랑하고 싫어함이 때를 탐이! 미자하의 행적은 후인들에게 영행의 실상을 잘 보여주는 것으로 수천 년 이후에도 그리 됨을 알 수 있다."「영행열전」을 갈무리하며 사마천이 내린 결론이다. 미자하는 춘추시대 위나라 영공이 총애한 영행이다. 미색이 빛을 발할 때는 분에 넘치는 일을 자행해도 총애가 식지 않았지만, 나이 들어 미모가 시들자 영공은 젊었을 때의 발칙함을 들춰내며 가차 없이 처벌했다.

요행히 타고난 외모와 언변이 군주의 총애라는 행운으로 이어지면 고관대작들조차 그들의 기세를 타고자 할 만큼 당대 현실을 들었다 놓았다 한다. 그러다 결국은 이러저러한 이유로 죽기 전에 반드시 나락에 처박힌다. 미자하가 그랬듯이 그보다 300여 년 후의 등통·한언·이연년도 똑같은 전철을 밟았다. 그래서 사마천은 먼 훗날의 일일지라도 '미자하의 후예'라면 그 말로를 익히 알 수 있다고 단언했다.

여기서 주의해야 할 대목은, 사마천이 미자하처럼 요행과 운수에만 기댄 삶이 필연인 양 맞이하는 비참한 말로만 경계하지는 않았다는 점이다. 그의 경계는, 미자하의 후예들이 수천 년 이후에도 계속 나타나리라는 통찰 위에 있다. 실제로 그들은 고조와 혜제 때 같은 난세이든, 문제와 무제 때 같은 치세이든 간에 때를 가리지 않고 등장했다. 요행과 운수가 그만큼 오랜 시간 동안 역사 전개의 어엿한 동인으로 작동해왔음이다. 또한 이는 결코 흘러간 옛 노래가 아니다. 이른바 '문고리 3인방' '최순실' 등의 국정 농단이 혜제 시절 고위관리마저 영행을 통해 황제에게 말을 넣었던 장면의 데자뷔처럼 다가오듯이, 요행과 운수는 민주주의 시대인 지금도 버젓이 큰 힘을 발휘하곤 한다.

그런데 반복되는 것은 단지 영행만이 아니었다. 무제 재위 때의 역사를 기술한 『사기』 「무제본기」를 보면 신선술이니 방술이니 하는 도술道術에 현혹된 무제의 처사가 적나라하게 서술되어 있다. 이름이 전하지 않는 어떤 무당부터 이소군·박유기·소옹·난대 같은 사이비 도사에 이르기까지 무제의 '사이비 도술' 편력이 소상하게 적혀 있다. 이들은 죽은 후궁을 그리워하는 무제의 심리나 불로장생을 향한 무한 욕망을 악용하여 온갖 특혜를 누리며 황제를 농락했다. 요즘으로 치자면 대통령을 사적으로 장악해서 사익을 취하며 국정을 농단한 꼴이다. 물론 무제는 이들 도사와 그에 편승한 무리의 조언을 따름이 천하를 평안하게 하는 방책이라고 철석같이 믿었을 것이다. 그렇기에 재위하는 동안 여러 차례에 걸쳐 전국을 순수하며 천지신명에게 제사를 지냈고, 곳곳에 대규모 제사시설을 신축하며 천하의 안녕을 기원했다.

호화로운 궁궐에서 일락을 누리는 대신 천하를 수차례 순수하는 수고로움을 마다하지 않았으니 무제의 모습이 긍정적으로 다가오기도 한다. 그런데 사마천은 이런 수고로움의 근저에 신선을 만나고자 하는, 신선이 되어 영생복락을 누리고자 하는 무제의 사적 욕망이 강하게 작동했음을 직서했다. 무늬에 현혹되지 말고 속을 제대로 응시하라고 주문한 셈이다. 대통령을 응시하다 보면 최순실의 부친 최태민 같은 사이비 도사를 마주하게 되는 이유이다.

아무것도 하지 말아야 하는 까닭

그러면 군주를 사적 욕망에서 구제할 방도는 없었던 것일까. 아니, 국가를 군주의 사적 욕망에서 지켜내는 미더운 길은 없었던 것일까. 아니었다. 2016년 가을부터 거리에서, 광장에서 우렁차게 울린 "대통령은 아무것도 하지 말라"는 요구가 그 답의 하나이다.

군주에게 아무것도 하지 말라는 요구는 꽤 이른 시기부터 표방된 지향이었다. 공자는 단언하기를, 군주는 왕좌에 앉아 아무것도 하지 않고서 천하를 다스려야 한다고 했다. 그의 학설과 척졌던 도가에서도 그 시조 노자가 말한, 아무것도 하지 않는 다스림을 으뜸으로 추종했다. 한비자는 공자·노자 모두와 등졌음에도 군주는 아무것도 하지 않음으로써 능히 다스릴 수 있게 된다고 강조했다.

물론 이를 실현하는 경로는 다 달랐다. 공자는 적재적소에 어진 자를 앉히고 그들에게 정사를 맡김으로써 군주는 아무것도 안 하지만 천하는 잘 다스려진다고 여겼다. 훗날 진나라의 여불위는 이를 가져다 통일된 대제국의 군주론으로 변주하기도 했다. 노자는 군주가 뭔가를 하고자 하면 백성들이 그리로 몰려서 세상이 혼란스러워진다고 보았다. 하여 군주는 모든 욕망을 없애야 한다고 강조했다. 설령 남을 이롭게 하는 행위라도 군주는 결코 해서는 안 된다고 못 박았다. 노자의 후예 양주는, 사람이 자연의 일부인 한 절대로 이타적일 수 없으니 남을 이롭게 한다고 함은 허위일 수밖에 없다고 지적했다. 남을 이롭게 한다는 미명 아래 결국은 자기 이익을 취하게 마련이라는 통찰이었다. 부자 되기, 노인 복지 확대 등을 들고 나와 대통령이 된 후 사리사욕에 몰두했던 이명박·박근혜 정부의 역사는 양주의 통찰이 허투가 아니었음을 반증한다.

한비자도 성공적 군주가 되려면 아무것도 하지 말라고 요구했다. 다만 도가에서처럼 군주는 무욕해야 한다는 요구는 아니었다. 군주가 어떤 욕망을 품든 그 욕망을 신하와 백성들이 알게 해서는 안 된다는 주문이었다. 그래야 사람들이 모두 다른 욕망을 곁눈질하지 않고 자기 직분에 충실해져서 세상이 제대로 굴러갈 수 있다는 견해였다. 정치적·실무적으로 유능한 군주를 표방한 법가다운 주장이다. 다만 군주 자신의 사리사욕을 위한 욕망이 아니라 세상을 공평무사하게 경영하기 위한 '결과적 무욕'이라는 점에 유의할 필요가 있다.

그래서 아무것도 하지 말라는 이들의 요구는 지난 촛불혁명 때 광장과 거리에 가득 울려 퍼진 요구와는 다르다. 촛불혁명의 목소리는 국가를 더는 망가뜨리지 못하게, 자신의 사리사욕을 더는 꾀하지 못하게 하려는 목적이었지만, 저 옛날에는 최고 통치자가 사리사욕에 휘둘리지 않게 하려는 것이 목적이었다. 달리 말해 군주인 이상 언제나 그리고 오로지 공적이어야 함을 실현하기 위한 대책이었다. "아무것도 하지 말라"는 그렇게 천하가 공적임을 역설적으로 드러내기 위한 능동적 조치였다.

22. 진범은 돈이었다

돈은 본래 맹인이었다. 그런 돈이 한때 눈을 떴던 시절의 이야기이다. 이야기꾼은 아리스토파네스Aristophanes, 기원전 445~기원전 386이고, 제목은 「부富의 신」Plutos이다. 이야기는 이렇게 시작된다.

신탁을 구하러 간 것은 외동아들을 위해서였지. // 이 녀석이 살길을 바꾸어 못할 짓이 없이 교활하며 불의에 능하고 양심이라고는 눈곱만치도 찾을 수 없는 사람이 되어야 하는지를 물어볼 참이네. // 차라리 그게 인생에서 성공의 지름길일 거라는 생각에서 말일세. (「부의 신」 35~38행)

신탁에 따라 크레뮐로스가 집으로 데려간 이가 다름 아닌 부의 신 플루토스Plutos였다. 풍요의 신이었음에도 몰골이 영 말이 아니었다고 한다. 이유인즉 이렇다.

제우스가 이렇게 만들었네. 인간에 대한 악의에서. // 소싯적 나는 정직하고 현명하고 점잖은 사람의 집만 // 방문하기로 서약했었네. // 한데, 제우스가 나를 맹인으로 만들었어. // 내가 그런 사람들을 아무도 알아보지 못하게 말이야. // 제우스는 착한 사람들에게 악의를 품고 있어. (『부의 신』 87~92행)

돈의 신 플루토스가 맹인이 된 사연

인용에 따르면, 플루토스는 본래 정직·성실·근면의 수호자였다고 한다. 그런데 어떤 이유에서였는지는 불분명하지만, 제우스는 플루토스를 맹인으로 만들어버린다. 그 뒤로 플루토스는 사기와 기만과 협잡의 공모자로 추락한다. 이에 크레밀로스는 플루토스가 다시 눈뜰 수 있게 돕기로 작정한다. 크레밀로스의 말이다.

크레밀로스 흥분하지 마시오. // 당신이 제우스보다 훨씬 강력하다는 것을 // 내가 당신에게 보여주겠소. 부의 신 내가 말인가? 크레밀로스 하늘에 맹세코, 그렇소. // 먼저, 제우스는 무엇으로 신들을 지배하는가? 카리온(크레밀로스의 노예) 돈이죠. 그분이 대부분의 돈을 갖고 있으니까요. 크레밀로스 제우스에게 돈은 누가 대주지? 카리온 (부의 신을 가리키며) 이 양반이. 크레밀로스 사람들은 누구 때문에 제우스에게 제물을 바치지? 이분 때문이 아닌가? 카리온 물론이죠. 그리고 사람들은 부자가 되게 해달라 간절히 기도하죠. 크레밀로스 이분이 모든 것의 원인이니까. (『부의 신』 128~35행)

이쯤에서 플루토스가 맹인이 된 이유가 해명될 듯싶다. 열심히 노력하는 사람들을 부자로 만들어주는 것이 플루토스의 의무였다. 그러나 운명은 이를 허용하지 않았다. 실인즉 운명이 이를 허용했다면, 사람들이 제우스보다 플루토스를 더 찾고 더 사랑할 수밖에 없었기 때문이다. 아무튼 제우스는 노회하게 대처했는데, 돈을 늘리는 역할은 플루토스에게 주었지만 돈을 나누는 권한은 그에게서 빼앗아버렸다. 이것이 제우스가 플루토스를 맹인으로 만들어버린 이유인데, 부자가 되려는 일념에 정직하고 성실하며 근면하게 살아가는 사람들이 플루토스가 아니라 자신을 찾게 만들기 위해서였다. 플루토스와 사람들이 직접적으로 관계 맺는 방식이 아니라 그 중간에 제우스 자신을 매개자로 세우는 방식을 통해서 말이다. 이런 노회함을 바탕으로 제우스는 "모든 것이 돈에 복종"(「부의 신」 146행)함에도 우주의 통치자라는 지위를 굳건히 유지한다.

흥미로운 점은, 크레뮐로스가 제우스의 통치방식에 담긴 힘의 비밀을 정확하게 꿰뚫어보고 있다는 것이다. 이는 플루토스가 제우스보다 더 강력한 존재이고 실은 돈이 "만사의 원인"(「부의 신」 135행)이라는 언표에서 확인된다. 돈의 위력을 대하는 2,400여 년 전의 생각이다. 비록 극중인물에 불과한 크레뮐로스의 생각이지만 전혀 낯설지가 않다. 카를 마르크스Karl Marx, 1818~1883의 『자본』 또는 게오르그 짐멜Georg Simmel, 1858~1918의 『돈의 철학』에 나오는 한 구절을 읽는 듯하다.

플루토스! 드디어 눈을 뜨다

문제는 돈의 횡포이다. 이에 대해 크레뮐로스가 제시하는 해결책은 물론 엉성하고 투박하기 짝이 없다. 제우스에게 잃은 시력을 플루토스에게 되돌려주겠다는 것이 바로 그것이다. 이에 대한 플루토스의 말이다.

부의 신 인간인 주제에 당신이 어떻게 그렇게 할 수 있단 말이야?

크레밀로스의 반박이다.

내 친구들인 다른 농부들을 불러줘. 그들은 아마 // 들판에 나가 일하고 있을 거야. 이리 와서 // 부의 신이 우리를 위해 마련하신 선물들 가운데 // 각자 자기 몫을 받아가라고 말이야. (「부의 신」 223~26행)

크레밀로스가 제시한 해결책은 정의justice였다. "각자의 몫은 각자에게" suum cuique가 정의正義의 정의定義였다. 이에 설득당한 플루토스는 의술의 신 아스클레피오스Asclēpios의 치료를 받고 시력을 되찾는다. 그가 눈을 뜨자 급반전이 일어난다. 사기와 기만과 협잡을 이용해 풍요를 누리던 정치가들이 제일 먼저 타격을 받는다. 정치가의 말이다.

오오, 제우스와 다른 신들이시여, 저들이 이토록 // 나를 능멸하는데 참아야 하나요? 아아, 자괴감이 밀려드는구나. 나같이 착한 애국자가 이런 창피를 당해야 하다니! (「부의 신」 888~900행)

이른바 '혼란'은 온 나라로 퍼진다. 돈으로 젊은 남자의 몸을 더듬던 어느 늙은 여자의 호소이다.

들어보세요. 내겐 젊은 남자 친구가 하나 있었죠. // 돈은 없었지만 잘생기고 착했어요. 내가 그에게 무슨 부탁을 해도 // 내 말을 고분고분 다 들어주었지요. // …… 그는 자기가 사달라고 하는 물건들에 대해 // 자신은 욕심이 아니라 사랑 때문에 사달라 했다고 말하곤 그랬어요. // …… 지금은 그 마음이 변했어요. // 더러운 놈이에요. 변해도 완전히 변했어요. (「부의 신」 975~95행)

젊은 남자의 추악한 반응이다.

참으로 오래되고 악취로 넘치는 술찌끼이죠. (「부의 신」 1086행)

인용은, 돈 때문이었겠지만 한때 자신이 몸을 바쳐 충성한 늙은 여인을 부르는 치졸한 언사이다. 아무튼 혼란은 신들의 세계로까지 확산된다. 가장 큰 타격을 받은 신이 헤르메스이다. 이 신이 관장하는 분야가 상업이었기 때문이다. 헤르메스 신의 비난이다.

부의 신이 시력을 되찾은 뒤로 // 우리 신들에게 제물을 바치는 자가 아무도 없어. (「부의 신」 1113~14행)

등잔 밑이 더 뜨겁다

부의 신이 시력을 회복하고 난 뒤의 상황이다. 정확하게 "각자의 몫은 각자에게"라는 정의가 가동한 뒤의 상황이다. 한데, 극장 밖으로 나와서 역사에 물어보자. 과연 역사는 정의가 작동하며 흘러왔는지를 말이다. 대개는 정의가 패배했다. 물론 정의가 승리한 적이 전혀 없지는 않았다. 프랑스혁명이나 미국 독립처럼 정의가 제대로 작동한 사례史例를 들 수 있기에. 가끔은 부의 신이 눈을 뜨는 시기가 있다는 얘기이다. 드물지만 부의 신이 가끔은 눈을 뜬다고 한다. 요즘 날이면 날마다 커지는 온갖 추문의 발원지가 결국은 돈이라는 사실이 확인되는 것을 보니, 어쩌면 지금이 바로 플루토스가 시력을 회복한 시기가 아닌가 싶다. 이왕 눈을 뜬 김에 등잔 밑이 더 뜨거웠을 수밖에 없는 이유와 원인까지 밝게 비춰준다면 더할 나위 없겠다.

제우스가 플루토스를 눈멀게 한 진짜 이유는

각설하고, 제우스가 플루토스의 눈을 멀게 한 이유는 도대체 무엇일까? 앞에서 말했듯이, 제우스가 관장하는 정의의 실행자가 바로 플루토스였기에 던지는 물음이다. 여기에는 어떤 피치 못할 사정이 있는 게 아닐까? 어쨌든, 제우스가 플루토스를 장님으로 만든 탓에 사람들은 대개 일상에서 정의가 작동하지 않는 것처럼 느낀다. 반전은 여기부터이다. 크레밀로스는 돈을 그 원흉으로 지목한다. 돈에 관한 그의 생각을 한마디로 정리하면 이렇다. 문명은 과연 돈의 지배에서 벗어날 수 있었을까? 이에 대한 크레밀로스의 말이다.

인간에게 알려진 모든 기술과 기능은 // 모두 당신 때문에 발명된 것이오. // 어떤 사람은 문간에 앉아 구두를 만들고 // 어떤 사람은 대장장이이며, 어떤 사람은 목수이며 // 어떤 사람은 금세공을 하고 당신한테 금을 받지요. (「부의 신」 160~64행)

　돈이 문명을 작동하는 원리인 셈이다. 문명의 '매개'medium가 돈이기 때문이다. 돈과 문명은 서로 분리될 수 없다는 것이다. 그도 그럴 것이, "사랑도, 빵도, 예술도, 후식도, 명예도, 케이크도, 용기도, 무화과도, 야망도, 보리빵도, 장군직도, 완두 수프도"(「부의 신」 188~93행) 모두 질리지만 돈은 질리지 않으며, 돈을 싫어하는 사람은 아무도 없기 때문이라고 한다. 문명의 비극적인 성격이 여기에서 분명하게 드러나는데, 문명은 한편으로는 정의를 바탕으로 작동하지만 다른 한편으로는 돈을 매개로 할 수밖에 없다는 점이다. 바로 이것이 문명의 "슬픈 운명"이라는 것이다.

플루토스의 진짜 위력은

　그렇다면, 이 대목에서 하나 묻자. 크레밀로스가 시도한 쿠데타는 과연 성공했을까? 실패했다. 플루토스의 눈 치료는 애초부터 구조적인 한계를 지닐 수밖에 없었기 때문이다. 여러 한계가 있지만, 두 가지만 지적하겠다.
　한편으로 플루토스는 자신의 운명이 실은 오이디푸스와 같은 신세라는 사실을 알지 못했다. 즉 각자가 각자의 몫을 향해 노력하는 것도 정의인데, 「부의 신」에 등장하는 플루토스는 각자의 몫을 나눠주는 일에만 주목했기 때문이다. 다시 말해 경쟁을 용인하는 것도 정의의 기본 특성이라는 점을 놓쳤다는 뜻이다. 다른 한편으로, 결정적으로 플루토스 자신이 어떤 운동원리에 따라 작동하는지, 즉 자신이 무엇을 행하는지에 대한 자기 인식이 없었다. 다시 말해 플루토스는 각자의 몫은 각자에게 나눠주는 것이 자신이 본래 해야 할 일이라고 생각했지만, 실은 저도 모르게 행하는 자신의 움직임을 본원적으로 파악하지 못했다는 얘기이다.

사정이 이쯤 되면 플루토스는 오이디푸스처럼 차라리 자신의 눈을 다시 스스로 찔러야 할 것이다. 일단 각자의 몫을 찾아주는 역할도 결코 작은 일은 아니다. 그러나 각자의 몫을 찾는 것과 관련해서 허용되어야 하는 경쟁이 만들어낸 고통의 원인이 플루토스 자신이기에 하는 말이다.

더 나아가, 플루토스는 자신이 구조적으로 무한 복제 또는 증폭될 수 있는 존재라는 사실을 전혀 파악하지 못했다. 어쩌면 이것이 그가 시력을 다시 잃을 수밖에 없었던 이유일지도 모른다. 그러니까 돈이 돈을 버는 문제는 플루토스의 안중에는 없었다. 물론 돈의 자기 증식 문제가 사회적인 공론으로 처음 상정된 것은 대략 2,400여 년 전이다. 그러나 그 심각성이 부각된 것은 최근의 일이다. 그렇기에, 돈의 자기 증식 능력으로 말미암아 생겨나는 온갖 문제를 플루토스 탓으로만 돌릴 수는 없다.

하지만 그 심각성의 정도가 이른바 '경쟁이 야기한 고통'보다 이제는 더욱 커져버렸다. 이를 입증하는 것은 그리 어렵지 않다. 단적으로 영국의 브렉시트Brexit와 미국의 대통령선거 결과를 방증 사례로 제시할 수 있기에. 물론 작금의 이와 같은 세계사적 변동을 찬동해서 이런 말을 하는 것은 아니다. 중요한 것은, 이런 변동이 이른바 '신자유주의'라는 경제의 작동 방식에 대한 정치적인 반응이라는 점이다.

제우스가 플루토스에게 가끔은 눈을 뜰 수 있는 기회를 주는 이유는

어쨌든 플루토스가 자기 운동을 통해 무한 증폭을 하는 순간, 그것은 한편으로 "각자의 몫을 각자에게"라는 분배 정의가 작동할 수 있는 여지를 없애버린다. 다른 한편으로 더 나아가 각자가 각자의 것을 추구할 수 있는 활동 공간 자체를 박탈하는데, 이것이 실은 돈이 돈을 버는 구조에서 비롯된다. 결국 플루토스는 자신의 존재 근거 자체를 스스로 배제해버렸다는 얘기이다. 시쳇말로 인터넷 밖으로 나와본 적이 없는 이른바 '카지노 캐피털'이 판을 장악하는 세상이 되어버렸기에 하는 말이다.

물론 돈은 문명의 매개 수단이다. 이를 바탕으로 대부분의 사람들이 생존하고 생활할 수밖에 없다는 점도 누구나 인정한다. 이것이 현대 문명이 강요하는 삶의 방식modus vivendi이기에. 사정이 이러함에도, 일할 수 있는 최소한의 기회와 공간을 제공해야 하고, 그래야만 제우스가 자랑하는 전가의 보도인 정의가 작동할 수 있는 여지를 그나마 확보할 수 있는데, 어쩌면 이게 제우스가 플루토스를 장님으로 만들 수밖에 없었던 진짜 이유였을 것이다. 아닌 게 아니라 돈이라는 놈이 워낙 위험한 물건이기에. 자기 주인을 자기 노예로 만들어버리는 놈이 돈이기에.

이 대목에서 제우스의 노회함이 다시 드러난다. 적어도 제우스가 막무가내로 꽉 막힌 통치자는 아니었다. 제우스가 플루토스에게 가끔은 눈을 뜰 수 있는 시기를 허용했기 때문이다. 하여 조금은 건너뛰겠다.

지금이 어쩌면 우리 역사에서 가장 중요한 시기일 것이다. 무슨 말인고 하니, 플루토스가 눈을 뜨는 시기에 정의가 작동하며 그 힘을 빌려서 정치가 복원되는데, 돈이 더럽혀놓은 나라를, 그러니까 돈이 저질러놓은 온갖 오염을 정화하고 돈이 흩트려놓은 문명의 근간을 바로잡을 수 있는 기회가 바로 지금이기 때문이다. 다시 말해 경제가 불러일으킨 문제를 해결하는 의무를 진 것이 정치인데, 우리 역사의 경우에는 정치가 살아나는 시기가 바로 지금이기 때문이다. 평소에는 장삼모사에 불과하던 평범한 시민이 여느 직업 정치인보다 더 탁월한 정치인으로 우뚝 일어선 시기가 바로 지금이기에 하는 말이다.

그렇지만 이것도 잠시라는 점을 결코 잊어서는 안 될 것이다. 특히 현대 문명의 경우 돈이 권력에, 그러니까 경제가 정치에 머리를 조아리는 것이 흔한 일은 아니기에 하는 말이다. 돈 때문에 더럽혀진 나라를 깨끗이 하는 일이 결국은 정치라는 소리이다.

23. 가망 없는 왕조를 끝내는 법

『논어』에는 수수께끼 같은 말이 적잖이 숨어 있다. 예컨대 "미자는 떠났고 기자는 그의 노예가 되었으며 비간은 간언하다가 죽었다. 공자가 말했다. '은나라에는 이 세 명의 인자가 있었다'"(『논어』「미자」微子)는 구절이 그것이다.

공자가 낸 수수께끼 하나

언뜻 보면 도무지 수수께끼 같지가 않다. 옛적 은나라에 미자·기자·비간이라는 인물이 있었고, 무언가 이유가 있어 한 사람은 떠나고 한 사람은 노예가 되었으며 다른 사람은 간언하다가 죽었다는 역사적 사실이 담담하게 제시되어 있다. 그런 후 이들은 모두 인자仁者, 곧 어진 이라는 공자의 평가가 제시되었다. 대체 어디가 수수께끼 같다는 말일까.

미자, 기자, 비간 자체가 수수께끼 같은 인물이라는 얘기일까? 아니다. 너무 옛날 인물인지라 행적이 자세히 전해지지 않아서 그렇지, 그들이 실존한 인물이었고 그렇게 행동했음은 부인할 수 없는 사실이다. 그러면 그들을 인자라고 한 공자의 평가가 이상하다는 뜻일까? 역시 아니다. 다른 문헌을 참고하면 이들은 공공선을 실현하기 위해 깔고 앉았던 기득권을 선뜻 버린 이들이었다. 공자가 확실한 근거를 갖고 인자라고 평가했다는 뜻이다. 그러면 대체 무엇이 수수께끼 같다는 것일까?

바로 "은나라에는 이 세 명의 인자가 있었다"는 논단이 그것이다. 공자 자신도 인정했듯이 건국 시조인 탕왕을 비롯하여 이윤 같은 명재상도 은나라에 존재한 엄연한 인자들이다. 그러니까 은나라에는 적어도 다섯 명의 인자가 실존했던 셈이다. 그럼에도 셋만 있었다고 했으니 그 의도가 사뭇 궁금해지는 대목이다. 공자의 노림수는 대체 무엇이었을까?

힌트는 위 구절에 들어 있는 '그'의 정체이다. 문맥상 그는 은나라 마지막 천자 주왕을 가리킨다. 역사를 보면 이 셋은 주왕 시절의 인물이다. 떠났다고 함이 그의 조정에서 떠나왔음을 가리키듯이 노예가 되며 죽임을 당함도 모두 그와의 연관 아래 발생한 사건이다. 하여 공자가 말한 '은'이 혹시 은나라 시기 전체가 아니라 은나라 말엽을 가리키지 않았나 하는 합리적 의심을 품을 수 있게 된다.

물론 의문은 여전히 남는다. 예컨대 왜 은나라 말엽이라고 콕 집어 말하지 않았는가 하는 물음이다. 그런데 이것이 또 다른 힌트는 아닐까? 사실을 빠뜨리지 않고 낱낱이 기록하듯 말하는 방식으로는 못다 담아낸 무언가를 더 담아두었으니, 이를 한번 찾아보라고 독자를 유인한 것은 아닐까?

군주와 쟁의하는 세 가지 방식

그렇게 더 담긴 것 중 하나는 바로 '간쟁'諫諍이다. 간쟁은 신하가 국정을 두고 군주와 말로 벌이는 다툼이다. 은나라 주왕은 하나라 걸왕, 주나라 여왕·유왕과 함께 역사에 길이 악명을 남긴 '4대 폭군' 가운데 하나였다. 걸왕 때 백성들은 "이 태양이 언제 진단 말인가!"(『서경』「탕서」) 하며 폭정에 절규했는데, 주왕 때도 별반 다를 바 없는 상황이었다.

폭정이 가없이 행해졌다는 것이다. 이를 보다 못해 미자가 나서서 간했다. 결과는? 과연 폭군답게 주왕은 들은 척 만 척이었다. 미자는 두 번 세 번 간언했다. 사적으로는 주왕의 이복형이자 공적으로는 조정 대신인 자가 올린 수차례의 간언이었건만 주왕은 마냥 흘려들었다. 이에 미자는 미련 없이 조정을 떠났다. 그러자 주왕의 숙부인 기자가 나섰다.

기자도 미자처럼 여러 차례 간했다. 그러나 결과는 마찬가지였다. 이에 그는 미친 척했고, 미친 자는 천민 취급을 하던 당시 관념에 따라 그는 궁 중에서 천한 일을 처리하는 노예가 됐다. 그러나 기자가 끝이 아니었다.

이번에는 주왕의 또 다른 숙부 비간이 나섰다. 주왕의 반응은 미자나 기자 때와 별로 다를 바 없었다. 그러나 비간은 아랑곳하지 않고 간하고 또 간했다. 얼마나 집요하게 간했던지 하루는 주왕이, 듣자하니 성인의 심장에는 구멍이 7개 뚫려 있다던데 한번 확인 좀 해보자며 바로 그 자리에서 비간의 가슴을 갈라 그를 죽였다. 폭군의 눈에도 간쟁을 그만두지 않는 비간이 성인으로 보였던 듯싶다.

미자와 기자·비간은 이렇게 폭군을 설득하는 데 과감히 나섰고, 뜻을 이루지 못하자 자기희생을 마다하지 않았다는 공통점을 지니고 있다. 하여 이렇게 유형화할 수 있다. 신하가 자신의 희생을 각오하고 함량 미달의 군주에게 간쟁하는 세 가지 방식으로 말이다. 첫째는 미자가 보여주었듯이 정당한 간쟁을 군주가 거부하면 미련 없이 조정을 떠나는 길이다. 둘째는 기자의 길로, 군주가 간쟁을 거부하면 간쟁을 멈추되 '의로운 희생양'이 되어 군주 가까이에 머무르기가 그것이다. 셋째는 죽을 줄 뻔히 알지만 그럼에도 목숨을 걸고 간쟁하다가 비간처럼 정말로 죽임을 당하는 길이다. 무고한 목숨으로써 자신의 간쟁이 옳고 군주가 틀렸음을 온 세상에 고하는 방식이다.

당연한 말이지만 간쟁에 이 세 유형만 있는 것은 아니다. 항상 그렇듯이 절충형도 있고, 아예 차원을 달리하는 경로도 있을 수 있다. 예컨대 춘추시대 진晉나라에는 조돈이라는 명신이 있었다. 그는 개념 없는 군주 영공에게 틈나는 대로 간했는데, 이를 참다 못한 영공은 자객을 보내기도 하고 연회를 가장해 죽이려고도 했다. 그러자 조돈은 외국으로 망명하여 훗날을 기약하려 했다. 언뜻 미자의 길과 같아 보이지만 그렇지는 않다. 이에 관해서는 후술하기로 한다.

맹자에게서도 또 다른 경로를 추출해낼 수 있다. 그는 제후와 담론하는 자리에서 미자나 기자·비간 같은 위상에 놓인 이들의 간언을 듣지 않는 폭군은 축출해도 된다는 취지로 읽힐 수 있는 발언을 서슴없이 늘어놓았다. 역사를 보니 군주가 자기 인척인 조정 대신의 거듭된 간언을 듣지 않으면 축출되기 일쑤였고, 인척이 아닌 조정 대신의 간언에 줄곧 응하지 않으면 대신들이 다른 나라로 떠났다는 말이 그것이다. 군주와 신하 간의 기존 관계 유지를 전제로 한 간쟁이 아니라 이를 깨는 것까지를 염두에 둔, 곧 간쟁을 역성혁명과 연동하는 '간쟁의 급진적 경로'를 제시한 셈이다.

물론 "군자가 세상에 처함에 반드시 그래야 한다는 것도 없고 절대로 안 된다는 것도 없다. 의로움만 따르면 된다"(『논어』 「이인」里人)는 공자의 말처럼, 또 "부모님께는 에둘러서 간해야 하며, 부모님께서 듣지 않으시더라도 더욱 공경하며 부모님 뜻을 어기지 말라"(『논어』「이인」)는 공자의 권계처럼 간쟁에서 극단의 길을 선택한 경우는 많지 않았다. 고대 중국인들이 『시경』의 훌륭함을 풍간諷諫, 그러니까 직접적으로 표현하지 않고 점잖게 에둘러 말한 데서 찾고, "수식을 가해 우회적으로 아뢴다"는 뜻의 '주문이 휼간'主文而譎諫을 2,000여 년 전에 처세 준칙으로 제시했음이 이를 반증한다.

공적 권력의 세 가지 핵

다만 이는 현실이 대체로 그러했다는 사실 확인일 뿐, 그렇기에 미자와 기자·비간이 보인 간쟁의 세 유형이 무의미해지는 것은 아니다. 미자와 기자·비간의 행위를 언급한 앞 구절은 역성혁명과 관련하여 해석될 수도 있기 때문이다. 이것이 이 구절에 담긴 또 하나의 의미이다. 실제로 그들의 행위가 은나라가 망하고 주나라가 천자의 나라로 거듭나는 역성혁명과 밀접하게 연관되어 있기에 그렇다.

미자의 행위는 이렇게 해석될 여지가 있다. 그는 주왕 곁을 그냥 떠난 것이 아니었다. 떠나올 때 종묘의 주요 제기祭器를 훔쳐 들고 나왔다. 이 점에서 미자의 행위는 앞서 언급한 조돈의 행위와는 꽤 다르다. 미자의 행위는, 천명이 주왕에서 떠났음을 상징하는 행위였기 때문이다. 종묘 제기는 천명이 가시적 형식으로 재현된, 왕권의 정통성을 보증해주는 통치 장치였다. 결국 그는 왕조의 정통성이 허물어졌으니 다음을 준비하자는 신호를 보냈던 셈이다.

기자의 행위도 마찬가지이다. 미자처럼 주왕에게 간했음에도 자기 말이 받아들여지지 않자 그는 미친 척하며 왕실의 노예가 됐다. 앞서 말했듯이 당시 관념에 미친 이는 사람이 아니었기에 천민 취급을 받았다. 천자의 가까운 인척이자 조정 대신이었던 미자가 제기를 들고 하루아침에 떠남으로써 조정 바깥에서 주왕이 가망 없음을 드러냈다면, 기자는 고귀한 신분에서 하루아침에 노예로 전락해 천한 일을 함으로써 조정 내부에서 주왕이 가망 없음을 꾸준히 환기했다. 그가 주왕에게 간했던 바는, 훗날 은나라를 대신한 주나라 무왕에게 올려져 신흥 왕조의 통치이념이 된 '홍범구주'洪範九疇라는 가르침이었다. 옛적 치수의 영웅인 우임금이 내려주었다는, 천하를 다스리는 큰 가르침 아홉 가지가 그것이다.

이렇게 미자는 천명이 물화物化한 제기를 갖고 떠나고, 기자는 성인의 큰 가르침을 드러내지 않은 채 노예를 자처했음에도, 주왕은 이를 알아차리지 못한 채 폭정에 폭정을 거듭했다. 이는 '문적'文的 방식으로는 더는 사태 해결이 불가능했음을 의미했다.

그러자 이번에는 비간이 자기 목숨을 선뜻 내놓았다. 사태가 무고한 이의 희생이 요청되는 단계로 접어들었음을 그렇게 알린 것이다. 훗날 청대 말엽의 사상가 담사동1865~1898이 혁명에는 적의 피뿐 아니라 아군의 피도 필요한 법이라며 기꺼이 죽음에 임했던 그러한 정신이, 수천 년 전에 이미 이렇게 구현되었다. 그리고 얼마 뒤 주왕은 주나라 무왕이 일으킨 역성혁명 끝에 스스로 삶을 마감했고, 은나라도 더불어 멸절되었다. 결국 미자와 기자·비간은 가망 없는 왕조에 순차적으로 사형선고를 내린 셈이었다.

이것이 시사하는 의미는 사뭇 중대하고 심원하다. 미자는 종묘의 핵심 제기를 왕실 밖으로 빼냄으로써 은나라의 정통성이 무너졌음을 알렸고, 기자는 훗날 새 왕조의 통치이념을 간직한 채 노예로 복무함으로써 은나라에 미래가 없음을 고했다. 그리고 비간은 무고한 피를 흘림으로써 왕조가 인간이기를 포기했음을 비극적으로 증명했다. 그렇게 정통성, 통치이념, 인간다움이 소멸되자 왕조는 오래 버티지 못하고 황망하게 무너졌다. 이세 가지는 왕조가 정상적으로 존재함의 고갱이, 달리 말해 공적 권력이 구성되고 온전히 작동됨의 고갱이였던 것이다.

새 시대를 연다는 것

여기서 천명이라는 정통성, 홍범구주라는 통치이념, 무고한 피로 상징되는 인간다움은 오늘날로 치자면 각각 정당한 선거에 의해 구성된 권력, 민주주의적 여러 가치, 근대적 인간다움에 해당한다. 지금 우리 사회의 공적 권력도 다름 아닌 이 세 가지를 핵질로 하여 구성되어 있다는 뜻이다.

그렇기에 이 셋이 허물어지면 공적 권력으로서 설 수도 또 작동될 수도 없게 된다. 이는 촛불혁명 때 우리의 현실이 너무나도 엄중했음을 보여준다. 대통령선거 과정의 이른바 '댓글 의혹'부터 최순실 일가의 권력 농단에 이르기까지, 박근혜 정부의 정통성은 이미 바닥으로 떨어졌다. 복지 포퓰리즘 운운하며 경제 민주화를 팽개쳤고 상해임시정부의 법통을 부정함으로써 헌법을 보란 듯이 유린했다. 국가의 최고 통치이념이 헌신짝처럼 배신당했고 민주적 여러 가치가 부정되어 유명무실해졌다. 인간다움은 또 어떠한가.

절대 헷갈려선 안 될 바가 있다. 바로 지난 촛불혁명이 세계사에서 유례를 찾을 수 없이 평화롭게 수행됐다고 하여 아무런 희생도 없었다고 할수 없다는 점이다. 적어도 그것은 세월호로 대변되는 국가의 책임 방기, 지독한 이윤 추구와 승자독식이 빚어낸 사회적 약자의 죽음과 희생 위에 서 있다. 또한 이명박 정부 이래로 자행된, 4대강으로 대표되는 자연의 죽음 위에 서 있다. 인간다움이 근본부터 부정당하고 있는 셈이다. 오죽하면 자기 삶터를 두고 '헬조선'이라고까지 하겠는가.

결국 박근혜 정부가 가망 없음을 입증해주는 필요조건은 촛불혁명이 일어나기 전에 이미 다 충족됐던 셈이다. 군주제 시절이면 민중이 들고일어나기 전에 왕조가 바뀌든지, 못 돼도 군주가 축출됐을 것이다. 정통성·통치이념·인간다움 이 셋이 소멸됐을 때 주왕은 하늘 아래 유일무이한 최고 지존이 아니라 맹자의 말처럼 일개 필부에 불과한 존재로 전락했기 때문이다.

그럼에도 헌법재판소가 탄핵을 선고하기 전까지 대통령이 권좌에서 버틸 수 있었음은 우리가 민주주의에 토대를 둔 헌법이 다스리는 시대를 살고 있어서였다. 다만 평소에는 그렇게도 구박하고 일관되게 무시하던 헌법에 기대어 쫓겨날 때까지 국정을 문란케 하며 사욕을 챙겼으니, 한때 일국의 지도자였던 이 중에서 이보다 더 추한 경우가 얼마나 있겠는가. 악이 기댈 언덕이나 되라고 헌법을 고안한 것이 아니기에 더욱더 그러하다.

촛불혁명은 공적 권력을 기초부터 일신해야 한다는 시민의 요구와 다름없다. 새 시대를 만들어가야 한다는 얘기이다. 새 시대를 빚어낸다고 함은 인류의 보편적 공공선과 공리에 입각하여 정통성·통치이념·인간다움을 재구성한다는 뜻이다. 그러기 위해서 촛불혁명은 주권자인 시민 개개인이 삶터에서 일상을 영위하며 수행하는 생활혁명이어야 한다. 현실적으로 일제 강점기 언저리부터 100년 넘게 켜켜이 쌓여온 적폐를 발본색원하려면 그만큼 지난한 노력을 상당 기간 기울일 수밖에 없기에 더더욱 그러하다.

24. 응답하라 1894

여기부터이다. 저 새로운 전환이 비롯되었다. 독자여, 자연적인 운동의 순환과 방향을 저 발단부터 살펴보고 통찰하기를! 이것이야말로 국가civitas에 관한 통찰을 얻을 수 있는 핵심 사건이다. …… 한 남자가 의연히 일어난다. 그가 바로 덕과 능력에서 탁월한 사람이었던 루키우스 브루투스이다. 그는 질곡의 노예 상태에서 시민들을 구원한 사람이다. 어떤 공직도, 어떤 중책도 맡지 않은 사인私人에 불과했다. 그러나 공동체 전체를 구했고 시민들의 자유libertas civium를 지키는 일에서는 공사公私의 구분이 없다는 것을 가르친 최초의 인물이다. 그의 주동을 통해서 일어선 국가concitata civitas는 …… 왕과 그의 일가를 추방하는 명령을 내렸다. (키케로,『공화국론』제1권 제45~46장)

국가의 성립 조건에 관한 키케로의 통찰이다. 국가란 개인의 사적 왕국

res privata이 아니라 공동의 나라res publica라는 것이 핵심이다. 공동의 나라를 사유화한 왕의 아들이 공동체에 범행을 저질렀는데, 이는 시민의 자유를 억압하는 사건이라는 것이다. 로마 시민이라면 마땅히 일어나서 싸워야 하는 문제라고 한다. 한 시민의 자유와 권리가 침해당할 때 그것은 공동체에 대한 심각한 침해이기에. 이런 원리에 따라서 로마라는 국가-공동체는 탄생한다. 시민의 자유libertas civium가 침해당하는 순간에 시민의 자유를 지키기 위해 '함께 일어난 공동체'concitata civitas가, 즉 로마의 국가-공동체가 자동적으로 발동한다는 것이다.

이 국가-공동체는 제도적 형식으로 조직체를 지칭하는 의미의 국가제도가 성립하기 위해 선행해야 하는 구성조건으로 요청되는 개인과 공동체와의 관계 규정에서 성립하는 공동체이다. 이렇게 '함께 일어난 국가-공동체'는 왕을 몰아낼 수 있는 힘을 갖는데, 그 힘은 바로 개별 시민의 총체總體인 로마 인민에게만 주어진 권리ius populi Romani이기 때문이다. 로마 공화국은 이런 로마 인민의 권리에 기초하여 사적인 왕국에서 공동의 나라로 전환한다.

이 일이 일어난 해가 기원전 509년이었는데, 이와 아주 비슷한 성격의 국가-공동체가 최근 역사의 무대에 등장했다. 그 무대는 광화문이다. 여러 면에서 비슷하다. 단적으로 공사 구별의 요구가 한 사례이다. "이게 나라냐"라는 함성을 통해서 말이다.

로마의 국가-공동체와 광화문의 국가-공동체의 차이에 관하여

차이는 있다. 로마의 사례에서 볼 수 없는 우리만의 특징이 광화문의 국가-공동체에서 발견되기 때문이다. 한데 잠시 시간을 거슬러 올라가보자. 1894년, 그 유명한 갑오년으로. 동학운동이 일어나고 청일전쟁이 벌어졌으며 현재 한반도를 둘러싼 열강의 지정학적 구조가 결정된 바로 그해이다. 그 뒤로 한반도를 둘러싼 국제 정세는 큰 변화가 없었다. 물론 당장은 한반도를 둘러싼 지정학적 역학 구도가 구조적으로 바뀌지는 않을 것이다. 그럼에도 4대 열강의 틈바구니에서 이제는 '할 말을 할 수 있는 여건'이 촛불동력을 통해 마련됐다는 것이 내 생각이다. 이것이 바로 앞에서 말한 '차이'이다.

이 점에서 광화문 광장에 모인 국민의 명령은 준엄하고 담대하다. 단지 정권교체 정도의 작은 요구가 아니라 정치 민주화와 경제 민주화, 한반도와 동북아의 평화체제 구축을 실현할 수 있는 체제로의 전환을 명령하기 때문이다. 물론 남북통일과 동북아 평화체제의 구축이라는 문제는 남한과 북한의 노력만으로 해결하기는 힘들다. 한반도를 둘러싼 열강의 이해관계를 조율할 수 있을 때에 가능하기 때문이다. 그렇게 조율해줄 수 있는 것이 있다면, 도대체 그것은 무엇일까?

우리는 어디에 끼어 있는가

좋든 싫든, 원하든 원치 않든, 세계는 미국과 중국을 양대 축으로 삼아 재구성되고 있다. 정확히 그 사이에 우리가 끼어 있다. 더 정확하게는 서해이다. 한데 이곳이 어떤 지역인가? 장보고가 청해진을 세워 해상권을 장악했던 지역이다. 최근에는 세월호의 슬픔이 깃든 곳이기도 하다. 이런저런 상황을 볼 때, 참으로 역사는 묘하게 전개되고 있다. 한때 우리의 앞바

다녔던 곳이 이제는 뭐라고 나서기도 어려운 사정에 놓여 있기에. 크게 네 가지이다.

우선, G2의 긴장 전선이 휴전선에서 서해 바다로 이동했다. 이에 따라 북한은 서해에서 여러 번의 도발적인 행위를 감행했는데, 이러한 일련의 도발은 남한의 민주세력에게 치명적으로 악영향을 끼쳤다.

다음으로, 서해가 군사 대립의 첨예한 지점이 되면서 남북한의 주요 대립 전선이 휴전선이 아닌 서해로 옮아갔다. 이와 관련해 남한이 군사적으로 휴전선이 아닌 서해에 주력하게 됨으로써 북한의 실질적 위협 지대인 휴전선 지역의 안보가 소홀해질 수 있다는 점을 지적할 수 있다.

이어서, 긴장의 전선이 이렇게 형성됨으로써 한국은 이른바 '눈치공화국'으로 몰려 있다. 군사적으로 미국을 따르자니 경제적으로는 중국의 눈치를 봐야 하고, 경제적으로 중국의 큰손을 염두에 두자니 미국의 입김을 피할 수 없는 상황에 이미 놓였기 때문이다. 게다가 긴장의 전선이 휴전선에서 서해로 이동하면서 G2의 긴장이 군사적으로 더욱 가시화했는데, 이는 미국과 중국의 군사적인 힘 사이에 완충지대가 없어지는 결과로 직결된다. 이는 매우 위험하다. 미국이나 중국이 제어하기 어려운 상황으로 몰고 갈 수도 있기에. 이렇게 된다면 한반도는 물론 동북아 전체가 전쟁의 위험에 빠질 수도 있다.

마지막으로, 긴장의 전선이 서해에 형성되면서 결과적으로 동아시아 4국, 아니 미국과 러시아를 포함한 열강의 군사패권화와 군국주의 세력이 더욱 힘을 얻어 기승을 부리고 있다는 점이다. 물론 이런 분위기는 제1차 세계대전이 일어나기 직전의 유럽의 상황과는 다르다. 그렇지만 최소한 동아시아의 평화와 화해에 역행하는 결과를 초래하는 것은 사실이다. 이런 상황에서 우리는 앞으로 어떻게 해야 할까? 아니, 작게는 남북평화와 세계

평화를 위해 무슨 말을 해야 할까?

가위바위보 게임은 어떠한가

　북한에는 이렇게 말해야 한다. 군사적 도발을 통한 협상 시도를 중단하라고. 북한이 군사적 도발과 실험을 하면 미국이 이를 빌미 삼아 그만큼 더 서해로 밀고 올라오게 되고, 그러면 이에 따라 중국의 반발도 그만큼 거세질 수밖에 없고, 그 결과 긴장의 초점이 휴전선에서 서해로 옮아가게 되며, 그러면 한반도 서해 지역의 군사적인 긴장은 단지 국지전으로 끝나는 것이 아니라 국제전으로 직결되기 때문이다. 어쨌든, 북한의 군사적 도발을 통한 외교방식이 결과적으로 G2의 긴장을 더욱 강화하는 빌미와 계기를 제공하는 것은 사실이다. 장기적인 관점에서 보면 북한이 전가의 보도로 내세우는 '벼랑 끝 전술'도 효력을 발휘하지 못할 것이기에 하는 말이다.

　미국에는 이렇게 말할 수 있다. G2 사이에 흐르는 긴장의 전선이 제주도를 중심으로 형성되면 이른바 평화의 완충지대가 없어지게 되는데, 이는 미국 처지에서도 매우 위협적인 변수가 된다는 것을 말이다. 물론 동아시아의 군사화와 군국화가 가속될수록 단기적으로 미국은 무기를 팔 수 있을 것이다. 그러나 장기적으로는 미국이 근거를 두고 내세우는 세계 패권의 보편적인 논리를 상실할 것이기 때문이다. 결국 무기 판매를 위한 전략에 불과한 것이라는 의혹과 비난을 받으면, 미국이 세계 지배를 위해서 동원했던 보편 논리에 담긴 위력이 축소될 수밖에 없을 것이기에 하는 말이다.

그런데 가위는 보를 이기지만 주먹을 이기지 못한다. 주먹은 가위를 이기지만 보를 이기지 못한다. 세계 역사에서 단일 제국이 세계를 지배해본 적은 없다. 앞으로도 그럴 것이다. 언제나 양쪽 진영이 서로 어울리거나 다투는 관계를 맺어왔기 때문이다. 작금의 상황은 이렇다. 주먹을 내면 보를 내야 하는데, 주먹을 낸다고 곧바로 이쪽도 주먹을 내는 형국이다. 그래서 미국에 요청해야 한다. 중국을 군사적으로 지배하려는 것이 아니라면, 아니 그럴 수도 없겠지만, 중국이 주먹을 내면 미국은 보를 내야 한다고.

내 생각에, 그 보는 바다 위에 떠 있는 항공모함이나 사드THAAD 같은 주먹이 아니다. 그것은 실은 미국이 지금껏 내세운 보편 논리인 민주주의·인권·자유이다. 인류의 기본 가치이자 보편 가치이다. 힘은 여기에서 나온다. 어쩌면 이 힘이 중국이 가장 두려워하는 '보'일 것이다. 요컨대 현재 중국은 양극화 문제가 심각하다. 이는 중국의 치명적인 약점인데, 내 생각에 중국을 이기는 보는 남한을 군사적 요새로 만드는 것이 아니라 광화문에서 빛나는 '촛불'일 것이다. 즉 민주주의이다. 중국의 주먹을 이기는 보는 제주도의 강정기지 또는 성주의 사드가 아니고, 바로 대한민국의 '민주주의'이기에 하는 말이다. 미국이 알아야 할 촛불의 진정한 의미이다.

중국에는 이런 말을 할 수 있다. 미국의 주먹을 이기려면 중국은 보를 내야 한다고. 그 보란 아마도 장구한 역사에 토대를 둔 문명의 힘이다. 미국의 자극이 눈에 거슬린다고 주먹을 낸다면, 중국은 미국과 똑같은 잘못에 빠질 것이다. 지성과 교양을 갖춘 세계 시민들이 인정할 만한 보편의 가치와 논리를 바탕으로 하는 전략적인 보를 제시해야 한다. 그러나 주먹에 주먹을 낸다면, 아무튼 이는 중국스럽지 않다. 동양 문명이 관용과 배려를 바탕으로 작동하는 것을 세계의 지성에 알리는 것이 중국다운 것이다. 미국의 군사 패권주의자와 무기상들의 전략과 전술에 맞서 문명과 역사의 힘을 바탕으로 융통성 있게 대응하는 유연함이 바로 중국다운 것이기에 하는 말이다.

이런 일이 몇 번 거듭되면 세계 지배의 논리적 패권이 미국에서 중국으로 넘어갈 가능성이 높다. 이것이 거꾸로 미국에 치명적이라는 얘기이다. 시진핑이 '도광양회'^{韜光養晦}에서 '유소작위'^{有所作爲}로 노선 전환을 선언했다. '해야 할 바가 있으면 행동으로 옮긴다'는 선언이다. 물론 할 말은 해야 한다. 그러나 그 결과가 고작 동아시아의 군국화와 군사화라면, 이는 장기적으로 중국에도 결코 이익이 되지 않을 것이다. 세계 지배의 보편 논리를 상실할 것이기에. 해서 중국에 강력하게 요구한다. 중국이 내는 보는 보편성에 기초한 유연한 목소리여야 한다고.

또한 일본에도 말해야 한다. 현재 아베가 취하는 주먹이 일본을 경제적으로 매우 어려운 방향으로 몰고 갈 수 있다고. 중국이 조금 세게 나오면 그 피해는 일본 경제로 이어질 것이기에. 따라서 일본은 경제적으로 흥했을 때의 논리로 돌아가야 한다. 참고로, 일본은 전범으로서 아직 반성도 제대로 하지 않는 나라이다. 그런 일본이 주먹 노선을 취하면, 장기적으로 일본은 그동안 쌓아온 경제 자산을 많이 잃을 것이다. 동아시아 지역에서 군사적 긴장이 고조되면 일본은 물론 아시아와 세계 경제가 심각한 위협에 맞닥뜨릴 것이기에.

결론은 민주주의이다

결론적으로 우리에게는 '눈치공화국'을 이제는 벗어날 수 있다고 말할 수 있을 것이다. 지금은 구한말과 다르기에. 일단 고종^{高宗} 임금 한 사람에 불과했던 주권자가 지금은 5천만으로 늘었다. 또한 우리는 우리가 가진 힘이 무엇인지를 안다. 또한 우리는 미국·중국·일본·북한이 가장 두려워하는 것이 무엇인지도 잘 안다. 요컨대 미국은 세계 지배의 보편 논리를 상실하는 것을 두려워한다. 중국은 자국 내의 양극화 문제에 시달린다. 일본은 경제적 패권을 잃지 않으려고 한다. 북한은 체제의 붕괴를 두려워한다. 단적으로 말하면, 눈치공화국에서 벗어나기 위해, 그러니까 우리가 우리의 목소리를 내기 위해서는 그들이 두려워하는 것을 이용할 필요가 있다는 뜻이다.

각설하고, 주먹에는 보를, 보에는 가위를, 가위에는 주먹을 내야 하는데, 도대체 그것이 무엇일까? 그것은 바로 '민주주의'이다. 미국이 내세우는 보편 논리가 민주주의이고, 중국 인민들이 받아들이기를 염원하지만 구조적으로 받아들이기 어려운 것이 민주주의이기 때문이다. 일본의 두려움도 실은 경제적 풍요가 줄어드는 것이고, 따라서 국내적으로 경제 정의를 요청하는 목소리가 커질 수밖에 없기에, 일본의 교양 시민과 민주 세력이 원하는 것 또한 민주주의이기 때문이다. 비록 과정은 시끄럽지만, 그나마 현재의 생존과 생활을 유지할 수 있는 문명의 토대가 되는 것이 민주주의이다.

결론은 민주주의이다. 일본이 경제를 바탕으로 세계무대를 누볐다면, 우리는 민주주의를 바탕으로 세계 정치를 선도할 수 있기에 하는 말이다. 우리가 가장 비싸게 팔 수 있고 가장 오랫동안 팔 수 있는 상품이 바로 우리의 민주주의 역사이고, 우리의 민주주의 자체라는 얘기이다. 우리는 우리의 민주주의를 세계에, 적어도 동북아 지역에 내놓아야 하는 시점에 있다. 내 생각에는 이것이 우리에게 주어진 운명이다. 다른 대안은 없다. 물론, 북한에 대해서는 더 이상 말할 필요가 없을 것이다.

갑오년 이후 어언 120여 년을 지나는 동안 우리가 세계에 내놓을 수 있는 가장 강력한 것이 무엇이겠는가? 3·1 운동, 4·19 민주혁명, 5·18 광주민주항쟁, 1987년 6·10 시민혁명을 계승한 광화문 촛불의 빛에 의해서 밝혀진 민주공화국이 바로 그것이다. 이것이 "응답하라 1894"에 대한 응답이다. 이런 역사적인 의미를 담고 있기에 광화문 광장에 울려 퍼진 국민의 명령은 준엄하고 담대할 수밖에 없다. 적어도 그것은 '정권교체'라는 정치적 요구를 넘어서 있다.

제3부

25. 루쉰의 삶, 문명 짓기의 길

전통적으로 중국에서 성인은 문명을 창출하거나 갱신한 이를 가리키는 말이었다. 문명을 짓는 이가 성인이라는 뜻이다. 공자는 '술이부작'述而不作, 곧 전수받은 바를 풀어 전했을 뿐 결코 새로 짓지 않았음을 강조했다. 그러나 그가 문명의 새로운 풍기를 진작하고 씨를 뿌림으로써 중국 전통문화의 골간이 됐음은 분명한 사실이다. 그가 성인임을 부인하기 어렵다는 얘기이다.

고대에는 공자, 근대에는 루쉰

봉건문화 척결을 내세운 마오쩌둥조차 공자가 지난 시절을 대표하는 성인임을 인정할 정도였다. 다만 어디까지나 '지난 시절', 그러니까 봉건시대에 그러했다고 선을 그었다. 공자가 사회주의 신중국이라는 새로운 문명을 빚어내지는 않았기 때문이다. 대신 신중국을 대표하는 성인으로 마오쩌둥은 루쉰魯迅을 꼽았다. 왜 그랬을까?

사상가이자 문인이며 학자였던, 또 정치가이자 교육자였던 루쉰에게는 곧잘 붙는 수식어가 있다. '근대 중국을 대표하는' '근대 중국의 위대한' 같은 표현이 그것이다. 근대 중국을 얘기할 때 그를 빼놓을 수 없기에 나타난 현상이다. '오늘날의 중국을 정초한' 같은 표현도 종종 쓰인다. 근대 중국은 지금 중국의 머리이니, 오늘날 중국을 얘기할 때도 그를 언급할 수밖에 없다.

정치적·이념적 차원에서 사회주의 신중국의 대표 아이콘이 필요하여 루쉰을 내민 것이 결코 아니다. 실제로 그는 다방면에 걸쳐 근대 중국의 핵심 자산이자 전범이다. 예컨대 그가 쓴 『광인일기』는 중국 최초의 근대 소설임에도 그 예술적 성취가 시대를 가로지르며 지금까지도 아롱지게 빛난다. 시대가 소설을 쓸 수 없게 한다며 소설 절필을 선언한 뒤에 주로 쓴 잡문雜文은 충일한 전투정신으로 부조리한 현실을 날카롭게 헤집었다. '정신계의 전사'라는 평가처럼 고양된 정신으로 벼려낸 그의 잡문은 그때는 물론 지금까지도 근대 수필의 전범으로 꼽힌다.

번역과 연구에서도 루쉰은 눈부셨다. 그는 쥘 베른의 『달나라 탐험』을 비롯해 100여 편의 길고 짧은 작품과 글을 번역했다. 이는 『논어』 분량의 책 320권쯤에 해당되는 양이다. 그중에는 '최초'라는 수식어가 붙는 것도 제법 된다. 동유럽과 북유럽 문학을 처음 소개한 『역외소설집』과 게오르기 플레하노프의 『예술론』 등이 대표적 예다. 특히 후자는 마르크스주의 문예이론을 중국에 처음으로 소개한 것이다. 근대 중국이 사회주의 중국으로 수렴된 사실을 보건대, 번역 대상을 골라낸 그의 안목이 남달랐음을 알 수 있다. 게다가 그는 '뻣뻣하게 번역하기'[硬譯] 같은 독창적인 번역이론을 세웠으며, 역대의 서사를 근대적으로 연구한『중국소설사략』을 집필했다. 학자로서 그의 남다른 역량을 목도할 수 있는 대목이다. 창작이나 번역, 연구 모든 분야에 걸쳐 높고도 큰 성취를 일구어냈다.

그러나 그 무엇보다도 루쉰의 삶 자체가 근대 중국의 전형이었다. 그의 글은 몸과 마음의 상태, 그것의 가장 정확한 주석이 되었다는 루쉰 연구자의 단언처럼 번역·창작·연구 가릴 것 없이 그의 모든 글은 그의 삶 자체였다. 글을 지으면서 자신의 삶도 지어갔음이다. 루쉰이 스스로를 늘 작가, 곧 '짓는 이'라고 규정한 것은 허언도, 그저 수사도 아니었다. 나아가 그의 글과 삶은 이미 당시부터 큰 영향을 끼쳐, 근대 이래 중국을 짓는 데 주춧돌이 되고 고전이 됐다. 글이 자신의 삶은 물론이고 시대와 문명도 함께 지어낸 것이다.

루쉰을 성인으로 규정한 마오쩌둥이 옳았다는 얘기를 함이 아니다. 천년을 넘는 성상 동안 한자권을 주름잡은 성리학에서는 누구든 성인이 될 수 있다고 보았다. 또 사람은 하늘의 선함을 본성으로 타고난 우주적 존재라고 여겼다. 달리 말해 사람은 그 자체로 '문명적 존재'라는 얘기이다. 물론 누구나 새로운 문명을 지어낼 수 있다는 뜻은 아니다. 그러나 적어도 누구나 문명 짓기에 너끈히 동참할 수 있다는 뜻은 된다. 루쉰이 격변의 시대를 살면서도 자기 삶을 문명 짓기의 길로 이끌었듯이 우리도 문명 짓기의 공동주역이 되는 길을 걸을 수 있다는 뜻이다.

'내파'內破하기 그리고 버텨내기

　루쉰은 평생 낙담이나 절망, 고독 따위를 멀리했다고 한다. 어떤 이는 그를 비관주의자라고도 평가하지만, 그의 글을 꼼꼼히 읽어보면 회의하는 정신이 삶을 주도했다는 평가가 더욱 타당하다. 그가 한 이 말, "사람이 자기가 자기 입을 때릴 정도로 망가졌다면 다른 사람이 와서 자기 입을 때리지 않으리라 보장하기도 어렵다"*는 언급은 그가 결코 비관적일 수 없었음을 말해준다.

　비관에서는 긍정조차 긍정하기 버겁다. 그러나 회의하는 정신은 부정마저도 자기 강화의 계기로 변주해내는 힘을 품고 있다. 반성은 주저앉으려 하는 것이 아니라 나아가기 위해 하는 것처럼 루쉰은 비관을 비판하게끔 자기 정신을 주조해갔다. 동시에 "즐거워하되 과해서는 안 된다"[樂而不淫](『논어』「팔일」八佾)는 공자의 경계처럼 그는 근거 없는 낙관도 회의하게끔 정신을 벼렸다. 그가 온통 적으로 둘러싸였을 때조차 꿋꿋하게 살아낼 수 있었던 연유이다. 또한 그가 평생 계몽과 혁명을 드높이 외치는 자신을 늘 회의하며 객관화할 수 있었던 까닭이다. 그 결과 무비판적 맹종이나 이성적이지 않은 동일시, 냉소나 좌절 따위는 그와 관계없는 말이 되었다.

　이는, 루쉰이 새로운 것과 조우할 때면 그것을 늘 자신이 지녀왔던 기존의 것과 철저하게 마주 세워 서로에게 비추었기에 가능했다. 이를테면 이런 식이었다. 1920년대에 들어 신해혁명의 성과가 회의되는 등 공화주의를 향한 기대가 완연히 꺾이자 루쉰 주위에는 사회주의에서 새로운 희망을 찾는 사람들이 늘어났다. 사실 그는 남들보다 먼저 공화주의를 회의하

---

*　루쉰, 『화개집』(華蓋集) 「문득 든 생각 11」(忽然想到 十一).

244

고 있었다. 그럼에도 그는 사회주의로 금방 옮아가지 않았다. 대신 자기 이념을 구성한 공화주의의 모든 것을 하나하나 불러내 사회주의와 치밀하게 대조, 검토했다. 그렇게 현재 자신을 구성하는 바를 철저하게 점검하고 그것과 비교 검증한 뒤에 새로운 것을 받아들였다.

하여 루쉰은 서너 걸음쯤 늦곤 했다. 늦은 결심 탓에 기회주의자라고 비난받기 일쑤였다. 그럼에도 그는 그러한 '내파'[內破], 곧 '안으로부터 스스로를 깨고 나오는' 길을 고수했다. 시대에 뒤처진 채 골방에 숨은 늙은이라는 인신공격마저 받았지만, 내파 덕분에 그는 온갖 이해관계가 부딪치고 갖은 욕망이 충돌하는 현장에서 이탈하지 않을 수 있었다.

> 계급사회에 살면서 초계급적 작가가 되고자 하고, 전투의 시대에 살면서 전투에서 벗어나 홀로 살고자 하는 …… 그런 인간은 실은 마음이 만들어 낸 환영일 뿐, 현실세계에서는 있을 수 없다. 그런 인간이 되려 함은 자기 손으로 자기 머리칼을 잡아당겨 지구에서 벗어나려는 것과 같을 뿐이다.*

계급사회에 살면서 자신의 계급성을 부정하는 삶은 지구에 살면서 지구 바깥으로 자기 자신을 끌어냄과 같은 주관적 환상에 불과하다는 말이다. 객관적이기 위해서는, 또 현실적이기 위해서는 자기 안의 계급성을 인정해야 한다는 요구이다. 그렇게 장점 결점 가리지 않고 자기를 구성하는 모든 요소와 냉철하게 마주할 때 비로소 생활이 펼쳐지는 현장에서 벗어나지 않는다는 통찰이다.

루쉰에 따르면 그랬을 때 비로소 '버텨내기'[掙扎]가 가능해진다. 속상해

---

* 루쉰, 『남강북조집』(南腔北調集) 「별종 인간을 논하다」(論"第三種人").

도 인정할 수밖에 없는 것은, 된 사람이 다스리던 때보다 못난이가 다스리던 때가 압도적으로 많았다는 사실이다. 격변의 시대에는 더더욱 그러하여, 양식 있는 이가 살아가기 위해서는 고된 싸움을 지속할 수밖에 없었다. 그래서 그것은 온갖 부조리와 못된 욕망에 맞서 삶터에서 벌이는 어려운 싸움이 된다. 달리 말해 생업에 종사하고 일상을 꾸려가면서 수행하는 힘든 싸움이다. 그렇게 일상생활과 함께하는 싸움이 유지될 때 비로소 개인의 삶은 물론 사회도 멸절되지 않고 새로이 거듭나게 된다. 개인이 행하는 버텨내기가 그 자체로 문명 짓기가 되는 까닭이자 그것이 뭔가를 끊임없이 생성해내는 이유이다.

이렇게 버텨내기를 통해 일상의 삶에서 '생성의 회로'를 돌리는 이를 일컬어 루쉰은 '살아내는 이', 곧 '활인'活人이라고 하였다. 그가 "본디 땅 위에는 길이 없었다. 오가는 사람이 많아지면 길이 되는 것이다"* 라고 했을 때, 없는 곳에서 길을 만들어내는 이들이 바로 이러한 활인이었다.

비스듬히 서서 즐거워하기

격변하는 시대일수록 인간의 밑바닥이 적나라하게 드러난다. 그러잖아도 힘겹기 마련인 살아내기는 더욱더 버거워진다. 아무리 루쉰처럼 회의하는 정신으로 무장하고 내파하며 버텨내도 결코 쉽지 않다.

게다가 악은 앞에만 있는 것이 아니라 등 뒤에도 항상 존재한다. 더욱이 동지 안에, 우리 안에, '나' 안에 악은 늘 잠재하기도 한다. 인간은 악하게

---

* 루쉰, 『눌함』(吶喊) 「고향」(故鄉).

마련이라는 얘기가 아니다. 생존과 번영에 유리함을 좇는 인간 본성이 악으로 발현될 수 있는 기제가 적진에서만 발동하는 것이 아니라 아군 진영에서도 작동한다는 뜻이다. 그래서 버텨내며 살아내는 삶이 더욱 힘겨워진다.

> 가장 두려운 것은 무엇보다도 입으로는 "예" 하면서 속으로는 "아니요" 하는, 이른바 '전우'라는 자들로, 이들은 아무리 방비를 해도 방비할 수가 없습니다. …… 후방을 지키기 위해 저는 비스듬히 서 있어야 되기에 적을 정면으로 마주할 수도 없습니다. 이렇게 앞뒤를 다 살피는 일은 몹시도 힘듭니다.*

엎친 데 덮친 격이다. 격변의 시대를 살아낸다는 것의 어려움이 절절히 전해진다. 그래서 살아내려면 무엇보다도 '나' 안에 즐거움이 있어야 한다. 물질적 이익이나 말초적 쾌락이 유발하는 즐거움을 말함이 아니다. 공자가 "배우고 때때로 익히니 또한 즐겁지 아니한가"라고 했을 때의 그러한 즐거움을 말한다. 내 안에 간직할 즐거움은 공부해서 얻은 좋은 결과 덕분에 획득되는 그러한 즐거움이 아니라는 뜻이다.

그것은 공부라는 활동 자체가 기쁨의 원천이기에 비롯되는 즐거움이다. 사회가 나를 버겁게 해도 공부함으로써 기뻐지고, 시대가 나를 속여도 공부함으로써 기꺼워지는 즐거움이다. 그런 즐거움은 권력의 유무나 재력의 많고 적음, 생로병사 등과 무관하다. 이런 즐거움을 '나' 안에 갖추자는 얘기이다. 그것이 비스듬히 서서도 지치지 않고 버텨내며 살아냄의 동력이

---

* 루쉰, 「양쥐원에게」(致楊霽雲), 『魯迅書信集』(下), 北京: 人民文學出版社, 1976.

되기 때문이다. 그래야 몇 달 동안 자발적 참여를 통해 일구어낸, 세계사에서 유례를 찾을 수 없는 '촛불혁명'도 완수할 수 있다. 촛불혁명을 완료형이 아니라 진행형으로 일상의 삶 속에서 지속해갈 수 있다.

익히 경험했듯이 국가를 사유화했던 저들은 기득권을 지키기 위해서는 무엇이든 다 시도한다. 적폐를 누려온 수구 언론과 정당은 케케묵은 레드 콤플렉스를 놓지 못한 채 예전처럼 다시 분탕질을 일삼으며 민주적인 여러 가치를 능멸하고 있다. 반면에 촛불혁명 때 "박근혜 퇴진, 탄핵, 구속"이라는 한목소리를 냈던 시민들은 각자의 이념과 지향에 따라 나뉘고 있다.

그러나 이를 우려할 필요는 없다. 민주주의 사회란 서로 다른 목소리들이 평화롭게 공존하는 세계이다. 촛불을 들었던 사람들이 늘 한목소리를 낸다면 오히려 그것이 두려워할 일이다. 전제국가가 아닌 한, 저마다 다른 조건에서 살아온 이들이 어떻게 늘 같은 목소리를 낼 수 있단 말인가. 화이부동和而不同, 그러니까 큰 틀에서 일궈내는 조화 속에 서로 다름을 인정하듯이 적폐 청산을 위해, 곧 공공선의 구현과 진보를 위해 '따로 또 같이' 힘을 모으면 된다.

다만 저들은 지금껏 그렇게 해왔듯이 이를 기화로 삼아 이념과 지역, 세대와 일자리 등으로 또다시 집요하고도 교묘하게 분열 책동을 전개해가고 있다. 그래서 우리가 지치면 안 된다. 일상에서 그들을 감시하고 비판하여 악이 선을 구박하고 축출하는 일이 반복되지 않게 해야 한다. 곪고 곪을 때까지 참고 또 참는 일도 되풀이해서는 안 된다. 생업에 종사하고 여가를 보내는 그런 삶터에서 고양된 시민의식을 일상적으로 실천해야 한다는 얘기이다.

이를 위해서는 '나' 안에 즐거움이 있어야 한다. 안팎의 부조리와 맞서면서 기어코 살아내기 위해서라도 그것을 꼭 지녀야 한다. '나'가 즐거워야지 세상도 바꿀 수 있기에 더욱더 그러하다. 그랬을 때 우리가 품는 즐거움은, 해방 이후 70년 넘게 이어진 친일로 대변되는 구체제를 혁신하는 밑거름이 될 것이다.

26. 정치와 법치의 차이

"리셋 코리아!"Reset Korea, "리빌딩 코리아!"Rebuilding Korea 하자는 소리가 여기저기서 들린다. "이게 나라냐?"라는 물음에 대한 답변이다. 나라를 바로 세우자는 것이다. 누구나 동의할 것이다. 영어로 표현해야 이른바 '뽀다구'가 나는지는 잘 모르겠다.

아무튼, 나라가 나라답게 돌아가기 위해서 요청되는 것들이 있다. 어떤 이는 정의, 어떤 이는 공정, 어떤 이는 진실, 어떤 이는 자유, 어떤 이는 평등을 외친다. 누구나 인정할 것이다. 이것들이 모두 나라가 나라다울 수 있으려면 기본적으로 요청되는 필요조건임을 말이다.

그렇지만 내 생각에는 나라가 나라처럼 작동하려면 먼저 국가가 어떤 원리에 근거하고 어떤 방식에 따라 작동해야 하는지에 대한 이해가 필요하다. 이유는 간단하다. 단적으로 이 원리에 대한 이해 부족이 이 나라를 이 지경으로 만든 한 원인이기에. 물론 여러 가지 원인이 있을 것이다. 그러나 내가 말할 수 있는 것만 얘기하겠다.

국가의 성립 근거는

이렇다. 사람이 태어나면 부여되는 것들이 있다. 이름과 성이다. 성은 가족과 가문으로 연결되고, 가문은 씨족으로 확장된다. 씨족tribus은 종족 natio 단위로 상승한다. 종족은 혈통과 지역적 경계의 같음을 바탕으로 한다. 세상사에는 혈통과 지역 범위 안에서 해결될 수 있는 것도 있고, 종족의 범위를 뛰어넘는 것도 있다. 이를테면 전쟁이다. 공동체를 구성하는 모든 이의 이해관계와 관련된 공동의 문제이기에. 이런 공동의 문제를 담당하는 것이 국가civitas이다.

각설하고, 종족과 국가의 분리 문제를 본격적으로 다룬 사람 가운데 한 명이 로마의 정치가이자 법률가였던 키케로이다. 자신에게는 두 개의 조국이 있다고 주장한다.

> 하나는 태어난 장소에 따른 [부여되는] 조국이고, 다른 하나는 [국가가 부여한] 시민권의 획득으로 속하게 된 조국이다. 예를 들어 저 카토Cato, 기원전 234~149는 비록 투스쿨룸 지역 출신이지만 로마 인민의 시민권을 받았다. 그래서 태생의 관점에서는 투스쿨룸 사람이지만 시민의 관점에서는 로마인이다. 따라서 장소의 조국과 법률의 조국이 다른 것이다. …… 그러나 법률의 조국이 더 우선이다. 법률의 조국에 기초하여 국가 전체에, [누구에게나 공통적으로 해당하도록] '공동의 일'rei publicae이라는 이름이 성립하기 때문이다. (『법률론』 제2권 제2장 5절)

'공동의 일'이란 곧 '공동의 이해관계를 공동으로 책임지고 다루는 것'을 뜻하는데, 이것이 실은 '국가'이다. 이와 관련해서 키케로는 '태생의 조국' patria naturae 보다 '법률의 조국'patria iuris 을 상위에 놓는다. 그 이유로 키케로는 개인에 대하여 태생의 조국이 차지하는 영향력보다 법률의 조국이 끼치는 영향력이 훨씬 넓고 보편적이기 때문이라고 한다. 이와 같은 논리에 근거하여 '공동의 일'을 포괄하고, 보편의 지평에서 전체 구성원을 하나로 묶을 수 있는 조직인 '국가'universae civitati 가 성립한다. 이에 따르면, 국가란 모두에게 해당하고 모두의 이해관계res publicae 와 연관된 문제를 다루는 조직이다. 그런데 모두에게 해당하는 문제를 공동의 관점에서—그렇지만 강제력을 동원해서—처리하고 해결할 수 있는 조직이 '법률의 조국'이라고 한다. 이런 이유를 들어 키케로는 법률을 결여한 조직은 국가civitas 가 아니라고 강변한다.

　　법률이 결여된다면, 그 때문에 그것은 도저히 국가라고 간주될 수 없지 않은가? (『법률론』 제2권 제5장 12절)

　'법치주의'를 강조하는 말이 아니다. 이것은 한층 더 깊은 심급에서 이해해야 하는 말이다. 그것은 다름 아닌 국가가 성립하는 구성 조건으로서 법률의 역할에 대한 해명이기 때문이다. 아무튼 법률의 유무 여부에 따라 국가와 종족이 구분된다는 것인데, 이 구분이 중요한 이유는 무엇일까? 달리 묻자면, 키케로가 국가civitas 를 종족natio 에서 분리하고자 했던 이유는 도대체 무엇일까?

　해명은 대략 이렇다. 실은 현실적인 이유 때문이었다. 여러 종족으로 구성된 로마의 인적 구조 때문에 로마는 자체의 내적 안정과 평화를 유지하려면 여러 종족에게 보편적으로 통용될 수 있는 기준과 규칙의 확보가 필연적일 수밖에 없었는데, 바로 이 필연성이 종족과 국가를 분리했다는 것이다. 중요한 점은, 고대 로마에서조차 국민이라는 개념은 특수성인 종족과 보편성인 국가의 분리를 전제로 탄생했다는 사실이다. 이를 위해서 키케로는 제도institutio로서의 국가civitas를, 각 구성원의 합의와 동의에 따라 수립되고 모두에게 공평하게 적용되며 모두에게 통용될 수 있는 기준과 규칙 체계라고 규정한다.

국민이란, 키케로에 따르면 바로 이러한 기준과 규칙에 의해 규정된 자격과 신분을 지닌 법적 인격체persona인 셈이다. 즉 법적 규칙이 정하는 바에 따라 개별적 개인과 국가 공동체의 관계가 규정되는데, 그런 관계 규정에 따라 국가와 국민 사이에 의무-권리관계가 성립하고, 국민이란 그가 어느 종족 또는 어느 지역 출신인가와 무관하게 이 관계의 주체일 수 있는 자를 뜻할 뿐이다.

국민이라는 말에 관하여

오해를 피하기 위해서 '국민'이라는 말에 대해 잠시 해명하겠다. 국민에 해당하는 라틴어 civis는 영어의 citizen이다. 후자는 우리말로 '시민'이라고 번역되었다. 이런 사정 탓에 '국민'이라는 말을 사용해야 할지 아니면 '시민'이라는 말을 사용해야 할지를 두고 지금도 논쟁이 이어지고 있다.

내 생각은 이렇다. 결론부터 말하면, civis는 '국민'으로 이해하는 것이 설득력 있다. 근거는 세 가지이다.

우선, 시민이라는 말은 규모 면에서 도시국가였던 아테네의 역사적 특수성을 고려할 때 그 이해가 명료해지는 개념이다. 그러나 대한민국은 규모에서 도시국가의 단계를 넘어섰다. 달리 말하면 도시라는 지리 공간의 경계를 넘어서는 개념이 요청되고, 그것이 국민이라는 말이다.

다음은, 국민인가 시민인가를 놓고 벌이는 논쟁이 영어 citizen을 우리말로 옮길 때 '시민'이라고 옮기면서 생겨난 문제이기 때문이다. 그런데 도시를 뜻하는 영어 city의 어원은 civitas이다. 중세 유럽의 도시에서 city라고 불리는 지역은 중앙정부의 행정을 집행하는 관청이 있는 곳을 지칭했다. 그러니까 관청이 있는 곳이 city인 셈이다. 사정이 이와 같다면 city는 국가의 연장선으로 이해해야 한다. 그런데 civitas나 city는 읍내邑內를 가리키는 좁은 의미의 말이 아니었다. 그리고 국민이 읍내 사람은 아니다. 물론 civitas의 공간적 특성이 읍성邑城 구조로 이루어지긴 했지만, civitas는 법적 용어이자 행정 용어였다.

마지막으로, 서양 근세에 형성된 시민사회를 구성하는 사람들, 그러니까 부르주아Bourgeois 집단을 '시민'이라 부르는 전통이 있다. 하지만 특정 신분에 속하는 세력을 지칭하는 의미로 자리 잡은 용어로 일반 국민을 지칭할 수는 없다. 일단 보편성이 확보되지 않는다.

이와 같은 세 가지 근거를 바탕으로 나는 civis를 국민으로 이해한다. 그러지 않을 경우, "모든 권력은 국민으로부터 나온다"(헌법 제1조 2항)는 문장에서 '국민'이 지칭하는 대상이 불분명해지고 헌법의 국민주권 조항의 실효적인 의미가 사라질 것이기 때문이다.

정치는 불일치에서 유래한다

말이 조금 길어졌다. 본래 논의로 돌아가자. 도대체 국가가 존립하는 근거는 무엇일까? 여러 논의를 해야겠지만, 적어도 국가 civitas 는 인간적인 목적을 실현하기 위해서 성립하는 것이다. 그렇다면 그 '인간적인 목적'은 무엇일까? 키케로에 따르면 그것은 '인간답게 사는 것'humaniter vivere 의 실현이다. 또한 키케로에 따르면 그 실현이 후마니타스humanitas 이다.

그렇다면 후마니타스와 국가는 어떤 관계일까? 내 생각에 후마니타스는 '인간 안에 있는 국가'civitas in homine 를 포함한다. 해명은 다음과 같다. 즉 '국가에 대하여 한 인간이 지니는 몫과 권리'ius in civitate 가 국민의 권리ius civile 인데, 예컨대 고대 로마에서 권리 문제는 인간이 인간답게 사는 것의 핵심 조건이었다. 단적으로 로마법에서 '권리 없음'nullum ius 이라는 말은 '생명의 권리가 없음'nullum caput 과 같은 말이기에. 그런데 '생명의 권리가 없음'은 노예나 극형을 받은 자를 일컬을 때 쓰는 표현이다.

따라서 사람이 사람답게 살기 위해서는 국가로부터 그리고 국가에 대해서 권리를 지녀야 한다. 이는 생명에 대한 권리이다. 이 권리를 가진 자persona 만이 인간이고, 이 권리를 가진 자가 국민이다. 결론적으로 국민civis 이란 인간이 지닌 여러 인격성 또는 자격personae 중에서 국가성civitas 을 표지하는 개념이라는 뜻이다. 바로 이 권리에 입각해서 국민은 자신의 생명을 지켜줄 것을 요구할 수 있고, 국가는 이를 수행할 의무가 있다. 또한 이 권리 때문에 개인으로서 국민은 어느 누구도 함부로 타인을 폭행하거나 타인의 몫을 침범할 수 없다.

그런데 인간이 인간답게 살기 위해서는 자신의 권리를 지켜주는 국가의 개입이 필요하다. 만약 어떤 이가 타인의 몫, 곧 권리에 개입하고자 한다면 국가를 매개로 할 때만 가능하기 때문이다. 그것은 인간이라는 본성 안에 있는 국가성이라는 속성이 매개해준다. 이러한 국가^{civitas}라는 매개 구조를 통해서, 또는 ── 그 매개 구조가 제도적으로 실현된 장치가 법정인 데 ── 법정을 통해서 타인의 권리에 개입할 수 있는 공간이 확보되기 때문이다.

국가라는 존재도 인간의 본성 가운데 하나인, 다시 말해 아리스토텔레스적인 의미에서 인간은 정치적 존재라는 성격에 존립 근거를 두고 있다. 인간 안에 있는 국가성도 기본적으로는 인간이 사회적 또는 정치적 존재라는 속성에 기초하기 때문이다. 그렇다면 국가성도 결국은 인간성 humanitas 개념의 하위 범주에 들어가는 속성에 불과하다. 이 대목에서 눈여겨봐야 할 점은 인간성의 영역humanitas과 국가의 영역civitas이 근본적으로 일치하지 않는다는 것이다.

그런데 이런 불일치disagreement에서 성립하는 것이 정치政治이다. 정치가 불일치에서 성립한다는 것을 도대체 어떻게 해명할 수 있을까? 만약 일치한다면, 정치는 군이 필요하지 않을 것이기 때문이다. 법치만으로 충분하기 때문이다. 그 사례로 우리는 서구의 중세를 들 수 있다. 「성경」이라는 카논에 입각하여 통치가 이루어진 신정-법치의 시대가 중세였기에.

그렇지만 인간의 삶에는 법률에 포섭되지 않는 영역이 있다. 따라서 실정법은 인간이 인간답게 살기 위해서 요청되는 필요조건이지 충분조건은 아니다. 인간이 인간답게 살기 위해서는 어쩔 수 없이 정치가 요청된다는 말이다. 만약 법치만으로 인간 삶의 모든 문제를 해결할 수 있다면, 설득과 토론과 세력 간의 경쟁을 투표로 결정하는 선거 그리고 자신의 운명과 미래를 이와 같은 과정을 거쳐서 결정하는 민주주의의 역사는 도대체 어떻게 설명할 수 있을까? 결국은 정치의 성립 근거가 국민 개념인 셈이다. 여기에 국민 개념을 정립함으로써 공적인 것과 사적인 것의 구분이 더욱 명확하게 드러난다는 사족蛇足도 달겠다.

참고로, 공公은 공公이고 사私는 사私라는 점, 즉 공사公私의 구분을 정치가의 제일 덕목으로 여긴 사람들이 로마인이었다. 이는 심지어 로마의 초대 황제 아우구스투스Augustus, 재위 기원전 27~기원후 14도 예외가 아니었다는 점에서 확인된다. 사연인즉 이렇다. 아우구스투스에게는 직계 자식으로 외동딸 율리아Julia만 있었다. 딸의 혼인을 통해 후계자를 확보하려 여러 차례 시도한 끝에 의붓아들인 티베리우스를 양자로 삼는다. 서기 14년 아우구스투스가 세상을 떠난 뒤 티베리우스를 시작으로 율리우스 클라우디우스 가문의 통치가 네로 황제까지 반세기 정도 유지된다. 이것은 아우구스투스 가족의 희생이 있어서 가능한 일이었는데, 그 희생양이 율리아였다. 말 그대로 비극의 주인공이었다. 정략결혼의 희생자였기 때문이다. 그녀는 간통법 위반 혐의를 뒤집어쓰고 추방당했다. 죽을 때까지, 죽어서도 로마로 돌아오지 못했다. 공과 사의 철저한 구분 때문이었다. 어설픈 용서는 안 된다는 뜻이다.

27. 학교의 재구성, 변혁의 처음이자 끝

지금은 모두가 …… 정기가 소진되고 정신이 피폐되어도 온종일 과거 공부만 시킵니다. 그러다 등용되면 지금까지 한 공부를 죄다 버리게 하고는 국가 경영에 필요한 일을 맡깁니다. 해야 할 일을 온전히 할 줄 아는 인재가 적어진 까닭입니다. 그래서 제가 '사람의 능력을 계발해주기는커녕 사람을 몹시 괴롭히고 파괴하여 무능력자가 되게 한다'고 아뢴 것입니다.

'막다른 시대'의 초상

한마디로 사람을 살리는 교육이 아니라 죽이는 교육을 행하고 있다는 지적이다. 그것도 중국, 그 넓은 땅덩이에 이러한 교육이 만연하다는 고발이다. 북송北宋 중엽 무렵 교육계 적폐에 대해 왕안석1021~1086이 황제에게 올린 상소*의 한 대목이다.

1,000년 전 중국의 얘기치고는 왠지 낯설지 않다. 과거 공부를 대학입시나 고시 공부 등으로 바꾸면 영락없는 지금 여기 우리의 자화상이기에 그렇다. 교육계만이 아니다. 왕안석이 살던 북송 중엽은 여러모로 데자뷔를 느끼게 한다. 역시 왕안석의 입을 통해 당시의 실정을 들여다보자. 그의 사회시 가운데 대표작으로 꼽히는 「민둥산」禿山 가운데 일부이다.

> 임지로 가는 길 바다에서 / 먼 산 보고는 배를 멈췄다. / 괴이하다, 저 민둥산! 어찌 저리 되었는가. / 마을 사람들 이유를 일러준다. / 한 마리 원숭이 산 위에서 울자 / 또 한 마리 원숭이 따라 어울렸습죠. / 서로 짝지어 새끼 낳고 / 그렇게 자손이 늘자 산은 비좁아졌지요. / 산에는 초목 무성했고 / 뿌리, 열매 풍성했지만 / …… / 뭇 원숭이 죄다 배부르고 살찌자 / 산은 이내 민둥산이 됩디다. / 밀치고 다투어야 한 번 배부를 수 있으니 / 거둬들여 저장할 일, 도모할 겨를이나 있었겠습니까.

여기서 산과 원숭이는 각각 중국과 통치계층을 가리킨다. 이 시는 건국한 지 70년쯤 흘렀을 무렵 내정은 내정대로, 외교는 외교대로, 그야말로 총체적으로 난국에 빠졌던 북송 중엽의 상황을 단적으로 증언해준다. 그것은 비정상이 정상 노릇 하던 시대, 원숭이가 살찔수록 강토는 헐벗게 되는 사회, 그리하여 삶 자체가 오로지 다툼이고 싸움이 된 세상, 우리의 오늘날과 몹시도 닮은 형국이었다. 개념 있는 이라면 보수 진보 할 것 없이 저마다 개혁을 꾀할 수밖에 없는 시절이었다.

---

* 　왕안석, 「인종 황제께 올리는 시국보고서」(上仁宗皇帝言事書).

마침 그때는 '대가들의 시대'였다. 북송을 대표하는 위인 대다수가 이 시기에 집중적으로 출현했다. 생전에 이미 동아시아 일대에 문명文名을 떨친 소동파와 그에 못지않은 명성을 누린 구양수, 경력신정慶曆新政이라는 개혁을 주도한 범중엄, 불세출의 사서 『자치통감』을 저술한 사마광, 성리학의 단초를 연 정호·정이 형제와 장재·소옹 등이 앞서거니 뒤서거니 하며 막다른 시대를 지탱하고 있었다. 그리고 하늘은 북송을 아직 포기하지 않았음을 증명이라도 하려는 듯이 또 한 명의 대가 왕안석을 그 대열에 합류시켰다.

학교와 시험 개혁이 제도개혁의 요체

전근대 시기 중국이라는 관념이 고안된 이후 3천여 년 동안 참으로 많은 개혁이 있었다. 그런데 '제도개혁' 하면 사람들은 지지하든 긍정하든 간에 줄곧 북송의 신법新法을 꼽았다. 그만큼 강렬하고 혁신적이었다는 말인데, 그것을 설계하고 시공한 이가 바로 왕안석이었다.

왕안석은 지방관이었던 아버지의 부임지를 따라다닌 덕분에 어려서부터 지방 곳곳의 실정을 목도할 수 있었다. 22세의 젊은 나이에 과거 급제한 뒤 49세에 중앙 관계로 나가기 전까지 그는 수차례에 걸친 조정의 부름을 마다하고는 지방관으로 봉직했다. 이때 그는 관계의 부정부패와 인민의 참혹한 실상을 외면하지 않고 이를 해결하기 위해 동분서주했다.

이러한 경험을 바탕으로 왕안석은 천하국가 차원의 개혁 청사진을 마련할 수 있었다. 그리고 그 일단을 「인종 황제께 올리는 시국보고서」에 담아 중앙 관계로 진출하며 황제에게 상주했다. 반대파조차 논지를 펼쳐냄

이 "마치 수십만 대군을 일사불란하게 지휘하는 듯하다"며 상찬하고, 근대 변혁운동의 아이콘 양계초가 왕안석 평전을 지어 "중국사의 영광"이자 진시황 이래 천하제일의 명문이라고 극찬한, 일명 「만언서」萬言書가 세상에 나오는 순간이었다.

한 편의 글자 수가 만 자에 육박하면 거의 『논어』에 가까운 분량이다. 그런데 왕안석은 그 긴 분량을 인재의 양성과 처우, 선발과 활용에 관한 내용으로 채웠다. 여러 영역에 걸쳐 깊어진 체제 위기가 인재 부족에서 비롯됐다고 여겼기 때문이다. 그가 보기에 세상 사람들이 모여 사는 까닭은 사는 데 필요한 재화를 얻기 위함이었다. 법이라는 문명 장치를 고안해낸 이유도 재화 획득을 공평하게 조절하기 위해서였다. 관리는 이러한 법을 준행하는 자들이다. 그래서 이들이 법을 무시하면 재화를 다스릴 방도가 없어져 사람들이 모여 사는 곳, 곧 국가는 무너지고 만다. 그가 또 다른 시국보고서에서 "천하는 커다란 그릇으로 법도를 널리 밝히지 못하면 유지할 수 없고, 유능한 인재를 많이 세우지 못하면 지탱할 수 없다"*고 천명한 까닭이다.

나아가 관리는 법에 의거해 국가를 대신하고 그러한 관리를 매개로 인민이 국가와 접하게 됨을 고려할 때, 또 법이 서 있어도 관리가 이를 무시하면 법의 순기능이 마비됨을 감안할 때, 관계가 개혁의 영순위가 되는 것은 당연하다. 결국 난국의 근본 해소는 '참 관리', 그러니까 관리의 본령을 온전히 수행할 줄 아는 관리로 관계를 채우는 것으로 수렴됐다.

이를 위한 효율적 방도는 인재 양성 기관인 학교의 대대적 개혁, 바로 교육 개혁이었다. 교육은 무엇보다 내용에 따라 크게 좌우되는 만큼 교육

---

* 왕안석, 「황제께 올리는 시국보고서」(上時政書).

개혁은 내용의 일신이었다. 이에 왕안석이 내세운 바는 '경세經世 역량의 구비', 곧 '자신을 수양하고 국가사회를 공평하게 다스릴 줄 앎'의 실현을 위한 교육이었다. 그의 눈길은 자연스레 과거제도로 쏠렸다. 대다수가 과거를 통해 벼슬길에 오르는 현실에서 과거의 영향력은 지대했다.

그러니 학교가 '과거 수험용 학원'으로 전락함은 그다지 이상할 바 없는 일이었다. 문제는 과거의 평가 방식이 된 사람, 든 사람으로서 경세 역량을 쓸모 있게 갖추었는지를 판정하는 것과 거리가 멀었다는 점이었다.

학교 = '인재 양성 + 관리 임용 + 국정 비판'의 장

당시 과거에서는 주로 시 짓기와 경전 암기를 시험했다. 작시作詩 능력 연마와 암기 위주의 경전 공부를 통해서 얻는 역량이 쓸모없다는 뜻이 결코 아니다. 다만 왕안석이 보기에 이것으로는 국가 대소사라는 공적 직분을 수행하는 데 요청되는 실무적·도덕적 역량을 잴 수 없었다.

그가 수험자의 경세역량을 한층 직접적으로 측정하는 방향으로 과거를 개혁하고자 한 연유이다. 도덕적·실무적 주제에 관한 논변인 논論과 책策의 작성을 과거의 핵심으로 삼았다. 나아가 그는 관리가 되는 길을 다변화했다. 학교가 소정의 평가제도를 두고 일정 기준을 통과한 이를 과거 급제에 준하여 임용하게 했다. 학교에서 교육만 시행하는 것이 아니라 관리 임용을 전제로 한 평가도 이루어질 수 있게 했다. 교육 연구 기능만 수행하던 학교에 관리 임용 기능을 더한 것이었다.

그런데 학교가 이렇듯 인재 양성과 관리 임용을 겸비하는 형식은 먼 옛날에 이미 채택했던 방식이다. 적어도 춘추시대인 기원전 6세기경에는 확실히 그러했다. 당시 역사를 담은 『춘추좌전』에는 학교의 기능과 관련된 기록이 실려 있다. 기원전 542년 조의 기록으로, 정나라 국인國人들이 향교에 모여 당시 집정인 자산의 정치를 두고 갑론을박했다는 기술이 그것이다. 국인은 지금의 시민에 해당하고 향교는 지방에 설치된 학교였으며 집정은 수상쯤 된다. 곧 시민이 학교에 모여 국정을 의론했다는 뜻이 되니, 학교가 지금으로 치면 국정을 심의하는 의회나 그것을 감시하고 비판하며 공공선에 기초하여 합리적 대안을 제시하는 언론 역할을 겸하는 장이었음을 알 수 있다. 그래서 『예기』「학기」에 잘 드러나듯이 학교에 입학해서 정해진 제도에 따라 학업을 평가하는 것은 장차 관리가 됐을 때 필요한 역량을 점검한다는 목적 아래 시행되었다. 중국 문화가 유학을 바탕으로 기틀을 잡아가던 초기에 이미 학교가 경세와 유기적으로 연동된 장으로 사유됐던 셈이다.

왕안석의 학교 개혁안은 이러한 전통에 서 있었다. 그리고 그가 제시한 개혁의 핵심은 인재 양성과 관리 임용 모두 경세 역량을 중심으로 한다는 것이었다. 학교교육의 목표가 국가 대소사를 제대로 처리하는 능력의 구비로 설정됐으며, 평가도 관련 주제로 작성된 논과 책에 기초하여 이루어졌다. 관리는 이렇게 학교에서 검증된 인재로 충원했다. 학교에서 국정 분석과 평가 등을 상시적으로 수행할 수 있는 여지를 제도적으로 보장한 셈이었다. 이는 학교를 논쟁의 공간이자 여론의 장으로 본 전통적 관념의 복원이었다. 그의 계획대로라면 학교는 교육 연구 기능과 관리 등용 기능, 의회 기능을 겸한 유서 깊은 문명 장치로 다시금 우뚝 설 수 있었다.

물론 왕안석의 학교 개혁은 중도에 좌절됐다. 그렇다고 학교에 대한 그의 관점도 덩달아 소멸한 것은 아니었다. 아니, 그럴 수는 없었다. 그의 학교관이 유교에서 진리로 받드는 옛 성군의 뜻에 부합됐기에 그러하다. 더구나 학교는 늘 국가사회와 문화, 인민의 연결고리였고 교육은 항상 미래를 만들어가는 활동이었다.

하여 어두운 시대나 격변기가 펼쳐지면 그의 학교관은 시의에 맞춰 변주되며 여러 개혁의 요체로 제출되곤 했다. 중국이 '오랑캐'인 만주족 치하로 들어갔을 때 황종희라는 큰 학자나 근대 변혁기 국학계의 큰 스승이라 불린 장병린이 제출한 학교론이 대표적 예다. 이들은 왕안석보다 몇 걸음씩 더 나아가 학교의 사회교육적 기능, 여론 기능 등을 강화함으로써 학교를 근대적 의미의 교육 민주화와 교육 자치, 향촌 자치 등의 중추로 삼고자 했다. 그리고 이를 매개로 국가를 일신하고자 했다. 언제나 그렇듯이 학교 개혁이 체제 변혁의 알파이자 오메가로 작동된 것이다.

'평균적 사람'들이 일궈내는 혁신

왕안석이 피력한 학교관은 상술했듯이 적어도 공자의 선배 세대인 정나라 자산 때부터, 중국 제국의 이념적·제도적 기틀이 놓여가던 시대, 곧 『예기』가 써지던 시대와 황종희가 살던 17세기를 거쳐 20세기 전환기 장병린에 이르기까지 그 고갱이가 유전됐다. 적어도 2,500여 년 동안 꾸준히 반복된 셈이다.

왕안석의 학교 개혁안이 그래서 훌륭하다는 말이 아니다. 그러한 괜찮은 학교관이 그 오랜 세월 동안 반복적으로 제시됐음은 그만큼 학교가 제대로 서지 못한 때도 반복됐음을 반증하기에 그렇다. 한편으로는 신이 아닌 사람이 고안한 방안인데 어떻게 오랜 세월 변질되지 않고 이어질 수 있을까도 싶다. 고대 중국인의 시간관이라는 나선형적 순환론처럼 '한 번은 다스려지고 한 번은 어지러워지는'[一治一亂] 것이 사람으로서는 넘을 수 없는 섭리일 수도 있다.

다만 사람에게 자율적 의지가 천부적으로 내재함도 부인할 수 없는 진리임을 잊어선 안 된다. '일치일란'의 섭리에서 벗어나지 못한다고 해도, 다스림의 시간을 조금이라도 더 늘리고 혼란의 시간을 줄이려는 노력은 언제나 필요하고 사뭇 값지다. 왕안석을 호되게 비판한 보수파의 영수 사마광의 "사람이 근본적으로 세상을 변화시킬 수는 없지만, 충분하게 빠른 시점에서 행동한다면 역사의 방향을 바꿀 수 있다"* 는 통찰도 의미 깊다. 같은 맥락에서 왕안석이 '평균적 사람'[中人]을 개혁의 전제로 삼은 것도 눈여겨볼 대목이다.

'중인'은 교육에 따라 군자가 될 수도 있고 소인이 될 수도 있는 존재이다. 달리 말해 왕안석은 군자가 아닌 중인에게 눈높이를 맞추고 개혁을 설계했다. 그래서 그는 관리 된 자들의 역사적 소명과 도덕적 각성에만 의지하지 않고, 이를테면 넉넉한 생계를 꾀하고 자손들의 윤택한 삶을 희구하는 인지상정을 긍정하고, 이를 충족하기 위한 방안으로 관리의 임금을 현실화했으며, 관리 사후 자손에게 세록[世祿: 일종의 연금]을 지급하는 식의 방안을 실행할 수 있었다. 이렇게 한 사회의 다수를 차지하는 평균적 사람이 받아들일 만한 개혁안이라면 한층 오래 지속되어 그만큼 혼란의 시간을 줄일 가능성도 키울 수 있다. 그의 학교 개혁은 그래서 이상 지향적이 아니라 다분히 현실 지향적이었다. 그것은 평균적 사람이 공적 소임을 바르게 다할 수 있도록 길러내자는 기획이었다. 도덕적·실무적으로 빼어난 인

---

* 피터 K. 볼, 『중국 지식인들과 정체성』, 심의영 옮김, 북스토리, 2008, 485쪽에서 재인용.

재만을 배출함이 주된 목표가 아니었다는 얘기이다.

　이를 오늘날로 바꿔 읽으면 학교 개혁을 통해 '평균적 시민'을 양성해내는 일이 된다. 평균적 시민이 국가사회의 중추가 됐을 때 사람을 황폐하게 하고 삶터가 그 자체로 싸움터가 되어 사람을 죽이는 그러한 시절은 줄이고, 상식과 양식이 우선되고 공정과 평화가 실현되어 사람을 살리는 그러한 시기는 늘려갈 수 있다. 체제 개혁을 넘어, 지난 70여 년 동안 지속된 친일과 독재·재벌 등으로 대변되는 시대를 일신해야 하는 지금, 왕안석의 변혁 설계가 자못 빛나는 이유이다.

28. 웃음의 정치란

설득이란 무엇일까? 사람의 마음을 움직여 자발적으로 따르게 하는 것이다. 그런데 사람을 움직이게 하는 힘에는 어떤 것들이 있을까? 물론 지금은 사람을 움직이게 하는 가장 큰 힘은 뭐니 뭐니 해도 돈이다. 물리적인 힘도 사람을 움직이게 한다. 명령과 권위도 사람을 움직이게 한다. 그러나 이것들은 강제이다. 돈이나 힘으로 사람을 움직이게 하는 것은 진정한 의미의 설득이 아니다. 어쨌든 강제이기에.

이런 이유 때문에 서양은 사람의 마음을 움직여 자발적으로 행하게 만드는 말의 힘에 담긴 비밀이 무엇인지를 오랫동안 연구해왔다. 처음에는 큰 소리가 사람을 움직인다고 생각했다. 천둥소리에 제우스의 뜻이 담겼다고 믿었기 때문이다. 그러나 큰 소리, 예를 들어 고함은 협박에 불과하다는 것을 금방 알아차려버렸다. 고함으로는 상대를 제압할 수 없게 되자 다른 수단을 찾으려 노력하는데, 그것은 '고함'의 반대편에 있던 촌철살인寸鐵

殺人의 필살기 '웃음'이었다.

설득능력은 신의 선물이다

헤시오도스라는 시인의 이야기이다.

> 무사 여신들 중에서 칼리오페Kalliope가 가장 뛰어났다. 존경받는 왕들과
> 동행한다. 위대한 제우스의 딸들은 제우스가 돌보는 왕들 가운데 어떤 이
> 가 태어나면 그를 지켜보고 그에게 명예를 준다. 그녀들은 그의 혀에 달콤
> 한 이슬을 부어준다. 그러면 그의 입에서는 부드러운 말이 흘러나온다. 모
> 든 백성은 왕을 우러러본다. 곧은 잣대로 다툼의 시비를 바로잡는 왕을 모
> 든 백성은 우러러본다. 왕은 어떤 흔들림조차 없이 단호한 연설을 통해서
> 큰 분쟁도 금세 멈추게 만든다. 따라서 왕들은 시비를 가리는 판단을 내
> 릴 줄 알아야 한다. 시장에서 손해를 본 백성이 본래 자신의 몫을 되찾을
> 수 있도록 사건을 능숙하게 처리할 수 있어야 하기 때문이다. 부드러운 말
> 을 통한 설득으로 말이다. 다툼이 있는 곳에 왕이 등장하면, 사람들은 그를
> 신처럼 예의를 갖추어 받든다. 그는 그곳에 모인 사람들 가운데에서 우뚝
> 떠오른다. 이것이 무사 여신들이 인간에게 주는 신성한 선물이다. (『신통기』
> 79~93행)

인용에 따르면, 왕이 지녀야 할 덕목이 말을 잘하는 설득능력이다. 아직
교육이 발전하지 않았던 시절인지라 헤시오도스는 설득능력을 천복으로
돌린다. 왕이 태어날 때 왕의 혀에 무사 여신들이 달콤한 이슬을 부어주기

때문이라 한다. 그런데 "달콤한 이슬"이 왕이 직면하는 상황과 수행해야 하는 일과는 왠지 어울리지 않는다. 우선 "어떤 흔들림조차 없는 단호한 연설"이라는 언표와 어울리지 않는다. 또한 "곧은 잣대"라는 표현도 그렇다. 그렇다면 "달콤한 이슬"이라는 언표는 어떻게 해석해야 할까? 아마도 그것은 듣는 이의 관점에서 마음에 드는 말을 뜻한다. 왕의 연설이 강제가 아닌 자발성을 구하는 설득의 힘을 지녀야 함을 강조하기 위해서 '달콤함'이 수식어로 붙었기 때문이다.

따라서 말을 잘한다는 것, 즉 설득능력이 있다는 것은 단지 귀에 듣기 좋은 말을 하는 것이 아님이 분명하다. 적어도 목소리가 감미로운 것을 뜻하지는 않는다. 물론 목소리의 달콤함도 중요하다. 그러나 더 중요한 것은 말에 시비를 가릴 판단이 실려 있는지 그리고 말에서 어긋나고 뒤틀린 것을 바로잡아 그것을 본래 자리에 되돌려줄 수 있는지 여부이다. 실은 이것이 설득능력의 요체이기 때문이다. 이 설득능력이 아마도 사람들이 요즘 말하는 소통 또는 공감 리더십일 것이다.

설득능력! 이는 예나 지금이나 공동체와 조직의 지도자라면 꼭 갖춰야 할 자질이다. 회의를 주재하거나 협상을 할 때, 의견이 갈린 구성원들을 하나로 이끌어 문제와 갈등을 효율적으로 해결할 수 있는 능력이기에. 이른바 소통의 리더십이 이것일 것이다.

그러나 한 가지 주의해야 할 점이 있다. 다름 아니라, 다른 사람의 이야기를 들어준다면서 손을 잡으며 심지어 그 사람들이 입는 옷을 빌려 입고 물리적으로 그들과 잠시 마주 앉아서 그들의 이야기를 들어주는 것은, 이른바 서민 '코스프레'costume play를 하는 것이다. 그러나 그것이 곧 소통능력은 아니다. 진정한 소통의 리더십이란 들어주는 것이 아니라 해결하는 능력을 보이는 것이기에. 정치인들이 시장에서 어묵 먹는 장면은 이제 그만

봤으면 한다.

소통능력! 그것은 말로 사람을 구하고 나라를 구한다는 능력이다. 어쩌면 이것은 우리에게는 낯선 무엇일 수도 있다. 문어 전통에 익숙한 동양인은 공자의 영향을 받아서인지 대체로 말 잘하는 사람을 부정적으로 보는 시각이 아직은 지배적이기 때문이다. "교언영색선의인"巧言令色鮮矣仁(말 잘하고 표정을 잘 짓는 사람치고 어진 이가 드물다)이라는 말이 지닌 위세가 지금도 여전하기에 하는 말이다.

그러나 역사를 둘러보건대, 나라를 구한 영웅이나 위인이나 학자들의 경우, 그들이 단지 말만 잘한다는 이유로 예찬받은 것은 아니었다. 하지만 그들에게는 말을 잘했다는 한 가지 공통점이 있다. 설득능력이 뛰어났던 이들이라는 얘기이다. 그렇지 않았다면 조직을 이끌 수 없었을 것이기에.

이런 이유에서 나는 소통능력을 개인 차원의 무엇으로 보지 않는다. 오히려 문명 차원의 무엇이라고 본다. 요컨대 선거에서 표를 많이 얻는 것에 따라 권력이 결정되는 정치구조에서는 말의 힘이 결정적이기 때문이다. 사람의 마음을 움직이는 힘이 결국은 말이기에 하는 얘기이다. 또한 자본주의 시대에는 상품도 말과 이야기의 힘에 의지할 수밖에 없다는 점도 강조하고자 한다. 말과 이야기로 이루어진 포장의 옷을 입지 않은 상품이 어디에 있는가? 상품 자체가 영업사원이다.

이렇게 문명 차원에서 접근해보면, 설득능력은 단순히 한 개인의 말재주나 글솜씨 정도로 하찮게 다룰 수 있는 무엇이 결코 아니다. 단적으로, 억울하게 누명을 쓴 사람이 말로써 자신의 무고함을 해명하고자 할 때, 그 억울함을 호소하는 수단이 오로지 말밖에 없을 때, 그 말을 바탕으로 그가 무고한지 아닌지를 법정에 모인 배심원들이 결정하는 판결 구조에서 말의 힘은 당연히 클 수밖에 없기 때문이다. 이런 이유에서 나는 설득능력 또는 소통능력을 지금의 서양 문명을 가능하게 한 밑바탕이자 원동력이라고 생각한다. 권력을 결정하고 진실을 가르며 진리를 탐구하는 것이 말의 힘에 따라 결정되는 것이 서양 문명의 특징이기에.

이를 잘 보여주는 증인을 초대하겠다. 말로 나라를 구했다 해서 '국부' pater civitatis 칭호를 부여받은 키케로이다. 예컨대 그는 친구를 위해서 심지어 산천초목도 떨었다는 독재자 술라Sulla와 맞섰고 법정에서 승리했다. 돈이나 무력으로 덤볐다면 백전백패했을 것이다. 말의 힘이 위력을 발휘할 수 있는 서양 문명의 특성 덕분이었다. 물론 말 때문에 정치적인 박해를 받기도 했다. 독재자의 분노를 사는 바람에 조국 로마를 떠나 아테네와 로도스섬으로 망명 유학을 떠날 수밖에 없었기 때문이다. 그러나 그는 신변의 위험을 무릅쓰고 자유와 정의를 위해 법정과 광장에 나섰는데, 물론 이것이 그를 로마의 최고 권력자로 만들어주었다.

성공의 비결은 웃음이었다

키케로의 말에는 힘이 넘쳤다고 한다. 그러나 고래고래 고함을 지르지는 않았다. 오히려 그 반대였다. 때로는 사자후를 토하기도 했다. 하지만 키케로가 행한 연설은 대부분 재치와 기지가 넘쳤다. 웃음이 그의 필살기였던 셈이다. 당하는 사람은 어쩔 수 없이 당해야 하지만 듣는 사람들을 즐겁게 만드는 것이 웃음이기에. 아닌 게 아니라 공공장소나 토론장에서 상대방 또는 정치적인 적수를 꼼짝 못하게 만드는 최고의 무기가 웃음이라는 점은 굳이 부연할 필요가 없을 것이다. 모욕과 공격을 당하는 게 분명한데도 얼굴이 붉어지는 반응 이외에 달리 어찌 대처할 수 없어 꼼짝없이 당하게 만드는 것이 웃음이고, 유세장에서 표를 주는 청중의 지지와 인기를 자기 편으로 끌어올 수 있는 최고 효과를 내는 것도 웃음이기 때문이다.

이런 의미에서 이른바 가성비가 가장 높은 무기가 웃음인 셈이다. 아무튼, 토론 중에 신경질적인 반응을 보이거나 물리적인 폭력을 행사하면 오히려 상황을 더 나빠지게 할 뿐이기 때문이다. 물론 물어뜯기 식의 비난이나 폭로 위주의 깎아내리기 공격이 효과가 없는 것은 아니다. 그러나 그것은 자신이 공격하는 사람의 표를 깎아내릴 수는 있어도 그 표가 곧 자신에게 오지는 않는다는 점을 가장 잘 알았던 사람이 키케로였다. 단독 저서는 아니지만, 웃음에 관해서 단행본 분량의 저술을 남긴 이가 바로 키케로였기 때문이다. 『연설가에 대하여』에 적힌, 웃음을 바라보는 그의 생각이다.

> 웃게 만드는 일이 연설가(정치가)의 소임이다. 재미있다고 생각하는 사람의 호의를 이끌어내는 것이 바로 그것이기 때문이다. 또는 사람들은 종종 답변하는 사람이 내놓는 한 단어에 담긴 예리함에 특히 감탄한다. 심지어는 때때로 신랄하게 공격하는 사람의 한 마디도 그렇다. 또는 [웃음은] 적을 깨버리고, 적을 저지하며, 적을 가볍게 만들어버리고, 적을 두렵게 만들며, 적을 반박하기 때문이다. 또는 [웃음은] 연설가(정치가)를 세련되고 교육을 잘 받았고 기지가 넘치는 사람으로 보여주기 때문이다. 특히 엄하고 썰렁한 분위기를 부드럽게 만들며, 종종 아주 곤란한 상황을, 이는 말만의 논리로는 쉽게 풀 수가 없는데, 유머와 기지는 이런 상황마저도 부드럽게 만들어주기 때문이다. (『연설가에 대하여』 제2권 제236장)

각설하고, 웃음이 이토록 중요한 이유는 도대체 무엇일까? 그것은 한편으로 정치세력 간의 힘겨루기가 민주주의의 근간 규칙인 다수결의 원리를 바탕으로 함에도, 흔히 의사당에서 볼 수 있듯이, 세력 간의 물리적인 충돌을 극복하는 데 가장 효율적인 수단이 웃음이기 때문이다. 다른 한편으로 도시 생활의 긴장과 갈등을 완화하는 힘이 웃음에 담겨 있기 때문이다. 이런 의미에서 도시의 생기가 웃음이고, 도시의 윤활유가 웃음인 셈이다. 아무튼 키케로가 도시문명에서 발생하는 인간문제와 사회문제의 해결책 가운데 하나로 웃음을 제안한다는 사실에 눈길이 가는데, 우리 식으로 따지면 중인 신분의 기사 가문에서 태어난 키케로를 로마의 최고 수장인 콘술로 만들어준 힘이 실은 명민한 머리와 예리한 혀가 만들어낸 웃음이었기 때문이다.

용기도 중요하다

키케로의 필살기가 고작 웃음이라는 점에 실망할 독자가 있을지도 모르겠다. 그렇지만 어쩔 수 없다. 그가 글로 밝혀놓은 것은 여기까지이기에. 내 생각을 조금 보태겠다. 키케로의 말대로 "웃게 만드는" 힘은 무엇일까? 다름 아닌 사태를 꿰뚫어 보는 통찰능력과, 현장을 세밀하게 파악할 줄 아는 관찰능력과, 표현의 디테일에 능한 조절능력이 바로 그것이다.

덧붙일 게 하나 더 있다. 바로 용기fortitudo이다. 물론 키케로는 정치에 참여하는 것을 의무로 여긴다. 그렇지만 권력암투의 정치공학에 따라 좌우되는 현실정치에 참여하는 정치가에게 의무라는 말만으로는 충분하지 않기 때문이다. 현실정치에서는 어쩔 수 없이 용기가 요청되는데, 정치란 말로 싸우는 전쟁이기 때문이다. 키케로의 말이다.

내가 찾는 사람은 어떤 법정에서 같은 소리만 맴맴 대는 자도 아니고 목청만 돋우는 자도 아니며 돈만 챙기는 삼류 변호사가 아닐세. 내가 진실로 갈구하는 이는 이런 사람이라네. …… 그는 '연설가'라는 이름의 갑옷과 홀ᵛ을 방패 삼아 자신을 무사히 지키면서 적들이 던지는 창과 화살 사이를 유유히 누빌 수 있는 자여야만 한다네. 그는 말이라는 무기를 통해서 사악한 자들의 기만과 범죄가 만천하에 공개되어 시민들의 증오의 대상이 되게 만들고, 이를 통해서 그들을 단죄할 수 있는 능력의 소유자여야 하네. 마찬가지로 그는 자신에게 주어진 지성의 힘을 방패로 삼아서 무고한 사람을 재판에서 구원할 수 있는 힘을 갖춘 자여야 하네. 또한 그는 삶의 무기력에 빠져 흐느적거리는 인민들과 갈팡질팡 어디로 가야 할지 모르는 인민들을 제정신이 번쩍 들게 만들고 본래 있어야 할 자리와 본래 갈 길로 되돌리는 한편, 간악한 무리에게는 분노의 불길을 타오르게 할 줄 알며, 그러나 선량한 사람에게 타오른 분노는 부드럽게 다스릴 줄 아는 능력의 소유자라네. 결론적으로 그는 삶에서 부딪히거나 발생하는 사건 사고가 사람들의 마음을 어디로 이끌고 가든지 간에, 그 마음을 격양시키고 싶으면 격양시키고, 부드럽게 가라앉히고 싶으면 가라앉힐 줄 아는 능력을 지닌 사람이어야 하네. (『연설가에 대하여』 제1권 제202장)

키케로를 지켜준 방패의 실체가 드러나는 순간이다. 웃음이었다. 저 살벌한 전투 현장에서 키케로의 생명을 지켜준 비결이 웃음이었다는 점에서 헤시오도스의 '달콤한 이슬'이 완전히 틀린 말은 아닌 셈이다. 웃음은 어쨌든 부드러운 무기이기에. 한데 요즘 우리가 찾는 사람이 어쩌면 이런 연설가가 아닐는지 싶다. 적어도 웃게는 만들어줄지 모르기에.

29. 개혁 군주, 그들이 학술을 진흥한 까닭

"궁전 뜰에 커다란 새가 묵고 있습니다. 그런데 3년간 날지도 않고 울지도 않습니다. 왕께서는 이 새가 무엇인지 아시는지요?" 기원전 4세기경, 그러니까 '싸우는 나라들'의 시대인 전국시대 중엽, 순우곤이 제나라 위왕에게 낸 수수께끼이다.

군주를 각성케 한 수수께끼

순우곤은 제나라 융성을 추동한 학자였다. 그가 죽자 제자 3천여 명이 상복을 차려입고 장례를 치렀다고 한다. 그의 영향력이 작지 않았음을, 그를 향한 존경이 얼마나 컸는지를 짐작할 수 있는 대목이다. 그래서일까, 신하가 대뜸 던진 물음인데도 위왕은 정중하게 답했다.

그 새는 날지 않으면 그만이지만 한번 날아오르면 하늘 끝까지 솟구칩니다. 또 울지 않으면 그만이지만 일단 울어대면 사람을 놀래어 두렵게 합니다.

그런데 답변이 흥미롭다. 위왕은 '무엇'으로 물은 질문에 '이것이다' 식으로 답하지 않았다. 다시 말해 새 이름을 대지 않았다. 대신 그 특징을 언급함으로써 그 새가 무슨 새인지 자신이 잘 알고 있음을 내비쳤다. 덕분에 위왕의 답변은 동시에 물음이 되었다. 새 이름이 제시되지 않은 까닭에 독자는 그러그러한 특징을 띤 새의 정체를 여전히 궁금해하게 된다.

이 일화는 『사기』「골계열전」에 나온다. 골계란 해학과 비슷한 말로, 풍자가 물씬 배어 있는 유머를 뜻한다. 순우곤과 위왕의 문답에도 농익은 풍자가 녹아들어 있다. 그 풍자의 내용을 사마천은 독자의 호기심을 지속케 하여 스스로 찾아가게 한 셈이다. 예컨대 이런 식이다. 하늘을 낢과 우짖음은 새를 새답게 해주는 핵심 자질이다. 덩치가 어마어마해도 울지 않고 날지 않는다면 새다운 새라고 할 수 없는 이유이다. 순우곤은 이를 위왕에 비유했다. 왕더러 '새'[鳥] 같다고 욕한 것이 아니다. 그가 왕을 커다란 새, 그러니까 고만고만한 뭇 새와는 차원이 다른 새에 빗댄 이유는 그의 눈에 위왕은 틀림없이 크게 될 군주였기 때문이다.

한편 큰 새가 궁정 뜰에 내려앉은 지 3년이 됐다는 말은 이제 때가 됐다는 뜻이다. 마침 위왕은 즉위한 지 9년째였다. 한문에서 '3'이나 '9'는 어떤 조건이 충족됐음을 뜻하기도 한다. 순우곤은 수수께끼를 빌려 위왕에게 큰 새답게 날아오르고 우짖을 때가, 곧 왕다운 왕으로서 웅지를 펼칠 분위기가 무르익었음을 넌지시 아뢴 것이다.

순우곤의 판단은 정확했다. 그가 때가 됐다며 넌지시 '도발'하자 즉위 이래 줄곧 술과 여색에 빠져 있던 위왕은 언제 그랬느냐는 듯이 칼을 뽑아들었다. 전통의 강호 제나라 부흥의 서곡이 장중하게 울리는 순간이었다. 사마천은 그 후의 일을 이렇게 증언했다. "군사를 떨쳐 일으켜 출정하자 뭇 제후들이 경기를 일으켰고 모두 빼앗은 땅을 제나라에 돌려주었다. 그 위엄을 36년간 떨쳤다."

최초의 왕립 아카데미 '직하학궁'

위왕의 업적은 눈부셨다. 그의 공적은 아들 선왕이 중원의 대통일을 도모하는 기틀이 되었다. 선왕은 부친이 일군 자산을 바탕으로 여러 왕 가운데 한 명의 왕이 아니라 '왕 중의 왕', 곧 중국 최초로 황제가 다스리는 제국 건설을 도모했다. 실제로 선왕은 '동제'東帝, 그러니까 동방의 황제를 자칭하며 제나라의 부강을 일궈냈다. 여기에는 위왕 때부터 번성한 직하학궁稷下學宮이라는 학술기관이 큰 몫을 했다.

직稷은 제나라 도성에 나 있던 성문 가운데 하나로, 직하는 그 문 밖을 가리킨다. 직하학궁은 이곳에 위왕의 부친 환공이 설치한 중국사 최초의 왕실 부설 학술기관이었다. 이는 지금으로 치자면 '종합대학+고등학술연구기관'의 복합체쯤에 해당한다. 다만 기관 규모나 학자 대접은 소박했던 듯하다. 이를 대대적으로 정비한 이는 순우곤의 수수께끼를 계기로 각성한 위왕이었다. 그는 제나라 부강 프로젝트의 일환으로 직하학궁을 활성화했으며, 이를 이어받아 선왕은 시설과 대우 면에서 한층 제고된 지원을 아끼지 않았다.

선왕은 순우곤을 비롯해 추연·신도 같은 저명 학자 76명에게 대저택을 하사했고 상대부에 준하는 높은 명예직과 봉록을 제공했다. 또한 학식과 덕망이 높아 직하선생이라 불린 인사 1천여 명을 학파 불문하고 후원했다. 사통팔달한 거리에 높은 문이 달린 커다란 집을 마련해주고 존대한 덕분에 그들은 생계 걱정에서 벗어나 상호 담론하고 저술하며 운집한 수천 명의 학생에게 강학할 수도 있었다. 당시 직하학궁에 모인 학생들은 직하학사라 불렸으며, 이들은 직하선생의 추천이 있으면 관직 임용이 가능했다. 앞선 글*에서도 언급한 바 있는 학교, 곧 가르침의 장이 인재 양성의 공간이자 관리 임용의 공간이었음을 다시금 목도할 수 있는 대목이다.

그렇다고 직하선생이 현실정치에 직접 참여한 것은 아니었다. 직하학궁의 원칙이 "세상에 대한 저술과 담론은 생성하지만 정사를 직접 맡지는 않는다"였기 때문이다. 대신 통치자의 자문과 정책 건의 등에는 적극적으로 임할 수 있었다. 현실정치에 직접 간여하는 관직을 허여하지는 않았지만 사회적·재정적으로는 최상급으로 대우하면서 나라 대소사를 맘껏 의론할 수 있게 한 셈이었다.

경우에 따라서는 순우곤의 예에서처럼 직하학궁에서 나와 현실정치에 참여할 수도 있었다. 동서고금을 막론하고 이는 지식인에게는 엄청나게 매력 있는 조건이었다. 예컨대 전병은 본래 팽몽의 제자였지만 직하선생이 된 후 재산이 천금을 웃돌고 제자도 100여 명이나 되었으며, 맹자가 제나라의 재상 자리를 버리고 고향인 추鄒로 돌아가려 하자 제나라 선왕은 강의실을 지어주고 제자를 길러낼 수 있도록 만종의 기금을 주며 그를 붙들기도 했다. 그렇다 보니 직하학궁은 순자와 송견 등 당대의 내로라하는 학자가 모이는 공간이 되고, 맹자와 장자 같은 대학자와도 긴밀하게 연동될 수 있었다.

---

* 「27. 학교의 재구성, 변혁의 처음이자 끝」.

덕분에 다양한 학파의 수많은 학자가 마음껏 쟁론하여 온갖 학술이 활짝 개화했다. 이를 뜻하는 '백가쟁명, 백화제방'百家爭鳴, 百花齊放은 듣기 좋으라고 붙인 과장된 수사가 아니라 직하학궁에서 짧지 않은 기간 동안 실제로 벌어진 일이었다.

학술 융성으로 거머쥔 국제적 헤게모니

그렇다고 위왕과 선왕이 인문학을 몹시 사랑하여 정책적·제도적·재정적으로 직하학궁을 크게 키웠다고 하기는 어렵다. 순수하게 학문 발전을 위해서 그런 것은 아니었다는 뜻이다. 그보다는 부국강병을 위해 그리했다는 편이 훨씬 사실에 가깝다.

당시는 싸우는 나라들의 시대 한복판이었다. 중원의 패권을 놓고 벌인 각축이 나날이 격화하던 때였다. 그 결과 전국시대 초 13개 나라였던 제후국이 겨우 수십 년 만에 7대 강국으로 정리됐다. 단적으로 개혁을 하지 않으면 살아남기 어려운 시절이었던 탓에 도덕이나 학문·예술 같은 인문을 국정 운영의 전면에 앞세우기가, 또 근간으로 삼기가 몹시 어려운 상황이었다.

'싸우는 나라들'의 실체는 그래서 부강한 국가 건설을 향해 '개혁하는 나라들'이기도 했다. 서방의 황제, 곧 서제西帝라 자칭했던 진나라가 대표적 예이다. 그들은 남들보다 몇 걸음 앞서, 몇 대에 걸쳐 꾸준히 제도개혁을 단행했다. 그 결과는 진시황 대에 이르러 천하를 통일, 중국 최초의 제국을 수립하는 미증유의 결실로 이어졌다. 물론 모두가 천하 통일을 꾀한 것은 아니었다. 문제는 천하통일을 꾀하지 않더라도 개혁을 하지 않으면 안

되는 상황이었다는 점이다. 망하지 않고 살아남기 위해서라도 개혁을 해야 하는 처지였다.

사정이 이렇다 보니 당시 유력 계층으로 한창 탈바꿈하던 사±의 확보 경쟁이 갈수록 치열해졌다. 그들이 정책자문과 행정실무에 필요한 역량을 갖추고 있었기 때문이다. 급기야 '사' 확보에 따라 국운이 좌우되는 상황이 벌어졌다. 사들이 "초나라로 들어가면 초나라가 강해졌고 제나라를 떠나면 제나라가 약해졌으며, 조나라를 위해 일하면 조나라가 보전되었고 위나라를 버리면 위나라가 해를 입었다"(『논형』論衡 「효력」效力). 이는 직전 시대와는 다른 상전벽해 같은 변화였다. 공자는 냉대와 모멸을 감수하고 열국을 돌아다니면서 제후 설득에 나섰다. 어떨 때는 몹시 굶주리기도 했고 무뢰배로 오인되어 생명의 위협을 받기도 했다. 오죽하면 '집 잃은 개'[喪家之狗] 같다는 남들의 비아냥에 크게 공감할 정도였을까.

반면에 맹자는 수레 수십 대에 수백의 수행원을 동반한 채로 제후들을 찾아다니며 후하게 대접받았다. 그가 "사가 지위를 잃음은 제후가 나라를 잃음과 같다"(『맹자』「등문공·하」)고 했을 때, 이는 자기 가치를 높이기 위한 허언이 아니라 사가 국력의 요체였던 실제를 담담하게 개괄한 말이었다. 사가 중원의 정세를 쥐락펴락하는 핵심 역량으로 발돋움했음이다. 위왕이 각성과 함께 직하학궁을 활성화하고 천하 인재를 그러모아 후하게 대우한 까닭도 이 때문이었다. 설사 그 많은 인재 모두가 당장 도움이 되지는 않는다 해도, 제나라로 인재가 집중되는 것이 타국에는 인재 유출이기에 적어도 본전은 됐다. 위왕과 선왕 시절 제나라가 중흥을 구가한 시기는 직하학궁의 전성기였으며, 민왕 이래 제가 몰락할 때까지의 시기는 직하학궁의 쇠퇴기였음은 우연이 아니었다.

싸우는 나라들의 시대였기에 그럴 수밖에 없었다고 하기는 어렵다. 제나라만 해도 200여 년 전에 이미 인재 확보가 국력을 신장하는 가장 확실하고도 빠른 방도였음을 경험한 바 있다. 당시 중원 최초로 패자가 됐던 제 환공은 천하 인재를 확보하는 데 진력했다. 세객 80명에게 많은 물자를 주어 사방으로 파견, 각지의 현사를 제나라로 불러들이게 했다. 재야에 묻힌 인재를 모실 때면 삼고초려에 그치지 않고 아무리 거친 곳이라도 기꺼이 '오고초려'五顧草廬, 그러니까 다섯 번이라도 찾아갔으며, 그 인물이 빼어나기만 하면 출신 배경을 따지지 않고 바로 재상급으로 임용하기도 했다. 전국시대에 종종 목도되는, 아침에는 평민이었지만 저녁때는 경상卿相이 되는 현상이 그보다 몇백 년 앞서 이미 벌어졌던 셈이다.

게다가 재상 중의 재상 관중은 환공에게 진언하기를, 깨끗하고 편안한 거처를 사인들에게 제공하여 함께 거처하게 하라고 했다. 그러면 그들은 서로 의론하면서 가치 있는 일을 도모할 것이며 이런 환경에서 자라는 그들의 자손들도 자연스레 쓸모 큰 인재가 되리라고 아뢨다. 환공의 제나라가 40년 넘게 중원 최고의 강국으로 군림한 바탕에는 이러한 정책적 노력이 있었다. 유독 제나라만 그런 것도 아니었다. 월나라 왕 구천은 현사를 모으면서 곳곳에서 찾아온 사들을 극진하게 대접했고, 뛰어난 이들에게는 깨끗한 처소와 좋은 옷, 넉넉한 음식을 제공하여 인재가 6천 명에 달하기도 했다. 이것이 구천이 패자가 되는 데 튼실한 밑천이 됐음은 두말할 필요가 없다.

"인력이 고스란히 국력", 우리에겐 너무나 절실한……

천하를 호령한 이의 곁에는 이렇듯 많은 수의 뛰어난 인재가 함께했다.

인재 확보와 양성으로 귀결되는 학술 융성은 이렇듯 언제 어디서든 유효하고 값진 이치였다. 친숙해지면 아무렇지도 않게 되어 쉬이 망각하는 것들이 있다. 상대를 알고 나를 알면 백 번 싸워 백 번 모두 위태롭지 않다는 '지피지기백전불태'知彼知己百戰不殆라는 격언도 그러하다.

손자의 말이라고 하니 못 돼도 2,500여 년 동안 그 가치를 인정받은 오래된 이치이다. 이 말에는 안다는 것의 대단한 힘이 강조되어 있다. 혹 백 번 싸워, 달리 말해 싸울 때마다 다 이기는[百戰百勝] 정도는 돼야 앎의 힘이 대단하다고 여겨지는가? 손자가 "백 번 모두 이긴다"고 하지 않고 "백 번 모두 위태롭지 않다"고 한 점에 주목해야 한다. 이겨야만, 달리 말해 성공해야만 비로소 가치 있다고 판단한다면, 이는 '평균적 시민'을 부당하게 옥죄는 성공 신화에 불과하다. 실패하지 않는 삶은 일상적으로 실현 가능하면서도 매우 좋은 삶이기에 그것만으로도 너끈히 아는 것의 힘은 대단하다고 할 수 있다.

나라 차원에서도 마찬가지이다. 꼭 강대국이 되고 제국이 되기 위해서만 학술이 융성해야 함은 결코 아니다. 나라 안팎으로 앎의 힘을 비축하고 발휘하는 것이 실패한 나라가 되지 않는 데 필수적이라는 뜻이다. 더구나 개인과 달리 나라 차원에서는 한 번이라도 실패하지 않아야 한다. '이명박근혜 정부'를 거치면서 익히 경험했듯이, 국정에 실패하면 시민은 물론 자연까지도 깊은 도탄에 빠져 신음하기 때문이다.

하여 몹시도 익숙한 명제이지만 개인이든 나라든 간에, 덩치의 크고 작음과 무관하게 아는 것이 힘이고 인력은 고스란히 국력임은 여전히 유효하고 소중한 이치이다. 정계나 관계, 재계 할 것 없이 학문 융성에 열심이어야 함이 선택이나 시혜가 아니라 필수이자 당위인 까닭이다.

30. '비스듬히 서기'의 또 다른 의미

그것은 공부라는 활동 자체가 기쁨의 원천이기에 비롯되는 즐거움이다. 사회가 나를 버겁게 해도 공부함으로써 기뻐지고, 시대가 나를 속여도 공부함으로써 기꺼워지는 즐거움이다. 그런 즐거움은 권력의 유무나 재력의 많고 적음, 생로병사 등과 무관하다. 이런 즐거움을 '나' 안에 갖추자는 얘기이다. 그것이 비스듬히 서서도 지치지 않고 버텨내며 살아냄의 동력이 되기 때문이다. (김월회, 「루쉰의 삶, 문명 짓기의 길」)

비스듬히 서서 즐기자고 한다. 한가한 소리로 들릴 것이다. 요즘 돌아가는 시류에는 도무지 어울리지 않는 말이기에. 물론 모든 사람이 그럴 수는 없겠지만, 비스듬하게 서서 즐기는 이가 몇 명 정도는 있었으면 한다. 온종일은 아니어도 몇 분 또는 몇 초만이라도 비스듬히 서보는 시간을 가졌으면 좋겠다. 바야흐로 '~빠' 세력과 '~까' 세력 사이에 오가는 말의 전쟁을 봐야 하는 선거철이 돌아왔기에 하는 말이다. 지지하는 정치인을 바라보는 시선이 거의 맹목에 가까울 정도이다.

그래서 하는 말이다. 한 걸음 비스듬히 서서 말과 사람, 말과 감정, 주장과 세력을 한 번쯤은 떼어 놓아보자고. 물론 사태를 있는 그대로 보는 일이 결코 쉽지는 않을 것이다. 정신이 맹목의 상태를 벗어날 때에야 가능하기 때문이다. 그도 그럴 것이, 사람의 정신을 맹목의 동굴에 가두는 힘도 결코 만만치 않기에 하는 말이다. 요컨대 베이컨Francis Bacon, 1561~1626이 말했다는 4대 우상(종족·동굴·시장·극장)이 바로 그것들이다. "우리가 남이가"로 대표되는 지역감정, 정치인들을 향한 '팬덤'fandom 현상, '뭐니 뭐니 해도 머니가 최고'인 물신주의, 질적인 성숙이 동반되지 않은 양적 성장주의, 그럴싸하게 포장된 이미지 등이 우리의 정신을 가두는 맹목의 감옥을 구성하는 기둥이기에 하는 말이다. 어느 것 하나 호락호락하지 않다.

아무튼, 근대 국가의 형성nation building이 이렇게 어렵다는 이야기이다. 생존에 필요한 물적 성장도 그렇지만, 생활을 누리는 데 요청되는 정신적인 성숙은 더 많은 시간을 요구하기 때문이다. 그런데 정신이 맹목의 감옥에서 벗어나는 것이 계몽이다. 이와 관련해서, 계몽으로 가는 길의 하나로 '비스듬히 서서 즐기자'는 김월회 선생의 제안은 두 측면에서 의미 있다. 한편으로, 혼자 깨어나는 것이 계몽은 아니기 때문이다. 여럿이 함께 깨어나는 것이 계몽이니까. 다른 한편으로, 정치세력 사이의 경쟁에서 이기는 것, 즉 정치권력의 이동도 계몽은 아니기 때문이다. 집단의 성숙을 목표로 하고, 그래서 계몽은 어느 한순간에 이루어지지 않고 오랜 기간에 걸쳐 축적된 경험을 전제로 요구하는 것이기 때문이다. "지치지 말고 버티며 살아"내자는 말에 충분히 동의한다. 성숙의 나무에서 꽃이 피고 열매가 맺으려면 어쨌든 기다림과 인내가 요청되기에. 비스듬히 서야 한다고 한다. 일리 있다. 이에 힘을 실어줄 증인을 부르겠다.

비스듬함이란 사실 아무것도 아닌 무엇일 뿐이다

바로 에피쿠로스Epikuros, 기원전 341~기원전 270 이다. 맹목에서 정신을 해방하는 방법으로 비스듬함을 제시한 사람이기에. 루크레티우스Lucretius, 기원전 98~기원전 55가 전해주는 말이다.

> 원자들이 아래로 똑바로 허공을 통해서 자기 자신의 무게 때문에 움직일 때, 규정을 받지 않은 시간과 규정을 받지 않은 장소의 공간에서 약간의 벗어남이 생긴다는 것을 말이네. 이를 자네가 단지 약간 이동된 움직임이라고 말할 수 있을 정도의 벗어남이 말이네. 만약 원자들이 벗어나지 않는다면, 모든 것은, 빗방울이 그러하듯이, 깊은 심연의 빈 허공으로 수직으로 떨어져버릴 것이고, 따라서 원자에게는 어떤 충돌도 생겨나지 않을 것이고, 어떤 부딪힘도 일어나지 않을 것이며, 결론적으로 자연은 어떤 것도 생성시키지 못했을 것이네. (『사물의 본성에 관하여』 제2권 216~24행)

우주의 생성 원리가 바로 비스듬함인 셈이다. 라틴어는 'declinare'이다. 뭔가 기울어 있다는 뜻이다. 일체의 목적과 규정이 없는 상태에서 원자의 무게 때문에 생겨나는 움직임, 따라서 어떤 외적인 제한과 조건이 가해지지 않은 진공의 공간에서 생겨나는, 즉 원자 자체의 물리적인 힘 때문에 일어나는, 물리적인 힘 자체의 무-규정적 또는 무-목적적 운동을 지칭하는 개념이다.

보충하겠다. 원자란 어떤 목적을 가지고 움직이는 무엇이 아니라고 한다. 그 움직임도 다른 외적 요인이나 힘에 의해서 일어나는 것이 아니다. 그러기에 그것에 접근할 때는 그 자체의 움직임을 주시해야 한다. 그것 자체로는 아무것도 아닌nihil 움직임이고, 다만 자신의 무게 때문에 약간 비껴나는 것이고 벗어나는 무엇이다. 따라서 비스듬함 개념은 그 자체로는 어떤 중요한 의미를 품은 무엇이 아닐지도 모른다. 그러니까 비스듬함 개념은 그 자체로 아주 대단한 비밀 또는 우주를 설명하는 엄청난 비결秘訣을 지닌 무엇이 결코 아니라는 얘기이다.

맹목의 감옥에서 탈출하는 방법으로 비스듬히 서기는 어떠한가

반전은 지금부터이다. 세계의 근대화에 루크레티우스의 비스듬함과 같은 생각이 나름 큰 영향력을 주었다고 주장하는 사람들이 있기 때문이다. 스티븐 그린블랫Stephen Greenblatt 같은 학자가 대표적이다. 세계의 근대화와 비스듬함이 도대체 어떤 관계이기에 이런 강성 발언을 하는 것일까? 물론 이 발언이 성립하는지와 관련해서는 별도의 논의가 필요하다.

그렇지만 여기에서는 다음의 해명이면 충분할 듯싶다. 요컨대 원자는 자체의 무게 때문에 움직인다고 한다. 그 움직임이 비스듬함이다. 그런데 여기에 접근하기 위해서는, 말하자면 자연의 움직임을 관찰하기 위해서는 특정한 목적·의미·가치에 의존해서는 안 된다고 한다. 이른바 '색안경'을 끼지 않고 보아야 한다는 것이다. 그러니까 이런 색안경을 벗고 자연을 자연 그대로 바라보아야 한다는 인식에서 비롯된 학문이 근대의 자연과학인데, 특정한 가치나 이념이라는 색안경을 벗고 자연을 있는 그대로 바라보자는 인식이 루크레티우스의 비스듬함 개념에 뿌리를 두었기 때문이라는 얘기이다. 색안경을 벗고 사물의 세계를 들여다보니, 즉 있는 그대로 보니 원자들이 그냥 비스듬하게 움직이고, 그것이 사물의 본성이라는 소리이다. 따라서 비스듬함이라는 생각은 뭔가 심오한 비결도 마법의 주문도 아닌 셈이다. 그저 자연의 움직임에 대한 단순한 이름이 비스듬함일지도 모른다.

그렇다면 비스듬함과 같은 단순한 생각 하나로 세계가 근대화할 수 있었을까? 물론 아니다. 그러나 어느 정도 영향을 주었을 것이다. 아마도 이런 정도의 해명이 가능할 듯하다. 비스듬함이 세계의 근대화에 기여했다면, 그 비밀은 어디에 숨어 있을까? 답은 비스듬함 개념 자체 안에 숨어 있다. 비스듬함의 진정한 의미는 그것이 아무 의미도 없고, 그 어떤 가치도 부여하지 말자는 데서 찾을 수 있기 때문이다.

그런데 자연을 있는 그대로 보자는 인식을 바탕으로 성립한 것이 이른바 근대 과학이 규명하려는 객관의 세계이다. 따라서 이런 객관 법칙의 세계에 입문하려면 일체의 선입견과 편견, 아니 인간적인 감정과 논리에서 벗어나야 한다. 요컨대 루크레티우스에 따르면, 감정을 벗어나는 것을 가장 방해하는 것이 죽음에 대한 공포라고 한다. 또한 루크레티우스에 따르면, 이를 악용하고 조장하는 것이 종교이다. 자연을 있는 그대로 볼 수 없게 만드는 것이 종교이기 때문이란다. 루크레티우스의 일갈이다.

인간의 삶이 무거운 종교에 눌려 모두의 눈앞에서 땅에 비천하게 누워 있을 때, 그 종교는 하늘의 영역으로부터 머리를 보이며 소름 끼치는 모습으로 인간들의 위에 서 있었는데, …… 그리하여 처지가 바뀌어 종교는 발앞에 던져진 채 짓밟히고, 승리는 우리를 하늘과 대등하게 하도다. (『사물의 본성에 관하여』 제1권 62~79행)

오만함hybris이 하늘을 찌른다. 신神을 맨 앞자리에 놓는 서양 고대인들에게는 특히나 그렇게 보였을 것이다. 그러나 이 선언은 르네상스 시대 이후 자연을 자연 그대로 관찰하고 싶어 했던, 하지만 교회의 힘에 눌려 있던 자연과학자들에게는 구원의 메시지였을 것이다.

아무튼 루크레티우스의 저 '승리' 선언은 참으로 대담했는데, 어쩌면 "신은 죽었다"는 니체의 선언보다 더 대담할지도 모르겠다. 이런 대담함 덕분에 루크레티우스의 작품에 대한 평가는 책이 출판된 당대에도 그리 호의적이지 않았다. 사실 '내전'bellum civile의 위협에 시달려야 했기에 일반 시민들은 이 책에 별 관심도 없었다. 그런데 정국이 안정되자, 『사물의 본성에 관하여』를 읽는 사람이 생겨난다. 대표적인 인물이 오비디우스이다. 그의 노래이다.

> 바다도 대지도 만물을 덮는 하늘이 생겨나기 전, 자연은 전체가 한 덩어리였고 한 모습이었다네. 이를 사람들은 카오스라 불렀지. 원래 그대로 투박하고 어떤 질서도 어떤 체계도 갖추지 못한 채 무거운 덩어리로, 마찬가지로 이 안에서 서로가 서로에게 으르렁대는 만물의 씨앗(원자)들이 한데 뒤엉켜 있다네. (『변신 이야기』 제1권 5~9행)

인용은 오비디우스가 루크레티우스의 유물론을 따르고 있음을 보여준다. 단적으로 인용문에 나오는, 모든 것이 뒤섞여 있는 '혼돈'을 뜻하는 카오스, 곧 태초의 우주가 질서와 체계가 잡히지 않은 물질 덩어리라는 생각이 그 증거이다. 이런 종류의 우주관은 무nihil에서 세계를 창조한 유일신을 찬양하는 기독교의 우주관과는 근본적으로 다르다.

이런 이유 때문에, 서양 세계가 기독교화할수록 『사물의 본성에 관하여』

를 향한 혐오가 커져갔다. 그 중심에는 당연히 기독교의 교부들이 있었다. 자연과학에 호의적이었던 예수회조차도 루크레티우스를 혐오했기 때문이다. 다음은 17세기에 이탈리아의 피사대학에서 활동한 예수회 소속 젊은 수도사들이 아침마다 올렸다는 기도문이다.

> 원자로부터는 아무것도 나오지 않는다네. 세상을 이루는 모든 물체는 그 형태의 아름다움 속에서 빛나니, 이런 물체 없이는 세상은 단지 거대한 혼란일 뿐이라. 태초에 신께서 이 모든 것을 만드셨고 만드신 것이 또 뭔가를 낳으니, 아무것으로부터 나오지 않는 것은 아무것도 아님을 유념하라. 오, 데모크리토스여, 당신은 원자로부터 시작해서는 다른 어떤 것도 만들지 못하노라. 원자는 아무것도 만들지 못하고 따라서 원자는 아무것도 아니어라.
> (스티븐 그린블랫, 『1417년, 근대의 탄생』 313~14쪽)

아침마다 암송했다고 한다. 그런데 성직자들이 루크레티우스의 책을 혐오한 이유는, 그 책에 담긴 강성 발언 탓만은 아니었다. 루크레티우스의 생각에 동의한 볼테르나 홉스 같은 계몽주의 사상가들이 벌인 반反종교운동도 한몫 거들었기 때문이다. 어쨌든 이성과 합리성을 모든 행위의 원리이자 기준으로 삼는 서양의 근대는 이렇게 시작했다. 물론 요즘에는 이 근대성을 의심하는 사람이 많지만 말이다. 이를테면, 근대 이성이 사람들을 계몽시켰다고 하지만, 그렇게 계몽된 사람들이 일으킨 사건들은 제1차, 제2차 세계대전과 같은 야만적인 폭력이었기 때문이다.

맹목에서 벗어나는 길 가운데 하나가 '나'의 발견이다

각설하고, 도대체 루크레티우스는 무슨 생각에서 이런 문제작을 지었을까? 참고로, 그는 번잡하고 심지어 생명의 위험을 감수해야 하는 정치활동에는 일절 참여하지 않고 '숨어 사는'lathe biosas 은둔의 삶을 즐기면서 학문에 몰두했다고 한다. 아마도 이런 생활 덕분에 『사물의 본성에 관하여』가 탄생할 수 있었을 것이다. 그러나 이런 태도 탓에 욕도 먹어야 했다. 정치에 참여하지 않는다고! 그 반박은 이렇게 재구성될 것이다. 그러니까 모든 운동은 언제나 연결되어 있는데, 새로운 운동이 고정된 순서에 따라 이전 운동에서 생겨나기 때문이라는 것이다. 대개 기계론적 세계관을 지닌 사람이 이런 견해를 취한다. 이것이 이른바 운명-결정론이다.

이에 반해 인과의 사슬로 짜인 운명의 고리를 깰 수 있으며 무한한 이전의 원인으로부터 비스듬함이 가능하다는 것이 루크레티우스의 생각이다. 그는 이 비스듬함을 이끄는 원리가 즐거움의 힘이라 주장한다. 물론 사물에서 원자의 무게도 인간 의식에서와 마찬가지로 끊임없이 비스듬하게 움직이며, 그 비스듬함을 따르는 것이 사물의 본성이며, 이 본성을 임의적으로 제한하고 구속하는 것은 자유를 억압하는 것인데, 그것은 즐거움이라는 최고 목적에 반하는 것이다. 사물의 본성을 따라서 즐거움을 추구한다는 것! 즐거움이라는 최고 목적 때문에 인간은 정해진 노선으로부터 비스듬히 설 수 있으며, 여기에서 자유의지가 생겨난다고 한다. 즐거움을 최고 목적으로 봤을 때 이를 방해하는 일체의 인위적인 제도는, 요컨대 종교는 인간의 자유의지를 제약하는 장치에 불과하다는 것이다.

물론 문명사적인 관점에서 루크레티우스의 생각이 반드시 옳다고 할 수는 없을 것이다. 얼마든지 다른 생각과 반박이 가능하다. 그러나 중요한 점은 이런 자유의지를 지니는 존재인 근대 '개인'이 이렇게 탄생했다는 사실이다.

정신의 감옥인 맹목에서 벗어나기가 얼마나 어려운가에 관한 이야기는 여기까지이다. 우리에서 '나'가 탄생하는 것이 결코 쉬운 일이 아니기에. 그 '나'들이 모여 깨어난 '우리'가 되는 과정은 더욱 어려운 일이기에. 사회가 성숙하려면 시간이 필요하다는 얘기이다. 결론적으로, 비스듬히 서는 것이 결코 쉬운 일이 아니라는 뜻이다. 이런 의미에서 '비스듬히 서서도 지치지 않고 버텨냄'을 즐거움으로 삼자는 김월회의 제안은 사실 절충적인 성격을 띤다 하겠다. 참고 버팀을 강조하는 스토아의 철학과 즐거움을 제일주의로 삼는 에피쿠로스의 철학이 서로 교묘하게 얽혀 있기에.

31. 정조가『사고전서』를 사모한 까닭

"무찌르자 오랑캐 몇백만이냐, 대한남아 가는 데 초개로구나." 어릴 때 곧잘 부르던 군가의 한 대목이다. 어렸다면서 웬 군가냐 하겠지만, 온 국민이 반공투사가 돼야 했던 시절인지라 이 곡뿐 아니라 몇몇 군가가 동요처럼 불리고는 했다. '오랑캐'가 '종북'이나 '좌빨'로 바뀌었을 뿐, 지금도 그래야 한다는 이들이 버젓이 목소리를 키우고 있지만 말이다.

오랑캐, 처음부터 교화와 무관한 존재

이 노랫말 속 오랑캐가 '중공군'이었음은 성인이 되고도 한참 뒤에야 알았다. 한국전쟁에 참전한 중국 의용군을 오랑캐에 빗대어 지칭한 것이다. 그전까지는 북한의 남침 위협을 구실로 군사독재를 정당화하던 시대 분위

295

기 탓에 당연히 '북괴'(그때는 북한을 이렇게 불렀다)라고 여겨졌다.

북한은 그렇게 온 국민이 어려서부터 '초개'草芥, 곧 잡풀과 티끌처럼 작신작신 짓이겨도 되는 존재로 각인됐다. 그런데 그렇게 '무찔러야' 마땅한 존재를 왜 오랑캐에 빗댔을까. 언제부터 오랑캐는 그런 처참한 운명에 놓였을까. 공자는 "오랑캐 땅에 잘 다스리는 군주가 있어도 중원에 군주가 없는 것보다 못하다"(『논어』「팔일」)고 잘라 말했다. 오랑캐가 아무리 잘 다스려봤자 중국이 혼란할 때보다 못하다는 뜻이다. 성인聖人 공자조차 아무렇지 않게 드러낼 정도로 오랑캐를 향한 차별의 시선이 깊디깊게 내면화했음이다.

그만큼 아주 오래전부터 오랑캐는 응당 없애야 하는 존재로 여겨졌다. 그들 눈에 오랑캐는 "여우와 살쾡이가 살고 승냥이와 이리가 울부짖는 곳처럼 인간이 살 수 없는 곳에 살며 우리와 먹는 음식, 입는 복식이 다르고 재화도 통용하여 쓸 수 없으며 언어도 통하지 않는"(『춘추좌전』 양공 14년), 그렇기에 금수 같은 존재임이 틀림없었다. 중국의 '예'禮로 대변되는, 그런 문명이 없는 정도가 아니라 문명화 자체가 아예 불가능한 존재였다는 것이다.

> 귀로 다섯 소리의 화음을 듣지 못함을 일러 귀먹었다 하고 눈으로 다섯 빛깔의 문채를 분간하지 못함을 일러 눈멀었다고 한다. 마음으로 덕과 의로움이라는 근간을 본받지 못함을 일러 꽉 막혔다 하고 입으로 정성되고 미더운 말을 하지 못함을 일러 말 못한다고 한다. 오랑캐들은 이 모두를 체화해 '네 가지 사악함'을 갖추고 있다. (『춘추좌전』 희공僖公 24년)

다섯 가지 소리나 빛깔, 덕과 의로움 그리고 정성됨과 미더움은 문명의 대표적 표지들이다. 따라서 이 넷이 없다는 말은 문명과는 도무지 상관이 없다는 뜻이 된다. 문명은커녕 애초부터 사악함만 갖춘 존재가 바로 오랑캐였다는 말이다.

그런데 현실에서는 자신들이 줄곧 당하고 있었다. 하루이틀 그런 것이 아니라 오랜 세월 동안 대체로 그래왔다. 사방에 존재하는 이민족을 동이東夷·남만南蠻·북적北狄·서융西戎 그러니까 '동쪽의 뱀 같은 족속' '남쪽의 벌레 같은 족속' '북쪽의 개 같은 족속' '서쪽의 사납기만 한 족속'이라 부르며 일상적으로 그들을 무시하려 애썼지만, 그럴수록 그런 '말도 안 되는' 족속에게 당하는 자신이 더욱 초라해질 뿐이었다.

진 쪽은 사람, 이긴 쪽은 도깨비 또는 잘해야 오랑캐

사정은 2천 수백여 년이나 흐른 근대에 와서도 마찬가지였다. 중국은 1840년 아편전쟁 때부터 서양과 본격적으로 조우했다. 불행히도 만남에는 폭력이 수반될 수밖에 없는 상황이었던지라 그 뒤로도 중국은 서양과 수차례 크고 작은 전쟁을 치렀다. 그리고 싸울 때마다 어찌 됐든 졌다.

그럼에도 중국인에게 서양인은 여전히 '양귀'洋鬼나 '양이'洋夷였다. 서쪽에서 '바다를 건너온 도깨비' 아니면 기껏해야 '바다를 건너온 오랑캐'였다는 것이다. 서양은 몹시 당혹스러웠다. 전쟁의 승자는 자신들인데 패자가 오히려 자신들을 야만으로 규정하며 인간 미만으로 취급했기 때문이다. 급기야 희한한 일이 벌어졌다. 1856년 애로호 사건을 빌미로 전쟁을 일으킨 영국과 프랑스는 수도 북경을 단숨에 점령했다. 청조는 강화를 도모했고 천진에서 두 나라와 각각 불평등조약을 맺었다. 그런데 두 조약 모두에 청 조정이 자신들, 그러니까 영국과 프랑스의 예를 존중해야 한다는 취지의 조문이 담겼다.

한마디로 서양의 예가 중국의 예와 같은 급임을 인정하라는 뜻이다. 근대라는 문명의 압도적 우위를 앞세워 일방적으로 이긴 만큼 패자를 마음껏 무시하며 우쭐댈 만도 한데, 거꾸로 패자인 중국에 승자인 자신들이 문명인임을, 또 서양이 문명세계임을 긍정하라고 압박한 셈이다. 이러한 아이러니는 자신들을 더는 '서양 도깨비'[洋鬼]나 '서양 오랑캐'[洋夷]라 부르지 말고 '양인'[洋人], 곧 '서양사람'이라 부르라고 요구하는 대목에서 절정에 달했다. 양이뿐 아니라 자신들을 오랑캐로 설정한 모든 표현의 사용을 금하라고 다그쳤다. 서양 오랑캐 관련 업무라는 뜻의 '이무'[夷務] 대신에 서양 관련 업무라는 뜻의 '양무'[洋務]를 사용하라는 식이었다.

3,500년도 훨씬 더 된 옛날, 상나라의 성군 탕왕이 군대를 이끌고 동쪽으로 정벌을 떠나니 서쪽 오랑캐들이 그를 원망했고, 남쪽 정벌에 나서니 북쪽 오랑캐들이 원망했다고 한다. 이유는 그들 모두 탕왕의 조속한 강림을 간절히 바랐던지라 그가 자기들을 후순위로 미루자 원망했다는 것이다. 그들은 탕왕이 강림한 날을 자신들이 다시 살아나는 날로 여겼다고도 한다. 당시 역사를 전하는 『서경』에 실린 기사이다. 이렇듯 오랑캐에게는 중국의 침략이 구원이자 은혜라고 당연시할 정도로 드높았던 중국의 콧대가 서양 근대문명의 힘 앞에 여지없이 무너지는 장면이었다.

그러나 수천 년간 현실에서는 오랑캐에게 줄곧 시달려도 머리와 가슴으로는 자신을 문명의 중심에서 끌어내린 적이 없었다. 중원을 통짜로 오랑캐에게 내줬을 때조차 그들은 중화의 높은 문명으로 오랑캐를 교화한다고 여겼다. "북극성은 제자리에 가만히 있고 뭇별이 그것을 떠받들며 돈다"(『논어』「위정」[爲政])는 공자의 말처럼 그들은 천체의 중심 북극성처럼 중국이 천하의 독존임을 믿어 의심치 않았던 것이다.

문명의 표준과 최고 수준을 장악하라

그런데 고대 중국의 이러한 높은 자존감은 결코 과대망상이 아니었다. 아니, 자존심 상해도 인정할 것은 인정해야 참된 강자도 또 대인도 될 수 있는 법. 그들의 문명은 참으로 중화中華, 곧 '천하의 유일하게 빛나는 문명 중심'이라 자부할 만큼 고상하고 심원하고 광대했다.

저절로 그렇게 된 것은 당연히 아니었다. 3천여 년 전쯤 '나라들의 중심', 곧 중국中國이 상상되고 모색됐던 주나라 초엽에 이미 주변에 대한 문화적 우위를 차지하려는 의식적 활동이 전개됐다. 500여 년쯤 흐른 뒤 이를 이어받아 공자가 오랑캐 땅의 치세보다는 중원의 혼란이 차라리 낫다고 단언하자 이는 중원의 도도한 전통으로 자리 잡았다. 그리고 수백 년이 또 흐른 뒤, 진시황의 진을 이은 한이 '문화 제국'으로서의 기틀을 튼실하게 다지자 중국은 중원과 주변을 통틀어 최고 문명국으로 우뚝 섰다. 달리 말해 한자권 유일의 보편문명이 됐다.

관념적으로만 그렇게 주장했음이 아니다. 물론 말로 오랑캐를 비하하던 관습은 여전했다. 그러나 그것과 별개로 자신이 하늘 아래 유일한 보편문명임을 명실상부하게 구현하자는 활동이 적극적으로 이루어졌다. 예컨대 한 무제 시절, 『춘추번로』의 저자 동중서는 제국 경영의 이념적 청사진을 마련하면서 중원뿐 아니라 주변 종족의 문화를 중국 중심으로 변주해냈다. 같은 시대 『사기』를 완성한 사마천은 제국의 역사를 지으며 중국 주위에 포진해 있던 흉노·남월·조선 같은 이민족의 문화를 중국 중심의 세계관으로 포착해냈다. 그렇게 그들은 타자의 문화를 중국의 하위문화로 거두어들이며 보편문명에 걸맞은 넓이와 깊이를 확보해갔다.

동시에 학술 진흥과 문헌의 정비·편찬을 통해 문명 표준과 꼭대기를 독점하려는 움직임도 취했다. 이러한 활동은 특히 통일제국을 일군 왕조에서는 어김없이 수행되었다. 한 무제는 오경박사를 설치하여 문명의 텍스트와 해석의 표준을 장악하고자 했다. 같은 맥락에서 당 태종은 『오경정의』五經正義를 간행했고 지금의 국정교과서쯤 되는 석경石經, 그러니까 조정이 공인한 판본의 유교 경전 원문과 주석을 새긴 비석을 제작하여 보급했다. 북송 초엽에는 훗날 '북송 4대 백과전서'라고 불린 『태평광기』太平廣記, 『태평어람』太平御覽, 『문원영화』文苑英華, 『책부원구』冊府元龜 같은 방대한 규모의 유서類書를 편찬하여 문명의 제반 층위에 관한 지식과 정보를 관리하고자 했다. 같은 취지로 명대 초엽에는 엄청난 분량의 『영락대전』永樂大全을 간행했다.

이는 '오랑캐'가 중국을 통치할 때도 동일하게 수행됐다. 만주족 정권인 청조에서는 거대 규모의 『고금도서집성』古今圖書集成과 『사고전서』四庫全書가 잇달아 제작됐고, 석경과 사전의 완결판이라 할 수 있는 건륭석경乾隆石經과 『강희자전』康熙字典이 제작되어 보급됐다. 보편문명으로서 갖춰야 할 문명 표준과 최고의 높이·넓이를 확보하려는 시도는, 중원을 차지한 족속이 누구이든 그와 무관하게 꾸준히 이어진 것이다.

'21세기 한국 인문대전'의 편찬에 나설 때

이 모든 것은 조정이 주축이 되어 방대한 재정을 중장기적으로 쏟아부어 이룩해낸 문명의 성과였다. 보편문명을 창출하고 보급하는 제국 노릇을 실효적으로 수행하는 데는 그만큼 큰 대가를 치러 마땅함을 전근대기 중국의 지배층은 잘 알고 있었다.

아니, 과거에만 그런 것이 아니다. 21세기 전환기에 들어 중국은 학술 진흥과 문화 융성에 국가 재정을 대대적으로 투입하고 있다. 20여 년째 이어지고 있는 '유장儒藏 사업'이 대표적 사례이다. 중국은 물론 한국·일본·베트남·서구 등 각지에서 생산한 유학 관련 텍스트를 디지털화하고 해제를 달아 전 세계에 보급한다는 이 사업이 가시적 성과를 내면 고려와 조선 시대 우리 지성사를 수놓았던 조상들의 빛나는 업적은 그 위상이 중국의 방계로 재조정되고 만다. 문제는 비슷한 성격의 사업이 현재 다수 진행되고 있다는 점이다. 이를테면 '동아시아 민속학 구축'이라는 이름 아래 실질적으로는 중국을 중심에 놓고 동아시아 일대의 민속자료를 주변에 배치하는 식의 대규모 문화사업을 수행하고 있다. 보편문명으로서 문명 표준과 최고의 높이, 넓이를 거머쥐어온 전통은 이처럼 사회주의 현대 중국에서도 싱싱하게 작동하고 있다.

이는 단지 중국의 국제적 위상 제고와 경제성장에 발맞춰 제출된 문화입국, 사회주의 문화강국 등의 국정목표를 달성하기 위한 조치에 불과하지는 않다. '신성장 동력으로서의 문화산업' '국가안보로서의 문화안보' '평화적 도약을 위한 대외정책으로서의 문화 전파' 등등, 중국이 내세운 문화 기반 국가 발전전략은 문화를 부강한 중국 건설의 핵심자산으로 삼겠다는 정책적 판단인 동시에 'G2'급의 위상에 걸맞은 존재형식, 곧 제국으로 거듭나기 위해 과거 '문화제국'의 유산을 적극 수용한 결과이다. 문화는 역대 중국제국을 있게 하고 갱신을 통해 거듭될 수 있게 해준 고갱이 중의 고갱이였기 때문이다.

정조正祖는 1776년 명에 다녀온 사신을 통해 『고금도서집성』을 손에 넣었다. 이는 1726년 간행될 때까지 50년 가까운 기간에 걸쳐 제작된 대단한 규모의 백과전서였다. 주지하듯이 정조는 조선 안팎에서 전개된 격변하는 시세에 능동적으로 대처하고자 문예부흥에 심혈을 기울인 문명 군주였다. 건륭제가 『사고전서』를 편찬한다는 소식을 듣고는 그것을 그렇게 구하고자 했지만, 당시 지구를 통틀어 가장 부유했던 청조차 일곱 질밖에 찍지 못한 『사고전서』를 구하는 일은 불가능에 가까웠다. 그래서인지 미증유의 백과전서라 평가되던 『고금도서집성』을 우여곡절 끝에 직접 보게 된 정조는 날듯이 기뻐했다고 한다.

왜 그리도 사모했고, 또 손에 넣자 환호작약했을까. 『고금도서집성』이나 『사고전서』는 문명 표준과 최고 수준의 문명 독점을 가능하게 하는 무엇보다도 확실한 토대였다. 당시 문명이 작동하는 방식은 문화적 역량이 바로 국력으로 직결되는 패러다임이었다. 이를 지금 세상의 그것으로 바꿔 읽으면 『고금도서집성』이나 『사고전서』는 세상의 갖은 첨단 과학기술을 그러모아놓은 총서에 해당한다. 역사에서 가정은 참으로 공허하다지만 정조의 문예부흥이 성공하여 그 높이와 넓이에서 중국에 못지않은 '조선 문명'이 구축되고 실현됐다면 역사는 어떻게 전개됐을까.

우리 사회에서 '선진국 진입'이 운운된 지는 적어도 20여 년은 된다. 실제로 경제력과 군사력만큼은 세계 10위권에 육박하거나 넘나들고 있으니, 이 방면에서는 선진국 수준에 도달했다고 볼 수도 있다. 그러나 선진국은 문화의 뒷받침 없이 되는 것이 아니다. 이를테면 '한국형 문화'가 창출되고 이것이 국제적으로 받아들여져야 가능하다. 그렇게 우리의 문화가 지구촌 곳곳에서 평화롭고 자율적이며 창의적인 삶에 실질적으로 이바지하게 될 때 비로소 떳떳하고도 뿌듯하게 우리가 선진국임을 내세울 수 있다.

국제적 경쟁력을 갖추고 지구촌에 이미 널리 발신된 중국 문명, 일본 문명과 어깨를 나란히 할 수 있는 '한글 문명'을 구축해야 한다는 얘기이다. 이를 위해서는 동서고금의 문명 성과를 우리의 언어인 한글에 담아내는 작업을 서둘러야 한다. '21세기 한국 인문대전韓國人文大典' 간행 사업이 절실한 까닭이다.

32. 천천히 서둘러라(Festina lente)

'한국 인문대전'韓國人文大典! 김월회의 제안이다. 충분히 동의한다. 우리의 미래가 여기에 달렸기 때문이다.

이와 관련해서 '4차 산업혁명'을 외치는 사람들도 있다. 우리의 미래가 거기에 달려 있다고들 한다. 과연 그럴까? 내 생각은 이렇다. 이른바 '4차 산업혁명'의 시대를 우리가 주도한다 해도, 과연 그럴 수 있을지도 실은 의심스럽지만, 그것은 절반의 성공에 불과할 것이다. 정신의 성숙이 동반되지 않은 물질적 성장이 초래한 피해와 폐해가 얼마나 심각한지는 굳이 상술할 필요가 없을 것이다. 초급속 성장개발주의로 인한 폐해와 피해를 전시할 '엑스포'Expo를 개최할 수 있는 나라가 '헬조선' 코리아이기 때문이다. 단언하건대, 4차 산업혁명은 단지 기술과 정보의 발달과 개신改新만으로는 불가능하다. 인문의 상상력과 비판정신을 바탕으로 할 때 비로소 4차 혁명은 가능하다는 소리이다. 이 점에서 김월회의 '한국 인문대전' 제언은 시

305

의적절하고 의미 있는 선언이다.

왜 한국 인문대전일까? 우리 사정이 한가하지만은 않기 때문이다. 그러니까 우리의 사정이 다급함을 잘 보여주는 실례로 중국의 학술사업을 소개하겠다. 21세기에 들어 중국이 추진하는 인문-학술 사업 가운데 눈길을 끄는 사업이 하나 있다. 김월회가 지난 글에서 언급한 바로 유장儒藏 사업이다. 규모도 규모지만, 사업의 취지와 내용이 이른바 '대국'의 면모를 여실히 보여준다. 베이징대학 '유장' 편찬 센터 홈페이지http://www.ruzang.com/에 걸린 소개글이다.

20세기 이후 80년 동안 우리 중국은 『중화대장경』中華大藏經을 출간했고, 동시에 표점본標點本 『도장』道藏도 출판했다. 그러나 근래 100년 동안 유가의 전적과 문헌을 집대성하여 편찬한 독립적 체계의 유장은 존재하지 않았다. 유장을 편찬하려는 목적은 도장·불장佛藏을 편찬한 목적과 마찬가지로 유가 여러 학파의 전적과 문헌을 체계적으로 정리하여 이를 후세 사람들이 보존하고 이용하게 하는 데 있다. …… 유장 프로젝트는 '유장' 편찬과 '유가사상과 유가경전 연구'를 포괄한다. 유장 편찬은 유장 정화편精華編 편찬(『유장총목』儒藏總目 포함)과 『유장대전』 편찬 두 사업을 병행한다. 『유장대전』은 거의 6천 부, 약 15억 글자에 이르는, 중국 역사상 중요한 유가 전적 문헌을 수록하여 2022년에 완성할 계획이다. 선행으로 편찬되는 유장 정화편은 중국 경사자집사부經史子集四部의 책들과 출토 문헌 중 학술사상사에서 대표적인 유가 전적과 문헌 461종을 수록하여 281책으로 쪼개어 편찬한다. 또한 한국·일본·베트남 역사에서 한문으로 저술된 중요한 유가 저작 100종도 골라 수록하여 40책으로 쪼개어 편찬한다. 이 편찬물은 모두 321책으로 2억 자 이상이며, 2022년에 완성될 계획이다. ……

이런 규모의 연구사업은 사실 아무 나라나 할 수 있는 사업이 아니다. 하고 싶어도 문헌이 없으면 할 수 없고 당장 눈앞의 수익을 보장하는 것이 아니어서, 사업에 대한 국가적 합의와 동의를 구하기가 결코 쉬운 일이 아니기 때문이다. 결국 이런 대규모 연구사업은 이른바 '해본 나라'만이 할 수 있는 일이기에. 그러니까 이런 종류의 연구사업이 가져다주는 의미와 효과를 맛본 경험이 아니라, 어떤 의미에서는 이런 것이 이른바 '고급 정치'politica classica인데, 이런 고급 정치를 경험해본 나라만이 할 수 있는 사업이라는 얘기이다.

이와 관련해서, 중국이 '해본 역사'가 있는 나라라는 점은 잘 알려진 사실이다. 한나라 시대에는 유교 경전과 문자체계인 한자漢字를, 당나라 시대에는 불경을, 송나라 시대에는 경전의 주해와 해석을, 원나라 시대에는 서양과 아랍의 외국 문헌들을, 명나라 시대에는 『영락대전』永樂大典을, 마지막으로 청나라 시대에는 고증학을 바탕으로 『사고전서』四庫全書를 편찬해본 역사가 있는 나라이기에. 따라서 지금 중국이 추진하는 '유장' 사업은 우연적이고 일회적인 사건이 아닌 셈이다. 오랜 제국의 역사를 가진 중국은 이런 종류의 대규모 연구사업이 제공하는 실익과 좋음이 무엇인지 잘 아는 나라임이 분명하다. 지금의 중국 정부도 이 '실익'이 가깝게는 각각의 해당 시대 왕조의 통치 기반을 마련해왔다는 것, 저 '좋음'은 멀리 새로운 문화와 새로운 문명의 토대가 이 같은 문헌 정비사업이라는 원천에서 비롯된다는 것을 오랜 경험과 역사를 통해서 잘 아는 것으로 보인다. 아마도 이것이 '유장' 사업을 추진하는 뒷심일 것이다.

이따금 접하는 소문에 따르면, 이 사업은 꽤 많이 진척되었다고 한다. 예를 들면 퇴계退溪 문집의 일부가 벌써 한 권의 책으로 출판되었다고 한다. 물론 우리 문헌이 중국에서 출판되었다는 것은 영광스럽고 경사스러운 일이다. 믿을 만한 정본이 출판되었다는 점에서 학문적으로도 의미가 있다. 좋다. 옛 문헌이나 고전이 전적으로 한 민족 또는 한 국가만의 소유물은 아니기에.

그런데 문제는 여기부터이다. 요컨대 16세기 조선에서 지어진 문헌이, 단지 한자로 기록되었다는 이유로 또는 그 사상적 기원이 중국에 있다는 이유로 퇴계의 사상을 중국 문화의 학문 유산이라고 주장한다는 소문도 함께 접했기 때문이다. 국제 학계에서 중국의 위력과 위세가 날로 커지는 상황을 감안한다면, 퇴계가 조선의 유학자라기보다는 '명유明儒 퇴계'로 통용될 날이 조만간 닥칠지도 모르겠다. 어느 지인에게 이런 얘기도 들었다. 원효元曉도 '당승唐僧 원효'라 불린다고. 어쨌든, 이러다가는 우리의 책인데도 이제는 그 책을 중국에서 수입해 읽어야 할지도 모르겠다. 기우杞憂이기를 바라지만, 이런 식으로 가다 보면 우리의 역사가 100년 전으로 되돌아갈지도 모른다.

앞에서 소개했듯이, '유장' 사업은 "한국·일본·베트남 역사에서 한문으로 저술된 중요한 유가 저작 100종도 골라 수록하여 40책으로 쪼개어 편찬한다"고 밝혔기 때문이다. 조선의 책도 30종은 넘게 저 출판 목록에 포함될 것이다. 아마 내로라하는 조선의 유학자들 대부분의 글이 앞으로 중국에서 출판될 것이다. 그런데 책만 수입하는 데 그칠까? 내 생각에는 거기에서 그치지 않고, 더 나아가 해석하는 방식과 관점까지 수입할 날도 머지않을 것이다. 중국의 '유장' 사업이 부럽지만 무서운 이유가 여기에서 분명하게 드러난다. 역사 문제와 관련해서 중국이 추진하는 동북공정보다 더 무서운 것이 어쩌면 '유장' 사업인지도 모른다.

물론, 누가 뭐라 해도 서양 문화나 인류사에 역사적·문화적으로 중요한 한 획을 그은 사건은 출판혁명이다. 구텐베르크1400?~1468의 인쇄기 발명 덕분이었다. 인쇄술의 발전은 대량생산과 대량소비를 특성으로 하는 산업화의 최초 모델 역할을 했으며, 책의 보급은 고립 단위로 단절된 하위 문명권과 지역들을 묶어냈기 때문이다. 인쇄소가 있는 곳에 대학이 생기고 연구가 진행되어 책으로 엮여 전파되었다. 그 결과 새로운 정신과 새로운 삶의 양태가, 다시 말해 정치적으로 민주주의가, 경제적으로 산업화와 시장경제가, 문화적으로 개인의 발견이 이루어졌으며 사회적으로 시민사회가 성립할 수 있었다.

모두들 잘 아는 이야기이다. 특히 인쇄에 관해서는 많은 이야기를 한다. 그러나 콘텐츠를 담은 책 자체에는 별로 큰 관심을 두지 않는다. 4차 산업혁명을 논의하는 담론에서 실은 빠져서는 안 되는 것이, 기술이 담아내고 구현해야 할 콘텐츠가 무엇이며 이를 어떻게 교육할 것인지에 관한 논의인데도 말이다.

각설하고, 그 콘텐츠를 구성하는 토대이자 모판이 한국 인문대전일 것이다. 그 단적인 방증이 중국의 유장 사업일 것이기에 굳이 긴 사설을 늘어놓을 필요는 없을 것이다. 그렇지만, 천천히 서두르자festina lente! 급할수록 돌아가라는 로마 속담이다. 본래는 그리스 말이다. 이를 로마 격언으로 만들어 유통시킨 사람은 로마의 초대 황제 아우구스투스이다. 그의 주장이라고 한다.

장군(또는 지도자)이 피해야 할 악덕은 두 가지이다. 하나는 성급함이고 다른 하나는 무분별함이다. 아우구스투스는 종종 큰 소리로 "천천히 서둘러라! 용맹한 장군보다 침착한 장군이 더 낫다"고 외쳤다고 한다. …… 그는 아주 작은 이득을 위해 아주 큰 위험을 무릅쓰는 사람을 '황금 바늘로 낚시하는 어부'에 비유했는데, 줄이 끊겨 황금 바늘을 잃을 경우, 어떤 고기

를 잡더라도 보상이 되지 않기 때문이라고 한다. (수에토니우스,『황제전』「아우구스투스」편 제25장 4절)

세월이 흘러 아우구스투스의 말을 제대로 실천한 사람이 있었다. 장군은 아니었다. 조그만 출판사의 사장이었다. 이름은 알두스 마누티우스 Aldus Manutius, 1449/1452~1515였다. 로마에서 태어나 대학에서 인문학을 제대로 배운 학자였다. 스승은 바티스타 과리노로, 그리스어 문법서로 유명한 학자였다. 알두스는 대학을 마치고 페라라에서 과외 선생으로 연명하다가, 교육자에서 출판업자로 인생 항로를 바꾼다. 1489년의 일이다. 이를 위해 그는 당시 상업의 중심지인 베네치아로 간다. 그곳에서 향료사업으로 큰 부를 쌓은 안드레아 토레사니를 만났고, 그의 딸과 결혼한다. 장인은 사위의 출판 계획을 적극 지원한다. 그 덕분에 세워진 회사가 알디네 출판사이다. 1493년의 일이다.

이때 알두스가 내건 기치가 "천천히 서둘러라!"festina lente였다. 시작은 더 뎠지만 결실은 확실한 책들이 '천천히' 출판되었다. 물론 나중에 펴낸 책의 수는 헤아릴 수 없을 정도이다. 호메로스, 플라톤, 아리스토텔레스, 키케로 등. 이 책들이 지금도 서양 고전 원전의 개정-편집본의 주요 저본底本으로 참조되는 이른바 초판본editio princeps들이다. 서양 정신의 '새로운 대륙'terra incognita은 이와 같은 '천천히 서두르는' 원칙을 바탕으로 형성되었다.

알두스의 출판사가 성공할 수 있었던 이유는 구체적으로 크게 네 가지였다.

우선, 그는 문헌 편집을 전문가에게 의뢰했다. 예컨대 1509년에 출판된 『그리스의 수사학자들』의 경우, 수사학자인 무수루스라는 전문가에게 편집을 맡겼다. 이를테면 일종의 책임-편집 제도인데, 이를 통해 가능한 한 오류를 줄였다. 이렇게 철저한 검증과 교정을 거쳐서 출판된 책들이 독자들의 신뢰와 사랑을 받는 것은 당연한 일이라 하겠다. 이와 같이 문헌학의 엄격한 교정과 검증 과정을 도입함으로써 알두스의 출판사는 문헌 편집에서 생겨나는 오류 때문에 들어야만 했던, 당시 지식인들, 특히 가톨릭 신부들의 출판 서적에 대한 비난과 오해를 극복할 수 있었다. 사실 구텐베르크가 인쇄사업에 실패한 이유도 출판본의 오류에 대한 비난 때문이었다. 필사의 경우에는 한 번의 실수로 한 개의 오류가 생겨나지만, 책의 경우에는 한 번의 실수로 3천 개의 오류가 자동적으로 생겨나기 때문이다. 이 문제를 알두스는 잘 알았다. 그리하여 이 문제를 해결하기 위해 1500년 자기 집에 많은 학자와 전문가를 초대하고, 이들을 중심으로 고전연구회sodalitas를 결성한다. 이 연구회에 모인 대표적인 학자들이 암스테르담의 에라스뮈스Erasmus, 1466~1536, 프랑스의 왕립학사 기욤 뷔데Guillaume Budé, 1468~1540였다. 참고로, 뷔데는 훗날 파리에 부엉이 로고로 유명한 뷔데출판사를 세운 사람이다.

다음으로, 책값의 인하였다. 알두스는 당시 초등학교 교사 한 달 급료의 3분의 1 가격에 책을 판매했다. 일종의 박리다매 전략인데, 이 전략은 사업적으로 적중하여 출판사는 큰 성공을 거두었다. 또한 그는 책의 제작비를 낮추고 운반의 효율성을 높이기 위해 책의 크기를 줄였다. 누구나 호주머니에 책을 넣고 다니면서 읽게 하기 위해서였다. 알두스는 오늘날의 '문고본' 크기로 책을 출판했다.

이어서, 향료가 팔리는 곳이면 책도 팔린다는 말이 있다. 그 무렵 상업적으로 성공했지만 졸부 소리를 듣던 신흥 상업세력의 지적 욕구는 대단했다. 경제적인 능력에 견주어 볼 때, 사람대접을 제대로 받지 못하고 있다는 것이 그들에게는 언제나 불만이었기 때문이다. 알두스는 이러한 상업세력의 지적 욕구를 정확하게 간파하고, 책이 이들의 욕구를 채워주는 방법이라는 점을 잘 알고 있었다.

마지막으로, 알두스는 책 자체를 구입하고 싶은 마음을 불러일으켰다. 그러니까 책 자체가 상품이라는 점을 꿰뚫어 보았다. 책을 편하게 읽도록 도와주려는 목적도 있었지만, 책을 한번 보면 사지 않을 수 없게 만들자는 전략이었다. 그리하여 알두스는 눈에 잘 들어오면서도 아름다운 글자체를 개발하는데, 이때 그가 개발한 글자체가 이른바 이탤릭체이다.

물론 알두스가 최초의 출판업자는 아니었다. 최초의 출판업자는 독일인 요하네스 구텐베르크였다. 그가 출판사를 처음 차린 곳은 마인츠 지역의 스파이어라는 조그만 도시였다. 아울러 그리스어 인쇄 폰트를 처음 개발한 사람은 프랑스인 니콜라 장송Nicolas Jenson, 1402~1480이었다. 그러나 중요한 것은 알두스가 새로운 시대의 도래를 예감하고 시대의 전환에 적극 대응했다는 점이다. 이런 점에서 이른바 '블루오션' 이론을 입증한 최초의 사업가가 알두스였다. 물론 그가 사업적으로 큰 성공을 거둔 데에는 그의 사업가 기질과 능력이 한몫 단단히 거들었다.

그렇지만 알두스가 성공을 거둔 밑바탕에는 사업 능력 이외에 더 근본적이고 더 결정적인 원동력이 있었다. 그것은 바로 사랑이었다. 인문학studia humanitatis, 책philobiblia, 고전에 대한 사랑philologia이었다. 사업적으로 그가 아무리 수완이 뛰어났다 해도, 그가 아무리 큰 재력가라 해도, 책에 대한 사랑이 없었다면 그토록 뛰어난 학자들이 그에게로 모여들지는 않았을 것이기에 그렇다.

33. 용(勇), 인문을 실현하는 덕

'물에 빠진 개'는 때려야 할까, 때리면 안 되는 걸까. 근대 중국의 상징 루쉰이 낸 문제이다. 그러고는 그는 단호하게 답했다. "물에 빠진 개는 때려선 안 되는 것이 아니라 때에 따라서는 그야말로 때려야 한다."* 여기서 그가 때려 마땅하다고 한 개는 돈과 권력에 눈이 멀어 '사람을 무는 개'이다. 그런 개라면 "뭍에 있든 물에 있든" 모조리 패야 마땅하다는 것이 루쉰의 생각이었다.

'어진 이'는 필연적으로 용맹하다

하루는 자로가 스승 공자에게 성인成人, 그러니까 '완성된 사람'의 조건을 여쭸다. 공자는 늘 그랬듯이 사례를 들어 알기 쉽게 얘기해주었다. "장무중의 슬기와 공작의 청렴, 변장자의 용맹, 염구의 학예를 갖추고 이를 예악으로 가다듬으면 성인이 될 수 있다"(『논어』「헌문」). 공자의 윤리학에서 완성된 사람은 어진 이[仁者]를 가리킨다. 결국 공자는 어짊을 이루는 데 용맹이 필요하다고 본 것이다.

이는 어짊에는 용맹[勇]이 내포되어 있음을 일러준다. 물증은 남아 있지 않지만 자로는 스승의 답을 듣고는 내심 쾌재를 불렀을 것이다. 다른 건 몰라도 용맹 하나만큼은 누구보다도 자신 있었던 그였기 때문이다. 그래서 공자의 답변이 다소 의아해진다. 『논어』의 다른 곳을 보면 공자는 기회가 될 때마다 자로의 용맹을 누르고자 했다. 통념상으로도 용맹과 어짊 사이의 거리는 결코 가깝지 않다. 용맹이 '무'武적이라면 어짊은 '문'文적이기에 그러하다.

그런데 공자의 이러한 관점은 "어진 이는 필연적으로 용맹하다"(『논어』「헌문」)는 언급에서 다시금 목도된다. 그뿐이 아니다. 어짊과 용맹을 긴밀하게 연관시킨 예는 사실 적지 않다. 기원전 605년 정나라 공자 귀생이 모반을 일으켜 군주를 죽였다. 이 일이 일어나기 전 당시 권세가였던 자가라는 귀족은 귀생의 역모를 미리 알고 있었다. 그는 윤리에 맞지 않는다며 귀생을 말렸다. 그러나 협박에 못 이겨 되레 귀생 편에 섰다. 바른 도리를 실현하고자 했음에도 결과적으로는 역적이 되고 만 셈이다. 이를 두고 사가는 "어질면서 무武하지 않으면 어짊을 이루지 못한다"(『춘추좌전』 선공宣公 4년)고 평했다. 무武도 용勇처럼 어짊 실현의 필요조건으로 설정된 셈이다.

'무하다'는 말은 보통 무공이나 무력 등을 발휘하는 데 필요한 역량을 지녔다는 뜻으로 쓰인다. 문제는 '무하다'가 그런 뜻으로만 쓰였다면 위 사

---

* 루쉰, 「페어플레이는 아직 이르다」(论"费厄泼赖"应该缓行).

가의 평가가 자못 어색해진다는 데 있다. 상술했듯이 통념상으로도 그렇고 외견상으로도 어짊이라는 덕과 무라는 역량은 꽤 다르다고 여겨지기 때문이다. 그럼에도『춘추좌전』의 저자 또한 공자처럼 그 둘을 상호보완적 관계로 놓았다. 왜 그랬을까.

용이 덕인 까닭

열쇠는 무武가 지니는 또 다른 뜻에 있다. 한자 '武'는 '창'이라는 뜻의 과戈와 '그치다'라는 뜻의 지止로 이루어졌다. 여기서 창은 전쟁을 가리키므로 무는 '전쟁을 그치다'라는 뜻을 담게 된다. 다시 말해 무라는 역량은 단지 체력이나 완력, 전투력 같은 물리력 자체만을 뜻하는 것이 아니라 전쟁을 그치게 하는 힘도 가리킨다는 것이다. 따라서 그것은 충돌이나 전쟁을 야기하는 물리력이 아니라 이미 벌어진 다툼을 해소하는 물리력이다. 무가 윤리적 정당성을 지닌 물리력이라는 뜻이다.

한편 무는 용맹이라는 의미로도 쓰인다. 이는 용도 윤리적으로 정당화할 수 있음을 일러준다. 공자가 예나 의가 결여된 용맹은 혼란을 야기하며 소인배가 그러면 도적이 될 뿐이라고 잘라 말한 이유이다. "의롭지 못하게 죽음은 용맹이 아니다"(『춘추좌전』 문공文公 2년) "의를 따름을 일러 용맹이라 한다"(『춘추좌전』 애공哀公 16년)는 명제가 성립된 근거이다. 훗날 주희가 "용은 힘써 행할 수 있음"(주희,『논어집주』)이라고 개괄한 것도 용을 윤리적 가치를 실현하는 덕으로 이해한 이러한 전통의 소산이었다.

사람은 머리로만 알고 몸으로는 실천하지 않을 수 있는 존재이다. 또한 "말하지 않으면 그 누구라도 품은 뜻을 알 수 없는"(『춘추좌전』 양공 25년)

것이 사람이다. 영어를 아무리 잘해도 한 마디도 하지 않으면 사람들은 그가 영어를 할 줄 아는지조차 모른다. 어짊이라는 덕도 마찬가지이다. 어짊이 무엇인지 잘 알고 어질고자 하는 의지가 충일해도 그것이 실제로 구현되지 않으면 사람들은 그가 어진지를 전혀 모른다. 아무리 내면에 훌륭한 덕을 갖췄을지라도 그것을 밖으로 드러내지 못하면, 달리 말해 실현해내는 힘이 없으면 결과적으로는 그러한 덕을 갖추지 못한 꼴이 되고 만다. 전쟁 종식을 염원해도 끝낼 수 있는 힘이 없으면 말만 그렇다는 비난에 할 말이 없어지는 것처럼 말이다. 그래서 용이나 무는 어짊의 완성에 반드시 있어야 하는 덕이다. 그것은 내면에 갖춘 덕을 외적으로 구현할 수 있는 능력이다. 그렇게 윤리적 가치를 몸으로 실행하게 하는 역능이라는 뜻이다.

이것이 '문무겸비'文武兼備라는 전통 시기 한자권에서 가장 높이 평가된 덕목의 진면목이다. 단순히 문관으로서 지녀야 할 능력과 무장으로서 갖춰야 할 능력을 더불어 구비했음만을 일컫지 않았다는 얘기이다. 어짊으로 대표되는 인문적[文的] 여러 가치를 제대로 실현해낼 수 있는 능력[武]의 겸비도 가리켰던 것이다.

'역부족'과 '하려 하지 않음'의 차이

익히 경험했듯이, 또 현전하는 수많은 글이 증언하듯이, 일상에서 덕을 구현하며 산다는 것은 사실 녹록지 않다. 한때 3천 명을 웃돌았던 공자의 제자 가운데 'Top 10'에 속하는 염구조차 "선생님의 도를 좋아하지 않는 것은 아니지만 힘에 부칩니다"(『논어』 「옹야」雍也)며 어려움을 토로할 정도였다.

물론 그가 스승에게 돌려받은 것은 호된 질책이었다. "너는 하기도 전에 스스로 한계를 짓고 있다!" 이는 애당초부터 '하려 하지 않는' 태도였다는 것이다. 공자 보기에 '힘에 부친다'[力不足]는 '힘써 행했지만'[力行] 더는 못하게 될 때나 쓸 수 있는 말이었다. 힘에 부쳐서 '할 수 없다'고 하는 것과 실행에 앞서 포기하며 아예 '하려 하지 않는' 것은 엄연히 다르다는 뜻이다. 공자가 "용맹한 자는 결코 두려워하지 않는다"(『논어』 「자한」子罕)며 제자들을 독려한 까닭이 이것이다. 두려워하지 않음은 한계가 보이고 난관에 부딪혀도 좌절하거나 지레 나았음과는 무관하기에 그렇다.

우리가 할 줄 몰라서 못하는 것이 과연 얼마나 될까. 아무리 좋은 일이라도 그것을 실현하기 위해서는 적어도 자기를 '하지 않게끔 하려는' 것들과 타협하지 않는 역량이 필요하다. 루쉰은 저 옛날 하나라 걸왕의 폭정이 극에 달했을 때 사람들이 저마다 "이놈의 해는 언제 진단 말인가? 내 기필코 너와 함께 망하리라"(『서경』 「탕서」湯誓)며 극한의 분노를 표출했지만 막상 실행하기로 결단한 자는 그리 많지 않았다고 탄식했다. 용맹이라는, 뜻한 바를 완수하게 하는 덕이 필요한 이유이다. 게다가 스스로 한계를 긋는 태도는 자기만 하려 하지 않는 데서 그치지 않고, 하고자 나서는 타인마저 하지 못하게 하려 애쓴다.

지금 우리 사회는 이상과 망상을 분명하게 구분하지 못한다. 시간이 더 흘러가도 여전히 '할 수 없다'와 '하려 하지 않는다'를 명확하게 구별하지 못한 채, 정원 청소와 지구 쪼개기가 같은 것인 양 뒤섞어 말한다. 정원에 악취가 나서 청소해야 한다고 하면 …… 그들은, 여기다 오줌을 쭉 누어왔는데 어떻게 청소하느냐며 절대로 할 수 없고 결단코 불가하다고 말한다. (루쉰, 「수감록 39」)

20세기 초엽 중국에서도 언론의 사회적 영향력은 작지 않았다. 지금과 마찬가지로 "정원에 오줌을 쭉 누어왔던" 이들도 언론을 적극 활용하여 "정원 청소", 그러니까 사회악을 일소하는 일을 기필코 하지 않으려 들었다. 그들은 결코 수동적이지도, 방어하기에 급급해하지도 않았다. 늘 그랬듯이 청산될 때까지는 가능한 한 공세적이었다. 이를테면 이런 식이었다. 루쉰의 증언이다.

수많은 차별로 사람들을 찢어놓아 급기야 남의 고통을 느끼지 못하게 만들고, 저마다 남을 노예로 부리고 잡아먹을 수 있다는 희망에 젖게 하여 언젠가 자신도 노예가 되고 잡아먹힐 수 있음을 망각케 한다. 그 결과, 문명이 있은 이래 크고 작은 인육의 향연이 허다하게 줄곧 베풀어져왔고, 사람들은 그 잔치판에서 서로 먹고 먹히면서 흉포한 무리의 야만적 환호성으로 약자의 처참한 아우성을 뒤덮어왔다. 여인과 아이들은 더 말할 나위 없는 지경이었다. (루쉰, 「등하만필」^{燈下漫筆})

왠지 저 옛날 중국에서 있었던 남의 일로만 느껴지지 않는다. 당시 루쉰의 삶터에서도 평등을 얘기하고 정의를 얘기하면 '빨갱이'니 '과격파'니 하는 딱지가 언론을 통해 덕지덕지 붙곤 했다. 이념으로, 지역으로, 또 세대로 사회를 갈래 쳐 서로 물고 물어뜯게 하는 전략이 "문명이 있은 이래 줄곧" 악용됐음이다. 공자 시대든 그보다 2,500여 년이 흐른 루쉰 시대든 간에, 또 자신을 닦든 사회를 다스리든 간에 '두려워하지 않고 끝까지 목적한 바를 달성해내는 덕', 곧 용맹이 필요했던 이유이다.

318

투철하게, 단호하게

"물에 빠진 것은 '사람'이 아니라 '개'이다!" 루쉰은 물에 빠진 개를 보면 측은해하는 사람들에게 이렇게 일갈했다. 사람을 상습적으로 물어뜯다가 참다못한 사람들의 몽둥이질에 도망가다 물에 빠진 개임에도, 허우적대는 모습을 보고는 차마 하지 못하는 마음, 곧 '불인지심'不忍之心이 발동해 그만하면 됐다며 용서해주자고 한다는 것이다.

그런데 이는 맹자가 불인지심을 처음 언급했을 때와는 상반된 용법이다. 그는 폭정을 일삼던 하나라 걸왕이나 상나라 주왕을 물리력으로 쫓아낸 역사를 두고 신하가 군주를 쫓아낸 것이 아니라 선한 이들이 사악한 필부를 쫓아낸 데 불과하다고 단언했다. 왕도정치를 표방하며 꾸준히 인의仁義를 설파했던 그이지만, 인민을 질곡에 빠뜨린 채 호의호식하는 군주를 징벌하는 전쟁은 '의로운 전쟁'[義戰]이라 규정했다. 악을 끝장내기 위한 물리력은 윤리적으로 정당하다는 뜻이다. 그가 말한 불인지심은 고통에 겨워하는 남을 가만 두고 보지 않는 마음으로, 고통을 유발하는 근인을 물리력을 동원해서라도 징벌하는 마음이었다.

상대의 회개 여부를 점검하기는커녕 겉모습만 보고 용서해주자는 마음이 불인지심이 아니라는 얘기이다. 악을 보면 '차마 참지 못하는' 불인지심이 참된 불인지심이라는 뜻이다. 루쉰은 사람을 무는 개가 물에 빠진 모습을 보고 침례를 받는 기독교인이 연상되어 개가 회개했다고 여긴다면 착각치고는 대단한 착각이라고 경계했다. 개는 헤엄칠 수 있어 유유히 도망쳐 숨을 줄도 알고, 수세에 놓였다고 판단되면 절뚝거리며 사람들의 동정을 유발할 줄도 안다. 그렇게 기회를 엿보다가 틈을 타서 다시 들이닥치면 예전처럼 사람들을 물어대고 우물로 몰아 빠뜨리고는 돌을 던져대는 등 '차마 하지 못하는' 짓이 없게 된다는 것이다.

　이것이 문명이 있은 이래 지속되어온 사람을 물어뜯는 개의 속성이다. 그래서 루쉰은 동정이나 연민, 박애 같은 인류의 선한 가치에 무조건 기대지 말라고 주문했다. 악한 이가 그에 기대어 연명하고 기회를 틈타 다시 위세를 부리게 되면 그들은 예전처럼 선한 가치를 기꺼이 우롱하며 사람을 공격한다. 루쉰이 회개하지 않은 개는 뭍에 있든 물에 빠졌든 간에 단호하게 때려야 한다고 잘라 말한 까닭이다. 또한 '페어플레이'는 아직 이르다고 진단한 근거이다. 그것은 기울어지지 않은 운동장에서나 펼쳐낼 수 있는 좋은 가치이지 기울어진 운동장에서도 지켜야 하는 절대선은 아니기 때문이다.

　악한 개를 직접 때리자는 얘기를 함이 당연히 아니다. 루쉰의 시대 중국에서는 아직 민주주의가 제도화하지 못했다. 그러나 지금 우리는 다르다. 헌법으로 대변되는 여러 민주주의 제도가 갖춰졌다. 이를 좌고우면하지 않고 원칙에 의거하여 투철하고도 단호하게 운용하자는 제언이다. 그러려면 일상을 영위하면서 선한 가치를 구현하는 용맹을 저마다 갖출 필요가 있다. 지금은 안팎에서 밀려드는 타협과 압박을 넘어, 선을 이뤄내지 않으면 차마 참지 못하는 그런 '불인지심'의 헤게모니가 필요한 단계이기에 그렇다. 시민이 국가의 참된 주인으로 우뚝 서기 위해서 말이다.

34. 팍스 로마나를 만든 비결

포세이돈은 부풀어오른 바다를 진정하고 한데 모인 구름을 흩어버리고 태양을 도로 데려온다. …… 뾰족한 바위에서 배들을 끌어 내린다. 포세이돈은 자신의 삼지창을 지렛대로 이용해서 이를 돕는다. …… 부드럽고 가볍게 전차를 몰아 파도 위를 달리며 바다를 달랜다. 군중이 모이면 폭동이 일어나는 법이다. 민중의 마음이 사나워지면 어느새 횃불과 돌멩이가 날아다닌다. 광기가 무기를 들게 만들기 때문이다. 그때 우연히 마음이 경건하고 나라를 위해 큰일을 행한 사람을 보면, 그들은 다시 고요해진다. 그의 말을 듣고자 조용히 입을 다물고 자리를 잡는다. 그는 말로 사람들의 마음을 어루만지고 가슴을 달래준다. 그처럼 포세이돈이 바다를 응시하자 바다의 폭동은 모두 가라앉았다. (『아이네이스』 제1권 142~55행)

기원전 1세기 로마의 상황이다. 카르타고와 벌인 전쟁에서 승리했지만,

또 다른 전쟁이 로마를 덮쳤다. 내전이었다. 내전은 100여 년에 걸쳐 이어졌다. 인용은 지긋지긋한 내전과 분열의 종결자가 나오기를 기원하는 베르길리우스의 염원을 담은 것이다. 그 종결자는 누구였을까? 이에 대한 오비디우스의 답이다.

> 불경한 무리가 카이사르를 살해하고 그 피로 로마라는 이름을 지우려고 미쳐 날뛰었을 때, 인류는 갑작스런 파멸에 직면해서 거대한 공포에 짓눌려야 했고 온 세계는 두려움에 떨었소. 아우구스투스여! 제우스가 신하들의 충성을 보고 기뻐하듯이, 그대에게도 신하들의 충성이 기쁜 일이오. (『변신 이야기』 제1권 199~206행)

종결자는 아우구스투스였다. 그의 신격화와 로마제국의 정당성과 관련해서는 여러 논의가 가능하다. 중요한 점은 카이사르와 아우구스투스의 등장으로 로마 사회를 짓눌렀던 오랜 내전이 끝나고 이를 바탕으로 로마는 지중해 세계의 패권 국가로 거듭났다는 사실史實이다. 흔히 팍스 로마나 Pax Romana라고 일컫는다. 이를 가능하게 한 힘은 과연 무엇일까? 시인의 말대로, 포세이돈 같은 신적인 지도자 덕분이었을까? 답은 양가적이다.

지도자의 능력 덕분이었다

먼저 '그렇다'에 대해 해명하겠다. 국가의 통합과 화합에 지도자가 중요하다는 점은 굳이 부연할 필요가 없다. 그럼에도 이에 힘을 줄 증인으로 키케로를 불러내, 그 증거로 키케로의 이상적인 정치가론을 제시하겠다.

이 논의는 지금도 활용되고 있다. 서양의 정치가 양성 프로그램이 키케로의 제안에 뿌리를 둔 것이기에. 그가 생각하는 이상적인 정치가는 이런 사람이다. 한마디로 말 잘하는 사람이다. 그런데 생각이 늘 깨어 있어야 하고, 역사와 세계를 바라보는 예리한 통찰의 눈을 갖춰야 하며, 아울러 현실과 이상을 저울질할 줄 알아야 하고, 말을 해야 할 때 나설 수 있는 용기를 겸비해야 한다.

여기에 지도자에게 필수적인 다음의 조건들도 포함된다. 먼저, 특정 전문 지식이 아니라 모든 영역을 두루 꿰뚫어 보는 일반화 능력이 필수이다. 어디에서 어떤 주제로 연설과 토론을 하건, 당면한 문제를 일반화하고 추상화해서 그것을 공동의 의제로 끌어올릴 수 있는 능력이 바로 그것이다. 따라서 잡학 박식함이 아니다. 지식은 남의 혀에서 빌릴 수 있지만 판단은 남의 머리를 빌려서는 안 되기 때문이다. 다음으로, 혀에 저울pondus verbi이 달려 있어야 한다. 말 한마디에 훅 가는 경우를 심심치 않게 볼 수 있기에. 결국 디테일에 능해야 한다는 얘기이다. 마지막으로, 조직과 공동체에 대한 사랑과 의무감이 중요하다.

정치에 참여하는 이유는 크게 두 가지이다. 개인의 야망ambitio과 공동체에 유익함을 제공하려는 덕성virtus이 그것이다. 그런데 키케로는 정치활동을, 즉 공동의 일에 참여하는 것을 의무로 간주한다. 정치를 덕성이 아닌 의무로 규정한다는 점이 특이하다.

이렇게 해명된다. 정치에 참여하는 것을 덕성으로 본 사람은 플라톤이었다. 그의 『국가』 제6권에 나오는 이야기이다. 『국가』 제6권은 동굴의 비유로 유명한 책인데, 거기에는 플라톤이 내세우는 이상적인 통치자라 할 수 있는 철인왕이 동굴에서 벗어나 빛의 장엄한 세계를 보고 난 뒤에 다시 동굴로 돌아가는 것을 주저하는 대목이 있다. 사실 빛의 세계에서 어둡고

축축한 동굴로 돌아가는 것을 좋아할 사람은 없다. 플라톤의 철인왕도 사정은 마찬가지였을 것이다. 빛의 세계가 당연히 좋은 곳이기 때문이다. 이런 이유에서 정치에 참여하는 것 자체가 어쩌면 개인의 희생을 요구하는 것이고, 그런 의미에서 다른 이들과 나라에는 덕을 베푸는 것이다. 요컨대 이미 득도得道한 사람이 미망迷妄에 사로잡힌 대중에게 돌아가려는 마음을 먹는 것 자체가 이미 유덕하다는 칭찬을 들을 만한 것이다.

그러나 현실은 어떠했는가? 소크라테스를 보라! 아테네 사람들에 의해서 사약을 받은 현자이다. 이런 의미에서 정치란 눅눅한 감옥으로 돌아가는 일이다. 플라톤 자신도 현실정치에는 거리를 둔 사람이었다. 물론 그의 저술 행위가 그 자체만으로도 역사와 문명에 가장 효력 있는 정치였지만 말이다. 어쨌든 플라톤 이후 서양의 현자들이 정치를 대한 태도는 열이면 아홉이 현실정치와 권력 암투를 멀리한 것이다. 대표적으로 에피쿠로스학파의 현자들이 그랬다. 미망에 사로잡힌 동굴로 돌아가는 것 자체가 죽음을 뜻하는 것이었기에, 되도록이면 현실정치와 권력 암투에서 멀리 떨어져 사는 것이 현자의 상징이었던 것이다.

하지만 철학자들이 정치를 대한 방관자적 태도를 키케로는 이렇게 비판한다. 인간은 각각에게 그리고 공동체에 상호 의무를 진 사회적 존재라고. 이 점에서 플라톤이 현실세계를 미망에 둘러싸인 감옥이라고 말하는 것과 크게 다르다. 그 동굴과 그곳에 사는 사람들에게 빚을 진 존재가 인간이기에, 그 빚을 갚아야 하기에, 동굴로 돌아가야 한다고 한다. 내 안에는 무수한 '너'들이 있다는 얘기이다. 내 안에는 부모가 있고, 친구가 있고, 나라가 있고, 자연이 있기에. 그러니까 내가 지금 여기에 서 있기 위해서는 부모의 사랑이, 친구의 우정이, 나라의 지켜줌이 필요하다는 것이다.

여기에서 플라톤과 키케로 사이의 차이가 오롯이 드러난다. 플라톤의 철인왕은 정치를 통해서 타인과 공동체에 덕을 베푸는 통치자이지만, 키케로의 이상적인 정치가에게 정치는 세상에 진 빚을 갚아야 하는 의무이기 때문이다. 플라톤이 말하는 현실세계라는 동굴은 키케로에게는 더 이상 감옥이 아니다. 그것은 반대로 나를 지켜주는 집이다. 따라서 그 집을 지키는 것은 의무이다.

그렇다면 키케로가 제안한 이상적 정치가라는 교육 프로그램은 과연 성공했을까? 물론 단기적인 관점에서는 실패했다. 몰락해가는 공화국을 지키기 위해 제안했는데, 로마 공화국이 몰락하고 말았으니까. 이 프로그램을 통해서 키케로가 노렸던 소기의 정치적 목적은 달성하지 못한 셈이다. 그러나 장기적인 관점에서는 성공했다. 공화국은 사라졌지만 교육 프로그램 자체는 사라지지 않고 지도자 교육에 활용됐기 때문이다. 아우구스투스가 그 증인이다.

> 오랜 시간이 지난 후 [아우구스투스] 카이사르가 그의 외손자 가운데 한 사람을 만나러 집으로 들어간 적이 있다. 손자는 양손에 키케로의 책을 가지고 있었는데, 깜짝 놀라 그것을 옷으로 감싸 숨겼다. [아우구스투스] 카이사르는 그것을 보고 달라고 했다. 그대로 서서 책의 많은 부분을 훑어보고 난 후, 다시 그 젊은이에게 돌려주면서 "참 연설을 잘하는 분이었지. 이보게, 젊은이. 그분은 참 연설을 잘하는 분이었어. 그리고 조국을 사랑하는 분이었다네"라고 말했다고 한다. (플루타르코스, 「데모스테네스와 키케로」, 『두 정치연설가의 생애』 제69장)

조직의 힘 덕분이었다

이제 '아니다'에 대해 해명하겠다. 단적으로 팍스 로마나를 만든 것은 일반 병사의 힘이다. 이와 관련해 카이사르Julius Caesar, 기원전 100~44의 병사 교육에 관한 생각을 보자. 참고로, 키케로가 엘리트 정치가의 교육에 방점을 찍었다면, 카이사르는 일반 병사의 훈육에 무게 중심을 둔다. 이를 잘 보여주는 작품이 『갈리아 전쟁기』이다. 알프스 이북의 유럽을 정복하면서 남긴 비망록 또는 업적록에 해당하는 이 책에서 카이사르는 병사들에게 조직의 중요성을 강조한다. 그의 말이다.

> 진지를 둘러싼 성채, 높은 산, 도시를 두르는 성벽들에도 사기가 꺾이지 않는 병사들의 용기는 칭찬받아 마땅하다. 그러나 자신들이 장군보다 승리와 사태의 결과에 대해서 더 뛰어난 판단을 내릴 수 있다는 방종과 오만함은 비난받아야 한다. 군대에서는 용기와 담대함이 중요하지만 그에 못지않게 절제와 인내가 필요하기 때문이다. (『갈리아 전쟁기』 제7권 제52장 4절)

카이사르에 따르면, 전쟁에서 승리하는 데는 용기도 중요하지만 인내와 규율이 더 결정적이다. 용기는 개인의 힘에 불과하지만 인내와 규율은 조직의 힘이기 때문에. 용맹함에서는 갈리아인이 로마인보다 더 뛰어났다는 점을 카이사르도 인정한다. 그럼에도 로마가 승리할 수 있었던 까닭은 잘 훈련된 조직의 힘 덕분이었다고 카이사르는 밝힌다. 다음은 카이사르가 전투에 나서는 병사들과 부관들에게 했던 경고이다.

> 무엇보다도 병사들을 통제할 것을 지시했다. 전의에 불타올라서 또는 전

리품에 대한 욕심에 사로잡혀서 너무 앞서나가지 않도록 하기 위해서였다.
(『갈리아 전쟁기』 제7권 제45장 8절)

전쟁터에서는 호승지심에서 비롯된 개인의 일탈이 더 큰 위기를 불러온 다는 것이다. 이런 이유 때문에 카이사르는 병사들에게 절제와 인내와 규율의 중요성을 강조하고 또 강조한다. 조직의 힘을 극대화하기 위해서이다. 이것이 로마인이 갈리아인을 이긴 원동력이라고 한다. 흥미로운 점은, 카이사르가 조직의 규율을 따르는 힘을 virtus라고 부른다는 것이다. 이런 종류의 virtus를 뭐라 일컬어야 할지 모르겠지만, 이것은 앞에서 언급한 키케로가 강조한 덕성virtus 개념과는 분명히 다르다. 개인의 능력을 최대화하는 것이 키케로의 덕성 개념이었다면, 카이사르의 덕성 개념은 개인의 능력을 최소화하는 것을 통해서 조직의 힘을 극대화하는 특성을 띠기 때문이다.

여기에서 키케로와 카이사르의 차이가 분명하게 드러난다. 물론 이 둘의 차이가 논리적으로 대척점에 있지는 않다. 어떤 조직이 효율적으로 움직이려면 지도자의 능력도 중요하기 때문이다. 그렇지만 카이사르가 조직의 힘을 극대화하기 위해서 일반 병사의 교육을 중시한 이유는 절제와 인내와 규율로 무장한 조직의 virtus가 팍스 로마나를 만든 결정적인 원동력이었기 때문이다. 그 증인으로 역사가 리비우스Livius, 기원전 59?~기원후 17를 부르겠다. 그의 말이다.

야누스 신전의 문이 닫힌 후에 동맹과 협정을 통해서 주변 지역에 사는 사람들과 좋은 관계를 맺어놓았기에 외부의 위험을 망각하고, 적들에 대한 두려움과 군대의 규율로 유지했던 마음이 여가로 인해 방만하지 않게끔, 누마기원전 7세기 왕은 무엇보다도 무지하고 그 시대에는 미개했던 민중에게 신들에 대한 두려움을 심어주어야 한다고 생각했다. (『로마 건국기』 제1권)

인용은 로마가 전형적인 상무국가였음을 잘 보여준다. 그런데 여기에서 서양 고대와 근대 사이의 차이가 드러난다. 물론 국가의 화합을 이끄는 데는 지도자의 능력이 중요하고 아울러 조직원의 통제가 중요하다는 것은 공통적이다. 그러나 규율과 통제가 아니라 개별 시민의 자발성에 기초한 내적 성숙의 중요함을 알게 된 것은 사실 아주 후대였기 때문이다. 프랑스혁명이 결정적이었다. 여러 말을 해야겠지만, 역사의 주체가 지도자가 아닌 개별 시민임을 자각하게 된 사건이 프랑스혁명이었기에.

성숙으로 가는 길은 아직도 멀다

문득 지난 100여 일에 걸쳐 광화문광장에 모인 사람들이 떠오른다. 그들에게는 포세이돈 같은 신적인 지도자가 없었다. 키케로 같은 정치가도 없었다. 카이사르 같은 조직가도 없었다. 그러나 카이사르가 말한 절제와 인내와 자발적인 규율의 힘을 보여주었다. 키케로가 본다면 이를 뭐라 할까? 누가 뭐라 해도 우리 역사의 쾌거임에 틀림없다. 광장이 우리를 성숙하게 만들어주었고, 거꾸로 우리의 성숙함이 광장에서 꽃을 피웠다 할 수 있기에.

그러나 내 생각에 이는 절반의 성공에 불과하다. 우리에게는 또 다른 광장이 있기 때문이다. 매체의 발달 덕분에 광화문의 광장보다 더 일상적인 광장으로 자리 잡은 SNS 공간이 바로 그곳이다. 그런데 여기에서 내뱉는 말들을 보노라면, 특히 선거철에 SNS 광장의 중심부를 먼저 차지하고 떠드는 이들이 배설하는 메시지를 듣다 보면, "광기가 무기를 들게 만들었다"는 옛날 로마 광장이 바로 이곳이라는 생각이 자연스럽게 떠올라서 하는 말이다. 성숙으로 가는 길은 아직도 멀다.

35. 무엇을 경세(經世)의 지팡이로
삼을 것인가

한 고조 유방이 항우를 무찌르고 천하를 통일한 지 얼마 안 됐을 때의 일이다. 육가陸賈, 기원전 240~기원전 170라는 유생이 있었다. 그는 무시로 고조에게 나아가 『시경』 『서경』 구절을 거론하며 국정을 논했다. 그러자 고조가 말했다. "나는 말 위에서 천하를 얻었소이다. 『시경』 『서경』과 같은 경전을 뭐 하러 받들겠소?"

'곱셈의 정치'로 일궈낸 제국

주지하듯이 고조를 비롯한 한 제국의 건국공신들은 대개가 구석진 고을의 한량 출신이었다. 그렇다 보니 건국 후 몇 년이 지났어도 조정에는 자기 무훈을 떠벌리는 소리가 가득했고 술에 취해 궁중에서 칼을 휘두르는 광경마저 종종 빚어졌다. 육가 같은 유생이 고조에게 경전을 자꾸 언급하게 된 현실적 이유이다.

그럼에도 고조는 무엇이 문제인지 감을 잡지 못했다. 사회 저 밑바닥부터 자신의 힘으로 절대 지존인 황제 자리까지 올랐으니 그럴 만도 했다. 문제는 그러한 성공은 난세였기에 가능했다는 데 있었다. 하여 육가는 고조에게 "말 위에서 천하를 얻었다고 하여 말 위에서 천하를 다스릴 수 있겠습니까?"라며 되물었다. 그러고는 "은나라 탕왕과 주나라 무왕은 천하를 힘으로 거슬러 취했지만 순리로 지켰습니다. 문무를 겸용함이 장구히 지속할 수 있는 방도입니다"*라고 아뢨다. 뭔가 잘못됐음을 느낀 고조는 육가에게 바로 어찌하면 되느냐 물었고 육가는 『신어』新語를 지어 바쳤다.

거기에는 갓 출범한 제국을 안정되게 지켜갈 수 있는 방책이 살뜰하게 담겨 있었다. 당연한 귀결이지만, 그 대부분은 말 위에서는 결코 얻을 수 없는 바들이었다. '인문'[文]이 바로 그것이었다. 인문만 있으면 만사형통이라는 얘기가 아니었다. 인문 없이 천하를 움켜쥘 수는 있어도 그것 없이 지킬 수는 없다는 뜻이었다. 천하를 지킨다는 것은 그걸 쟁취하고자 기꺼이 피 비린내를 뒤집어쓰던 때와는 전혀 다른 국면이었다. 말 위에서 얻은 것에 더하여 뭔가 더 있어야 하는 상황이었다. 곧 적어도 물리적으로나마 합해가는 덧셈의 정치가, 아니 가능한 화학적 변이를 통해 서로 융합되는 곱셈의 정치가 절실하게 요청됐다.

이는 한 제국의 터전이 됐던 진시황의 진 제국이 곱셈의 정치 덕분에 설 수 있었음을 감안할 때 백번 타당한 판단이었다. 한 제국이 진의 제도를 계승했음을 알 수 있도록 사마천이 『사기』의 여기저기에서 증언했듯이

---

* 이상의 인용문 출처는 모두 『사기』 「역생육가열전」(酈生陸賈列傳).

한 제국의 터전은 실은 진시황이 건설한 진 제국이었다. 그 진은 승상 이사가 논파했듯이 짧지 않은 세월 동안 곱셈의 정치를 꾸준히 행했기에 제국으로 우뚝 설 수 있었다. 그는 "외국에서 온 인재를 쫓아내면 진의 미래는 없다"는 취지의 상소(이사, 「간축객서」諫逐客書)에서 선대왕들이 곱셈의 정치로 진을 부강하게 했음을 지적함으로써, 진시황을 설득하는 것은 물론 진이 제국으로 발돋움하는 데 결정적으로 기여했다.

품을 더 넓게, 속을 더 깊게

그런데 실은 이사뿐만이 아니었다. 정치적 통일이 이뤄지지 않는 한 중원에는 중화로서의 미래가 없을 수도 있겠다는 판단이 공유된 전국시대, 이미 유파 불문하고 곱셈의 정치가 활발하게 모색되고 있었다. 그것은 비유하건대 정치라는 그릇의 품을 넓히고 속을 깊이는 활동이었다.

> 한 고을에서 빼어난 이는 고을급에서 빼어난 이와 벗한다. 한 나라에서 빼어난 이는 나라급에서 빼어난 이와 벗한다. 천하에서 빼어난 이는 천하의 빼어난 이와 벗한다. 그것으로도 마음이 차지 않으면 옛사람들을 따져본다. 그들의 시를 읊조리고 글을 읽어보는데 어떻게 그 사람됨을 모를 수 있겠는가. …… 이것이 옛사람과 벗한다는 것이다. (『맹자』 「만장·하」萬章·下)

정치는 집체를 이룬 사람들 외에 적어도 사회라는 시공간과 이념이라는 사상적 입지를 요한다. 곱셈의 정치를 실현하려면 못 돼도 이를 넓히고 깊이는 일이 필요하다는 뜻이다. 맹자는 윗글에서 '거슬러 올라가 고인과 벗하다'는 뜻의 '상우'尙友론을 전개한다. 여기서 그는 사회의 시공간을 공시적으로는 온 천하로, 통시적으로는 천고千古로 확장한다. 그는 평생 다녀도 다 밟아보지 못할 품의 천하라도, 사람인 이상 절대 가볼 수 없는 아득한 옛날과도, 말만 통하면 너끈히 소통할 수 있다고 말한다. 그렇게 천하와 천고 모두 당대의 사회적 시공간을 구성하는 어엿한 일원으로 포섭해낸다.

이는 수백 년째 분열되어 이질화한 중원을 공히 담아낼 수 있는 이념적 입지를 마련한 것이기도 했다. 소통 가능한 언어가 매개되면 사회적 현실에 통시적 깊이를 가하는 작업은 공통의 기원을 만드는 일이 된다. 그럼으로써 당대의 조각난 현실도 천고千古 전 똑같은 기원에서 발원됐다는 이념의 구축이 가능해진다. 여기에 맹자는 도덕 차원에서 주조한 한층 확장된 품과 속을 곱했다. 성선설 얘기이다. 모든 사람은 하늘의 선함을 갖춘 채 태어난다고 함으로써 그는 어떤 사람에게든 모두 적용할 수 있는 공통의 본질을 고안해냈다. 도덕의 세계에 형이상학적 깊이를 가함으로써 곱셈의 정치를 행할 윤리학적 터전을 빚어낸 것이다.

맹자만 그랬던 것이 아니다. 소피스트와 종종 비견되는 명가들은 형식 논리와 개념의 독자적 영역을 구축함으로써 논리 차원에서 한결 확대된 품과 속을 제공했다. 곱셈의 정치를 행할 인식론적 바탕을 구축해낸 셈이다. 지리 차원에서도 폭이 넓어졌다. 음양가의 대표 학자로 알려진 추연은 오행 사상을 바탕으로 중원의 역사를 하나의 통일적 유기체로 엮어내더니 '대구주설'大九州說을 주창하여 세계에 대한 지리적 상상을 극대화했다. 천하는 9개 구역으로 구성된 권역州 9개로 이루어졌고 이른바 '중국'은 그중 하나에 불과하다고 규정했다. 그럼으로써 중원으로만 수렴되는 내향적 시선을 외부로 돌릴 수 있는 계기를 마련했다.

훗날 전통적 중원뿐 아니라 동으로 만주부터 서로 티베트에 이르기까지 드넓은 강역을 동시에 아우른 청 제국의 옹정제는 만리장성 이남의 중원은 'n개'의 천하 중 하나일 뿐이라며 그 위상을 축소 조정했다. 추연의 대구주설은 그저 관념의 유희가 아니었던 셈이다. 중국[華]과 오랑캐[夷]를 하나로 묶는 '화이일가'華夷一家의 대통합에 언제든 쏠쏠한 사상 자원으로 활용될 수 있었다.

제국을 무너뜨린 '여집합'의 정치

진시황에게 곱셈의 정치를 역설한 이사의 상소 「간축객서」는 바로 이러한 전통에 서 있었다. 진이 아무리 지형·지리적 이점과 자원의 풍부함을 끼고 있을지라도 외부에서 인재와 값지고 유용한 물자를 받아들이지 않으면 결국 'n개'의 그만그만한 나라 중 하나에 머무른다는 것이 그가 설파한 곱셈의 정치였다.

그는 태산이 흙을 골라 쌓았다면, 황하와 바다가 물을 가려 받았다면, 어떻게 그 웅장한 규모가 가능했겠느냐며 통일된 대제국을 향한 곱셈의 행보는 인간사를 넘어 우주의 자명한 섭리라고 강조했다. 그러던 그가 막상 통일을 이루자 싸늘하게 돌아섰다. 그것은 뺄셈이나 나눗셈이라는 말로 형용할 수 있는 수준의 돌변 그 이상이었다. 여집합의 정치라고나 할까, 천하를 '진 대 그 나머지'의 집합으로 재설정하고는 당장이든 미래든 간에 진에 도움이 되지 않거나 장애가 된다고 간주되면 여지없이 도려내고자 했다. 그렇게 해야 제국을 지킬 수 있다고 믿었음이다.

두고두고 '역대급' 욕을 양산한 분서갱유가 대표적 사례이다. 그의 진언에 따라 농경이나 의술 등 실용서적을 제외한 책들이 태워지고 주요 지식인이 매장됐다. 오랜 세월 축적된 인문의 정화와 지식도 함께 묻혔다. 문명의 빛이 그렇게 매몰됐고, 지식이 축출된 자리에는 우매함만이 판쳤다. 이사는 유학자인 순자에게서 수학했음에도 강력하고 촘촘한 법치를 주창했다. 그 결과 사람을 인간답게 하는 본질적 요소인 자율성과 도덕적 선의지 등이 사회적 일상에서 배제됐다. 제국을 만들어낸 힘에 제국 수성에 꼭 필요한 인의가, 육가의 표현을 끌어오자면 '문'[人文]이 곱해지지 않았던 셈이다.

외교와 내정 모두에서도 이사는 여집합의 정치를 견지했다. 그는 주변 이민족을 적대시하여 내모는 데 주력했다. 안으로 광활한 제국의 강역은 중앙 집중적으로 다스리고자 했다. 물론 오늘날처럼 중앙과 지방의 협치를 가능하게 하는 생산력과 기술력이 뒷받침되면 괜찮기도 한 정책이다. 그러나 당시 문명 조건을 감안하면 이를 유효하게 실행하는 것은 난망했다. 결국 그것은 지방의 장점을 곱해내기는커녕 더해가기조차 버거운 배제의 정치로 귀결되었다. 중앙과 지방의 공존은 무너져갔고 지방은 그렇게 제국의 품안에서 실질적으로는 덜어내졌다.

결국 진은 지방에서 동시다발적으로 일어난 반란으로 단명하고 말았다. 수백 년 동안 이어온 곱셈의 정치로 일궈낸 제국을 불과 10여 년간의 여집합의 정치로 허무하게 날려버린 것이다.

어떤 지팡이를 택할 것인가

최근 우리 사회에 이사의 그림자가 부쩍 짙어지고 있다. 통일 전의 그림자 말고 통일 후의 그림자를 말함이다. 보수를 자처하는 수구언론과 적잖은 정치인, 세습재벌 등 이른바 여론 주도층에 속하는 인물들은 나라 안팎을 대상으로 덜어내고 떼어내며 배제하기에 여념이 없다. 안으로는 지역과 이념, 세대, 성별 등을 바탕으로 집요하게 편을 가른다. 그러고는 상대를 나머지로 분류하며 몹시 적대시한다.

밖으로도 연신 떨궈내느라 정신이 없다. 북한이 국가부터 개인 차원에 이르기까지 우리 삶과 밀접하게 연관되어 있음에도 소거 쪽으로만 몰아간다. 중국이 우리에게 끼치는 영향이 엄청난데도 줄곧 경시하고 밀쳐낸다. 동아시아 공통의 역사에서, 또 한국사에서 일제의 반문명적·비인간적 역사를 삭제하고 있다. 중동이나 남아시아는 차치하고, 수천 년간 우리 문명과 밀접하게 연결됐던 동아시아나 실크로드 권역에 대한 정책과 전망을 내놓은 대선 주자는 지난 19대 대통령선거에서조차 볼 수 없었다. 이들 지역이 중국의 21세기 세계전략인 '일대일로'一帶一路 정책과 정확하게 겹치는 지역임에도 말이다.

이러한 편협한 퇴행의 와중에 인문적 시민사회 구현, 동아시아 평화체제 구축 같은 새 시대를 위한 과업의 진척이 지지부진하다. 경제규모나 군사력 그리고 한류로 국제적 경쟁력이 어느 정도 인정된 문화적 역량 등은 지난 세기 말에 이미 대한민국이라는 경계를 넘나들기 시작했다. 그럼에도 정치적 지도력이나 이념적 포용력은 일국을 건사하기는커녕 자기 붕당 정도나 관리할 수준으로 퇴화하고 있다. 지난 대통령선거를 그저 대통령 탄핵으로 생긴 공백이나 메우는 과도기적 선거로 치부해서는 안 되는 이유이다. 친일과 냉전, 독재와 재벌로 대변되는 20세기의 유산을 청산하고 인문과 평화의 일상적 구현이라는 사회적 이상을 실현하기 위한 디딤돌을 놓아야 하기에 그렇다. 무엇보다 인간답게 살기 위한 여건을 지속 가능하게 만들기 위해서라도 말이다.

육가는 한 제국의 기틀을 설계하면서 "높은 곳에 거주하는 이는 가옥이 튼튼해야 하고, 위험한 곳을 다니는 사람은 지팡이가 단단해야 한다. 가옥이 부실하면 무너지고 지팡이가 단단치 못하면 넘어지고 만다"면서 고조에게 당신은 무엇을 지팡이로 삼겠느냐고 되물었다.

성인을 지팡이 삼으면 황제가 되고 현자를 지팡이 삼으면 왕이 됩니다. 어진 이를 지팡이 삼으면 패자가 되고 의로운 이를 지팡이로 삼으면 강자가 됩니다. 중상모략을 일삼는 자를 지팡이 삼았다간 나라가 결딴나고 도적을 지팡이 삼았다간 목숨을 잃게 됩니다. (육가, 『신어』 「보정」輔政)

물론 답은 너무나도 분명했다. 당연히 성인을, 못 돼도 어진 이를 지팡이로 삼아야 한다는 것이었다. 고조는 제국을 건설하는 과정에서 이미 패자와 강자의 지팡이는 획득했다. 그러나 그것만으로 제국의 수성은 불가능하다. 천하 경영에 필요하지만 패자나 강자에게는 결여된 것, 바로 그것을 곱해야 비로소 만세토록 유전되는 반석 위에 제국을 올려놓을 수 있다는 제안이었다.

지난 두 차례의 대선에서 주권자인 우리는 무엇을 지팡이로 삼았기에 이명박 정부, 박근혜 정부가 들어섰을까. 댓글 조작은 어느덧 가짜 뉴스로 진화하고(선만 진화하는 게 아니라 악도 진화한다!), 중상모략과 부정부패는 잦아들지 않고 있다. 고조에게 던진 육가의 질문이 주권자인 우리에게 더욱 절실해지는 대목이다. 우리는 과연 어떤 지도력을 경세의 지팡이로 삼아갈 것인지, 항상 냉철하고 또 냉철해야 하는 이유이다. 선거철뿐 아니라 평소에도 표와 돈 위주로 정치하기에 여념 없었던 작금의 우리 현실을 감안하면 더욱더 그러하다.

36. 제국의 비밀

기원전 31년에 벌어졌던 악티움^{Actium} 해전을 승리로 이끈 아우구스투
스의 개선식 장면이다.

맞은편에 세 번의 개선 행진을 하며 로마에 입성하는 아우구스투스가,
그는 이탈리아를 보우하는 신들에게 바치는 불멸의 서원을 한다. 전 로마
에 삼백의 거대한 신전을 봉헌하겠다고. 거리는 환호와 박수와 축제로 들끓
어 오른다. …… 제단에는 황소들이 희생되어 대지를 덮는다. 아우구스투스
는 빛을 뿜는 아폴로 신전의 하얀 입구에 자리한다. 인민이 바치는 제물을
골라 하늘로 치솟은 기둥에 봉헌한다. 패배한 족속의 백성들이 긴 행렬을
지어 들어온다. 말만큼이나 다양하다. 의복과 무구도 각양각색이다. 유목민
노마데스족과 …… 활의 명수 겔로누스족을 불의 신은 섬세하게 새긴다. 유
프라테스강이 잔잔한 물결로 흐르고, 저 대지의 끝에 거주하는 모리누스족

과 두 개의 갈라진 하구를 향해 흘러가는 레누스강과 야생의 길들여지지 않은 다하이족과 다리를 못마땅해하는 아락세스강이 깊이 새겨진다. (『아이네이스』제8권 714~28행)

아우구스투스가 세계의 지배자로 등장하는 장면이다. 300개의 신전을 로마에 세우겠다고 한다. 로마인에게 3은 영원한 시간을 상징한다. 실제로 300개의 신전을 짓지는 못했고, 82개의 신전을 세웠다고 한다. 거리는 승리의 환호와 축제의 환희로 가득 차 있다. 그 거리로 패배한 이민족들이 끌려온다. 그들이 거주하는 지역으로 서방을 가르는 라인강, 동방의 세계를 부드럽게 적시는 유프라테스강, 남방의 나일강, 북방의 아락세스강을 언급한다. 베르길리우스는 이런 표현방식으로 로마를 지상의 동-서-남-북을 아우르는 제국으로 위치시킨다. 베르길리우스의 묘사대로, 로마제국은 이렇게 탄생했을까? 답은 양가적이다. 밖에서 보면 그렇고 안에서 보면 아니다. 밖에서 본 로마제국의 모습이다. 악티움 해전이 절정에 다다른 순간에 대한 베르길리우스의 묘사이다.

전투 상황을 지켜보던 악티움의 아폴로가 드디어 활시위를 아래로 겨누었다. 그러자 이집트인, 인디아인, 아랍인, 사바이인 들이 온통 겁에 질려 모두 등을 돌려 도망친다. …… 맞은편에서 거대한 몸집의 나일강이 온몸으로 비통해하며 가슴을 열어 패배자들을 자신의 품속 깊은 곳에 숨기고 나서는 자신의 검푸른 옷으로 감추고 물길을 갈래갈래 갈라놓는다. (『아이네이스』제8권 703~13행)

아폴로 신이 등장하면서 정오를 기점으로 전세가 급격히 로마 쪽으로

340

기울고, 로마의 눈에 야만 세력이었던 이집트·인디아·아랍·예멘, 곧 동방 세계가 서방 세계에 굴복하는 장면이다. 이 결전은 역사적으로 여러 의미가 있다. 이 결전을 기점으로 로마로 상징되는 서방 세계가 이집트를 대표로 하는 동방 세계를 상대로 승리했다는 점, 알렉산드로스 제국의 혈통적·상징적 계승자인 프톨레마이오스 왕조를 대신하여 서방 세계의 대표자로 공히 로마가 우뚝 섰다는 점, 공화국 로마가 제국 로마로 전환했다는 점, 결론적으로 로마제국이 세계의 지배자로 올라섰다는 점 등이다. 베르길리우스는 세계에 평화의 법도를 수립하는 것이 로마의 천명天命이고 로마를 선과 정의의 집행자이자 곧 '세계의 통치자'로 부각하는데, 눈이 부실 정도이다.

> 기억하라! 로마인이여, 인민을 명령으로 다스리는 것을, (이것은 너희만의 기술이다!), 평화의 법도를 수립하는 것을, 순종하는 자에게는 관용을, 오만한 자들에게는 징벌을 내리는 것을! (『아이네이스』제6권 851~53행)

아우구스투스는 김과장?

안에서 본 로마의 실상은 한마디로 '속빈 강정'이었다. 200년 포에니 전쟁에서 이긴 로마는 이중의 병마에 시달렸다. 하나는 정치적인 것이고, 다른 하나는 경제적인 것이었다. 정치적 병마는 기본적으로 정치구조와 경제구조의 불일치에서 기인했다.

보충하겠다. 카르타고와의 전쟁에서 승리한 뒤 지중해 세계의 패권국가로 성장한 제국 로마의 경제규모는 더 이상 도시국가의 규모가 아니었다.

균형과 견제의 원리를 기본 골격으로 삼는 로마 공화정의 정치구조는 신속성과 포용성을 기본 덕목으로 삼는 제국의 경제규모를 감당하기에 적합한 체제가 아니었기 때문이다. 따라서 도시국가의 규모에 최적화한 정치체제인 공화정이라는 정치구조와 제국의 경제구조 사이의 불일치 탓에 갈등과 다툼은 피할 수 없었고, 내전은 필연적일 수밖에 없었다는 얘기이다. 다툼은 정치구조와 경제구조의 조화가 이루어질 때까지 계속되었다. 물론 그 다툼의 상징적인 종결이 악티움 해전이었다.

그러나 정치체제를 경제구조에 걸맞은 구조로 전환하는 것은 하루아침에 이루어지는 일이 아니다. 또한 커질 대로 커진 대중의 욕망을 채워주는 것도 결코 쉬운 일이 아니었다. 아우구스투스가 정권을 장악한 시기는 로마 대중의 욕망이 그야말로 부풀어 오를 대로 부풀어 오른 때였다. 터지기 직전이었다. 사실 로마를 이렇게 만든 장본인들은 폼페이우스와 카이사르 같은 정치가들이었다. 이른바 '대중 영합주의'populism에 부합하는 정책을 남발한 이들이다. 한번 커진 대중의 욕망은 정치와 통치로 쉽게 제어되는 것이 아니다. 파국을 보기 전에는 결코 멈추지 않는 것이 대중의 욕망이다. 이에 대한 증인이 투키디데스이고 플라톤이다. 이에 관해서는 다른 기회에 말하겠다.

아무튼, 아우구스투스가 대중의 욕망과 기대를 채워줄 수 있는 방법은 두 가지밖에 없었다. 하나는 군대를 이끌고 정복전쟁에 나서는 것이고 다른 하나는 살림을 잘하는 것, 즉 재정 정비이다. 폼페이우스와 카이사르가 취한 방법은 정복전쟁이었다. 폼페이우스는 지중해 동쪽 지역을, 카이사르는 지중해 서쪽 지역을 정복했으며, 그곳에서 노획한 곡물과 재물을 로마에 가지고 들어와 그것들로 대중의 배를 채워주고, 목욕탕을 지어 몸을 씻기고, 경기장을 지어 눈을 즐겁게 했다. 이른바 '빵과 서커스'(유베날리스,

『풍자』 제10권 81행) 정책을 통해서 말이다.

그런데 정복전쟁에 입각한 로마의 약탈경제는 곧 자체의 한계에 부딪힐 수밖에 없었다. 그 시기가 아우구스투스가 다스리던 기간이었다. 현실적으로도 로마가 군대를 이끌고 나갈 수 있는 지역 대부분은 이미 카이사르와 폼페이우스에 의해 로마의 식민지로 편입된 상황이었다. 서쪽은 대서양이라는 바다가 경계였고, 동쪽은 군사적으로 결코 만만치 않은 파르티아 제국이 버티고 있었기 때문이다. 사실 공화정 말기와 제국 초기에 로마는 파르티아와 벌인 전쟁에서 이겨본 적이 거의 없었다. 이런 상황에서 아우구스투스가 취할 수 있는 정책은 군대를 이끌고 밖으로 나가는 것이 아니라 안으로 나라의 살림을 정비하는 것이었다. 아우구스투스는 KBS에서 방영된 드라마 「김과장」과 비슷한 방식의 재정 정책을 시도하는데, 그중에서 세 가지만 소개하겠다.

제국의 비밀 하나

먼저, 아우구스투스는 재정의 투명성을 높인다. 이를 위해 공공회계를 작성하라고 명하는데, 수에토니우스의 보고이다.

> 제국 전체의 명세장은 셋째 두루마리에 있다. 어느 부대에 군인이 얼마나 있는지, 국고와 금고에 있는 돈과 세금이 얼마인지 적혀 있다. (『황제전』 「아우구스투스」 편 제101장 4행)

제국의 회계보고는 원로원에 제출하는 것이 관행이었다. 아우구스투스는 또한 원로원이 관할하는 국고도 회계기록에 남기라고 명한다. 이것이 제국 전체의 살림을 아우르는 책임자의 기본인데, 몸젠Theodor Mommsen은 "출납을 기록한 회계장부를 기록하는 것은 모든 로마인들에게 도덕적인 의무였다"고 전한다(『로마사』 제3권 92절). 흥미로운 점은, 아우구스투스가 요즘 식으로 말하면 금융업에 종사한 기사 신분의 혈통이었다는 것이다. 아우구스투스가 돈의 흐름과 재정에 밝을 수밖에 없었다는 얘기이다. 로마가 제국을 유지할 수 있었던 비밀arcana imperii 하나가 이렇게 해명된다. 그것은 재정 투명성이었다.

제국의 비밀 둘

제국의 또 다른 비밀은, 아우구스투스가 재정부터 먼저 확보한 뒤에 정책을 시행했다는 사실이다. 요컨대 제국을 유지하기 위해서는 군대를 유지할 수 있어야 한다. 이는 정복전쟁의 약탈경제만으로는 해결이 불가능하다. 아우구스투스가 취한 정책은 군인금고를 만드는 것이었다.

군사적인 것은 무엇이든 봉급과 보상의 정해진 형태로 고정했다. 등급에 맞춰 복무기간이나 소집해제에 따른 보상을 정했다. 나이와 가난 때문에 해제 후에 새로운 유혹(아마도 소요)에 동요하지 않게 했다. 군대를 유지하는 비용을 꾸준히 그리고 쉽게 마련하기 위해 새로운 세금으로 군인금고를 만들었다. (「아우구스투스」 제49장)

아우구스투스의 재정정책이 어쩌면 맹자가 말한 '항산'恒産의 정치일 것이다. 문제는 재정의 확보였다. 정복전쟁을 벌이거나 세금을 징수할 수밖에 없는데, 그는 후자를 택한다. 사실 그는 뛰어난 장군도 아니었다. 실제로는 병약했다. 전쟁터에 직접 나선 적도 거의 없다. 반면 돈과 관련해서는 명민했다. 정복전쟁에 들어가는 비용을 아우구스투스보다 빠르고 정확하게 계산한 사람은 없을 것이다. 빼앗기 위해 들어가는 돈이 빼앗아온 것보다 더 많을 경우에는 원정을 승낙하지 않았다고 한다. 이 점에서 아우구스투스야말로 경제를 아는 황제였던 셈이다.

재정을 확보하기 위해 아우구스투스는 한편으로 화폐를 통일하고 다른 한편으로 증세정책을 감행한다. 또한 화폐를 통일해 돈의 흐름을 투명하게 관리했는데, 이는 재정 확보에 크게 기여했다. 아우구스투스는 노예 해방(5퍼센트), 노예 판매(4퍼센트), 매매품(1퍼센트), 각종 임대료 따위도 증세 대상에 포함시킨다. 물론 이것으로는 부족했다. 해서 그가 짜낸 방법은 상속세를 올리는 것이었다. 조세 저항이 따랐다. 가진 것이 많은 원로원 중심의 귀족들이 특히 심하게 반발했다.

거의 모든 원로원 의원은 5퍼센트의 상속세가 부당하다고 생각했다. 반란의 조짐이 일었다. 아우구스투스는 원로원에 편지를 보내 의원들 스스로 다른 세원을 찾게 했다. 이렇게 한 이유는 세금을 폐지하기 위해서가 아니었다. 다른 대안이 그들에게 없었기 때문이다. 내키지는 않았지만 자신에 대한 혐오를 불러일으키지 않고 원로원 의원들이 징세를 승인하게 만들기 위해서였다. …… 아우구스투스는 다른 사람들을 파견해 개인과 도시의 재산을 등록시켰다. 이는 더 큰 손해를 보지 않을까 두려워하여 5퍼센트 상속세를 내도록 유도하기 위해서였다. 그런데 이 일은 그렇게 되었다. (디오, 『로마사』 제56권 제284~86장)

아우구스투스의 노회함은 파피우스 법lex Papia을 입법하는 과정에서 절정을 이룬다. 이 법은 상속자나 피상속자가 죽거나 자격을 상실할 경우 상속 재산을 국고에 귀속시키자는 내용을 담은 것인데, 이 법을 이용해서 부족한 재정을 메웠기 때문이다. 그러나 재정은 언제나 부족한 법이다. 이를 염려한 아우구스투스의 충고이다.

공적인 것을 구분해서 실행할 수 있는 자들에게 공적인 것을 맡겨야 하고, 절대 한 사람에게 넘기지 말라고 아우구스투스는 조언했다. 어떤 자도 참주가 되려는 야욕을 품지 못하게 하려는, 그로 말미암아 공동의 것을 파괴하지 않게 하려는 조언이었다. 현재 규모의 제국에 만족하고 더 확대하지 말라는 조언도 했다. 제국을 유지하는 것도 힘든 일이고, 현재 갖고 있는 것마저 잃어버릴 위험이 크기 때문이라고 한다. 이 생각은 그의 말과 행동을 늘 모신 시종이었다. (디오, 『로마사』 제56권 제33장)

제국의 비밀 셋

제국의 결정적인 비밀이 여기에서 드러난다. 그것은 공화국의 원리였다. 정치구조에서 아우구스투스는 자신의 통치방식으로 제정을 선택했다. 그러나 경제구조에서는 공화국의 원칙을 준수하고, 아니 부활한다. 아우구스투스가 펼친 재정 정책의 뿌리가 실은 '공동의 것은 공동의 것'이라는 공화국의 원칙이었기 때문이다. 로마의 정치구조와 경제구조의 균형이 다시 회복되는 과정에 관한 이야기는 여기까지이다.

문제는 돈이다

　아우구스투스가 지금의 대한민국을 본다면 뭐라 할까? "아직 멀었다"는 충고를 하지 않을까 싶다. 단적으로, '헬조선'에서 벗어나기 위해서는 경제구조와 정치구조의 균형과 조화가 그야말로 시급한데, 이를 추진할 수 있는 사회적 동력과 이를 추동할 공적 지도력이 있는지 의심스럽기 때문이다. 도대체 공적인 것을 사적인 것으로 취하지 않은 통치자가 있다면, 과연 누구일까? 아니, 공적인 것과 사적인 것도 구분하지 못하는 통치자, 왜 그리고 어떻게 구분해야 하는지도 모르는 통치자 때문에 빚어진 혼란을 보면서 던지는 물음이다. 이런 마당에 재정 확보 없이 공중을 날고 있는 '공약'空約들의 말잔치를 보면서 아우구스투스가 보여준 일련의 재정 정책에서 참고할 만한 시사점이 있다고 하는 것은 어쩌면 사치일 것이다.

제4부

37. '항산'이라 쓰고 '항산+'라고 읽다

말은 시시때때로 요물妖物같이 군다. 물론 그것이, 인류가 인간답게 사는 데 중요한 구실을 했음은 부인할 수 없다. 반면에 그만큼 또는 그보다 더 사람을 짐승보다 못하게 하고 사회를 정글로 전락시키는 데 기여했음도 부인하기 어렵다. 그것이 돈과 권력만 좇는 세력과 결탁했을 때는 '흑마술'을 부려 삶터 곳곳에서 사악한 기운이 움트게도 한다. 마음을 흡족하게 하는 말이든 그 반대이든 늘 따져보고 짚어봐야 하는 까닭이다.

말, 감추거나 더 불러내거나

말이 부리는 주된 '요술'은 뭔가를 가리거나 더 드러낸다는 것이다. 내가 다른 사람들과 함께 있어도 끝끝내 말 거는 이 하나 없으면 나는 어느새

'유령'이 된다. 아무리 임금일지라도 없는 옷도 다들 옷이 멋지다고 속여 말하면 벌거벗은 채로 대낮에 큰길을 활보한다. 3D를 '스리디'가 아닌 '삼디'로 읽었다고 졸지에 시대에 뒤처졌다는 이미지가 덧씌워지기도 한다.

당연히 어처구니없는 일이다. 실증적 근거도 타당한 추론도 없이 은폐되거나 날조됐기에 그렇다. 그런데 실은 뭔가를 감추거나 더 불러내는 것은 말이 지닌 본성이기도 하다. 살아간다는 말은 죽어간다는 사실을 덮고, 겨울이 갔다는 말은 봄이 왔음을 상기한다. 하여 '주다'는 뜻의 수授에 받는다는 뜻이 들어 있고, '바로잡는다'는 뜻의 교矯에 잘못되었다는 뜻이 들어 있음은 지극히 당연하다. 받는 행위가 일어나지 않으면 주는 행위가 완수될 수 없고, 잘못된 바가 없으면 바로잡을 것도 없기 때문이다. 그렇게 '주다'는 받는다는 활동을 소환하고 '바로잡다'는 뭔가가 잘못되어 있음을 환기한다.

해체한다는 말도 그러하다. 헐어내고 부수는 활동 자체만 가리킬 때를 말함이 아니다. 예컨대 '해체론'이나 '해체주의'에서의 해체는 그냥 허무는 행위만을 뜻하지 않는다. 그것은 해체를 통해 뭔가를 더 드러내려 하는, 역설적이지만 해체함으로써 뭔가를 더 구축해내려 하는 기획된 활동이라는 뜻이다. 그래서 해체는 '해체'가 아니라 '해체+'로 읽을 필요가 있다. 이를테면 "무엇을 위한 해체인가" 식의 물음을 던짐으로써 해체가 불러내는 '무엇'에 눈길을 모아야 한다.

달랑 '항산'이라고 썼지만 이를 '항산+'로 읽어야 하는 까닭도 마찬가지이다. 항산恒産은 『맹자』에 나오는 말로 '지속되는 일정한 수입'을 뜻한다. 이 말을 논자들은 예나 지금이나 주로 '지속되는 일정한 마음'이라는 뜻의 항심恒心과 짝지어 이해해왔다. 항산·항심의 지적 재산권자인 맹자가 애초부터 그렇게 말했기 때문이다.

일정한 수입이 없어도 일정한 마음을 지님은 오직 사士만이 가능합니다. 백성은 일정한 수입이 없으면 일정한 마음도 없어집니다. 일정한 마음이 없으면 방탕하고 괴팍하며 삿되고 과도하기를 그만두지 않을 것입니다. 그렇게 죄에 빠진 후에 쫓아가 형벌을 가한다면 이는 백성을 그물로 사냥하는 것입니다. (『맹자』「양혜왕·상」梁惠王·上)

항산에 항심을, 피지배층 백성에 식자층 사를 배당하며 논지를 엮었고 거기에 항심이 없으면 일탈하고 죄를 짓는다는 관찰 결과를 곁들였다. 이를 알면서도 방비하지 않는다면 결국 백성을 짐승 사냥하듯이 처벌하는 꼴이 된다. 그러다간 왕 노릇을 얼마 못하게 된다. 따라서 백성이 일정한 마음을 갖출 수 있게 해줘야 하니, 이를 위해서는 그들이 일정한 수입을 얻을 수 있게 해야 한다는 얘기이다.

여기서 항산은 항심과 분리할 수 없는 하나의 과정process 속에 한 몸으로 결합되어 있다. 표기는 달랑 항산이지만 그것은 늘 항심을 불러내어 '항산+항심'으로 읽혔던 것이다. 이를테면 '항심을 위한 항산' 식으로 말이다.

항산, 인간과 짐승을 가르는 경계

맹자 사유에서 항심의 비중은 무척 크고도 무겁다. 그는 "인간이 짐승과 다른 점은 매우 미미하다. 백성은 그것을 버려두고 군자는 그것을 보존한다"고 말했다. 백성도 인간이지만 그것을 방기하면 곧 짐승과 다를 바 없어진다는 관념이다.

여기서 '그것'은 누구나 태어날 때부터 타고난다는 하늘의 선한 본성을 가리킨다. 그래서 맹자는, 사람은 누구나 본성이 선하다[性善]고 규정했다. 다만 그것을 타고나기만 하면 저절로 짐승과 달라지는 것이 아니라 그것을 의식적으로 추구해야 비로소 짐승과 구분된다고 했다. 곧 인간이 동물과 변별되는 핵심 근거를 맹자는 도덕 본성의 '추구' 여부에서 찾은 셈이다. 이를 위 인용문에 나오는 용어로 바꿔 표현하자면 항심의 추구 여부로 인간과 짐승을 나눴다고 할 수 있다.

그래서 항산의 보장은 인간과 짐승이 나뉘는 갈림길이 된다. 항산은 항심을 갖출 수 없는 조건에서 살아온 백성에게 그것을 갖출 수 있는 토대를 제공한다. 그럼으로써 그들은 인간으로서의 삶을 영위할 수 있는 최소한의 자격을 갖추게 된다. 항산이 '인간으로서의 삶'을 위한 토대로 작동한 셈이다. 다시 말해 항산이 홀로 구현되지 않고 '항산 더하기 항심' 식으로 모듈화하여 구현됨으로써 인간이 금수로 주저앉음을 방지해준다는 것이다. 그렇게 항산은 백성에게 인간사회에서 어엿한 구성원으로 살아갈 수 있는 사회적 자본을 제공한다.

맹자는 미연에 방지함을 정치의 핵심으로 보았다. 그냥 놔두면 틀림없이 일탈하고 죄를 저지를 것을 알면서도 아무 조치를 취하지 않다가 사달이 난 후에 형벌로 다스리는 것은 정치가 아니라 사냥이라고 보았다. 길목에 그물을 쳐놓고 물고기나 산짐승을 잡는 것과 별다를 바 없다는 논리이다. 따라서 항심의 추구를 가능하게 하는 항산은, 위정자가 백성을 짐승으로 보지 않고 동류의 인간으로 대하고 있음을 보증하는 증좌가 된다. 그것은 힘을 가진 위정자가 피지배층을 자기와 같은 인간으로 보고, 자신이 제시한 도덕과 이념·법·제도 등에 동의해주는 대가로 피지배층에게 제공하는 일종의 저당이다.

따라서 항산을 단지 먹고사는 문제의 해결이라는 차원에서만 보면 부족하다. 예컨대 물질적·경제적 차원의 최저생계 해결책이라는 식으로 이해하면 곤란하다는 말이다. 그것은 생물학적 차원의 생존을 넘어 인간으로서의 삶을 지향하기에 그렇다. 인간으로 산다는 것은 인문적 삶을 영위한다는 뜻이다. 그렇게 항산은 애초부터 '항산+인문'의 형식으로 설계되고 활용되어왔다.

백성이 곧 국가의 밑천

그런데 맹자가 말한 항산의 구체적 모습은 어떠할까. 지난 2011년 무상급식정책을 거부한 서울시장이 주민투표로 사퇴했고, 18대 대통령선거에서는 당시 새누리당 후보가 공약으로 제시한 기초노령연금이 그의 대통령 당선에 적잖이 기여했다. 박근혜 정부 탄핵으로 치러진 19대 대통령선거에서는 기본소득이 주요 이슈로 부각되었다. 사회복지가 정치 지형을 실질적으로 바꿀 만큼 우리 사회의 힘센 상수로 등장했다는 얘기이다.

그렇다 보니 한자권의 전통 유산에서 오늘날 복지 구현에 유용한 자산을 발굴하는 작업도 활발하게 이루어지고 있다. 맹자의 항산은 그러한 작업의 꽤 오랜 단골손님이었다. 그가 말한 항산의 실체가 궁금해지는 대목이다.

현명한 왕은 백성의 수입을 마련해주되, 위로는 부모를 봉양하기에 충분케 하고 아래로는 처자식을 기르기에 충분케 합니다. 풍년에는 내내 배부르게 하고 흉년에는 죽음을 면하게 한 뒤에야 백성을 몰아 선으로 나아갈 수 있습니다. …… 5무 크기의 집에 뽕나무를 심으면 그 소출로 50세 된 이가 비단옷을 입을 수 있습니다. 닭, 돼지, 개, 큰 돼지를 기르는 데 생육의 시기를 어기지 않으면 70세 된 이가 고기를 먹을 수 있습니다. 100무의 밭을 제때에 경작하면 식구가 여덟인 가정이 굶주리지 않습니다. 학교의 가르침을 성실하게 베풀어 효도와 우애를 널리 보급하면 반백의 노인이 길에서 이고 지지 않습니다. 늙어서 비단옷을 입고 고기를 먹으며 백성이 굶주리지 않고 추위에 떨지 않는데도 왕 노릇을 하지 못한 적은 없었습니다. (『맹자』「양혜왕·상」)

맹자의 항산 구상이 잘 드러난 대목이다. 이를 보면 그의 항산은 제법 넉넉한 생활이 가능한 수준을 지향한 듯 보인다. 굶주림과 추위로 떠는 데서 간신히 벗어나는 정도가 아니라 내내 배부르고 노인이 비단옷을 입으며 고기를 먹을 수 있는 수준을 언급하기에 그렇다. 그러나 이는 맹자의 의도와 정반대되는 이해이다. 그는 "나이 오십이 되면 비단옷이 아니면 따뜻하지 않고, 나이 칠십이 되면 고기가 아니면 배부르지 않다"(『맹자』「진심·상」盡心·上)고 전제했다. 연령대별로 상이할 수밖에 없는 생존조건을 실질적으로 감안한 것이 항산의 실체였던 셈이다.

맹자는 넉넉한 생활이 아니라 기본적인 생존을 가능하게 하는 수준의 항산을 언급했음이다. 그가 자식이나 배우자가 없는 노인, 부모 없는 아이들은 반드시 국가가 나서서 봉양해야 한다고 강조할 때도 같은 맥락이었다. 항산이 가능한 자산, 예컨대 토지를 줘도 노인이나 아이들은 노동 역량이 부족하기 때문에 결국 생존을 이어가지 못한다. 그러니 국가가 그들을 직접 봉양해야 한다는 것이다.

여기서 주목할 점은, 맹자가 국가의 그러한 역할을 군주의 도덕심이나

356

자애로움 같은 감정에 호소하지 않았다는 것이다. 위 인용문이 "왕 노릇을 하지 못한 적은 없었습니다"라는 단언으로 갈무리됐듯이 그는 군주의 이기심에 의거하여 항산의 보장을 요구했다. 백성은 나라의 밑천이기에 사회적 취약계층도 국가의 지원 아래 기본적 생활을 하고 조세와 부역을 감당하게 되면 왕으로서는 밑지는 장사가 아니었기 때문이다.

항산은 국가의 시혜가 아닌 기본 의무

맹자는 유학 내에서는 근본주의적이고 이상주의적 학자였지만, 그렇다고 현실과 사람을 언제나 그렇게 본 것은 아니다. 그는 왕에게 가장 큰 관심사는 왕좌를 가능한 한 오래 유지하는 것이라는 사실을 잘 알았다. 백성이 항산이 없으면 언제라도 일탈하고 범죄자가 될 수 있듯이, 왕 노릇을 유지하기 위해서 왕은 무슨 일이든 다 할 수 있는 존재임을 숙지하고 있었다.

그렇다고 그가 백성이나 왕을 백안시했음도 아니다. 항산을 주면 백성도 식자층처럼 항심을 지녀 인간으로서 살게 되고 왕은 그 이기심을 채워주면 그를 통해 인정仁政, 곧 어진 정치를 구현할 수 있다고 여겼을 따름이다. 하여 그는 농번기에 경작하고 가임 주기에 맞춰 가축을 키울 수 있도록 배려되는 수준 이상으로 군주에게서 얻어낼 수 있다고 보았다.

조세 부담의 최소화 정책이 대표적 예이다. 맹자는 시장에서는 점포 단위로 세를 물어도 상품에는 세를 매기지 않고, 세관에서는 감독은 하되 관세를 면해주며, 농민에게는 공전 경작 의무만 부여할 뿐 별도의 세금을 걷지 않는다면, 또한 가옥에 인구세나 가구세 따위를 부과하지 않는다면

온 천하가 다 기뻐하며 진심으로 그 나라의 백성이 되고자 할 것이라고 단언했다. 이렇게만 되면 천하에 그 나라의 왕을 대적할 이는 없다고 설파했다. 군주가 오랫동안 왕 노릇을 할 수 있다는 뜻이다. 항산이 군주에게는 자신의 이기심 충족을 보장해주는 제도적 장치로, 피지배층에게는 어진 정치가 제도적으로 구현되는 국가장치로 제시된 까닭이다.

결국 항산은 최저생계를 가까스로 꾸려가는 이들이 더 나은 생활을 영위할 수 있게 자산을 더해주는 시혜성 사회복지제도 이상의 복지제도였다. 또한 그것은 항심을 갖춤으로써 더 나은 윤리적·문화적 삶을 살 수 있게 해주는 발판 정도로 제안된 것도 아니었다. 그것은 생존 불가능한 여건을 생존 가능한 상태로 바꿔주고 이를 토대로 인간으로서의 삶을 가능케 해주는 국가의 가장 기본이 되는 사회보장제도였다. 더구나 항산은 항심과 달리 '나'가 치열하게 노력한다고 하여 꼭 얻게 되고 유지해갈 수 있는 것도 아니었다. 그렇기에 국가 차원에서 제도화한 경세의 기본 장치로 설정됐던 것이다.

이렇게 항산은 '+항심'만 소환한 것이 아니라 '+국가의 기본의무'도 늘 불러냈다. 우리 사회에서 뜨거운 감자처럼 논의되는 기본소득이 지구촌 곳곳에서 '기본소득+'로 읽히면서, 이를테면 '기본소득+국가의 기본의무' 등으로 읽히면서 다양한 형식으로 실험되고 있듯이 말이다.

38. 전쟁은 공포심과 자존심의 잘못된 만남 때문이었다

국제관계는 힘의 역학구조에 따라 좌우된다. 요컨대 국내 정치를 규정하는 정의가 큰 힘을 발휘하지 못하는 공간이다. 힘들의 길항, 즉 세력들의 밀당에 관한 정확한 계산이 그야말로 중요한 역할을 하는 공간이기에. 조지 마셜George C. Marshall, 1880~1959의 증언이다.

오늘날 벌어지고 있는 국제관계의 기본 문제들을 깊은 혜안과 확고한 신념으로 다룰 수 있으려면 적어도 펠로폰네소스 전쟁이 벌어졌던 기간과 아테네의 몰락 원인을 마음속 깊이 따져봐야 한다. 그러지 않는 사람들을 나는 심각하게 의심한다.

1947년 2월 22일 마셜이 프린스턴대학에서 연설한 내용 중 일부이다. 마셜은 제2차 세계대전 이후의 국제관계를 결정한 인물이다. 유럽에 대해서는 경제원조를 통해서, 아시아에 대해서는 한국전쟁을 통해서 냉전시대의 기틀을 마련한 기획이 '마셜 플랜'Marshall Plan이다. 흔히들 독일 통일을 기점으로 냉전Cold War 시대는 막을 내렸다고 말한다. 글로벌 시대라고들 한다. 어떤 이는 '세계체제'(월러스틴)라 하고, 어떤 이는 '천하체계'(자오팅양)라고 한다. 과연 그럴까?

냉전시대의 포석을 놓은 마셜 플랜이 재가동하고 있음이 여기저기에서 포착된다. 단적으로, 중국을 전방위적으로 포위하려는 미국의 군사전략이 그것이다. 한반도를 그 증좌로 제시할 수 있다. 제주도의 강정해군기지나 대한민국을 뜨겁게 달군 '사드' 배치 논쟁도 이른바 신-마셜 플랜Neo Marshall Plan의 구체적인 실천 사례이다. 미국의 대對중국 포위 전략은 특히 2000년에 들어서서 노골적으로 그리고 전방위적으로 실천에 옮겨졌다. 이는 '팍스 시니카'Pax Sinica를 꿈꾸는 중국의 '진주목걸이 전략'과 '일대일로' 一帶一路, Belt and Road 정책에 맞대응하기 위한 전략이다. 각설하고, 미국의 '포위전략'과 중국의 '진주목걸이 전략'이 서로 팽팽하게 맞서면서 긴장은 날로 높아지고 있다.

피할 수 없는 전쟁일까

미국과 중국의 이와 같은 긴장 상황에 담긴 위험성을 묘사하는 언표가 '투키디데스의 함정'Thucydides's Trap이다. 이 표현을 처음 사용한 이는 그레이엄 앨리슨Graham Allison, 1940~이다. 『피할 수 없는 전쟁: 미국과 중국은 투키디데스의 함정을 피할 수 있을까?』Destined for War: Can America and China Escape Thucydides's Trap?라는 책을 통해서이다.

앨리슨은 세계패권을 놓고 지난 500여 년 동안 벌어진 여러 패권전쟁의 특징을 신흥세력rising power과 지배세력ruling power의 대결로 분석한다. 분석은 신흥세력의 성장에 대한 두려움과 공포심이 지배세력을 자극했고, 이 자극이 마침내 전쟁으로 이어졌다고 결론 내린다. 이를 바탕으로 앨리슨은 중국을 신흥세력으로, 미국을 지배세력으로 놓고서 "미국과 중국은 투키디데스의 함정을 피할 수 있는가"라는 도전적인 물음을 던진다. 물론 미국과 중국의 전쟁은 피해야 한다는 것이 앨리슨의 견해이다. 인류의 공멸로 이어지기에. 앨리슨이 '투키디데스의 함정'이라는 표현을 사용한 이유는 2,500여 년 전 아테네와 스파르타가 빠졌던 전쟁의 함정에 미국과 중국이 빠져서는 안 된다는 조언을 하기 위해서이다.

전쟁의 한 원인, 공포심

아테네와 스파르타가 빠졌다는 투키디데스의 함정은 도대체 어떤 것일까? 투키디데스의 말이다.

이번 전쟁은 아테나이인들과 펠로폰네소스인들이 에우보이아섬을 함락하고 맺은 30년 평화조약을 파기함으로써 일어났다. 앞으로 어느 누구도 왜 헬라스인들 사이에 이런 큰 전쟁이 일어났는지 묻지 않도록, 나는 먼저 그들이 조약을 파기하게 된 원인과 쟁점을 기술하겠다. 그러나 나는 진정한 원인은 사실 눈에 보이지 않는 곳에 있다고 생각한다. 말하자면 아테나이의 세력 신장이 라케다이몬인들에게 공포심을 불러일으켜 전쟁을 불가피하게 만들었던 것이다. 그러나 양쪽이 공공연하게 제기한 휴전협정 파기와 선전

포고의 원인은 다음과 같다. (『펠로폰네소스 전쟁사』 제1권 제23장)

공포심이 전쟁의 진정한 원인이었다고 한다. 그러나 공포심이 전부는 아니었다. 자존심도 한몫 거들었기 때문이다. 일인자의 자리를 양보하고 패권을 공유해야 한다는 것이 스파르타의 자존심을 건드렸기 때문이다. 자존심도 전쟁을 부추긴 한 원인인 셈이다. 이것이 아테네와 스파르타가 빠질 수밖에 없었던 함정이고, 그 결과는 아테네의 패망으로 이어졌다.

미국과 중국이 이 함정에 빠져서는 안 된다는 것이 앨리슨의 경고이다. 그러나 그의 경고는 경고에 그칠 듯싶다. 당분간은 그럴 것으로 보이는데, 지금은 그 어느 쪽도 결정적인 승리를 거둘 가망이 없기 때문이다. 더 결정적인 이유는 인류가 공멸할지 모른다는 공포심이 강력하게 작동하기 때문이다. 전쟁을 일으키고 아테네를 몰락하게 한 핵심 원인이었던 공포심이 전쟁을 막는 힘으로 작용한다는 점이 흥미롭다.

참고로, 아테네와 스파르타는 기원전 446/5년에 30년 평화조약을 맺었다. 평화조약은 꽤 오랫동안 효력을 발휘했다. 전쟁이 길게 이어지는 동안 충분히 손해를 입고 위험을 경험했으며, 해상강국 아테네는 바다에서 거둔 승리를 육상에서 유지하지 못했고 육상강국 스파르타는 바다에서 힘을 쓰지 못했기 때문이다. 이와 같은 군사적인 강점의 차이가 실은 평화조약을 성공적으로 유지하게 만든 원인이었다. 이런저런 이유로 말미암아 아테네와 스파르타 사이에 그리고 이들 국가의 동맹국들 사이에도 세력균형이 그럭저럭 유지되었다.

전쟁의 또 다른 원인, 자존심

문제는 자존심이었다. 아테네와 스파르타 사이에 맺어진 평화조약에 반대하거나 불만을 품은 세력이 양쪽 국가 내부에 있었는데, 그들이 정치적으로 자극한 것이 바로 자존심이었다. 아테네인들 가운데 일부는 제국의 팽창과 확장을 원했고, 스파르타인들 가운데 상당수는 아테네의 패권을 인정하고 그들과 권력을 공유한다는 점이 불만스러웠기 때문이다. 문제는 결국 자존심이었다. 자존심을 국내 정치에 이용하는 사례는 요즘도 쉽게 접할 수 있는데, 아테네인들의 자존심을 국내 정치에 활용한 정치가는 페리클레스Perikles, 기원전 495~기원전 429였다. 그의 말이다.

> 우리 아테네인들이 양보하면, 저들 스파르타인은 우리가 겁이 나서 양보하는 줄로 알고 당장 더 큰 요구를 해올 것입니다. 그러나 우리가 단호하게 거절하면 저들도 우리를 대등하게 대하는 편이 더 좋다는 사실을 분명히 알게 될 것입니다. …… 우리는 알아야 합니다. 전쟁은 불가피합니다. 우리가 전쟁을 기꺼이 받아들일수록 적들의 공격은 약해집니다. 국가든 개인이든 가장 큰 영광은 가장 큰 위험을 감수할 때 얻을 수 있습니다. 우리 선조들이 페르시아인에게 대항했을 때 그분들에게는 지금 우리처럼 가진 것이 아무것도 없었습니다. 그러나 그분들은 가진 것을 포기하고, 운 대신에 지혜로, 힘이 아닌 용기로 페르시아를 물리쳤습니다. 그 덕으로 오늘의 우리가 있게 되었습니다. 우리가 선조들보다 못해서는 안 됩니다. 우리는 어떻게든 적을 물리쳐야 합니다. 후손들에게 줄어들지 않은 국가를 물려주어야 합니다. (『펠로폰네소스 전쟁사』 제1권 제140~44장)

펠로폰네소스 전쟁의 또 다른 원인이 여기에서 분명하게 드러난다. 바로 자존심이다. 이 전쟁의 핵심 원인으로 투키디데스는 공포심을 꼽았지만, 사실 전쟁의 원인을 바라보는 당대의 견해는 달랐다. 기원전 430년 스파르타인들은 두 번에 걸쳐 우리의 경기 지역에 해당하는 아테네의 아티카 지역을 침공하고 초토화한다. 아테네에는 역병이 돌았고, 수많은 사람들이 목숨을 잃는다. 이에 관한 투키디데스의 보고이다.

> 스파르타인의 두 번째 침입이 있은 뒤, 국토가 두 번이나 유린당하고 전쟁과 역병에 동시에 시달리자, 아테네인들의 생각은 바뀌었다. 그들은 전쟁을 하자고 자신들을 설득한 페리클레스를 비난했다. 자신들이 겪은 모든 불행을 페리클레스 탓으로 돌렸다. 그들은 스파르타인과 평화조약을 맺고 싶었고, 실제로 사절단을 파견했다. 그러나 성과는 없었다. 그러자 아테네인들은 절망에 빠졌다. 페리클레스를 향해 분통을 터뜨렸다. (『펠로폰네소스 전쟁사』 제2권 제59장)

페리클레스가 전쟁의 원흉이었다고 주장하는 증인은 아리스토파네스이다. 「평화」라는 작품에서 전쟁의 원인이 무엇이냐는 물음에 대한 헤르메스 신의 답변이다.

> 오오, 지혜로운 농부들이여. 내 말을 들어보게. 어찌해서 평화의 여신이 사라졌는지를 자네들이 알고 싶다면 말이야. 우리의 재앙은 페이디아스의 불행에서 시작되었지. 그러자 똑같은 불행을 당할까 봐 겁이 난 페리클레스가 여차하면 물어뜯는 사람들의 성품이 두려워서 자신이 봉변을 당하기 전에 메가라 봉쇄령이라는 작은 불꽃을 도시에 던져버렸지. 이 작은 불꽃을

부채질해서 큰 전쟁을 일으켰지. 이쪽(아테네)과 저쪽의 모든 헬라스인들이 연기에 눈물을 흘리는 중이지. 불은 번졌고, …… 제지할 수 있는 사람이 아무도 없었지. 그래서 평화의 여신은 사라졌지. (「평화」 제603~13장)

사연인즉 이렇다.

아테네의 파르테논 신전을 지은 페이디아스Pheidias, 기원전 480~기원전 430는 페리클레스의 친구였다. 파르테논 신전에 황금과 상아로 된 아테나 여신상을 세우는 중에 페이디아스는 공금을 횡령했다는 혐의로 고발당한다. '페이디아스의 불행'은 이를 가리킨다. 이 일은 정치 사건으로 비화한다. 비난의 불길은 페리클레스를 향해 거세게 타오른다. 페리클레스는 이를 모면하기 위해서 메가라 봉쇄령을 내려 전쟁을 일으킨다. 대중의 관심을 다른 곳으로 돌리기 위해서라는 것이 아리스토파네스의 생각이다. 페리클레스가 자신의 정치적인 이익을 위해서 전쟁을 이용했다는 것이다. 자신의 정치적인 안위를 위해서 평화를 팔아버렸다는 뜻이다.

펠로폰네소스 전쟁의 원인에 관한 아리스토파네스의 견해를 놓고는 오늘날에도 논쟁 중이다. 어찌 되었든 페리클레스가 국제관계와 전쟁을 국내 정치에 끌어들인 것은 사실이기 때문이다. 이와 관련해서 증언을 해줄 사람들은 많다. 당장 『영웅전』으로 유명한 플루타르코스와 시칠리아 출신 역사가 디오도로스Diodoros, 기원전 1세기에 활약를 이 자리에 부를 수 있다. 디오도로스는 페리클레스가 제국의 공금을 유용했다고 아예 대놓고 주장하는데, 페리클레스가 이 위기를 모면하기 위해서 전쟁을 일으켰다는 것이다. 이런 사정을 감안해볼 때 페리클레스가 국제관계를 국내 정치에 이용했다는 것은 분명하다. 페리클레스를 전쟁의 원흉으로 보는 것이 당시의 주류 의견이었는데, 그 증인이 실은 투키디데스이다.

폴리스는 온갖 방법으로 들고일어났고, 페리클레스에게 분노했다. 그들은 그가 이전에 조언한 것들에 관해서는 어떤 것도 기억하지 않고서 그가 장군임에도 자신들을 이끌지 않는다고 비난했으며, 자기들이 겪는 모든 일에 대한 책임이 그에게 있다고 생각했다. (『펠로폰네소스 전쟁사』 제2권 제21장)

전쟁은 공포심과 자존심이 잘못 만난 결과

이쯤에서 결론을 내려보자. 전쟁의 원인은 도대체 무엇이었을까? 내 생각에 그것은 공포심과 자존심의 잘못된 만남이었다. 이 점에서 투키디데스의 진단은 뒤집어 다시 생각해봐야 한다. 오늘날의 시각에서 보면, 전쟁을 막는 힘이 실은 공포심이기 때문이다. 그리고 자존심은 전쟁을 부추기는 중요한 원인이기 때문이다. 종종 국제관계를 냉철한 이성이 아닌 뜨거운 감정으로 바라보게 만드는 힘이 자존심인데, 이를 정치적으로 가장 잘 이용한 이가 페리클레스였다.

그러니까 공포심과 자존심이 잘못 만나면, 전쟁은 일어날 수밖에 없다는 점을 지적해둔다. 공포심이 아무리 강력하게 작동한다 해도 말이다. 이런 측면에서, 자존심 문제를 건드리지 않은 앨리슨의 주장은 절반만 맞다. 다시 말해 정치가들이 자신의 정치적인 이익과 안위를 지키기 위해서 국제관계를 국내 정치에 이용하는 전형적인 수법이 국민의 자존심을 건드리는 것인데, 이것이 전쟁을 부추기는 원인으로 작동한 경우가 많았기 때문이다.

그렇다. 복잡한 문제이다. 사실 나는 이 복잡함을 더 복잡하게 만드는 것이 어쩌면 '투키디데스의 함정'을 조심하라는 앨리슨의 충고라고 본다.

미국과 중국의 관계를 '투키디데스의 함정'이라는 프레임에 놓음으로써 미국과 중국의 패권 경쟁을 마치 필연적인 무엇으로 여기게 만들고, 이 패권 경쟁 구도가 제공하는 적대적 공생 관계를 강화하고 있는지도 모르기 때문이다.

그래서 나는 '투키디데스의 함정'이라는 표현을 가급적이면 자제하자고 제안한다. 그도 그럴 것이, '투키디데스의 함정'이라는 프레임이 고대와 중세의 국제관계 또는 패권질서를 해명하는 데 나름 설명력이 있음이 분명하지만, 현대 국제관계를 해명하는 데에 아직도 유효한지는 잘 모르겠다. 우선 미국은 아테네가 아니고, 중국도 스파르타가 아니다. 다음으로 고대와 중세의 국제관계는 기본적으로 지정학적인 조건들에 의해 특징지어졌다면, 현대의 국제관계는 자본과 정보와 가치의 연쇄관계에 의해 서로 밀접하게 결속되어 있다는 점이 특징적이다.

이와 같이 국경을 넘어서 맺어지고 있는 국가와 국가, 사회와 사회, 개인과 개인의 상호 관계가 만들어주는 이득과 이익은 국제관계를 밀당 관계로, 정치적인 허영심과 두려움이 만들어내는 자존심과 공포심이 야기하는 손해와 피해는 국제관계를 배척 관계로 만든다. 앨리슨이 조심하라고 충고하는 '투키디데스의 함정'은 배척 관계에 해당한다. 그런데 현대 국제관계는 배척 관계보다는 밀당 관계에 가깝다. 이런 이유에서, 앨리슨의 충고가 국제관계를 왜곡해 바라보게 하는 측면도 분명히 있음을 지적하고자 한다.

결론적으로, 중요한 것은 힘과 힘의 관계 설정이다. 국제관계를 배척 관계로 보고 그렇게 만들어갈 것인지, 아니면 밀당 관계로 보고 그 관계를 바탕으로 상호 이익과 공동의 유익을 추구할 것인지가 관건이다. 물론 길이 아예 없는 것은 아니다. 그렇다 해서 이 길을 내는 것이 결코 쉬운 일은 아니다. 이 길이 상호 이해의 바탕 위에서 만들어지는 것이기에.

그렇다면 문제는 상호 이해인데, 과연 이를 어떻게 만들어야 할까? 녹록지 않은 일이다. 언어, 사상, 종교, 역사와 문명이 만들어놓은 경계를 뛰어넘는 일이기에. 그럼에도 지정학적인 경계를 뛰어넘는 상호 이해의 다리를 만들기는 만들어야 할 것이다. 앨리슨이 조심하라고 충고한 '투키디데스의 함정'을 피할 수 있는 길이, 특히 그가 말한 공포심을 제거하는 가장 강력한 치료제가 상호 이해의 다리이기에. 서로가 서로를 제대로 이해하고 잘 알게 해주는 것이 평화를 만드는 일일 것이다. 이런 의미에서, 세계의 밀당 관계를 구축해야 하는 시대를 맞이하여 인문학은 이제 취미 차원의 선택이 아니라 생존 차원의 필수일 것이다.

39. 소리로 빚어낸 중화

　2017년 4월, 채용 인원 4,910명인 국가공무원 9급 선발시험이 치러졌다. 그해 2월 접수 결과 모두 22만 8,368명이 응시하여 경쟁률이 46.5 대 1에 달했는데, 그중 17만여 명이 실질 경쟁률 35.2 대 1인 상태에서 필기 시험을 치렀다. 국가공무원뿐 아니라 지방공무원 선발시험 경쟁률도 만만치 않았다. 인터넷 등에서 관련 내용을 접하다 보면 한껏 예민해진 응시생의 숨결에 절로 절박해지기까지 한다.

시 짓기로 공무원을 뽑는다

　'공시생'이 아닌데도 이러하니 출제가 선발 목적에 적합해야 하고 채점이 공평무사해야 함은 너무나 당연하리라. 그런데 공무원을 뽑는 시험 과목이 '시 짓기'이고 응시생이 지은 시를 평가해서 당락을 결정한다면 어떻게 될까. 모르긴 해도 이를 수긍할 응시생은, 아니 오늘을 사는 사람은 몹시 적을 것이다.

그러나 역사에서는 그런 일이 버젓이 일어났다. 짧은 기간 그러다 만 것이 아니라 무려 1,300여 년 동안이나 그러했다. 해당 지역도 무척 넓었다. 때로는 지금 유럽의 1.8배쯤 되는 광활한 지역에서 시 짓기로 관리가 임용되었다. 589년 중원을 통일한 수대에 처음 시행된 후 1905년까지 존속한 과거 얘기이다. 본격 시행된 시기를 당대^{唐代} 중엽인 8세기로 잡는다고 해도 천 년을 훌쩍 넘는 세월 동안 과거는 관리 임용의 골간으로 활용되었다.

사실 어느 한 제도가 천 년 넘게 시행됐다는 것은, 그것도 중국처럼 넓은 지역에서 그랬다는 것은 인류 역사에서 매우 드문 일이다. 물론 그 긴 세월 내내 많은 폐단이 양산됐고 왕조 멸망의 원인이 되기도 했다. 그럼에도 시 짓기 과목은 비중이 낮아진 적은 있어도 폐지된 적은 없었다. 과거를 비판하는 의견 가운데 시 짓기 자체에 대한 것도 드물었다. 부정부패 등 운용상의 공정성이 문제가 됐지, 시 짓기가 시험과목으로 부적절하다는 유의 비판은 거의 없었다. 당시라고 해서 경쟁률이 낮거나 관직에 관심이 적은 것도 아니었다. 나이 마흔이나 쉰에 과거 급제하면 선방했다는 소리를 듣던 시절이었다. 그만큼 과거에 목을 맨 이들이 많은 때였다.

이런 형국에서 시가 감성과 주관의 산물임이 분명하고, 그렇기에 평가의 객관성과 공정성을 기하기가 무척 어려웠음에도, 과거를 채택한 왕조들은 시 짓기 과목을 포기하지 않았다. 그 이유가 사뭇 궁금해질 수밖에 없는 대목이다.

소리, 제국의 국정을 지배하다

결론부터 밝히자면, 수천 년간 소리로 빚어온 중화라는 전통을 버릴 수 없어서 그랬다는 것이다. 소리로 중화라는 제국 수준의 보편문명을 빚어냈다는 진술이 무슨 뜻인지 감이 잡히지 않을 수 있다. 이를 해명하려면 먼저 과거 이전에 시행됐던 관리 임용방식을 살펴볼 필요가 있다.

문헌을 통해서 과거가 실시되기 전의 관리 임용방식을 확인할 수 있는 시기는 춘추시대부터이다. 그때부터, 그러니까 기원전 8세기부터 수 왕조가 중원을 통일할 때까지 약 1,300여 년에 걸친 기간 동안 주된 관리 임용방식은 추천제였다. 수 직전의 위진남북조시대에는 조조의 아들 조비가 채택한 구품중정제가 주로 시행됐다. 그것은 인재를 상상上上부터 하하下下까지 아홉 품급으로 나누어 추천하면 심사를 거쳐 관리로 임용하는 방식이었다. 덕분에 덕행이나 학식 등이 높아 어느 한 지역을 자기 이름으로 채우면 '민간인' 신분에서 단번에 태자 측근의 요직에까지 진출할 수 있었다.

조비가 멸했던 한대 또한 소리가 제국 운영에 크게 활용되던 시절이었다. 전성기를 구가한 무제 때에는 악부樂府라는 관서를 두고 사방에 관리를 파견해서 민요, 곧 민간의 노랫소리를 수집하여 이를 정사의 잘잘못을 판단하는 근거로 삼았다. 공자가 표방한 아정雅正한 음악으로 천하를 교화한다는 악교樂敎 이념을 현실정치에 실제로 구현하고자 했음이다. 미술이나 건축 등을 관장하는, 이를테면 미술부나 건축부 등은 없었으니, 한 조정이 세상을 경영하는 데 소리에 얼마나 의지했는지 충분히 짐작할 수 있는 대목이다.

그뿐이 아니었다. 무제는 태학이라는 국립교육기구를 설치했다. 많게는

3천 명을 웃돌았다는 이곳의 학생을 중심으로 세상사 이치와 정사의 잘잘못을 매섭게 논하는 청의淸議 풍조가 강하게 형성됐다. '맑은 여론', 달리 말해 '세상의 맑은 소리'라는 뜻의 이 풍조는 외척이나 환관·대장군 같은 권세가에게 맞서 청류淸流를 형성하고 현실정치의 한 축을 담당하면서 무시 못 할 힘을 발휘하기도 했다. 실제로『삼국지연의』에서 미인계로 동탁을 처단한 사도 왕윤이나 유비의 스승으로 나온 중랑장 노식 등은 청류파의 대표 인사였다. 황제의 손발이 되어 제국을 돌리는 일꾼들의 수급뿐 아니라 국정 전반이 소리를 바탕으로 돌아갔던 셈이다.

소리로 중화 문명을 싹틔우다

이러한 사정은 제국 단계 이전에도 마찬가지였다. 진시황 이전 시대, 곧 춘추전국시대는 명성, 달리 말해 '이름 소릿값'[聲價]의 시대였다고 해도 과언이 아니다. 명성은 개개인의 실존에 개입하여 그의 삶을 바꾸기도 하는 매우 쏠쏠한 사회적 밑천이었다.

그 시절은 장자가 통탄했듯이 자기 육신을 해하고 신체를 훼손해서라도 명성을 얻고자 애쓰던 때였다. 맹자가 명성을 진정으로 추구하는 이는 제후 자리조차 초개같이 버릴 수 있다고 단언했을 정도이다. 전쟁 등 거대 폭력이 일상화하던 시대, 정관계 진출은 그나마 안정적 삶이 가능한 길이었다. 명성은 그러한 삶을 실현해주는, 곧 정관계 진출의 미더운 통로였다. 인력이 국력의 가장 든든한 요체이던 시절, 세상을 자기 이름으로 자작자작하게 채운 이를 수하에 두면 그만큼 많은 인심과 인력을 얻을 수 있었다. 내 이름이 칭해지는 소리를 키우는 것이 정관계 진출의 고갱이가 됐던 연유이다.

그렇다 보니 "내가 무능한 것을 나무라야지 남이 나를 몰라줌을 탓해서는 안 된다"(『논어』 「학이」)면서, 남에 의해 좌우되는 명성 대신 내가 좌우할 수 있는 수신에 집중해야 한다고 강조한 공자조차도 군자는 죽은 후에 명성이 칭해지지 않음을 싫어한다고 잘라 말했을 정도였다. 후생은 두려워함 직하지만 나이 40, 50이 되어서도 명성이 들리지 않으면 두려워할 바 없다고 단정하기도 했다. 심지어 "명성이 나지도 않고 늙어서 죽지도 않으면 이를 일러 도적이라고 한다"(『논어』 「헌문」)고까지 했다. 그가 소리에 얼마나 주의했는지를 잘 알게 해주는 대목이다. 제국이 출현하기 전인 춘추전국시대 역시 소리를 장악한 이들이 국가사회의 근간이 되어 중원의 역사를 돌리고 있었음이다.

비단 관리 임용이라는 차원에서만 소리가 중용됐기에 하는 말이 아니다. 공자의 악교 이념이 잘 말해주듯이 소리는 국가 운영 전반에 걸쳐 중요한 자산이었다. 중국 역사의 시조 격인 하·상·주 세 왕조에 관한 역사 서술을 보면 이는 더욱 확연해진다. 춘추시대보다 앞선 시기에 이들 모두 소리로 중원을 주조하고 다스렸다고 기술됐기에 그렇다. 순임금은 「소」韶라는 악곡을 지어 그것으로 천하를 경영, 태평성대를 일궜다고 한다. 그에게 군주 자리를 물려받아 하나라를 연 우임금은 「하」夏를, 하를 멸하고 상나라를 세운 탕왕은 「호」濩를, 상을 멸하고 주를 천자의 나라로 거듭나게 한 무왕은 「무」武라는 악곡을 지어 순임금처럼 활용했다.

이는 공자의 악교 이념이나 한 무제의 악부 설치 같은 정책의 연원이 사뭇 깊음을 말해주는 증좌들이다. 그 존재가 입증된 상의 탕왕 때부터 치더라도 이후 과거가 시행되기 전까지 2,000년을 웃도는 시간 동안 중원에서 명멸한 왕조들은 소리를 기반으로 국가를 운영하며 중화라는 문명을 빚어냈던 것이다.

소리, 중화 수성의 기반

그러면 과거 시행을 계기로 이러한 전통이 소멸하거나 약화한 것일까. 과거가 '듣고 말하는 문명' 패러다임보다는 '보고 읽는 문명' 패러다임에 가까운 문명장치여서 하는 말이다. 과거는 분명 필기로 시험을 치고 문자로 작성된 답안을 채점하여 관리를 뽑는 형식이기에 그렇다.

그럼에도 과거는 소리로 중화를 빚어내고 중국을 지탱해온 전통 위에 여전하게 서 있었다. 과거의 여러 과목 중 시 짓기가 가장 중요한 과목으로 설정된 역사가, 작금의 논술고사와 비슷한 논論·책策이 당락에 더욱 결정적 영향을 끼쳤을 때조차 시 짓기가 폐기되지 않은 역사가 이를 잘 말해준다. 시 짓기는 무엇보다도 음률, 그러니까 소리가 핵질을 이루기에 그렇다. 『시경』의 주석 가운데 최고 권위를 지닌 「모시서」毛詩序의 언급이다.

> 시는 마음이 가는 바이다. 마음에 있으면 뜻이 되고 말로 피어나면 시가 된다. 감정이 마음에서 움직이면 말로 드러나는데, 말로 해서 부족하기에 감탄하게 되며 그것만으로는 부족해서 읊조리고 노래하게 된다. 또한 읊조리고 노래함만으로는 부족하여 자기도 모르는 사이에 손이 덩실대고 발이 굴러진다.

이를 보면 고대 중국인이 시를 말, 그러니까 사람이 내는 '문화적 소리'와 동일시했음을 확인할 수 있다. 또한 시가 사람의 마음·감정 등과 유기적으로 연관되어 있음을, 마음에서 감정이 태동되면 입으로 시가 나와 노래가 되고 몸으로는 춤이 추어짐을 자연스러운 현상으로 인식했음도 목도된다. 공자가 악교를 논의할 때 줄곧 '시교'詩教와 연관 짓고, 악부라는 관청에서 민간의 노래를 수집하는 관리를 '채시지관'採詩之官, 곧 시를 채집하는 관리라고 명명한 연유이다.

하여 시를 지으려면 말, 곧 어음語音을 잘 알아야 했다. 더구나 과거에서는 음률을 엄격하게 지키며 시를 지어야 했다. 결코 쉽지 않은, 또 적지 않은 격률을 지키며 시를 지어야 했다. 이때 기준이 되는 어음, 그러니까 말의 소리는 조정에서 정한 '바른 소리'였다. 공자가 『시경』이나 『서경』 등을 가르칠 때 항상 취했다는 '아언'雅言이나 '훈민정음'의 '정음'正音이 바로 그러한 바른 소리였다. 오늘날 표준어의 발음에 해당되는 소리이다.

그러니 어디에서 태어나든 관리가 되고자 하면 반드시 바른 소리를 익혀야 했다. 자기 고장의 발음으로 시를 지었다가는 기본조차 갖추지 못한 자로 낙인 찍혀 '광속탈락'될 수밖에 없었다. 송대 이후 중원의 표준어음이 바뀌었을 때도 마찬가지였다. 예컨대 「훈민정음」의 서문에 국國이 '귁'으로 표기된 데서 알 수 있듯이 당대 중국어에는 입성 받침이 있었지만, 송대를 거치면서 받침이 모두 사라지는 등 중국어는 근본적 변화를 겪었다. 그럼에도 과거에서는 변치 않고 당대 시절의 어음을 기준으로 시 짓기를 요구했다. 과거를 보려면 어쩔 수 없이 당대의 독음을 외워 그것으로 시를 지어야 했다.

이렇게 함으로써 조정은 언제 어디서 태어났느냐와 무관하게 지식인의 사유와 감성, 상상을 통일되게 관리할 수 있었다. 중화라는 문명을 짓는 이들의 내면을 예측 가능하게 장악할 수 있었다는 뜻이다. 말이란 하이데거의 정의를 빌리면 존재의 집이고, 헤겔의 통찰에 기대면 자아로서의 정신이 직접적으로 그 모습을 드러낸 바이기에 그렇다. 사람이 내는 말이라는 문화적 소리를 지배함으로써 그들의 감성과 사유와 직관, 나아가 상상까지 제어할 수 있었다. 그래서 주관적이고 감성적일 수밖에 없는 시 짓기임에도, 그에 대한 평가가 객관적이고 이성적이기 참으로 어려운 시 짓기임에도, 문자 전승이 주된 문명 패러다임으로 굳어진 다음에도, 천 년을 훨씬 뛰어넘는 성상 동안 시 짓기는 관리 임용의 주요 과목으로 채택될 수 있었다. 관리를 뽑는 가장 주된 이유가 무엇보다도 중화라는 문명을, 또한 자신이 천자로 있는 정치체를 통일되게 보존하기 위해서였기 때문이다.

우리가 민주주의를 만들어온 역사를 우리는 함성으로 기억한다. 3·1 운동의 함성부터 4·19 민주혁명을 거쳐 5·18 광주민중항쟁, 6·10 시민혁명 그리고 촛불혁명에 이르기까지, 거기에서 성난 파도처럼 진동했던 목소리들이 오늘날의 민주주의 한국을 빚어냈다. 그런데 상술한 중국의 역사는 소리가 역사를 주조해내는 데만 쓸모 있는 것은 아니라고 말해준다. 소리는 그렇게 만들어낸 새 단계의 역사를 수성하고 갱신해가는 데도 크게 기여했음을 일러준다. 박근혜 전 대통령 탄핵부터 대통령선거를 거쳐 적폐청산이 시대의 과제가 된 지금, 한국의 시공간을 가득 메운 수많은 목소리들, 그중에서 어떤 목소리들로 공정하고 평화로운 우리의 미래를 빚어갈지, 역사의 의미가 참으로 심장하게 다가오는 나날이다.

40. 생각은 말의 노예인가

세상의 지배자는 소리이다. 일단 말이 강력한 지배자이기 때문이다. 증인은 고르기아스Gorgias, 기원전 480~기원전 380이다.

> 말은 강력한 주인이다. 말은 아주 작고 보이지 않는 몸이다. 그러나 가장 신과 같은 일을 해낸다. 두려움을 멈추게 하고, 슬픔을 가시게 하고, 즐거움을 빚어내고, 연민의 마음을 키우기 때문이다. (『헬레네 찬사』 제8장)

말의 힘이 어떻게 위력적인지가 잘 드러난다. 두 가지이다. 몸은 작지만 신적인 힘을 가지고 있다고 한다. 사람의 마음을 좌우하는 힘을 가지고 있다 한다. 연민, 공포, 기쁨, 슬픔과 같은 감정을 지배하는 힘을 가지고 있다는 것이다. 틀린 말은 아니다. 다시 고르기아스의 말이다.

모든 시가는 운율을 따른다. 시가는 듣는 사람에게 전율을 불러일으키는 공포와 눈물을 자아내는 슬픔과 슬픔이 빚어내는 연민을 불러일으킨다. 다른 사람의 일과 다른 신체가 겪어야 하는 행복과 불행도 영혼은 말을 통해서 자기 자신의 것으로 겪기 때문이다. (『헬레네 찬사』 제9장)

이에 대한 보증인이 아리스토텔레스이다.

아주 좋은 비극을 짓기 위해서는, 이야기가 단순하지 않고 복잡해야 한다. 이야기는 공포와 연민의 감정을 불러일으키는 행동을 모방해야 한다. 이렇게 해야 하는 것은 이런 종류의 모방이 지니는 속성에서 기인한다. (『시학』 제13장 1452b 31~34)

양자의 차이는, 고르기아스가 말의 힘을 강조한 반면에 아리스토텔레스는 비극의 관점에서 모방이 만들어내는 특징에 초점을 두었다는 정도일 것이다. 그렇지만 모방도 결국은 말의 힘에 의존할 수밖에 없으므로 큰 차이는 없다. 이야기도 결국은 말의 엮음체이기에.

각설하고, 다른 사람의 고통을 자기 것으로 만들어 연민과 공포를 불러일으키는 말의 힘은 어떻게 해명해야 할까? 그러니까 우리가 다른 사람의 고통과 불행을 보면서 슬퍼하거나 두려움을 느끼는 때는 언제일까? 아리스토텔레스는 연민은 어떤 이가 겪는 불행이 부당하다고 느낄 때 생기는 감정이고, 공포는 우리와 비슷한 처지에 있는 사람이 불행을 당할 때 생기는 감정이라고 주장한다. 부당함에 대한 연대감의 표현이 연민이고, 나도 저렇게 당할 수 있다는 생각이 공포라는 것이다.

이렇게 생겨난 연민과 공포를 혹자는 시적 정의poetic justice 라고, 혹자는 사회적 연대정신solidarity이라고 일컫는다. 이를 어떤 관점에서 무엇이라 부르건, 중요한 것은 우리를 하나로 묶는 연대의 끈이 말의 힘이라는 점이다. 인간을 사회적 존재로 만들어주는 것이 말의 힘이라는 것이다. 아무튼 고르기아스는 심지어 말을 강력한 지배자라고까지 주장한다. 역사를 결정하는 정치를 지배하는 힘이 말이기 때문이다.

말을 세상의 지배자로 만든 것은 생각이었다

그렇다면 말을 지배자로 만든 것은 도대체 무엇일까? 그의 해명이다.

> 실상은 이렇다. 과거를 기억하는 것도, 현재를 자세히 살피는 것도, 미래를 예견하는 것도, 어느 것 하나 쉬운 일이 없다. 이런 까닭에 일상에서 벌어지는 대부분의 일을 처리하는 데서 우리는 생각doxa을 영혼의 길잡이로 삼는다. 생각은 쉽게 넘어지고 쉽게 흔들린다. 생각을 길잡이로 여기는 사람을 사로잡는 것은 쉽게 넘어지고 쉽게 흔들리는 행운이다. (『헬레네 찬사』 제11장)

진범은 '생각'이었다. 뜻밖이다. 말을 세계의 지배자로 올린 힘의 실체가 너무도 가까운 곳에 있기에. 우리 안에 있다. 바로 '생각'이다. 우리가 매일 사용하고 늘상 의지하는 '생각'이 너무 허약하고 너무 쉽게 흔들리는 탓에 말이 지배자가 되었다는 것이다. 세상에서 유혹과 미혹에 가장 쉽게 무너지는 것이 '생각'이라는 것이다. 다시 고르기아스의 말이다.

말에 깃들인 신적인 힘은 즐거움을 불러일으키고 고통을 내몰아준다. 영혼에 생겨난 생각과 함께하는 이 신적인 힘은 감미롭게 유혹하고 설득하여 생각을 바꾸어놓는다. 마술과 사술도 사실 이렇게 해서 만들어졌다. 영혼의 일탈과 생각의 기만이 그것들이다. (『헬레네 찬사』 제10장)

이렇게 미약한 '생각'을 따로 분리해서 관리하는 소수의 사람을 제외한 대다수 사람의 '생각'을 말이 지배하는 것은 너무나 쉬운 일이라는 것이다. '생각'을 특별하게 관리하는 사람을 현자sophos 또는 철학자philosophos라고 일컫는다. 이 구별이 중요한 것은 아니다. '생각'을 특별 관리 대상으로 놓고 가르쳐야 한다는 사람마저도 정작 자신의 '생각'을 돌보는 일에는 게으른 경우가 부지기수이기에.

사정이 이러하다 보니 고르기아스는 '생각'을 말의 노예로 놓고, 이 관계를 심지어 인간의 본성이라고까지 주장한다. 그 사례로 헬레네를 든다. 보충하겠다. 많은 사람들이 헬레네를 나쁜 여자라고 여기는데, 이는 잘못된 견해라는 것이다. 물론 파리스와 바람이 난 헬레네가 자식과 남편과 조국을 버리고 트로이로 떠났으며, 그것이 트로이 전쟁의 원인이었다는 점은 비난받아 마땅하다. 그런데 그것이 헬레네 탓이 아니라는 것이다. 헬레네는 오히려 피해자라는 것이다. 고르기아스가 내놓은 해명이다.

말은 영혼을 설득해서 말해진 것을 따르고 행해진 것에 동의하게끔 강제한다. 따라서 설득한 것이 강제한 것으로서 잘못을 저지른 것이다. 설득당한 사람은 오히려 말에 의해 강제당한 사람이므로, 그 사람이 나쁜 평판을 듣는 것은 잘못된 일이다. (『헬레네 찬사』 제12장)

궤변이다. 행위의 책임은 말이 아니라 영혼에 귀속되어야 하기에. 따라서 헬레네는 비난받아 마땅하다. 그러나 조금 자세히 들여다볼 필요가 있다. 전적으로 틀린 말은 아니다. 말과 생각의 관계가 잘 드러나 있기 때문이다. 말은 처음에는 영혼을 설득하고 나중에는 강제한다고 한다. 설득이라는 소통 과정을 거치므로, 또한 설득은 그 자체로는 형식적이고 가치중립적인 매개의 과정이다. 여기까지는 큰 문제가 없다.

문제는 '강제'라는 언표를 어떻게 이해해야 하는가이다. 원어는 '아낭케' ananke로, 우리말의 '어쩔 수 없음'에 해당한다. 말에 도대체 무슨 힘이 들어 있기에 생각도 어쩔 수 없이 따를 수밖에 없다는 것일까? 기원전 7세기에 활약한 사포Sappho를 참고인으로 이 자리에 부르겠다. 참고로, 사포도 헬레네의 무죄를 주장한 시인이었다. 그녀의 노래이다.

> 어떤 이는 기병이, 어떤 이는 보병이, 어떤 이는 수병이 검은 대지에서 가장 빛나는 자라고 말하지요. 하지만 나는 말해요. 누구나 자신이 사랑하는 무엇이 가장 좋은 것이라고. 이를 깨닫게 하는 것은 아주 쉬운 일이지요. 누구나 인정할 거예요. 헬레네를 보세요. …… 아프로디테 여신이 그녀를 데리고 가버렸지요. (「단편 16」)

"누구나 자신이 사랑하는 무엇이 가장 좋은 것"이라는 구절에 눈길이 간다. 다음과 같은 이유에서이다. 사포도 헬레네의 무죄를 입증하기 위해 아프로디테 여신을 끌어들인다. 그러나 이는 부차적이다. 중요한 것은 사포가 헬레네를 변론하기 위해서 보편의 논리를, 그녀의 말대로 누구나 인정할 수밖에 없는 논증을 제시한다는 점이다. 일단 '누구나 자신이 사랑하는 것을 가장 좋아할 수밖에 없다'는 사포의 말에 동의하지 않을 사람은 없을 것이다. '누구나'를 강조하고 '무엇'을 특정하지 않는 방식으로 자신의 논지를 전개한다는 점에서 사포의 논리는 보편적이다.

이처럼 말의 보편적인 힘을 이용한다는 점에서 플라톤은 사포를 제10의 무사로 예찬한다. 이를 말의 실정성positivity이라고도 일컫는다. 생각이 말을 따를 수밖에 없는 방식, 고르기아스에 따르면 '강제'의 어쩔 수 없음이 작동하는 방식에 관한 이야기는, 즉 말의 보편적인 힘에 관한 이야기는 여기까지이다.

'생각'은 '강제'를 싫어한다

문제는 '생각'이 말의 '강제'를 별로 좋아하지 않는다는 것이다. 이 점에서 말의 '강제'를 주장한 고르기아스는 반은 맞고 반은 틀렸다. 말이 생각을 전적으로 지배하지 못하기에. 단적인 증거는 생각이 말의 '강제'를 훈련하는 공부를 별로 좋아하지 않는다는 점이다. 또한 '생각'이 자기가 좋아하는 말에만 귀를 연다는 점도 중요하다. 생각에도 자율권이 있기 때문이다. 생각은 천성적으로 가볍고 변덕스럽다. 이것이 생각의 속성일 것이다. 자신이 좋아하는 것만 따르려는 생각의 속성을 잘 보여주는 것이 실은 소문fama이다. 증인은 베르길리우스이다.

소문은 세상의 악 중에서 가장 빠르다. 소문은 움직임으로써 강해지고 나아감으로써 세력을 늘린다. 소문은 처음에는 겁이 많고 왜소하다. 그렇지만 금세 하늘을 찌른다. 발은 땅 위를 걷지만 머리는 구름에 가려져 있다. …… 소문은 발이 빠르다. 날랜 날개를 가진 무시무시하게 거대한 괴물의 몸에는 많은 깃털이 나 있다. 그 깃털들보다 많고 잠들지 않는 눈과 혀와 소리를 내는 입과 쫑긋 선 귀들이 깃털 아래에 있다. 소문은 밤마다 어둠을 뚫고 대지와 하늘 사이를 윙윙거리며 날아다닌다. 한시도 눈을 감고 단잠을 자는 법이 없다. 낮에는 지붕 꼭대기와 높은 성탑 위에 앉아 망을 보면서 도시를 놀라게 한다. 사실을 전하는 것 못지않게 조작과 왜곡을 좋아한다. 바야흐로 소문은 신이 나서 여러 백성 사이에 온갖 이야기를 퍼뜨렸다. 사실과 조작을 똑같이 퍼뜨렸다. …… 가증스러운 여신은 도처에서 사람들의 입에 이런 이야기를 쏟아부었다. (『아이네이스』 제4권 174~90행)

'이런 이야기'란 아프리카의 리비아에 표류하게 된 트로이의 왕자 아이네이스와 그곳을 다스리는 여왕이 눈이 맞아 바람이 나서 불륜을 범했다는 소문이다. 인용은 소문이 왜 위력적인지를 보여주는 대목이다. 소문이 위력적인 이유는 그것이 사실의 진위 여부와는 별로 큰 관계가 없기 때문이라 한다. 자신이 듣고자 하는 부분 또는 믿고 싶어 하는 생각이 만든 것이 소문이기에. 생각의 자율권이 돋보이는 대목이다. 그러나 생각이 말에 얼마나 복종적인지를 보여주는 대목이기도 하다. 사태의 진상 파악에는 별로 관심이 없고 말의 달콤함만을 좇는 것이 '생각'이기에.

역사는 본래 소문 출신이었다

하지만 소문이 본래 그렇게 무시무시한 괴물은 아니었다. 오비디우스의 말이다.

세상의 한가운데에, 대지와 바다와 하늘의 중심에, 우주의 삼계가 서로 만나는 장소가 있다. 그곳에서는 아무리 멀리 떨어져 있어도 무엇이든 다 보이고, 무엇이든 열린 귀에 다 들린다. 바로 이곳에 소문의 여신 파마^fama 가 살고 있다. 여신은 맨 꼭대기에 거처를 고르고, 그 집에 수많은 입구와 천 개의 통로를 내놓으며, 문턱에는 문을 달지 않았다. 집은 밤낮으로 열려 있다. …… 군중이 홀을 메우고 있다. 경박한 무리들이 오가고, 참말과 거짓 말이 도처에 섞여 돌아다닌다. 더러는 수다로 한가한 귀들을 채운다. 더러는 들은 것을 전한다. 지어낸 말이 자꾸 커진다. 새로이 전하는 자마다 들은 것에 뭔가를 보탠다. 경박함과 부주의와 근거 없는 기쁨과 걷잡을 수 없는 두려움이 출렁인다. 갑작스러운 선동과 알 수 없는 속삭임이 일렁인다. 소문의 여신은 하늘과 바다와 대지에서 일어나는 일을 모두 지켜보고, 온 세상에서 새로운 소식을 찾는다. (『변신 이야기』 제12권 39~64행)

소문을 바라보는 오비디우스의 시선은 베르길리우스의 시선과 사뭇 다르다. 가증스러운 여신이 아니다. 온갖 소리 세계의 주인이 소문의 여신이다. 소리 세계는 우주 삼계의 중심에 위치하고 있다. 이에 대한 해명은 이렇다.

본래 소문의 여신은 문자가 없던 시절에 역사를 전승하는 역할을 담당한 사관이었다. 참고로, 그리스 말로 소문의 여신은 클리오^Clio라고 했다. 클리오는 역사를 관장하는 여신이었다. 작은 몸통의 사실과 거대한 몸통의 소문이 싸우는 과정에서 무엇이 진실인지를 밝혀 제우스에게 보고하는 것이 여신의 업무였기 때문이다. 그런데 그리스에서 이렇게 중요한 보직을 수행하던 클리오 여신이 로마에서는 뒷골목의 수군거림을 대변하는 소문의 잡신으로 전락하고 만다. 베르길리우스는 이를 비난하는 것이고, 오비디우스는 소문의 여신의 본래 위상을 찾아주려고 한 셈이다.

그렇지만 소문의 여신은 잡신으로 떨어질 수밖에 없었다는 게 내 생각이다. 이유인즉, 가볍고 변덕스러운 생각을 특별하게 관리하는 사람은 언제나 소수인 반면, 특별한 관리를 하지 않는 사람이 언제나 다수를 차지하기 때문이다. 그런데 그 다수가 대개는 사실보다 소문을 더 좋아하기에. 이와 관련해서 역사는 대개 특별 관리를 받지 않은 다수의 생각에 따라서 결정되었다는 점을 지적하고자 한다. 단적으로 소문이 역사의 방향을 결정한 적이 한두 번이 아니었기에. 이런 까닭에 당장의 현실에서 힘을 발휘하고 승리하는 것은 거대 몸통의 소문이다.

그렇다고 작은 몸통의 사실이 언제나 패배하는 것은 아니다. 작은 몸통의 사실이 거대 몸통의 거짓과 조작을 뒤집어버렸다는 새로운 소식에 열광하는 것도 실은 소문이기 때문이다. 그런데 작은 몸통의 사실을 지켜주는 것이 역사이다. 그렇다면, 역사와 소문은 아주 묘한 관계에 놓여 있는 셈이다. 소문과 싸우는 것이 역사이지만, 반대로 역사를 지켜주는 것이 새로운 소식을 좋아하는 소문의 속성이기 때문이다. 소문으로 흥한 자를 소문으로 망하게 만드는 것이 소문이 작동하는 원리라는 얘기이다.

이 대목에서 한 가지는 분명해진다. 생각이란 본성적으로 유혹과 미혹에 너무 유약한 것이라는 점, 이 점이 말을 강력한 지배자로 만들어준다는 것만큼은. 생각이 특별한 관리와 훈련을 받지 않는 한에서는 말이다.

41. 문명을 먹여 살리는 번역

홍대용1731~1783은 가슴이 벅찼다. 드디어 서양 선교사를 만나는 날이었다. 연행사燕行使로 북경에 오기 전, 일찍이 혼천의를 직접 제작해보기도 했던 그는 서양 신부와 담론할 생각에 한껏 들떠 있었다. 발걸음은 어느덧 선무문 인근에 자리한 천주교 남당南堂에 닿았다. 본당의 문을 열고 성당 안으로 들어섰다. 눈에 띄는 것마다 죄다 신기했음은 물론이다.

문명의 지층을 빚어내는 번역

그중 압권은 본당 북쪽 벽을 접한 경험이었다. 홍대용의 연행일기에 나오는 술회이다. 다음 인용문에서 소상塑像은 벽에 새겨넣은 부조, 안정眼精은 눈동자, 화격畵格은 화법이라는 뜻이다.

(본당) 북쪽 벽 위 한가운데에 한 사람의 화상을 그렸는데 …… 이것이 곧 천주天主라 하는 사람이다. 형체와 의복이 다 공중에 서 있는 모양이고, 선 곳은 깊은 감실 같아 처음 볼 때는 소상인 줄만 알았는데 가까이 간 후에 그림인 줄을 알았다. 안정이 사람을 보는 듯하니 천하에 이상한 화격이 었다.*

본당 입구에 들어선 홍대용에게 저만치께 정면의 광경이 눈에 띄었다. 먼 데는 작게 보이고 가까운 데는 크게 보이기에 그저 조각이려니 했다. 그런데 가까이 가서 보니 아뿔싸, 그림이었다는 고백이다. 차원을 인지하는 방식이 달랐음이다. 그는 3차원의 입체감을 2차원의 평면에 재현해내는 선원근법을 몰랐다. 너무나 당연하게도, 가깝고 먼 것의 차이가 느껴지면 입체로, 그렇지 않으면 평면으로 여겼다.

문명이 다르면 동일한 대상도 이렇게 판이하게 인지한다. 그래서 번역은 문명 교류의 장에서 값지게 활약한다. 그것은 모르는 언어를 아는 언어로 바꾸는 데 그치지 않고 기존 사고방식에 균열을 내어 세상을 달리 보게도 하고 한계를 넘어서게도 한다. 그럼으로써 문명의 자기 갱신을 촉발한다. 다만 이 과정이 그리 평온한 것만은 아니다. 문명의 자기 갱신은 기존 세계관의 부정을 요구하기 마련, 여태껏 지녀온 것을 부정하고 낯선 것을 수용하는 일이 순탄할 리 없기 때문이다. 사람이라는 존재는 '이해하지 못하는 것'에는 본능적으로 두려움을 느끼기에 더욱더 그러하다.

번역은 그러한 미지의 것을 향한 두려움과 낯섦을 줄여줌으로써 기존 문명과 외래 문명의 건설적인 만남을 중재한다. 덕분에 중화라는 다분히

---

* 『산해관 잠긴 문을 한 손으로 밀치도다』, 김태준·박성순 옮김, 돌베개, 2001, 162쪽.

자기중심적 문명조차 제법 다채로운 지층을 품게 되었다. 번역은 문명을 아픈 만큼 다양하게 해주는 '고약한' 문명장치였던 셈이다.

제1차 서학(西學)의 물결을 번역하다

이미 3천여 년 전부터 자신만이 문명이고 주변은 죄다 야만이라 여겨오던 중국에 열등감을 야기하며 문명 패러다임 자체에 일대 충격을 가한 물결이 유사 이래 적어도 두 차례 있었다. 한 번은 불교라는 서역의 문명이고 다른 하나는 근대라는 서구의 문명이다. 둘 다 서쪽에서 전래했다는 점에서 '서학'西學으로 불렸다.

1세기경에 이르면 불교는 조정의 대신들도 널리 알 만큼 중국에 퍼져 있었다. 유력한 근거는 64년 후한後漢의 명제가 꾸었다는 꿈 얘기이다. 어느 날 그는 어전회의를 하다가 간밤에 꾸었던, 온몸이 황금인 금인金人 얘기를 꺼냈다. 그러자 신하 가운데 하나가 그 금인은 서역 천축국의 부처라고 아뢨다. 이에 명제는 10여 명의 사절을 보내 불법을 얻어오게 했다. 황제가 꿈 얘기를 하자 신하가 지체 없이 부처라 아뢰고 황제도 바로 사절을 파견하는 일련의 과정은 당시 불교가 자못 알려져 있지 않고서는 쉬이 일어나기 힘든 일이다.

아무튼 이 일이 있은 지 3년 만에 사절단은 축법란·섭마등 등의 고승과 함께 『사십이장경』 같은 불경을 구해 돌아왔다. 황제는 이들을 위해 낙양성 밖에 백마사를 지어 거처를 마련해주고 불경을 번역하게 했다. 이것이 문헌에 기록된 최초의 불경 한역漢譯, 곧 역경譯經 사업이었다. 그 뒤 불경은 꾸준히 번역되었다. 그러다 후한이 망하고 혼란스러운 위진남북조시대가 펼쳐지자 불교는 한층 넓고도 깊게 중원에 스며들었다. 특히 황하 일대를 점령한 북방 유목민 왕조는 불교를 근간으로 중원을 통치하고자 했다. 서역에서 불경을 들여오고 황실의 후원 아래 고승을 초빙하여 역경 사업을 벌이기도 했다. 실크로드 연변에서 명망이 자자했던 쿠차국庫車의 고승 쿠마라지바Kumārajīva를 후진後秦 황제가 직접 나서 장안으로 모셔온 것은 그렇기에 그다지 주목할 만한 일은 못 되었다.

그러나 이는 중국 역경사에 일대 전기가 된 엄청난 사건이었다. 2,000년을 상회하는 불경 번역사는 흔히 두 인물을 기준으로 셋으로 나뉘는데, 그 첫 인물이 바로 쿠마라지바였기에 그렇다. 후진의 황제는 그를 국가의 큰 스승, 곧 '국사'國師로 예우하면서 장안에 대규모 역경소를 마련하여 불경 번역에 전념하게 했다. 그 결과 『대반야경』大般若經·『금강경』金剛經·『묘법연화경』妙法蓮華經 등 대승불교의 주요 경전과 용수龍樹의 『중론』中論 같은 주요 이론서가 줄줄이 번역되었다. 그중 일부는 1,600여 년이 지난 지금까지도 선본善本으로 꼽힐 만큼 경쟁력을 갖춘 번역이었다. 장안에 정착한 뒤 입적하기 전까지 겨우 12년 남짓한 기간 동안 이루어낸 눈부신 성과였다.

그 후 250년쯤 흘렀을 무렵, 이번에는 중원 출신 현장법사가 나와 쿠마라지바의 성취를 일신했다. 『서유기』西遊記에 나오는 삼장법사의 실존 모델이었던 그는 17년에 걸친 구법求法 순례를 마친 뒤 526개 상자에 657부의 방대한 불경 원전을 싣고 서역西域에서 장안으로 돌아왔다. 당시 황제였던 당 태종은 장안의 홍복사에 역경원을 설치하고 충분한 인력과 재정을 지원하여 불경 번역에 전념하게 해주었다. 현장은 그렇게 입적하기까지 19년간 『대반야경』大般若經·『심경』心經·『해심밀경』解深密經 같은 신유식종의 주요 경전을 번역했으며, 이를 토대로 쿠마라지바의 역경 성과를 수정·보완했다.

이로써 불교는 별다른 낯섦이나 두려움 없이 중국에 녹아들었다. 서역 출신 쿠마라지바의 번역을 중국인 현장법사가 업그레이드함으로써 불교는 이물감을 거의 느낄 수 없는 '중국 것'이 되었기 때문이다.

중화의 결을 바꾼 번역

그렇게 중화에 파고든 불교는 문명 차원에서 일찍이 없었던 큰 변이를 일으켰다. 적어도 위진남북조시대부터는 불교 없는 중국이 상상되지 않을 정도였다. 개인부터 국가와 문명 차원까지, 감각부터 사유와 상상에 이르기까지, 말 그대로 혁명적 변이가 야기되어 중국 문명의 결이 다채롭게 직조되었다.

예컨대 고대 중국인은 불교와 만남으로써 과거나 현재와 완전히 다른 미래를 상상할 수 있게 되었다. 불교를 받아들이기 전 중국의 미래 상상은 요임금, 순임금으로 대변되는 이상적 과거의 재현이 주를 이루었다. 현재도 마찬가지였다. 옛적 성군의 태평성대를 오늘날에 재현함이 수학과 경세의 목표였다. 그렇다 보니 미래가 과거나 현재와는 질적으로 전혀 다른 시공간으로 설정되지 않았다. 불교 번역은 이에 일대 충격을 가해 지옥이나 극락 같은, 과거나 현재와는 패러다임 자체가 완전히 다른 미래를 사유하고 상상할 수 있게 해주었다.

중국 문화의 핵심인 시에 끼친 영향도 지대했다. 아니, 불교의 번역 없이는 두보나 이백 같은 대가가 배출될 수 없었다. 고대 중국인은 불경을 번역하면서 비로소 자기 말을 이론적으로 대할 수 있는 힘을 얻었다. 사상 최초로 자기 언어를 분석적으로 바라보게 됐기 때문이다. 이는 표음문자인 산스크리트어를 표의문자이자 표어문자인 한문으로 바꾸는 데 반드시 필요한 작업이었다. 그전까지는 중국어 이외의 타 민족의 말을 어엿한 말이라고 여기지 않았기에 자기 말을 타자에 비추어 객관화할 계기가 갖춰지지 않았다. 불경 번역 전까지 '문명의 번역'이라고 할 만한 것이 없었던 까닭이다. 불경 번역이 실은 다른 언어를 자기 언어와 대등하게 여긴 최초의 사건이었던 셈이다. 덕분에 중국인들은 자기 언어를 객관적으로 인식하게 되는 계기를 얻었다.

한참 전부터 그렇게 사용해왔던 자기 언어가 네 가지 성조로 구성됐다는 사실도 이때 처음 알았다. 통째로 인식했던 글자의 음도 우리말의 초성에 해당하는 성모聲母와 초성을 제외한 나머지 부분을 가리키는 운모韻母로 분절하여 사유하기 시작했다. 음의 성질도 변별하여 평성과 측성 식으로 이론화했다. 말을 어떻게 결합해야 더욱 아름다운 소리로 조직하는지 그 법칙도 촘촘하게 구축해냈다. 중화의 핵심인 한시, 그것의 가장 진화한 형식인 5언·7언 절구와 율시는 이렇게 하여 완성될 수 있었다. 게다가 불교와 만난 한시는 이백·두보 등과 어깨를 나란히 하는 '시불'詩佛: 시 세계의 부처 왕유의 시가 잘 드러내듯이 그 깊이와 높이가 한층 심원해지고 고양되었다. '시의 나라'[詩國]이기도 한 중국에서 번역된 불교는 어느덧 시를 짓고 논하는 데서 마르지 않는 원천이 된 것이다.

시가뿐만이 아니었다. 쿠마라지바가 불교를 번역할 즈음, 포교 과정에서 유포된 불경 속 이야기들로 중원의 이야기 세계는 한창 풍요로워지고 있었다. 이야기는 공자의 시대 한참 전부터 중원을 배태하고 유지하며 갱신하던 중요한 문명장치였다. 번역된 불교는 거기에 색다른 자양분을 공급함으로써 중원의 서사와 상상, 허구의 세계를 한층 더 알록달록하게 구성해냈다. 적어도 당 중엽인 8세기쯤부터 사찰 앞마당은 불경의 갖은 이야기가 민간으로 널리 퍼져가는 불교 선교 플랫폼이었으며, 송대 이후 민간에서 널리 흥성한 잡극이나 경극 등 다양한 전통극에 콘텐츠를 풍요롭게 공급해주었다. 중국이 지금도 전통소설의 대표작으로 내놓는 『서유기』 등의 사대기서 또한 불교가 없었다면 생성되지 못했을 정도였다. 번역된 불교가 중국의 서사 전통 형성과 풍요로운 전개에 크게 기여했음이다.

불교의 번역은 철학적 지층도 아롱다롱하게 변주해냈다. 쿠마라지바를 전후한 시대에 번역된 불교는 앞선 시대의 유가와 도가 사상에 사변의 깊이를 더하고 직관의 넓이를 더해 현학이라는 사뭇 독특한 중국적 사유체계를 일궈냈다. 불교 철학이 유교·도교 철학과 결합하여 훗날 '유-불-도 삼교 통합'이라는 도저한 흐름을 빚어내기 시작했음이다. 여기에 현장법사가 번역을 통해 신유식종을 설파하자 불교 철학은 더는 '서역의 것'이 아니게 됐다. 그것은 지식인에게 익혀야 하는 '기본'으로 학습되었고 중국 지식인에게 자기 것으로 내면화했다. 훗날 송대 주희가 불교를 척결하고자 성리학을 집대성했지만, 오히려 "전통 유학에 불교를 입혀 성리학을 만들어냈다"는 평가를 받을 정도였다.

성리학을 극복하고자 했던 명대의 양명학도 마찬가지였다. 불교가 양명학의 근간에 외양만 달리하여 알알이 박혔기에 그렇다. 이 둘을 아우른 명칭인 이학理學이 몽골의 원 제국 이래 천 년 가까이 한자권을 석권한 사실을 보건대, 강고한 자기중심적 문명에 스며들어 그것마저 변주해내는 번역의 힘 덕분에 오늘날 중국 문명이 한층 풍요롭고 유의미해졌음을 부인할 수는 없다.

번역이 일궈낸 중국적 사회주의

명대 중엽 이후에는 예수회 선교사를 통해 '제2차 서학의 물결'이 밀려들었다. 서구 근대가 이룩한 과학적 성과뿐 아니라 선원근법 등 예술적 성취가 속속 중국에 유입되었다. 중국의 지적 자산도 라틴어로 번역되어 서구로 흘러들어갔다. 그렇게 중국과 서구는 번역의 중재를 통해 함께 변이되고 있었다.

그리고 19세기 중반, 드디어 중국과 서구는 본격적으로 만났다. 제국주의적 야욕이 늘 문제 됐지만, 그럼에도 중국은 서구를 꾸준히 번역해갔다. 여기에는 조정과 재야가 따로 없었다. 근대적 무기의 위력을 경험한 청 조정은 '오랑캐의 장기를 배워 오랑캐를 제압한다'는 명분 아래 북경과 상해 등지에 서구 과학기술을 중국어로 옮기는 번역기관을 세웠다. 라마르크의 '용불용설' 같은 진화학설을 비롯해 서구 근대과학이 일궈낸 성과가 담긴 수백 종의 책이 그렇게 번역되었다.

지식인은 그들대로 중국이 부강한 근대국가로 거듭나는 데 필요한 서구의 자양분을 활발하게 번역해들였다. 엄복은 『진화와 윤리』『국부론』처럼 서구의 근대를 정초한 지적 자산을 번역 소개하여 근대 중국을 크게 뒤흔들었다. 서구 근대의 걸작도 번역됐다. 『로빈슨 크루소』『아이반호』 같은 명작이 임서 등에 의해 옮겨짐으로써 근대적인 감각과 상상 그리고 의식이 중원에 속속 전파되었다.

물론 중국이 근대화하는 과정이 평탄하지는 않았다. 전쟁 같은 거대 폭력이 잇달았고 민생은 오랜 기간 파탄났다. 그러나 결국에는 '중국적 사회주의'를 드넓은 강역에 펼쳐냈다. 서구 근대를 번역함으로써 중국은 자기 문명에 또 다른 켜를 쌓는 데 성공했음이다. 불교를 번역함으로써 인도의 불교가 아닌 중화가 풍요로워졌듯이, 서구 근대가 빚은 사회주의를 중국화함으로써 사회주의가 아닌 중화가 보존되고 갱신된 것이다.

나아가 중국은 그렇게 일군 문명의 소산을 전 지구적 차원에서 전개되는 디지털-네트워크 시대에 걸맞게 다시금 번역하고 있다. 아날로그적 문화자산을 디지털 문화자산으로 번역하고 이를 여러 언어로 바꾸어 전 세계로 퍼뜨리고 있다. 번역이 문명에 스며들어 그것을 변이해내는 힘을 잘 알기 때문이다. 번역을 통해 중국의 문화자산이 지구촌 곳곳에서 제구실을 할 때 중국이 미래 세계의 문명표준으로 우뚝 설 수 있음을 잘 알기에 그러는 것이다.

42. 세계의 근대화는 서양만의 공일까

　　스티븐 그린블랫은 『1417년, 근대의 탄생』이라는 책에서 루크레티우스의 자연학이 세계의 근대화에 어떤 역할을 했는지를 밝혔다. 설득력도 있고 내용도 알차다. 저자가 원했던 소기의 목표는 달성했다. 그러나 세계의 근대화와 관련된 그의 해명은 절반의 성공에 그쳤다고 본다. 세계의 근대화가 서양만의 내적 동력으로 이루어진 것은 아니기에. 결론부터 말하겠다. 한자와 동서 고전의 번역도 나름 크게 기여했다.

한자도 한몫 거들었다

프랜시스 베이컨의 말이다.

진정한 문자를 사용하여 글을 쓴 것은 극동의 왕국인 중국에서였다. 진정한 문자는 대체로 글자나 단어가 아니라 사물과 개념을 표현한다. (『학문의 진보』, 1606)

자연을 탐구하기 위해 보편 문자 또는 '진정한 문자'real character 체계를 개발하자는 논의 과정에서 나온 말이다. 보편 문자의 기획에 한자가 영향을 주었다는 점에 눈길이 간다. 한자의 상형성을 유럽에 최초로 보고한 서양인은 크루스Gaspar da Cruz, 1520~1570이다.

중국 사람들은 고정된 철자letter를 사용하여 쓰지 않는다. 그들은 문자character를 사용하며 그것으로 단어를 만든다. 따라서 매우 많은 수의 부호character를 가지고 있다. 하나의 부호로 하나의 사물을 상징한다. 예를 들어 오직 하나의 부호로 하늘을, 또 다른 부호로 땅을, 또 다른 부호로 사람을 뜻한다. (『중국 문물에 대한 보고』, 1569)

한자를 하나의 부호로 본 크루스의 생각은 멘도사Juan González de Mendoza, 1545~1618의『중국의 문물과 의례와 견습에 관한 역사』에서도 발견된다. 베이컨의 생각은 멘도사의 견해에 영향을 받은 것으로 추정된다. 물론 룰루스Raimundus Lullus, 1232~1315의 '조합술'ars combinatoria도 보편 문자의 기획에 영향을 주었다. 그러나 한자의 상형성이 베이컨의 '보편 문자' 기획에 영감을 주었다는 것도 분명하다.

보편 문자를 사용하자는 베이컨의 제안은 새로운 학문들이 사용하게 될 기호체계Novum Organum 개발과 표준화 논의로 이어진다. 요컨대 화학·의학·수학·음악이 자연언어가 아닌 개별 학문들에 적합한 특수 부호와 기호를 만들어 사용하자는 논의가 바로 그것이다. 예컨대 이 논의를 바탕으로 화학의 개별 원소들을 표현하는 표기체계와 수학의 부호체계와 음악의 악보와 음가를 표시하는 부호들이 만들어졌다. 이 부호들은 16세기 말부터 유럽의 지성계를 달군 '보편 언어'universal language 또는 '보편 문자' universal character 담론의 소산이다.

먼젤로David E. Mungello는 '중국 문자와 보편 언어'에 관한 연구(『진기한 나라 중국』 참조)에서 17세기에 서양의 과학자들이 근대 과학의 기호와 부호를 사용하자는 제안과 기획에 사물을 그대로 반영하는 상형문자인 한자가 꽤나 큰 영향을 끼쳤다고 주장하는데, 이는 설득력이 있다. 베이컨의 제안이 존 윌킨스나 조디 달가르노 같은 그의 후계자들, 화학자 로버트 보일이나 건축가 크리스토퍼 렌 같은 학자들, 독일의 라이프니츠 같은 철학자에게로 이어진 것은 분명하기에. 새로운 학문의 부호와 표기 체계를 표준화하기 위해 영국에서는 1662년에 왕립학술원을, 프랑스에서는 1666년에 학술원을, 독일에서는 1700년에 학술원을 창설했다.

표준화 과정을 거친 근대의 새로운 학문은 비약적으로 발전한다. 새로운 부호와 기호를 사용하는 새로운 학문과 학술 아카데미의 창설은 서양의 학문체계를 이전까지의 기독교 교리 중심의 교육방식과 그리스-로마의 고전 해석을 중심으로 하는 연구 전통과는 근본적으로 다른 새로운 전통을 만들어낸다. 따라서 자연현상을 탐구하는 과정에서 자연언어가 아닌 새로운 부호체계를 수립하려는 기획에 한자의 상형성이 중요한 영향을 끼쳤다는 것이 무심히 지나칠 일은 아니다.

번역도 무시해서는 안 된다

말이 나온 김에, 서양의 근대화가, 아니 세계의 근대화가 서양만의 내적
동력이 아니라는 점을, 즉 동서양 교류의 소산이라는 점을 얘기해보겠다.
마찬가지로 17세기가 중요하다. 이 시기는 세계화가 본격적으로 시작됐다
는 점에서 중요하다. 물론 그 이전으로 거슬러 올라가야 하지만, 17세기는
중국에서 동양 고전과 서양 고전의 번역이 동양과 서양의 학자들의 토론
과 논의를 바탕으로 우리가 알고 있는 것보다 매우 체계적이고 깊이 있게
이루어져 출판되던 시기였다.

번역은 양방향으로 진행되었다. 하나는 서양 고전을 한문으로, 다른 하
나는 동양 고전을 라틴어와 프랑스어로 옮기는 것이었다. 전자의 경우, 예
컨대 아리스토텔레스의 『범주론』과 『천문학』, 『니코마코스 윤리학』 일부,
유클리드의 『기하학』, 키케로의 『우정론』 일부가 각각 『명리탐』, 『환유전』,
『기하원본』, 『교우론』이라는 제목으로 한역되었다. 후자의 경우, 사서四書의
일부가 『중국의 철학자 공자』라는 서명으로 라역羅譯되었다. 작업의 중심에
는 예수회 선교사들이 있었다. 흥미로운 점은, 이들이 중국의 대학자들과
깊이 있는 토론과 논의를 나누고 이를 바탕으로 번역했다는 것이다.

명 말에는 리치Matteo Ricci, 1552~1610 와 알레니Giulio Aleni, 1582~1649 같은 선
교사들이 명의 고위관료 이지조李之藻, 1571~1630 나 서광계徐光啓, 1582~1633 같
은 학자들과 학문적으로 교류했다. 번역 과정에서 서양 사상의 근간을 이
루는 중핵 개념들과 동양 사상의 중심을 차지하는 핵심 개념들이 직접적
으로 맞대응되면서 비교되었다. 라역 『중국인 철학자 공자』는 1687년 루
이 14세의 칙령에 따라 파리의 왕립출판사에서 출간되었다. 책은 중국 학
문의 특징과 공자의 생애를 다룬 서문과 『대학』『중용』『논어』, 마지막으

로 일종의 부록으로 중국 역사를 편년체 방식으로 서술한『중국 연대기』
를 담고 있다. 사서에서『맹자』는 빠졌는데, 이는 중국의 학문을 공자를 중
심으로 소개하려 한 번역 기획과 관련이 있다. 라역들은 루이 14세를 비롯
한 유럽의 왕들과 볼테르·라이프니츠·볼프 등의 계몽주의 철학자들에게
큰 영향을 주었다.

세계화는 동서 교류의 소산이다

　17세기 동서 교류는 크게 세 가지 점에서 특징적이다.
　먼저, 동양에서 사용하는 주요 개념과 용어들이 이 번역 과정을 거쳐서
탄생했고, 동양의 학문과 정치체계가 서양의 근대와 근대 학문들이 시작
하는 데서 서양이 동양에 끼친 영향에 못지않게 결정적인 영향을 끼쳤다.
참고로, 리치의 전기에 해당하는『그리스도교 중국 원정』이 중요하다. 이
책은 동양의 학문과 제도에 관한 정보를 서양 세계에 체계적으로 전하는
문헌이다. 예컨대 책의 제1장에는 중국의 정치제도, 통치방식, 학문과 사
상을 체계적으로 소개했다.
　황제라는 절대 권력을 중심으로 편제된 중국의 중앙집권적인 정치제도
에 대한 마테오 리치의 관찰과 보고는 루이 14세와 같은 프랑스 왕에게
깊은 인상을 남겼다. 루이 14세는 특히 중국의 관료 선발시험인 과거제도
에 큰 관심을 보였는데, 이는 중국의 통치체제를 가능하게 하는 교육제도
와 그 교육의 실제 내용이었던『사서』를 읽고 싶어 했다는 사실에서 잘 확
인된다. 동양 고전이 17세기 말에 유럽에서 선풍적인 인기를 누리며 퍼져
나간 것도 실은 루이 14세의 후원 덕분이었다.

다음으로, 17세기 중국에서 이루어진 동양과 서양의 만남은 상대적으로 평화적이었다. 이는 서양에서 온 예수회 신부들이 서양의 종교와 사상을 처음부터 이입하거나 주입하려 하지 않고, 동양의 학문·문화·종교와 서양의 그것들을 비교-연구해서 이를 토대로 서양 종교를 소개하고 뿌리내리게 하는 적응주의 전략을 취했다는 점에서 확인된다.

물론 충돌이 없지는 않았다. 기본적으로 세계관의 차이 때문이었다. 『그리스도교 중국 원정』에는 전례 논쟁을 둘러싸고 벌어진 사건들이 보고되어 있다. '예수회'를 추방하려는 반대 움직임과 심지어 충돌이 일어났다고 전하는데, 충돌은 동양 정신과 서양 정신의 정면충돌로 확산되었다. 마르티네스가 저술한 「천학전개」天學傳槪와 반反그리스도교 관료인 양광선楊光先, 1597~1669이 지은 「벽사론」闢邪論이 충돌의 최전선에서 맞붙은 문헌들이다. 충돌의 요지는 이렇다. 중국인의 기원이 아담Adam에게 있다는 마르티네스의 주장에 양광선이 「부득이」不得已: 나도 어쩔 수 없다를 통해 반박한다. 그러자 마르티네스의 동료인 불리오가 「부득이변」不得已辯: 나도 달리 어찌할 수 없다을 가지고 재반박한다.

충돌은 서양 신부들 사이에서도 벌어졌다. 리치의 적응주의에 대한 롱고바르디Nicolo Longobardi, 1559~1654의 비판이 그것이다. 중국인들의 전례 문제를 종교적 관점이 아닌 정치-문화적 관점에서 바라보고 제례의식을 문화적 활동으로 보려는 것이 리치의 견해인 반면, 롱고바르디는 이를 미신과 우상을 섬기는 행위라고 보았기 때문이다. 논쟁의 추이와 결과를 잘 보여주는 문헌이 「중국에서 행해지는 천에 대한 숭배와 공자 문묘와 조상에 대한 숭배에 관하여」이다. 전례에 대해 강희제는 중국의 제례의식이 이른바 서양적인 의미의 종교행위가 아니고 일종의 문화행사라고 분명히 밝힌다. 그런데 이 충돌은 완료된 것이 아니고 현재진행형의 부딪침이다.

마지막으로, 세계화는 동양과 서양의 문명이 교류하면서 시작되었다. 단적으로 만력제의 요청에 따라 제작한 리치의 지도를 제시하겠다.

　지도 제작의 공을 인정한 명의 만력제는 예수회 신부들이 북경에 머무르는 것을 허락한다. 그들이 머무르면서 학문과 포교를 할 수 있는 공간도 제공한다. 반전은 여기부터이다. 중국인들이 지도를 보고 몹시 큰 충격을 받았기 때문이다. 중국 영토가 세계의 10분의 1도 안 되고 중국이 세계의 중심도 아니라는 점이 큰 충격이었다고 한다. 리치의 기록이다.

> 　나[아마도 마테오 리치]는 희망한다. 언젠가는 왕 자신이 또는 그의 후계자 가운데 어떤 이가 지도와 그 해설을 읽고서 천주의 법을 배우려는 열정을 품게 되기를 말이다. 지도가 중국인들을 낙담시킨 것은 분명하다. 자신들의 광활한 왕국이 세계의 한구석에 불과하다는 것을 확인했기에 말이다. 가장 크지 않다는 사실에 그들은 몹시 실망하였다. (『그리스도교 중국 원정』 584쪽)

　만력제에게는 아마도 다르게 설명했을 것이다. 그러나 리치는 라틴어 문서에 중국인이 생각하듯 중국이 세계의 중심이 아니라 한구석에 위치한 나라에 불과하다고 적었다. 리치의 생각을 이어받은 알레니는 「직방외기」 職方外紀라는 책을 통해, 책 제목이 뜻하는 바처럼 '중국 너머의 세계'를 소개하면서 지구는 둥글기 때문에 중심이 따로 없고 오로지 중심은 하늘의 천주에 있다는 사실을 강조한다. 리치의 지도와 알레니의 저술은 화이관 華夷觀을 중심으로 중화주의를 재고하는 데서 의미 있는 언표일 것이다. 흥미로운 점은, 리치가 제작한 「곤여만국전도」와 알레니가 지은 「직방외기」가 당시의 조선 지식인에게까지 영향을 끼쳤다는 것이다. 흔적은 이언진

1740~1766의 일본 기행시 「해람편」^{海覽篇}에서 발견된다.

> 지구^{地毬}의 같고 다른 차이와 바다의 섬들이 크고 작음은
> 서양 선비 리마두^{마테오 리치}가 치밀하고 엄격하게 갈라놓았다네.

　조선도 이미 18세기에 서양 학문의 영향권에 들어갔음을 보여주는 사례이다. 세계화는 이렇게 시작했다는 얘기이다. 「곤여만국지도」 같은 지도와 「직방외기」 같은 문헌에 의해 중화주의 세계관이 흔들리면서 말이다. 이와 관련해서 '세계화'는 이미 명 말에 시작되었다는 점을 강조하고자 한다. 물론 세계화는 콜럼버스가 신대륙에 발을 디딘 1492년에 시작되었다. 그런데 정확히 100년이 지난 1592년에 임진왜란, 서양인의 말을 빌리자면 '코라이 전쟁'^{Bellum Corai}이 일어난다. 나는 이 전쟁도 이른바 '세계화'로 말미암아 일어났다고 생각한다. 물론 임진왜란은 동아시아 전쟁이었지만, 근본적으로는 서양의 동진^{東進} 운동의 연장선에서 일어났기 때문이다. 따라서 '코라이 전쟁'은 세계사의 관점으로 재조명할 필요가 있다. 지금의 한반도를 둘러싼 지정학적 구조가 1592년의 상황과 크게 다르지 않기에 하는 말이다. 리치의 기록이다.

> 남경에 당도했을 때에, 모든 곳이 공포로 가득 차 있었다. 일본인들이 그들의 영토로부터 출발해서 적의로 가득 찬 군대를 보내어 조선을 침공했기 때문이다. …… 그 당시에는 일본인들의 공격을 물리칠 수 있다는 희망이 거의 없었다. 사람들은 마음을 굳게 닫아버렸다. 우리를 따뜻하게 맞아주지 않았다. 최근에 행동거지와 용모가 수상한 사람이나 모든 면에서 떠돌이로 여겨지는 사람을 집 안에 들여서는 안 된다는 황제의 칙령이 내려졌기

때문이다. 지붕을 제대로 갖추지 못한 조각배에서 찌는 더위를 견뎌야만 했다. (『그리스도교 중국 원정』 324~25쪽)

코라이 전쟁이 중국 본토에 끼치는 영향에 대한 관찰이다. 중국 본토 전체가 전시戰時체제로 변했다고 한다. 마테오 리치 일행은 남경의 조그만 배에서 더운 여름을 견딜 수밖에 없었다고 한다. 모두 전쟁 탓이었다. 이는 지금도 그리고 앞으로도 크게 다르지는 않을 것이다. 세계화는 이렇게 슬픈 역사와 함께 시작했다는 얘기는 일단 여기까지이다. 근대화와 세계화가 서양만의 공은 결코 아니라는 뜻이다.

43. 기술, 인문의 생식기

'반문농부'班門弄斧라는 고사성어가 있다. 공수반公輪般이라고도 불리는 노반魯班의 집 앞에서 도끼 솜씨를 자랑한다는 뜻이다. 공자 앞에서 문자 쓴다는 말과 같은 뜻이다. 학문세계에 공자가 있었다면 기술세계에는 노반이 있었다는 얘기이다. 대패와 톱, 곱자, 먹줄 같은 목공용 도구부터 맷돌, 돌방아, 우산 등의 생활용구를 다수 제작했다고 하니 충분히 그럴 만도 하다.

나무 솔개 타고 날아서 출퇴근한 노반

단지 그런 도구를 처음 제작했다는 이유만으로 공자급으로 추앙받은 것은 아니다. 그가 제작한 기기의 성능은 당대 최강이었다. 『묵자』에 보면 초나라가 늘 약세를 면치 못했던 월나라와의 수전에서 노반이 제작한 수전용水戰用 병기로 단숨에 전세를 역전한 뒤 싸우는 족족 월나라를 무찔렀다는 일화가 나온다.

수전용 병기만이 아니었다. 그가 성을 공격하는 데 쓰는 무기인 '운제' 雲梯: 사다리차를 개발하자 초나라는 이를 믿고 송나라를 치려 했다. 비록 당대 최고의 전술가 묵자와 가상 전투에서 져 침공을 포기했지만, 이는 노반이 전략전술에서 밀렸기 때문이지 그의 기술력이 묵자보다 못해서가 아니었다. 노반의 기술이 월등하게 빼어났음은 분명한 사실이기에 그렇다. 예컨대 『묵자』에는 사흘 동안이나 하늘에 떠 있었다는 인공까치 얘기가 전한다. 그것은 노반이 대나무와 나무로 만든 까치였는데, 지금으로 치자면 까치로봇을 만들었다는 얘기가 된다.

그뿐이 아니다. 『묵자』에는 사람을 태우는 연을 만들어 적진을 정탐했다는 일화도 실려 있다. 물론 당시 기술 수준을 감안하면 터무니없는 얘기이다. 『묵자』는 기원전 4세기경 문헌으로, 그때 장시간 작동하는 기관장치나 사람이 탈 수 있는 비행체를 만들었다는 것은 그야말로 난센스이다. 그러나 이는 그러한 상상이 가능할 정도로 노반의 기술이 신기에 가까웠음을 반증하기도 한다. 꽤 오래전부터 그가 여러 분야의 장인들에게 기술의 신으로 추앙받은 것도, 『회남자』 같은 고급 사상서에 그에 관한 믿기 어려운 얘기가 실린 것도 이러한 연유에서였다. 하늘을 나는 나무솔개 얘기도 그러하다.

한번은 둔황에 살던 노반이 집에서 멀리 떨어진 곳의 불탑 조성공사를 총괄하게 됐다. 그런데 시공 기간이 제법 길었던 듯하다. 차츰 집에 있는 아내가 보고 싶어졌다. 이에 노반은 하늘을 빠른 속도로 나는 나무솔개를 만들어, 그것을 타고 밤에는 집으로 갔다가 날이 밝기 전에 공사 현장으로 되돌아오곤 했다. 요새로 치자면 고성능 전용 비행기를 타고 원거리 출퇴근을 즐긴 셈이다. 말 그대로 기술이 있어 행복한 나날이었다.

그러다 일이 터졌다. 아내가 임신을 했는데, 시아버지에게 임신 사실을 들켰다. 결국 아내는 자신을 의심하는 시아버지에게 자초지종을 털어놓을 수밖에 없었다. 순간 시아버지, 그러니까 노반의 부친은 엄습하는 호기심에 휩싸였다. 그날 밤 그는 마당에 몰래 숨어 아들이 날아오기를 기다렸다. 이윽고 야심해지자 노반이 모는 나무솔개가 마당에 내려앉았다. 아들이 내려 며느리 방으로 들어가자 그는 냉큼 나무솔개에 올라탔다. 그러고는 쐐기 같은 장치를 톡톡 치니 과연 나무솔개가 공중으로 솟구쳐 올랐다. 문제는 그가 조정법을 모른다는 것. 결국 나무솔개는 삽시간에 둔황에서 사뭇 멀리 떨어진 오군까지 날아갔다. 지금도 거기는 둔황에서 비행기로 3시간쯤 걸리는 곳이다. 아무튼 나무솔개는 거기까지 날아간 후에야 비로소 땅에 내려앉았다.

그런데 얘기는 여기가 끝이 아니었다. 오군 사람들은 요괴가 요물을 타고 하늘에서 왔다고 여겨 나무솔개를 부수고 부친을 때려 죽였다. 9세기경 문헌인 『유양잡조』酉陽雜俎에 실려 전하는 고사이다.

기술이 너희를 자유하게 했다

언제 봐도 허무맹랑한 얘기이다. 그런데 모든 이야기는 종종 '현실보다 더욱 사실적인 영화' 같은 말이 시사하듯이 진실과 연계되어 있다. 사람인 이상 무에서 유를 만들어낼 수 없기에 터무니없는 얘기조차 현실reality과 무관할 수는 없다. 이를테면 노반 얘기에는 기계와 기술에 대한 고대 중국인의 실제 사유와 감각이 스며들어 있다는 것이다.

부친의 객사를 초래했다는 점에서 나무솔개는 흉기이다. 반면에 노반에게 그것은 이로운 기계였고, 이는 흉사 후에도 마찬가지였다. 부친의 횡액 소식을 들은 그가 나무솔개를 다시 만들어 타고 가서 부친의 시신을 수습해 돌아왔기에 하는 말이다. 게다가 노반은 이미 자기가 만든 기계 탓에 소중한 이를 잃은 적이 있었다. 1세기 문헌인 『논형』에는 그가 어머니를 위해 나무인형이 운전하는 목제 마차를 만들어 태워드렸는데, 그만 마차가 돌아오지 않아 모친을 잃었다는 얘기가 나온다. 요새로 치면 '인공지능을 장착한 로봇이 운전하는 자율주행차'라는 첨단기술이 사달을 낸 셈이다. 그럼에도 노반은 기술을 놓지 않았고, 급기야 부친마저 잃었다. 대체 왜 그랬을까.

『유양잡조』에는 부친이 객사한 뒤 노반이 취한 조치가 마저 실려 있다. 이것이 힌트다. 그는 나무신선을 만들어 손가락으로 오군을 가리키게 했다. 그러자 오군 사람들이 노반을 찾아와 용서를 빌기까지 3년 동안 오군에는 비가 내리지 않았다. 기후마저 통제하는 가공할 기술을 부려 부친을 죽인 이들에게 복수한 것이다. 기술이 있기에 가능했던 일이다. 하여 노반 얘기는 이렇게도 읽힌다. 기술이 부모의 죽음이라는 극단적인 폐해를 야기했지만 기술 자체는 포기할 수 없는 것임을, 나아가 최악의 병폐를 수습하는 길도 기술로 말미암아 열릴 수 있음을, 경우에 따라서는 복수도 기술이 있어야 실현 가능한 것임을 말해주는 얘기로 말이다. 단적으로 인간은 기술과 결별한 채로 살아갈 수는 없다는 뜻이다. 이는 문명의 발생 과정만 봐도 쉬이 수긍된다.

저 먼 옛날, 사람은 적고 날짐승과 들짐승이 많았다. 사람들은 날짐승과 들짐승, 벌레와 뱀을 감당하지 못했다. 이때 성인이 나와 나무를 엮어 집을 만들자 여러 해악에서 벗어나게 되니 사람들이 그를 좋아하여 천하의 왕으로 삼고는 유소씨有巢氏라고 불렀다. 당시 사람들은 열매와 씨앗, 조개 따위를 먹었는데 비린내와 악취로 속이 상해 사람들 다수가 병을 앓았다. 이때 성인이 나와 부싯돌로 불을 지펴 비린내를 제거하니 사람들이 그를 좋아하여 천하의 왕으로 삼고는 수인씨燧人氏라고 불렀다. (『한비자』「오두」五蠹)

법가를 집대성한 한비자가 문명이 발생한 과정을 설명한 대목이다. 그뿐 아니라 전국시대 주요 사상인 유가와 도가, 묵가도 이와 거의 비슷한 문명 발생론을 개진했다. 그런데 자못 의아하다. 선함이나 사랑 같은 정신적 가치가 문명을 일궈낸 것이 아니라 과학기술이 들어감으로써 문명이 발생했다는 그들의 증언 말이다. 정신적 가치의 발양이 문명화 과정을 처음으로 야기한 것이 아니라 인간의 결점이나 약점을 극복하는 과정이 문명화의 첫걸음이었다는 것이다. 인간이 만물의 영장이라고 주장할 수 있게 해준 인간적 가치는 그다음 단계에서나 본격적으로 도모되었다. 기술 덕택에 어느 정도 안정적으로 삶을 꾸려가게 되자 정신문명이 꽃피기 시작했다고 한다.

하여 공자는 정치의 제일 근본은 '족식'足食, 그러니까 '너끈히 먹고살 수 있게 해줌'이라고 잘라 말할 수 있었다. 그렇게 족식이 가능한 기술이 발휘돼야 인간다움이 문명의 고갱이로 자리할 수 있었음이다. 기술이 자연의 위해로부터, 생존이라는 본능으로부터 인간을 자유롭게 하자 인문적 여러 가치도 제몫을 하게 됐음이다. 창고가 가득해야 예의를 알게 된다는 관중의 통찰처럼 말이다.

잘난 기계와 마주한 못난 인간

이처럼 기술은 문명화 과정에서 결코 부차적이지 않았다. 정신문명 못지않게, 때로는 그것보다 월등하게 문명의 태동과 갱신, 진보의 전 과정에서 주도적 역할을 담당해왔다. 기술을 사용하여 무언가를 '짓는 인간'Homo Faber이라는 정의는 그렇게 볼 수도 있다는 정도의 주장이 아닌 셈이다.

기술과 그것이 물화物化한 기기는 말 그대로 인간으로서의 삶과 한 몸이었다. 필요가 발명의 어머니라는 말처럼 목축문명, 농경문명 할 것 없이 삶과 사회의 존속이라는 필요에 부응하기 위해서는 그에 걸맞은 기술과 기기가 뒷받침돼야 했다. 신화 속 성왕들이 정신문명의 정초자라기보다는 문명의 이기를 제작, 보급한 '기술영웅'이었음은 그저 우연이 아니다.

문명을 이루는 한, 인간은 처음부터 '신체+기술'의 형식이었고 사회도 '인간+기술'의 형식이었다. 조금 여의치 않을 때도, 인간의 힘으로는 풀지 못할 법한 난관에 부딪혔을 때도, 사람은 늘 그러듯이 기술의 손을 잡아왔다. 땅이 흔들리고 갈라지자 지진계를 만들었고 홍수나 가뭄에 시달리자 측우기를 제작했다. 정확한 역법이 필요하자 천문 관측기구를 제조했고 더나은 효율을 위해 각종 생활용구를 부지런히 개량했다. 기술은 그렇게 인간을 이롭게 했고 사람도 자연스럽게 기술의 이로움에 젖어들었다. 사람을 능가하는 기기를 상상한 것도 이러한 흐름의 자연스러운 발로였다.

옛적 흉노에게 포위당한 한 고조 유방 측은 흉노 군장의 애첩에게 사람보다 훨씬 요염하게 춤을 추는 인조인간을 보여줌으로써 포위에서 벗어났다. 고조의 군대가 지면 남편이 그 여인을 차지할 것을 질투한 애첩이 포위망의 일부를 터준 덕분이었다. 『삼국지연의』의 제갈량은 험한 산지를 뚫고 신속하게 군량미를 운반해야 하는 급박한 상황에 맞닥뜨리자 목우유마木

牛流馬라는 인공 수송기계를 만들어 위기를 극복했다. 수 제국의 양제는 사람처럼 정확하고도 아름답게 움직이는 60센티미터 정도의 각종 인형을 만들어 정원에서 연극을 공연하게 하고 춤을 추게 했으며, 갖은 재주를 부리고 악기를 연주하며 술을 따르고 요리하게 했다.*

그러한 탁월한 기기를 상상하고 때로는 실제로 만들어냈다는 점에서 사람은 분명 놀라운 존재이다. 문제는, 알파고나 영화 속 휴머노이드처럼 사람이 자신의 한계를 뛰어넘는 기기 앞에서는 꽤나 초라해하고 심난해한다는 사실이다. 더욱이 사람은 "못 먹는 포도는 신 포도일 따름"이라며 실상을 가뿐하게 날조하는 존재이기도 하다. 하여 자신을 능가하는 기기도 기꺼이 그런 식으로 왜곡할 수 있다. 그럴듯한 명분도 적지 않다. 공자는 농경기술을 묻는 번지를 소인으로 규정하면서, 피치 못할 처지가 아니라면 군자는 기술에 의지할 필요가 없다고 했다. 묵자는 실용적이지 않은 기술은 아무리 빼어나도 쓸모없다며 노반을 비판했고, 장자도 기계에 의존하면 타고난 본성이 기계에 잠식돼 사악해진다고 경고했다.

열등하고 무용하며 요망하다면서 기술을 질시하고 폄하했음이다. 그런데 "악화惡貨가 양화良貨를 쫓아내듯이" 이러한 태도와 관점이 그만 주류가 되었다. 기술 탓에 부모를 잃었음에도 기술과의 우정은 변치 않았던 노반의 태도는 전근대 시기 한자권에서는 줄곧 비주류였다. 기술에 대한 비판이 실은 기술 자체가 아니라 그것을 오용하고 악용해 이익을 보자는 인간 욕심에서 비롯된 것임을 애써 모른 체한 결과였다. 문명을 배태해낸 기술을 비판함은 고스란히 인간 비판으로 회귀됨을 자각하지 못한 소치였다.

---

* 이상의 사례는 홍상훈, 『하늘을 나는 수레』, 솔, 2003 참조.

인간, 기계의 생식기

기술을 장악한 노반은 기술과 한 몸을 이루었고 그래서 일상에서 그것과 더불어 노닐 수 있었다. 반면 기술을 장악하지 못하거나 멀리한 이들은 짐짓 그것을 하대하면서도 자못 두려워했다. 나를 기술과 결합하여 '나+기술'이라는, 달리 말해 인간과 기술이 서로 삼투한 새로운 신체를 갖춘 노반 같은 이에게 기술은 이로움이요 축복이었지만 노반의 부모처럼 그러지 못한 이들에게 기술은 재앙이 되기도 했다.

기기 또한 마찬가지이다. 컴퓨터를 사용하는 나는 '나+컴퓨터'라는 신체를 이루어 예컨대 글과 소리, 이미지 파일 등을 생성한다. 이는 컴퓨터와 분리된 '나'라는 신체 단독으로는 해내지 못하는 일이다. 지금 쓰는 이 글을 머리로 생성하고 머리에 저장할 수는 있어도 컴퓨터용 문서 파일로 만들어내지는 못하기에 그렇다. 자동차를 운전하는 신체, 곧 '나+자동차'라는 신체는 100킬로미터 떨어진 곳도 한 시간 만에 편하게 갈 수 있지만 자동차와 분리된 나라는 신체로는 결코 그렇게 하지 못한다. 기술과 결합함으로써 인간은 문명을 창출하고 진보하게 할 수 있는 시간 여유와 물질적 밑천, 신체적 역량 등을 확보할 수 있었다.

그래서 기술을 냉대해온 사적 흐름과 별도로 인간은 기술을 끊임없이 갱신하고 진보시켜온 당사자였다. 꽃 사이를 날아다니며 꽃가루를 퍼 날라 열매를 맺게 하는 벌과 나비처럼 인간도 이 기술 저 기술을 부지런히 넘나들면서 더 나은 기술을 끊임없이 잉태해왔다. 벌과 나비가 식물세계의 생식기인 것마냥 인간은 기술세계의 생식기였던 셈이다. 그리고 그렇게 잉태된 기술은 문명을 빚어내고 갱신하며 진보시켜왔다. 정신문명만이 인문의 진화를 추동해온 것이 아니라, 그보다 앞서서 또는 동시적으로 기술도 늘 그것을 진화시켜왔던 것이다. 인간이 기술의 생식기였듯이 기술은 인문의 쏠쏠한 생식기였음이다.

44. 인문과 기술의 짝짓기로 태어난 디지털 도서관

　지난 대통령선거 기간 내내 인구에 회자된 열쇠 말 가운데 하나가 4차 산업혁명이다. 기계가 사람의 일자리를 빼앗을 것이라는 걱정부터 지금 서두르지 않으면 한국의 산업과 경제가 국제적으로 경쟁력을 잃을 것이라는 우려까지 많은 말이 오갔다. 이런 걱정과 우려를 해결하기 위해 이 글을 쓰는 것은 아니다. 대개는 정치가 해결해야 하는 일이기에. 게다가 나는 이런 문제를 해결할 수 있는 능력의 소유자도 아니다.

　사정이 이러한데도 4차 산업혁명을 둘러싼 논의가 기술 중심으로만 흘러가는 것 같아서 몇 마디 거들겠다. 결론부터 말하면, 4차 산업혁명을 주도하는 핵심동력 가운데 하나가 실은 인문학과 기술의 만남이다. 각설하고, 인문학과 기술이 만나면 어떤 일이 일어날까? 김월회 선생의 말대로 기술은 인문을 진화시킬 수 있을까? 답은 물론 양가적이지만, 이 글에서는 긍정적인 면에 집중하겠다.

세상이 바뀌었다

바야흐로 인문학과 기술의 짝짓기가 아주 활발하게 이뤄지는 시기이다. 그 덕분에 세워진 디지털 도서관이 이제는 인문학의 교육과 연구 토대까지 근본적으로 바꾸고 있다. 요컨대 '디지털 인문학'Digital Humanities이 발전한 덕분에 이제는 언제 어디에서나 누구나 전 세계의 주요 문헌보관소에 소장된 각종 원천 자료를 디지털 문헌 형식으로 마음껏 읽고 수집할 수 있다. 디지털 도서관은 과거의 마이크로필름보다 훨씬 선명한 고해상도 화질까지 제공한다. 물론 디지털 문헌으로 공개되지 않은 필사본도 여전히 많다. 그러나 전 세계 주요 문헌보관소는 각종 필사본을 디지털 문헌으로 변환하는 작업을 몇 년째 해오고 있으며, 유럽 전역에서는 이 프로젝트에 새롭게 동참하는 기관이 날로 늘어나고 있다.

이런 추세를 감안할 때 앞으로 몇 년 안에 전 세계 연구자들이 모든 필사본을 인터넷을 통해 디지털 문서로 접할 수 있는 환경이 구축될 것이다. 도서관을 방문해서 카탈로그를 펼치고 특정 문헌을 메모하며 사본 목록을 직접 수집하는 광경도 사라질지 모른다. 각종 문헌보관소에서 제공하는 디지털 카탈로그와 검색 서비스를 통해 바로바로 사본에 접근할 수 있는 통로가 만들어졌고, 또한 각종 문헌보관소의 정보를 한 곳에 집대성한 일종의 사본 포털 사이트portal site of catalogues까지 개설되어 운영되고 있기 때문이다. 이와 같은 변화 덕분에 이제는 필사본을 소장한 현지의 기관을 굳이 방문하지 않아도 서양 고전의 비판정본editio critica 작업을 유럽의 반대편인 한국에서도 얼마든지 할 수 있게 되었다. 사례를 통해서 이해를 돕겠다.

여러 사례 중에서 가장 방대한 정보와 체계적인 정보를 제공하는

IRHT^{Institut de recherche et d'histoire des textes}의 Pinakes^{Πίνακες} 서비스를 소개하겠다. 이 서비스는 국가와 소장기관 이름, 필사본 명칭, 필사본 안의 문헌 위치를 알려주는 페이지 번호, 기록 추정 시기, 심지어 이 필사본을 인용한 최신 연구자료 등을 수록한 카탈로그를 제공한다. 또한 각 기관이 소장한 모든 필사본 목록도 확인할 수 있다.

이 서비스는 전 세계에서 가장 방대한 사본의 보고 중 하나인 프랑스 국립도서관 BNF^{Bibliothèque nationale de France}에서 디지털 문서로 공개하는 최신 필사본들의 정보를 알려주는 링크를 제공한다. 필사본 추적과 입수에서 가히 최고의 지도라 할 수 있다. 이런 지도 덕분에 문헌을 추적하는 방식에서 혁명적인 변화가 이뤄졌다는 것은 이제 어느 누구도 부정하지 않는다. 이 변화는 여기에서 멈추지 않고, 20세기 초반에 만들어진 비판정본들이 누린 학문적 신뢰와 권위를 흔드는 것으로 이어진다. 교통의 불편함과 전쟁의 여파 때문에 참조하지 못했던 중요한 필사본들이 이제는 디지털 문서가 되어 오픈소스 형태로 제공되기 때문이다.

이와 같은 변화를 반영한, 예컨대 디지털 도서관에서 제공하는 검색 자료와 필사본 문서들을 바탕으로 탄생한 대표적 비판정본이 호메로스의 『일리아스』와 『오디세이아』이다. 이 작품들은 웨스트^{M.L. West}가 편집하고 2002년에 독일의 토이브너^{Teubner} 출판사에서 출간한 것이다. 웨스트의 비판정본들은 디지털 시대에 걸맞은 디지털 고전학의 도래를 선언하는 작품으로 평가받는다. 20세기에 출판되어 서양 고전학계에서 신뢰를 받고 권위를 누렸던 종이 비판정본들이 디지털 비판정본으로 대체되는 것은 시간 문제일 것이다. 디지털 시대가 도래함에 따라 세상이 변했다는 얘기이다. 이제는 11세기의 필사본 같은 문헌들을 디지털 텍스트와 한 화면에서 바로 비교-대조^{collatio}할 수 있는 시대가 되었기 때문이다.

원천 자료가 없어도 디지털 도서관은 가능하다

문제는 원천 자료가 없거나 부족한 경우이다. 이 경우에도 디지털 도서관이 가능할까? 가능하다.

대표적인 사례로 페르세우스 디지털 도서관 프로젝트를 소개하겠다. 이 프로젝트는 1494년 베네치아에서 알두스 마누티우스가 금속활자 기술을 바탕으로 하는 출판사를 설립한 일에 준하는 사건이다. 알두스의 알디네 출판사 설립은 서양 고전문헌학을 필사본 중심의 중세 문헌학에서 활자본 중심의 근세 문헌학으로 전환한 사건이었다. 서양 고전학계에서 인정받는 비판정본들의 거의 모든 초판본editio princeps을 이 출판사에서 출간했다.

페르세우스 프로젝트는 거의 이에 준하는, 아니 규모와 내용에서 이보다 더 큰 의미가 있는 사업이다. 현재 종이 매체에서 디지털 매체로의 전환이 급속도로 그리고 대규모로 진행되고 있는데, 알두스의 출판사가 고전작품들을 유럽에 확산시킨 공로가 있다면, 페르세우스 프로젝트는 서양 고전작품들을 언제 어디서나 누구나 간편하고 쉽게 활용할 수 있게 만들었기 때문이다. '언제나-어디서나-누구나' 정신에 따라 구축된 디지털 도서관을 통해서 서양 고전들은 이제 전 인류의 자산으로 활용되고 있다.

시작은 아주 미약했지만 지금은 서양 고전문헌학 분야에서 가장 방대하고 가장 전문적인 디지털 도서관이 되었다. 이 프로젝트는 1985년 9월 미국 터프츠대학의 작은 학과에서 시작됐는데, 현재는 국가 차원의 지원을 받는 미국의 대표적인 디지털 학술사업으로 자리 잡았다. 한마디로 콘텐츠가 좋으면, 그러니까 연구의 내실이 좋으면 지원과 후원이 자동으로 따라온다는 것을 방증하는 사례이다. 내세울 만한 소장 자료 하나 없는 페르세우스 디지털 도서관이 세계적인 연구소로 성장할 수 있었던 비결은 도대체 무엇일까? 여러 비결 중에서 세 가지만 소개하겠다.

디지털 정본 덕분이다

한 가지 비결은 페르세우스 디지털 도서관에서 제공하는 디지털 텍스트를 선정하는 원칙에서 발견된다. 신뢰성, 표준성, 편이성이 그 원칙이다. 신뢰성과 관련해서, 디지털 도서관을 구성하는 각각의 텍스트가 적게는 수십 개, 많게는 수천 개의 필사본에 대한 대조와 검증 과정을 거친 문헌이라는 점을 강조하고자 한다. 검증을 거치지 않은 문헌은 학문적으로는 물론 상업적으로도 사랑받지 못한다. 표준성과 관련해서 텍스트 구현에 사용되는 편집 부호와 약식 표현은 모두 국제적으로 통용되는 표준약호라는 점을 강조하고자 한다. 편이성과 관련해서는 텍스트의 원문 이해를 돕기 위해 사전류의 공구서와 학습용 주석서와 현대 번역이 제공된다는 점도 언급하고자 한다. 이와 같은 세 가지 원칙을 바탕으로 구현된 디지털 도서관은 그 자체로 교실이면서 동시에 연구소 역할을 한다.

'역동사전'도 한몫 거들었다

두 번째 비결은 기존의 오프라인 도서관에서 이루어지던 연구가 온라인 디지털 도서관에서도 이루어진다는 점에서 찾을 수 있다. 이런 특성은 기관 소개가 주요 기능인 기존의 홈페이지와 근본적으로 다르다. 이는 페르세우스 디지털 도서관이 그 자체로 진화하는 연구체라는 점에서 쉽게 확인되며, 이를 잘 보여주는 사례가 미국 국가인문학재단이 후원하는 '역동사전'dynamic lexicon이다.

'역동사전'은 기계화 처리가 가능한 모든 정보를 독자나 연구자에게 제공하는 공구이다. 이 공구는 독자와 연구자로 하여금 기존의 학습용 사전으로는 포착할 수 없는 새로운 의미 형성의 과정이나 언어 변화의 특징은 물론, 언어 사용 빈도와 통사론적으로 새로운 용법을 스스로 발견할 수 있는 참고 용례를 제공한다. 이런 기능 덕분에 '역동사전'은 그냥 사전이 아니라 더 정확하게는 의미 생성기로 보아야 한다. 기술이 인문학을 진화 또는 발전시키는 좋은 사례가 '역동사전'일 것이다. 또한 국가가 정책적으로 지원해야 할 사업이 무엇인지를 보여주는 좋은 사례 가운데 하나가 '역동사전'일 것이다.

이런 연구 기능을 토대로 페르세우스 도서관은 기존의 오프라인Off-line 연구소 기능을 수행하는데, 특정의 소수 전문가들이 아니라 모든 이에게 열린 공간으로 진화하고 있으며, 이 공간을 통해 전 세계의 연구자들을 하나로 모으는 연구공동체로 성장하고 있다는 점이 중요하다. 참고로 이 도서관이 제공하는 리델-스코트 대사전의 Mênis분노 항목을 보자. 눈여겨봐야 할 점은, 항목에 소개된 용례의 출처들을 모두 하이퍼텍스트로 처리했다는 것이다. 클릭 한 번으로 바로 그 자리에서 원하는 문헌의 본문으로 이동할 수 있다. 이와 같은 연동구조는 페르세우스 디지털 도서관에 구축된 텍스트들이 개별 단어 차원에서 서로 치밀하게 연동되어 있으며, 디지털 도서관이 곧 연구체이고 나날이 진화하는 의미 생성기임을 여실히 증명해준다. 한마디 덧붙이자면, 일반 독자와 전문 연구자로 하여금 페르세우스 디지털 도서관을 방문하게 만드는 것이 디지털 시대에 서양 고전이 살아남는 길이며, 이를 위한 노력 가운데 하나가 '역동사전'의 기능이라는 점을 강조하고자 한다. 얻는 것이 있어야, 그러니까 새롭게 배울 만한 것이 있어야 사람이 찾아오고 사람들이 모이기 때문이다.

문헌 바벨탑은 인문학과 기술의 짝짓기를 통해서 가능할 수도 있다

페르세우스 디지털 도서관의 성격을 규정하면, 그것은 한마디로 문헌의 '바벨탑 쌓기'이다. 전통적인 여러 오프라인 기관(도서관·박물관·기록소·연구소)이 추진하는 디지털 도서관이 자신이 소장한 자료를 온라인을 통해 외부에 제공하는 구조로 구축되었다면, 페르세우스 디지털 도서관은 비판 정본·번역서·주해서 그리고 독해와 전문 연구에 요청되는 공구서 기능을 일반 독자와 전문 연구자에게 직접 제공하는 방식으로 구축됐기 때문이다. 기원전 8세기의 호메로스부터 서기 6세기의 보에티우스에 이르는 그리스와 로마의 모든 작가들을 아우르고 개별 작품에 대한 고대 주해서를 아우른다는 점에서, 집적된 텍스트의 양과 질이 여느 디지털 도서관과는 근본적으로 다르다.

여기에서 페르세우스 디지털 도서관을 성공으로 이끈 마지막 비결이 드러난다. 그것은 다름 아닌 오픈소스 운동이었다. 이 프로젝트를 총괄하는 터프츠대학은 미국에 위치한 까닭에 유럽의 대학이나 연구기관처럼 그리스와 로마의 필사본을 소장하지 못했다. 사정이 이러한데도, 페르세우스 디지털 도서관은 신뢰할 만한 디지털 정본 제공과 '역동사전' 같은 연구 기능을 통해 명실공히 세계적인 디지털 도서관으로 우뚝 섰다. 원천 자료가 없어도 얼마든지 디지털 도서관을 구축할 수 있다는 얘기이며, 그 모범 사례가 바로 페르세우스 디지털 도서관이다.

각설하고, 동양 고전이든 서양 고전이든 한국 고전이든, 이것들의 비판정본을 제공하고 아울러 각종 사전류의 공구서가 자동적으로 연결되는 한국형 '페르세우스' 디지털 도서관의 구축을 감히 제안한다. 이를 위해 당장은 디지털 도서관의 개념을 정립하고 디지털 도서관의 구축을 논의하는 학술대회를 개최할 필요가 있다. 물론 장기적으로는 국가 차원에서 '디지털 인문학' 위원회를 만드는 것도 검토해야 한다. 4차 산업혁명의 성패를 좌우하는 힘이 역설적으로 자연언어를 처리하는 능력에 기반하는 문화생산능력이라고 할 때, 인문학과 기술의 짝짓기가 앞으로는 국가 경쟁력을 좌우할 것이기 때문이다.

45. 그들은 세상을 걷고 또 걸었다
—'행로'가 '난'(難)한 까닭

걷고 또 걸었던 이들이 있었다. 멀리는 공자가 천하를 두루 걸었고, 가까이는 루쉰이 삶이 다할 때까지 길을 내면서 걷고 또 걸었다. 그사이에 사마천이 중원을 예닐곱 차례 돌았고 만주족이 청 제국을 건설하자 고염무1613~1682라는 학인이 수레에 책을 가득 싣고서 중원 여기저기를 두루두루 다녔다. 그들은 왜 세상을 그렇게 걷고 또 걸었을까.

온고지신의 참뜻

기원전 496년, 결국 공자는 재상 역할을 그만두기로 했다. 노나라 실권자인 계환자가 떠나주면 좋겠다는 뜻을 분명히 했기 때문이다. 그는 미련 없이 길을 떠나기로 했다. 얼마가 걸릴지 모를 행로였다. 다른 나라로 가면 이만한 관직 하나 못 얻겠느냐는 심산이 아니었다. 현실에서는 벽에 부딪혔지만 늘 그렇듯이 그에게는 '옛것'[古]이 있었기 때문이다.

옛것을 토대로 삶을 꾀하고 꾸림은 늘 그래왔던 바였다. 공자는 자신을 성인으로 받드는 제자들에게 "나는 태어날 때 이미 모든 것을 다 깨우친 존재가 아니다. 다만 옛것을 좋아하고[好古] 몸을 부지런히 움직여 그것을 구하고자 하는 자"(『논어』「술이」)일 뿐이라고 잘라 말했다. "옛것을 익히고[溫故] 새것을 알면[知新] 선생이 될 만하다"(『논어』「위정」)면서 자기가 스승이 될 수 있는 근거도 옛것을 탐구함에서 찾았다.

여기서 그의 '호고'와 '온고'는 골동품 애호 같은 호사가적 취향이 아니다. 기득권 수호를 위한 수구나 퇴행적 정신은 더더욱 아니다. 그가 말한 옛것은 과거에 존재한 것들 자체를 가리키지 않았기 때문이다. 흘러간 시간을 나타내는 고古와 원인·까닭 등을 나타내는 고故를 같은 의미로 쓴 데서 알 수 있듯이, 또한 "고故는 그것을 얻어야 일이 이루어진다"(『묵자』「경상經上」) "고故는 그렇게 하도록 하는 것"(『설문해자』說文解字)이라는 풀이가 말해주듯이, 그것은 흘러간 시절의 문물이나 제도 등에 내포된 근거나 원리 등을 가리킨다. 달리 말해 사물이나 사태가 그렇게 있게 되고 벌어지게 한 이치를 가리키는 말이다.

그러니까 온고지신은 무작정 옛것을 오늘날에 되살려야 한다는 지향이 아니다. 그것은 과거에 이미 검증된 이치를 바탕으로 새것을 사유하고 모색하라는 주문이다. 이는 세상을, 또한 삶을 '옛것 대 새것'의 구도가 아니라 '이치 대 (그것의) 실현'이라는 구도로 보는 정신이다. 그래서 옛것으로 돌아가지만 늘 새것을 빚어낼 수 있다. '이치를 구현한다'는 지향이, 아무리 삿된 현실일지라도 그것을 돌파하면서 역사를 만들어온 동력이었음은 부인할 수 없기에 그렇다.

공자는 그러한 옛것, 곧 이치의 세계에서 상나라 말기, 그러니까 자신보다 500년쯤 앞선 시대를 살다 간 백이와 숙제를 만났다. 그들의 기록된 행적을 접했다는 말이 아니다. 공자가 접속한 그들의 삶은 이치가 자신을 실현한 증거 자체였다. 패악한 현실을 돌파하며 자신을 구현해낸 진리와의 만남이었다. 백이 형제를 만남이 공자에게는 궁핍하고 피곤한 행로를 버텨내는 큰 힘이 됐던 까닭이다.

백이 형제의 참뜻을 읽어낸 공자

과장된 듯싶지만, 아무튼 사마천의 증언에 따르면 공자는 70여 나라를 두루 다니면서 이상을 펼치고자 했다. 그러나 가는 곳에서 그가 마주한 현실은 주로 기득권자들의 냉대와 조소였다. 흉포한 도적으로 몰려 죽을 뻔도 하고, 노자가 떨어져 기아에 허덕이기도 했다. 그런 고비를 맞을 때마다 그는 하늘과 치열하게 대화했다. 그에게 하늘은 맹목적 신앙의 대상이 아니라 삶과 사회에 구체적으로 개입하는 살아 움직이는 이치였기 때문이다.

그가 마주한 백이숙제의 삶이 그 확실한 증좌였다. 그들은 자신이 옳다고 여긴 바를 좇아 제후의 아들이라는 기득권을 내려놓고 중원의 동쪽 변방 고죽국에서 서쪽 변방의 주나라로 먼 길을 나섰다. 당시 주나라 제후는 서백 창이었다. 그는 빼어난 덕망으로 천하에 명성이 자자했던 참이었다. 그런데 도중에 서백 창이 죽고, 아들 희발이 무력으로 폭군 주왕을 멸하고 새로운 천자로 등극하는 사건이 일어났다. 극한의 폭정으로 신음하던 백성과 천하 제후 3분의 2가 희발, 곧 무왕을 지지했다.

그러자 백이 형제는 발길을 수양산으로 틀었다. 다시 걷고 또 걸어 그곳에 도착하자 그들은 곡기를 끊었다. 신하로서 천자를 무력으로 친 무왕은 결코 의로울 수 없으며 불의한 군주가 다스리는 땅에서 나는 곡식은 한 톨도 먹을 수 없다는 태도였다. 그렇게 그들은 무력에 의한 혁명을 비판하면서 세상 끄트머리 격인 수양산에서 삶을 마감했다. 옳음을 향한 신념을 꺾지 않고 꼿꼿하게 살다 간 결기 어린 여정이었다. 그러나 그들에 대한 공자 당대의 평가는 그리 높지 않았다. 백이 형제는 무왕의 업적을 도외시한 채 폭력으로 군주를 쫓아냈다는 점만으로 무왕을 원망하다가 세상을 떠난, 한마디로 융통성 없는 속 좁은 인사들로 평가되곤 했다.

공자는 이를 바로잡고자 했다. 옳음을 향해 있던 그의 정신은 백이 형제가 자기 영혼에 역사를 실존으로 품고 있었음을 읽어냈다. 눈앞 현실만 보자면 무왕의 쿠데타가 백번 옳았다. 이미 주왕의 폭주는 '문'文의 힘으로는 어찌할 수 없는 지경이었다. 무왕의 쿠데타는 거악巨惡 제거를 위해 선택된 불가피한 폭력이었다. 그것은 옳음을 실현해내는 '윤리적 물리력'이었다.

문제는 역사였다. 무왕의 쿠데타가 전례가 되어 훗날 중원에 쿠데타가 거듭된다면, 함량 미달의 인사마저 왕후장상의 씨가 따로 있느냐며 명분 없는 쿠데타를 일으킨다면, 역사는 분명 폭력의 악순환으로 점철될 것이며 인민은 반복되는 폭력으로 더 심한 도탄에서 허우적거릴 것이다.

백이와 숙제, 영혼에 무한을 품다

쿠데타로 당장의 인민은 구제되지만 이로 인해 그들의 사랑하는 후손들이 더 크게 고통받게 되는 딜레마. 인간 개개인은 유한하지만 인류 역사는 후손들에 의해 계속되는 데서 비롯되는 모순과 충돌. 누군가는 이 딜레마를 해소해야 했고 무왕이 역사에 드리운 부담도 줄여야 했다. 그것은 역사와 미래의 후손을 폭력의 연쇄에서 구제하는 중차대한 과업이었다. 당장의 거악을 폭력을 써서라도 제거하는 동시에 그것이 역사의 전례가 되어 명분 없는 폭력이 반복되지 않게 하는 방도를 찾아내 실행해야 했다. 다시 말해 당장은 거대 폭력인 전쟁을 일으켜 폭군을 내쫓음으로써 인민의 삶이 한결 나아졌지만, 이는 어디까지나 '의로운 폭력'일 때 비로소 윤리적으로 정당화할 수 있음을 후세에 밝히 드러내야만 했다.

언제부턴가 백이 형제는 자신들이 그 일을 해야 함을 자각했다. 역사라는 더없이 든든한 보루를 자기 영혼에 실존으로 품고 있었기 때문이다. 속이 좁다는 평판 따위에 신경 썼다면 애초에 제후 아들 자리를 박차고 나서지 않았을 터였다. 그들은 하늘이 인간을 포기하지 않는 한 역사는 지속될 것이고, 자신들이 중원의 동서를 가로질러 걸으며 역사에 새긴 여정도 시간의 벽을 넘어 무한하게 유전되리라는 것을 잘 알고 있었다.

하여 백이 형제는 무왕이 역성혁명을 일으켜 출정하려는 순간 그가 탄 말을 가로막고, 이 거병이 충이라는 공적 가치와 효라는 사적 가치 모두를 위반한, 명분 없는 잘못된 행위임을 지적했다. 그리 행하면 죽임을 당할 줄 뻔히 알면서도 그들은 머뭇거리지 않고 무왕을 꾸짖었다. 그럼으로써 무왕의 책사 강태공이 "죽이지 말라! 그들은 의로운 이들이다"라며 자신들을 살려주면서, 이를 매개로 무왕의 역성혁명도 의로운 폭력임을 천하에 공표할 수 있는 계기를 확보하게 했다.

훗날 역성혁명을 일으키려면 못 되어도 충과 효라는 기축 윤리마저 능가할 수 있는 의로움을 갖춰야 함을, 이런 식으로 역사에 뚜렷이 돋을새김한 것이다. 다만 사람들이 눈앞의 나아진 여건에 젖어 이 점을 각인하지 못할까 사뭇 우려하였다. 이에 그들은 지체 없이 수양산으로 들어갔다. 그곳에서 곡기를 끊은 채, 무왕이 충과 효를 배반한 의롭지 못한 인물임을 세상에 고하고 또 고했다. 그럼으로써 역성혁명을 일으키고자 한다면 적어도 그러한 불의를 상쇄하고도 남을 의로움을 명실상부하게 갖춰야 비로소 정당화할 수 있음을 온 생명을 바쳐 역사에 아로새겼다.

그래서 백이 형제의 삶은, 후손을 사랑할 수밖에 없는 유한한 존재 인간이 자신의 생애를 뛰어넘는 역사라는 무대에서 옳음을 구현한 행로 자체였다. 그것은, 공자가 유한한 존재로서 품게 된 좁은 시야를 스스로 넘어서서 무한의 미래를 품는 길이었다.

역사, 하늘을 검증하는 길

공자 사후 400년 가까이 흘렀을 즈음, 공자만큼이나 하늘과 치열하게 대화를 나눈 이가 출현했다. 『사기』라는 불세출의 거작을 쓴 사마천이 바로 그이다. 그는 대대로 천문과 역법·역사 등을 관장하는, 곧 하늘 탐구를 생업으로 하는 가문 태생이었다. 하여 하늘과 대화하기는 그에게 무척 당연한 일이었다.

그런데 『사기』의 서문 격인 「백이열전」에 이러한 그의 이력과는 어울리지 않는 말이 나온다. "이른바 천도라는 것이 옳단 말인가, 아니면 틀렸단 말인가?"라는, 하늘에 대한 가없는 회의가 가감 없이 배어난 언급이 그것이다. 어찌 된 일일까. 발단은 이릉이라는 장수를 변호하다가 고환이 잘리는 궁형에 처해진 사건이었다.

이릉은 5천의 보병으로 10여만의 흉노 기마병을 연파한 맹장이었다. 그러던 그가 돌연 흉노에 항복했다. 그러자 조정 대신들은 이릉 가족의 처형을 둘러싸고 격돌했다. 이때 사마천은 이릉을 두둔했다. 그는 이릉이 최선을 다했으며, 사람의 한계조차 넘어서는 수차례의 선전은 투항을 상쇄하고도 남는다고 판단했다. 사마천이 보기에 문제는 주력부대가 후원하지 않은 데 있었다. 그러나 현실은 그의 판단과 정반대였다. 이릉을 시기하고 전권을 농락하던 이들은 사마천을 매도했고 황제는 사형을 언도했다.

투옥된 사마천은 황제에게 글을 올려 연명을 청원했다. 그는 자기 입으로 "이보다 더 큰 치욕은 없다"고 한 궁형을 자청했다. 『사기』를 완성하라는 부친의 유지를 받들려면 다른 방도가 없었다. 그러나 더 절실한 이유가 있었다. 주위를 둘러봐도 그렇고 역사를 살펴봐도 그렇듯이 하늘은 아무래도 공명정대하게 사는 이보다는 악행을 일삼는 이들에게 더 큰 복을 주는 듯했다. 공자만 봐도 그러했다. 하늘 뜻대로 살고자 그렇게 노력했음에도 하늘은 그를 돕지 않았다. 세상은 그를 환대하기는커녕 세상 물정 모른다며 내치고 힐뜯었다. "안 되는 줄 뻔히 알면서도 기어이 하려 한다" "집 잃은 개 같다"며 조롱하기도 했다.

사정이 이러한데 정녕 하늘은 의로운 것일까. 사마천은 어떻게든 살아서 하늘이 정말 선한지를 꼭 물어봐야 했다. 물론 육신의 죽음 대신 사회적 생명의 죽음을 택한 대가는 몹시 가혹했다. 궁형의 상처가 아물고 얼마간의 시간이 흐른 뒤, 조정은 그를 다시 불러들였다. 당대 최고 지식인을 썩힐 수는 없었음이다. 피치 못하게 오가는 출퇴근길은 예상대로 경멸의 시선으로 가득했다. 감내하고 또 감내하면서 주위의 냉소를 살아내야 하는 근거로 되삼았다. 궁형에 처해지기 전부터 그러했듯이 그는 기회가 닿는 대로 중원 여기저기를 꾸준히 답사했다. 의심스러운 사실을 확인도 않고 역사에 담을 수는 없는 노릇이었다.

그렇게 험난한 여정을 걷고 또 걸은 지 10여 년, 사마천은 드디어 『사기』를 완성했다. 그의 손에는 어느덧 답도 들려 있었다. 그랬다. 인간의 시간은 길어야 100년이지만 하늘의 시간은 그러하지 않았다. 하늘은 때로는 하루이틀 만에도 자기 선함을 드러내지만 다른 때에는 백 년을 넘어 흘러야 비로소 그 선함을 입증하기도 했다. 그러니 기껏해야 수십 년 경험한 삶을 근거로 하늘을 회의함은 그저 영혼에 역사를 품지 않은 이들의 오만에 불과했던 것이다.

삶터를 걸어 미래로 내어가는 길

역사를 자기 영혼에 실존으로 품었던 백이 형제, 공자, 사마천. 그들은 하늘의 선함이라는 것이, 옳음이라는 것이, 본래부터 자기 생애와 실존을 넘나드는 범위에서 펼쳐진다는 점을 자각한 이들이었다. 하여 유한한 존재인 인간이 이를 실현하고자 한다면 그 길이 험난할 수밖에 없음도 잘 알았다. 그럼에도 그들은 기꺼이 그 길을 걷고 또 걸었다. 그 걷기가 자체로 답이었기 때문이다.

그들만이 아니었다. 헤아릴 수 없는 많은 이들이 걷고 또 걸었다. 당대 현장법사는 참된 불법을 구하고자 17년에 걸쳐 중원과 서역을 걷고 또 걸어 오갔다. 명대 말엽 중국에 건너온 예수회 선교사 마테오 리치도 기독교의 하느님 뜻을 전파하고자 생명이 다할 때까지 낯선 이국땅을 걷고 또 걸었다. 명의 유민을 자처하며 올곧게 청에 저항한 고염무는, 구리는 산에서 캐내야지 못 쓰게 된 동전을 녹여 얻으면 안 된다며 중원 곳곳을 걷고 또 걸으면서 자신의 앎과 삶을 단련해갔다. 근대 중국을 대표하는 루쉰도 불의한 시대와 타협하지 않고 일본 유학을 필두로 평생 북경·하문·광주·상해 등지를 전전하면서, 때로는 '사상계의 전사'답게 없던 길을 새로 내면서 걷고 또 걸었다.

그래서일까? 그들은 분명 자신의 삶터를 걸었지만 그 행로는 시공을 관통하여 흐르는 역사에 새겨진 길이 되었다. 다만 그 길은 애초부터 험난할 수밖에 없었다. 인간은 유한한 존재이면서도 무한을 희구하고, 이기적 세포의 집합체면서도 이타적 활동을 옳다고 여기며 옳음을 추구할 줄 안다. 자기 본성에 위배되는 삶을 욕망하고, 나아가 그것이 더 가치 있다고 여긴다. 유한하며 이기적일 수밖에 없는 존재가 영원과 진리의 삶을 도모하니, 살아감이 그 행로가 어렵지 않다면 그것이 오히려 이상하지 않겠는가.

물방울은 빈도로써 모래를 뚫지 못한다
─김중식

죽음 하나하나가 베이스캠프다
바람과 안개가 하루에도 열두 번
길을 만들고 또 지우므로 나그네는
모래 위의 낙타뼈와
그보다 몇 걸음 앞에 놓인 사람뼈를 보고
길잡이를 삼는다
그러므로 뼈는 별
죽음 하나하나가 生의 징검다리다
나그네는 마지막 징검다리의 몇 걸음 앞에다 자기 뼈를 남기고
그런 식으로 萬里를 가야

사막을 횡단하는 나그네 하나 생긴다

물방울이 빈도로써 바위를 뚫듯

萬人의 징검다리가 길 하나를 뚫었지만

아으, 바람과 안개

다시 萬人分의 뼈를 남겨야 사람 하나 횡단시킬 수 있다

아니다 이번엔 사람이 먼저 죽고 낙타가 길을 건넜다

건넌 사람 아무도 없으므로

사막엔 길이 없다 한없이

뼈는 별.

46. 오디세우스가 집으로 돌아간 이유는 무엇일까

떠돌이 아무개가 집으로 돌아가는 이야기이다. '아무개'는 오디세우스가 폴리페모스에게 자신을 '아무도 아닌 자'를 뜻하는 '우데이스'oudeis로 부르는 데서 따왔다. 오디세우스는 『오디세이아』의 시작부터 아무개로 등장한다. 칼립소에게 오디세우스는 함께 있으면 좋지만 없어도 무방한 잉여인간에 불과했기에. 칼립소의 섬을 나와 망망대해에서 떠도는 오디세우스는 말 그대로 아무개였다. 파도의 움직임에 따라 이리저리 휩쓸려 다닐 수밖에 없는 아무개가 바로 오디세우스였다. 오디세우스라는 이름은 자연의 힘 앞에서 아무것도 아닌 존재인 '인간'homo을 가리키는 제유였다. 본래는 '미움받는 자'를 뜻한다. 자연이 인간을 사랑해야 할 이유도 딱히 없다.

오디세우스가 아무개로 행세해야 하는 사정은 고향에 돌아와서도 마찬가지이다. 그토록 바라던 집으로 돌아갔건만 그를 알아보는 이는 아무도 없었다. 아무도 없었던 것은 아니다. 아르고스Argos라는 개만이 유일하게 그를 알아봤기에. 이 개마저 없었다면 참으로 허망했을 것이다. 아들도 부인도 그를 알아보지 못했다. 하긴 20년 동안을 밖으로 떠돌다 온 이를 단박에 알아본다는 게 쉬운 일은 아닐 것이다. 이렇게 아무도 알아주지 않는 고향으로, 아무도 알아보지 못하는 집으로 오디세우스가 그 숱한 고난을 뚫고 돌아간다.

이해와 공감은 다르다

집으로 돌아가는 길에서 오디세우스를 가장 괴롭힌 이는 자연의 힘을 표상하는 포세이돈이었다. 그러나 오디세우스의 귀향을 막는 더 강력한 방해자는 따로 있었다. 이를테면 세이렌 자매를 들 수 있다. 자매는 달콤한 목소리로 남자들을 파멸로 몰아넣는 여신들이었다. 호메로스는 자매의 곁을 지나가는 일을 오디세우스가 겪은 여러 모험 중에서 가장 견디기 힘든 것으로 묘사한다. 오디세우스를 유혹하는 대목이다.

> 이리 오세요. ······ 우리의 이야기에 흠뻑 빠질 거예요. 많은 것을 배우고 고향으로 돌아갈 거예요. 드넓은 트로이에서 아르고스인과 트로이인이 신들의 뜻에 따라 겪어야 했던 모든 고통을 잘 알고 있지요. (『오디세이아』 제12권 184~90행)

자매가 오디세우스를 유혹하는 장면이다. 그런데 육체적인 쾌락과 관련해서 오디세우스만큼 달콤함을 경험한 사람은 없을 것이다. 신적인 조건인 불로불사의 삶과 원하는 모든 쾌락을 누리게 해주겠다는 칼립소의 제안도

436

거절했기 때문이다. 그렇다면 오디세우스가 신적인 삶이 보장된 칼립소와의 동거를 거부하고 달랑 뗏목 하나에 의지해 집으로 돌아가려 한 이유는 무엇일까? 학자들은 대체로 향수심nostalgia 때문이라 해명한다. 그러나 해명이 그리 설득력 있어 보이지는 않는다.

그렇다면 도대체 그 이유는 무엇이었을까? 물론 칼립소의 제안이 신적임에도 뭔가 2퍼센트는 부족했다. 그 2퍼센트의 흔적이 남아 있는 대목이 세이렌 자매와의 조우이다. 칼립소도 세이렌 자매에 못지않은 미녀다. 그런데 칼립소의 제안까지 거부했던 오디세우스가 세이렌 자매의 노래를 듣고서는 몸부림을 친다. 2퍼센트의 뭔가가 세이렌 자매에게 있음이 분명하다. 그런데 그 2퍼센트의 뭔가를 추적하려면 조금은 돌아가야 한다. 오디세우스와 나우시카의 만남부터 그 실마리가 풀리기에. 뜻밖에도 이 만남에서 오디세우스는 나우시카가 자신에게 가까이 다가오지 못하도록 미리 선을 긋는다. 호메로스가 아예 처음부터 오디세우스를 성인군자로 설정해버렸기 때문이다. 왜 그랬을까?

각설하고, 칼립소와 세이렌보다 나우시카가 더 강력한 존재이기 때문이다. 특히 인간만이 가질 수 있는 공통의 겪음에 뿌리를 둔 이야기의 힘 때문이다. 오디세우스는 칼립소와 거의 10여 년을 함께 보냈다. 그러나 둘만의 고유한 공통 경험이 없다. 둘만이 공유하는 이야기가 작품에 언급되지 않기에. 그런데 인간인 나우시카와의 만남은 인간만이 가질 수 있는, 연인들에게만 고유한 공통 경험의 인연으로 이어질 수 있다. 이런 까닭에 호메로스는 처음부터 그 인연의 실줄을 싹둑 잘라버린다. 이를 방증해주는 것이 세이렌 자매와의 조우이다. 자매의 무기가 육체적인 유혹이었다면 오디세우스도 얼마든지 견뎠을 것이다. 그러나 오디세우스는 몸부림을 친다. 그 유혹의 무기는 무엇일까? 바로 칼립소에게는 없지만 세이렌 자매에게는 있는 이야기의 힘이다.

자매는 이렇게 유혹한다. "우리는 드넓은 트로이에서 아르고스인과 트로이인이 신들의 뜻에 따라 겪어야 했던 모든 고통을 잘 알고 있"다고. 오디세우스, 아니 인간을 유혹하는 진짜 강력한 힘이 여기에서 그 비밀을 드러낸다. 다름 아닌 "모든 고통"이다. 귀를 즐겁게 하는 달콤함만으로는 인간을 유혹할 수 없으므로. 칼립소의 달콤한 제안이 거절당한 이유도 실은 그녀의 제안에 달콤함만 있지 고통이 없었기 때문이다.

그런데 고통에는 공감sympatheia이 함께한다. 공감할 수 있는 이야기를 노래한다는 점에서 세이렌 자매의 유혹은 치명적이다. 물론 인간의 고통에 관해서는 칼립소도 알고 있었다. 그녀가 사랑하는 오디세우스를 고통의 바다로 다시 보내고 싶지 않았고 실제로 말렸다는 점에서 이는 쉽게 확인된다. 그러나 오디세우스의 고통에 공감하지는 못했다. 아니, 공감할 수 없었다. 공감은 인간만이 지닌 고유 경험이므로. 이해와 공감은 근본적으로 다르다. 여기에서 칼립소에게는 없지만 세이렌 자매에게는 있는 힘의 실체가 드러난다. 공감을 불러일으키는 이야기의 힘이 바로 그것이다.

집은 정체성의 관계로 이뤄진 공간이다

그러나 오디세우스는 세이렌 자매의 유혹을 물리친다. 유혹을 물리칠 수 있는 힘은 무엇일까? 물론 몸을 돛대에 꽁꽁 묶은 밧줄 덕분이다. 그렇지만 더 근본적인 무엇이 있다. 그것은 세이렌이 부르는 노래가 오디세우스의 공감을 살 수 있는 이야기이지만, 그것이 오디세우스 자신의 고유한 이야기는 아니라는 점이다.

직진해서 오디세우스와 페넬로페가 조우하는 장면으로 바로 가자. 페넬로페는 오디세우스가 진짜 오디세우스인지를 시험한다. 오디세우스를 떠보기 위해 그들만이 아는 침상에 대해 묻는다. 오디세우스의 반응이다.

> 여보, 당신은 정말로 내 마음을 아프게 하는구려. 누가 내 침상을 다른
> 데로 옮겼단 말이오? 아무리 솜씨 좋은 자라도 그렇게 하기는 어려울 것이
> 오. 신이 친히 오신다면 몰라도. …… 이것이 내가 그대에게 제시하는 침상
> 의 특징이오. …… 이렇게 말하자 그녀는 그 자리에서 무릎과 심장이 풀렸
> 다. (『오디세이아』 제23권 183~205행)

재미를 위한 설정일 수도 있다. 그렇지만 극적 반전을 위한 설정은 아니다. 『오디세이아』 작품의 전체 이해와 관련해서 핵심적인 비밀이 담긴 장면이기에. 오디세우스가 온갖 유혹을 물리치고 집으로 돌아가는 길을 선택하게 만든 힘의 비밀이 드디어 풀리는 자리이기에 그렇다. 오디세우스와 페넬로페만이 알고 있는 사랑이 바로 그것이다. 그 증거물이 침상이다. 침상에 대한 비밀은 오직 둘만이 알고 있으므로.

이런 비밀은 예컨대 오디세우스와 칼립소 사이에서는 발견되지 않는다. 오디세우스와 세이렌 사이에서도 찾아보기 어렵다. 여기에서 오디세우스와 페넬로페의 사랑과 오디세우스와 칼립소의 사랑 사이에 존재하는 근본적인 차이가 드러난다. 전자에는 에로스와 이야기가 있지만, 후자에는 에로스는 있어도 이야기가 없다. 공감이 없는 에로스만 있었을 뿐이다. 그런데 세이렌의 노래에는 에로스도 있고, 이야기도 있고, 공감도 있다. 그래서 치명적이다.

그러나 세이렌의 노래에는 자신의 겪음이 없다. 공감을 넘어서서 자신의

정체성을 확인해주는 자신의 이야기가 아니라 남의 이야기일 뿐이다. 이것이 오디세우스가 세이렌 자매의 유혹을 물리친 비밀이었다. 그러니까 이것이 오디세우스를 집으로 돌아가게 만든 힘이었다.

그렇다면, 도대체 무엇이 오디세우스로 하여금 집으로 돌아가게 만들었을까? 그것은 자신이 어떤 삶을 살았고 자신이 어떤 존재인지를 알려주는, 따라서 자신의 정체성을 확인해주는 곳, 바로 집이었다. 오디세우스를 아무도 아닌 아무개가 아니라 자신에게는 가장 소중한 존재로 알아보고 알아주는 어떤 증인이 있는 곳이 집이었기에. 그 어떤 증인의 자리에 올 수 있는 가장 강력한 후보로 호메로스는 페넬로페를 추천한다. 이것이 오디세우스가 온갖 고난을 뚫고서 집으로 돌아가려 한 이유이다. 자신을 알아보고 자신을 알아주며 자신을 필요로 하는 곳이 집이므로. 있어도 그만 없어도 그만인 잉여 존재가 아니라, 자신을 꼭 있어야 할 존재로 알아주는 곳이 집이기에.

오디세우스가 자신의 전우들과 함께 나눈 사랑은 필리아 philia, 전우애이다. 여신들과 나눈 사랑은 에로스eros이다. 페넬로페와의 사랑은 무엇이라 일컬어야 할까? 적어도 그리스어에는 이런 종류의 사랑을 지칭하는 단어가 딱히 없다. 기독교의 아가페agape도 아니다. 우리말의 '애정'愛情에 가깝다. 그렇지만 딱히 애정도 아니다. 아내에 대한 사랑과 가족에 대한 사랑과 연인에 대한 사랑을, 더 나아가 인간으로서 오디세우스 자신과 자신이 살았던 삶의 정체성을 인증해줄 수 있는 증인에 대한 사랑을 아우르는 무엇이기에. 적어도 남녀가 만나 가정을 이루고 사는 행위에는 둘만이 아는 비밀이 있다. 이 비밀을 공통으로 소유하며 그 둘이 하나의 인연으로 맺어진다.

그 인연을 구성하는 날줄과 씨줄의 실 하나를 자신의 정체성을 확인해주는 장치로 놓는다는 점에서 오디세우스와 페넬로페의 사랑은 독특하다.

그 모든 유혹을 물리치게 하는 힘이어서 그렇다. 이 힘은 물론 에로스를 바탕으로 한다. 그러나 에로스 관계만으로는 해명되지 않는다. 공감에 기초한 공통의 경험과 둘만이 아는 비밀을 뿌리로 두고 있기 때문이다. 이것이 오디세우스와 페넬로페가 다시 만날 수 있게 만든 힘이었을 텐데, 적어도 오디세우스와 칼립소의 관계에서는 공통의 기억에 관한 이야기가 없다. 요컨대 침상에 대한 공통의 기억이 없다. 이것이 오디세우스가 집으로 돌아간 이유였을 것이다. 다른 무엇으로도 대체할 수 없는, 자신이 누구인지를 확인해주는 증인이 기다리는 곳으로 말이다.

부부지간이 부자지간에 우선한다

결론적으로 서양 문학사에서 사랑과 관련한 새로운 인식은 이런 이야기를 통해서 생겨났다. 사랑이 단순하게 혈통을 잇기 위한 성행위도 아니고, 그렇다고 육체적 탐닉도 아니라는 인식이 바로 그것이다. 그것은 실은 관계이다. 이 관계는 공통의 기억과 이를 공유하는 이야기로 엮인다. 단적으로 헬레네의 가정 파괴 사건을 보라. 연애는 있었지만 파리스와의 사랑 이야기는 별로 중요하게 다루어지지 않는다. 흥미로운 점은, 호메로스가 헬레네를 단순히 바람난 애인으로 비난하지 않는다는 것이다. 그럴 수도 있다는 것이다. 그러나 『오디세이아』에서는 남녀 관계, 특히 부부지간을 오디세우스의 정체성을 발견해주는 장치로 설정하고 있다.

이 점에서 호메로스는 아주 세련된 전략을 취한다. 부부지간의 사랑을 자기 정체성의 바탕을 마련하는 일에서 시작해 정체성을 확인해주는 과정으로 마무리하기에. 이렇게 부부지간을 사랑의 강력한 끈으로 묶고 또한 부부지간을 정체성의 관점에서 새로이 보게 해주는 인식은 이런 이야기를 통해 서양 문학사에 등장한다. 이 인식을 바탕으로 가족이라는 공동체 또는 가정이라는 생활공간의 발견도 촉발된다. 이와 관련해서 『오디세이아』를 관통하는 핵심 주제 가운데 하나가 가족이라는 점을 강조한다. 이는 베르길리우스의 『아이네이스』와 비교하면 잘 드러난다. 부자지간보다 부부지간에 더 큰 무게를 둔 작품이 『오디세이아』이다. 베르길리우스가 인간관계의 기본을 부자지간의 효도pietas에 두었다면, 호메로스는 부부지간의 사랑에 두었기 때문이다.

그런데 호메로스의 부부지간은 전사戰士 사회의 덕목인 필리아의 연장선상에서 이해할 수 있다. 부부지간이 에로스를 바탕으로 하는 한에서 그 관계만큼은 평등을 전제로 하기에. 참고로, 전사 사회의 덕목인 필리아는 평등에 기초한다. '트로이 목마' 작전이 필리아를 강조하는 대표적인 경우이다. 대오를 유지하고 진지를 사수할 때, 그러니까 어떤 한 사람의 뛰어남eris보다는 조직이 강조되는 최초의 전술이 엿보이는 사건이 트로이의 목마 작전이다. 목마에 들어간 그리스 군인들에게 중요한 덕목은 용맹이 아니라 인내이다. 목마 안에서 참지 못하고 날뛰면, 목마 안에 들어간 군인 전체가 발각되어 몰살당할 수 있기 때문이다.

이제 개인의 탁월함이 아니라 조직 안에서의 역할이 중요해진다. 따라서 조직 전체를 위해서는 용맹보다 인내가 강조된다. 이런 인내와 관련해서 요청되는 덕목이 필리아, 곧 전우애이다. 나만 잘나서는 안 된다. 동료와 함께해야 한다. 그런데 전우애가 제대로 작동하기 위해 요구되는 전제조건이 있다. 다름 아닌 평등이다. 이 평등이 요구되는 공간이 실은 일상 공간이고, 특히 가정이다. 무엇보다 부부지간이란 한 사람의 탁월함에 의해 유지되는 관계가 아니므로. 오디세우스가 나우시카에게 성인군자 행세를 하면서 '한마음'homophrosyne을 강조하는 까닭도 이쯤에서 해명될 것이다. 오디세우스의 말이다.

> 신들께서 당신이 원하는 것을 모두 베풀어주시길. 남편, 집, 한마음도 함께 있게 해주시길. 그것보다 좋은 것, 그것보다 강력하고, 그것보다 훌륭한 것은 없으니, 남편과 아내 둘이 한마음으로 집을 지키면, 이는 적에게는 큰 고통이고 친구에게는 즐거움이오. 그 명예는 오로지 그들 자신만이 누리는 법이오. (『오디세이아』 제6권 180~85행)

전쟁에서 일상으로의 전환은 이렇게 이뤄졌다는 얘기이다. 명예 숭배는 전사 사회의 특징이다. 『일리아스』가 그 증거이다. 그러나 『오디세이아』에서는 명예가 아니라 실질이 중시된다. "그 명예는 오직 그들 자신만이 누리는 법"이라는 말이 이를 잘 드러내준다. 전쟁에서 평화로 전환하기 위해서 요청되는 것은 아킬레우스가 추구한 불멸의 명예가 아니라 그냥 '아무개'의 사랑임을 노래하는 작품이 『오디세이아』이다. 이런 종류의 사랑을 일컫는 이름이 있을 텐데, 당장 떠오르지 않는다. 호메로스는 '한마음'이라 불렀다.